suhrkamp taschenbuch
wissenschaft 193

Immanuel Kant
Werkausgabe
XII

Die Werke Immanuel Kants in der Ausgabe von Wilhelm Weischedel liegen in den *suhrkamp taschenbüchern wissenschaft* in zwölf Bänden sowie geschlossen als Werkausgabe in Kassette vor:

Band I:	Vorkritische Schriften bis 1768 1 (stw 186)
Band II:	Vorkritische Schriften bis 1768 2 (stw 187)
Band III:	Kritik der reinen Vernunft 1 (stw 55)
Band IV:	Kritik der reinen Vernunft 2 (stw 55)
Band V:	Schriften zur Metaphysik und Logik 1 (stw 188)
Band VI:	Schriften zur Metaphysik und Logik 2 (stw 189)
Band VII:	Kritik der praktischen Vernunft. Grundlegung zur Metaphysik der Sitten (stw 56)
Band VIII:	Die Metaphysik der Sitten (stw 190)
Band IX:	Schriften zur Naturphilosophie (stw 191)
Band X:	Kritik der Urteilskraft (stw 57)
Band XI:	Schriften zur Anthropologie, Geschichtsphilosophie, Politik und Pädagogik 1 (stw 192)
Band XII:	Schriften zur Anthropologie, Geschichtsphilosophie, Politik und Pädagogik 2 (stw 193)

Immanuel Kant
Schriften zur Anthropologie, Geschichtsphilosophie, Politik und Pädagogik

2

Register zur Werkausgabe

Herausgegeben
von Wilhelm Weischedel

Suhrkamp

Diese Ausgabe ist text- und seitengleich
mit Band XII der Theorie-Werkausgabe Immanuel Kant,
Werke in zwölf Bänden, Frankfurt 1968.
Herausgegeben von Wilhelm Weischedel

CIP-Kurztitelaufnahme der Deutschen Bibliothek
Kant, Immanuel [Sammlung] Werkausgabe / hrsg.
von Wilhelm Weischedel. - Frankfurt am Main:
Suhrkamp. Bd. 12. Schriften zur Anthropologie,
Geschichtsphilosophie, Politik und Pädagogik:
1. Aufl. - 1977.
(Suhrkamp-Taschenbuch Wissenschaft; 193)
ISBN 3-518-27793-6

suhrkamp taschenbuch wissenschaft 193
1. Auflage 1977

Suhrkamp Taschenbuch Verlag
Druck: Nomos Verlagsgesellschaft, Baden-Baden
Printed in Germany
Umschlag nach Entwürfen von
Willy Fleckhaus und Rolf Staudt

6 7 8 9 10 – 89 88 87 86 85

INHALT

ANTHROPOLOGIE
IN PRAGMATISCHER HINSICHT

TITEL DER ERSTEN AUFLAGE (A)

Anthropologie
in
pragmatischer Hinsicht
abgefaßt
von
Immanuel Kant.

Königsberg
bey Friedrich Nicolovius
1798.

TITEL DER ZWEITEN AUFLAGE (B)

Anthropologie
in
pragmatischer Hinsicht
abgefaßt
von
Immanuel Kant.

Zweyte verbesserte Auflage.

Königsberg
bey Friedrich Nicolovius
1800.

|| VORREDE

Alle Fortschritte in der Kultur, wodurch der Mensch seine Schule macht, haben das Ziel, diese erworbenen Kenntnisse und Geschicklichkeiten zum Gebrauch für die Welt anzuwenden; aber der wichtigste Gegenstand in derselben, auf den er jene verwenden kann, ist der Mensch: weil er sein eigener letzter Zweck ist. – Ihn also, || seiner Spezies nach, als mit Vernunft begabtes Erdwesen zu erkennen, verdient besonders, Weltkenntnis genannt zu werden; ob er gleich nur einen Teil der Erdgeschöpfe ausmacht.

Eine Lehre von der Kenntnis des Menschen, systematisch abgefaßt (Anthropologie), kann es entweder in physiologischer oder in pragmatischer Hinsicht sein. – Die physiologische Menschenkenntnis geht auf die Erforschung dessen, was die Natur aus dem Menschen macht, die pragmatische auf das, was er, als freihandelndes Wesen, aus sich selber macht, oder machen kann und soll. – Wer den Natursachen nachgrübelt, worauf z.B. das Erin||nerungsvermögen beruhen möge, kann über die im Gehirn zurückbleibenden Spuren von Eindrücken, welche die erlittenen Empfindungen hinterlassen, hin und her (nach dem Cartesius) vernünfteln; muß aber dabei gestehen: daß er in diesem Spiel seiner Vorstellungen bloßer Zuschauer sei, und die Natur machen lassen muß, indem er die Gehirnnerven und Fasern nicht kennt, noch sich auf die Handhabung derselben zu seiner Absicht versteht: mithin alles theoretische Vernünfteln hierüber reiner Verlust ist. – – Wenn er aber die Wahrnehmungen über das, was dem Gedächtnis hinderlich oder beförderlich befunden worden, dazu benutzt, um es zu erweitern oder gewandt zu machen, und hiezu die Kenntnis des || Menschen braucht, so würde dieses einen Teil der Anthropologie in pragmatischer Absicht ausmachen und das ist eben die, mit welcher wir uns hier beschäftigen.

Eine solche Anthropologie, als Weltkenntnis, welche auf die Schule folgen muß, betrachtet, wird eigentlich alsdann noch nicht pragmatisch genannt, wenn sie ein ausgebreitetes Erkenntnis der Sachen in der Welt, z.B. der Tiere, Pflan-

||BA III, IV, V, VI

zen und Mineralien in verschiedenen Ländern und Klimaten, sondern wenn sie Erkenntnis des Menschen als Weltbürgers enthält. – Daher wird selbst die Kenntnis der Menschenrassen, als zum Spiel der Natur gehörender Produkte, noch nicht zur pragmatischen, || sondern nur zur theoretischen Weltkenntnis gezählt.

Noch sind die Ausdrücke: die Welt kennen und Welt haben in ihrer Bedeutung ziemlich weit auseinander; indem der eine nur das Spiel versteht, dem er zugesehen hat, der andere aber mitgespielt hat. – Die sogenannte große Welt aber, den Stand der Vornehmen, zu beurteilen, befindet sich der Anthropologe in einem sehr ungünstigen Standpunkte; weil diese sich unter einander zu nahe, von anderen aber zu weit befinden.

Zu den Mitteln der Erweiterung der Anthropologie im Umfange gehört das Reisen; sei es auch nur das Lesen der Reisebeschreibun||gen. Man muß aber doch vorher zu Hause, durch Umgang mit seinen Stadt- oder Landesgenossen,* sich Menschenkenntnis erworben haben, wenn man wissen will, wornach man auswärts suchen solle, um sie *im*[1] größerem Umfange zu erweitern. Ohne einen solchen Plan (der schon || Menschenkenntnis voraussetzt) bleibt der Weltbürger in Ansehung seiner Anthropologie immer sehr eingeschränkt. Die Generalkenntnis geht hierin immer vor der Lokalkenntnis voraus; wenn jene durch Philosophie geordnet und geleitet werden soll: ohne welche alles erworbene Erkenntnis nichts als fragmentarisches Herumtappen und keine Wissenschaft abgeben kann.

* * *

* Eine große Stadt, der Mittelpunkt eines Reichs, in welchem sich die Landescollegia der Regierung desselben befinden, die eine Universität (zur Kultur der Wissenschaften) und dabei noch die Lage zum Seehandel hat, welche durch Flüsse aus dem Inneren des Landes sowohl, als auch mit angrenzenden entlegenen Ländern von verschiedenen Sprachen und Sitten, einen Verkehr begünstigt, – eine solche Stadt, wie etwa Königsberg am Pregelflusse, kann schon für einen schicklichen Platz zu Erweiterung sowohl der Menschenkenntnis als auch der Weltkenntnis genommen werden; wo diese, auch ohne zu reisen, erworben werden kann.

[1] A: »*in*«.

||BA VII, VIII, IX

Allen Versuchen aber, zu einer solchen Wissenschaft mit Gründlichkeit zu gelangen, stehen erhebliche, der menschlichen Natur selber anhängende, Schwierigkeiten entgegen.

1. Der Mensch, der es bemerkt, daß man ihn beobachtet und zu erforschen sucht, wird ent||weder verlegen (geniert) erscheinen, und da kann er sich nicht zeigen, wie er ist; oder er verstellt sich, und da will er nicht gekannt sein, wie er ist.

2. Will er auch nur sich selbst erforschen, so kommt er, vornehmlich was seinen Zustand im Affekt betrifft, der alsdann gewöhnlich keine Verstellung zuläßt, in eine kritische Lage: nämlich daß, wenn die Triebfedern in Aktion sind, er sich nicht beobachtet; *und wenn* er sich beobachtet, die Triebfedern ruhen[1].

3. Ort und Zeitumstände bewirken, wenn sie anhaltend sind, Angewöhnungen, die, wie man sagt, eine andere Natur sind und dem Menschen das Urteil über sich selbst erschweren; wo||für er sich halten, vielmehr aber noch, was er aus dem anderen, mit dem er im Verkehr ist, sich für einen Begriff machen soll; denn die Veränderung der Lage, worein der Mensch durch sein Schicksal gesetzt ist, oder in die er sich auch, als Abenteurer, selbst setzt, erschweren es der Anthropologie sehr, sie zum Rang einer förmlichen Wissenschaft zu erheben.

Endlich sind zwar[2] eben nicht Quellen, aber doch Hülfsmittel zur Anthropologie: Weltgeschichte, Biographien, ja Schauspiele und Romane. Denn obzwar bei den letzteren eigentlich nicht Erfahrung und Wahrheit, sondern nur Erdichtung untergelegt wird, und Übertreibung der Charaktere und Situationen, worein Men||schen gesetzt werden, gleich als im Traumbilde aufzustellen hier erlaubt ist, jene also nichts für die Menschenkenntnis zu lehren scheinen, so haben doch jene Charaktere, so wie sie etwa ein Richardson oder Molière entwarf, ihren Grundzügen nach aus der Beobachtung des wirklichen Tun und Lassens der Menschen genommen werden müssen; weil sie zwar im Grade über-

[1] A: »beobachtet er sich *aber, so* ruhen die Triebfedern«. – [2] A: »sind *es* zwar«.

trieben, der Qualität nach aber doch mit der menschlichen Natur übereinstimmend sein müssen.

Eine systematisch entworfene und doch populär (durch Beziehung auf Beispiele, die sich dazu von jedem Leser auffinden lassen) in pragmatischer Hinsicht abgefaßte Anthropologie führt den Vorteil für das lesende Publikum bei sich: daß || durch die Vollständigkeit der Titel, unter welche diese oder jene menschliche, ins Praktische einschlagende, beobachtete Eigenschaft gebracht werden kann, so viel Veranlassungen und Auffoderungen demselben hiemit gegeben werden, jede besondere zu einem eigenen Thema zu machen, um sie in das ihr zugehörende Fach zu stellen; wodurch die Arbeiten in derselben sich von selbst unter die Liebhaber dieses Studiums verteilen und durch die Einheit des Plans nach gerade zu einem Ganzen vereinigt werden; wodurch dann der Wachstum der gemeinnützigen Wissenschaft befördert und beschleunigt wird.*

* In meinem anfänglich frei übernommenen, späterhin mir als Lehramt aufgetragenen Geschäfte der reinen Philosophie habe ich einige dreißig || Jahre hindurch zwei auf Weltkenntnis abzweckende Vorlesungen: nämlich (im Winter-) Anthropologie und im (Sommerhalbenjahre)[1] physische Geographie gehalten; welchen, als populären Vorträgen beizuwohnen auch andere Stände geraten fanden; von deren ersterer dies das gegenwärtige Handbuch ist; von der zweiten aber ein solches, aus meiner zum Text gebrauchten, wohl keinem anderen als mir leserlichen, Handschrift, zu liefern mir jetzt für mein Alter kaum noch möglich sein dürfte.

[1] Akad.-Ausg.: »(im Sommerhalbenjahre)«.

||BA XIII Anm.: ||BA XIV

|*INHALT*

ERSTER TEIL
ANTHROPOLOGISCHE DIDAKTIK

Erstes Buch. Vom Erkenntnisvermögen

[1] Die Seitenzahlen beziehen sich auf B, wo allein sich ein Inhaltsverzeichnis findet. (Ausführliches Inhaltsverzeichnis des Herausgebers am Schluß des Bandes.)

|B XV

|B XVI

|| DER ANTHROPOLOGIE
ERSTER TEIL

ANTHROPOLOGISCHE DIDAKTIK

VON DER ART, DAS INNERE SOWOHL ALS DAS ÄUSSERE DES MENSCHEN ZU ERKENNEN

||BA 1

|| ERSTES[1] BUCH
VOM ERKENNTNISVERMÖGEN

VOM[2] BEWUSSTSEIN SEINER SELBST

§ 1. Daß der Mensch in seiner Vorstellung das Ich haben kann, erhebt ihn unendlich über alle andere auf Erden lebende Wesen. Dadurch ist er eine Person und, vermöge der Einheit des Bewußtseins, bei allen Veränderungen, die ihm zustoßen mögen, eine und dieselbe Person, d. i. ein von Sachen, dergleichen die vernunftlosen Tiere sind, mit[3] denen man nach Belieben schalten und walten kann, durch Rang und Würde ganz unterschiedenes Wesen; selbst wenn er das Ich noch || nicht sprechen kann; weil er es doch in Gedanken hat: wie es alle Sprachen, wenn sie in der ersten Person reden, doch denken[4] müssen, ob sie zwar diese Ichheit nicht durch ein besonderes Wort ausdrücken. Denn dieses Vermögen (nämlich zu denken) ist der Verstand.

Es ist aber merkwürdig: daß das Kind, was schon ziemlich fertig sprechen kann, doch ziemlich spät (vielleicht wohl ein Jahr nachher) allererst anfängt, durch Ich zu reden, so lange aber von sich in der dritten Person sprach (Karl will essen, gehen u.s.w.), und daß ihm gleichsam ein Licht aufgegangen zu sein scheint, wenn es den Anfang macht durch Ich zu sprechen; von welchem Tage an es niemals mehr in jene Sprechart zurückkehrt. – Vorher fühlte es bloß sich selbst, jetzt denkt es sich selbst. – Die Erklärung dieses Phänomens möchte dem Anthropologen ziemlich schwer fallen.

Die Bemerkung: daß ein Kind vor dem ersten Vierteljahr nach seiner Geburt weder Weinen noch Lächeln äußert, scheint gleichfalls auf Entwickelung gewisser Vorstellungen, von Beleidigung und Unrechttun[5], welche gar zur Vernunft hindeuten, zu beruhen. – Daß es den in[6] diesem Zeitraum ihm vorgehaltenen glänzenden Gegenständen mit Augen zu folgen anhebt, ist der rohe Anfang des Fortschreitens von Wahrnehmungen (Apprehension der Empfindungsvor-

[1] A: »*Des ersten Teils* Erstes«. – [2] A: »*Erster Abschnitt.* Vom«. – [3] H: »und mit«. – [4] H (Cassirer): »denken«. – [5] H (Cassirer): »Wohltun«. – [6] H (Cassirer): »es in«.

||BA 3, 4

stellung), um sie zum[1] Erkenntnis der Gegenstände der Sinne, d. i. der Erfahrung zu erweitern.

|| Daß ferner, wenn es nun zu sprechen versucht, das Radbrechen der Wörter es für Mütter und Ammen so liebenswürdig *und diese geneigt*[2] macht, es beständig zu herzen und zu küssen, es[3] auch wohl, durch Erfüllung *jedes Wunsches* und[4] Willens, zum kleinen Befehlshaber zu verziehen: diese Liebenswürdigkeit des Geschöpfs, im Zeitraum seiner Entwickelung zur Menschheit, muß wohl auf Rechnung seiner Unschuld und Offenheit aller seiner noch fehlerhaften Äußerungen, wobei noch kein Hehl und nichts Arges ist, einerseits, andrerseits aber auf den natürlichen Hang der Ammen zum Wohltun an einem Geschöpf, welches einschmeichelnd sich des andern Willkür gänzlich überläßt, geschrieben werden, da ihm eine Spielzeit eingewilligt wird, die glücklichste unter allen, wobei der Erzieher dadurch, daß er sich selber gleichsam zum Kinde macht, diese Annehmlichkeit nochmals genießt.[5]

Die Erinnerung seiner Kinderjahre reicht aber bei weitem nicht bis an jene Zeit; weil sie nicht die Zeit der Erfahrungen, sondern bloß zerstreuter unter *den*[2] Begriff des Objekts noch nicht vereinigter[6] Wahrnehmungen war.

VOM EGOISM

§ 2. Von dem Tage an, da der Mensch anfängt durch Ich zu sprechen, bringt er sein geliebtes Selbst, wo er nur darf, zum Vorschein, und der Egoism schreitet unaufhaltsam fort; wenn nicht offenbar (denn da widersteht ihm der Egoism anderer), doch verdeckt und mit[7] scheinbarer Selbstverleugnung und vorgeblicher Be||scheidenheit, sich desto sicherer im Urteil anderer einen vorzüglichen Wert zu geben.

[1] H: »Anfang von Wahrnehmungen (...) zum«. – [2] Zusatz von B. – [3] A: »*und* es«. – [4] A: »*alles Wunsch* und«. – [5] Am Rand von H: »Das Erkenntnis [seiner sel] besteht aus zwei Stücken der Anschauung und dem Denken. [Das] in ‹?› dem Bewußtsein beider sich seiner bewußtsein ist nicht sich selbst wahrnehmen sondern die Vorstellung des Ich im Denken. Um sich zu kennen, muß man sich wahrnehmen. perceptio. wozu auch apperceptio«. – [6] H: »unter keinem Begriff des Objekts vereinigter«. – [7] H (Akad.-Ausg., Cassirer): »um mit«.

||BA 5, 6

Der Egoism kann dreierlei Anmaßungen enthalten: die des Verstandes, des Geschmacks und des praktischen Interesse, d. i. er kann logisch, oder ästhetisch, oder praktisch sein.

Der logische Egoist hält es für unnötig, sein Urteil auch am Verstande anderer zu prüfen; gleich als ob er dieses Probiersteins (criterium veritatis externum) gar nicht bedürfe. Es ist aber so gewiß, daß wir dieses Mittel, uns der Wahrheit unseres Urteils zu versichern, nicht entbehren können, daß es vielleicht der wichtigste Grund ist, warum das gelehrte Volk so dringend nach der Freiheit der Feder schreit; weil, wenn diese verweigert wird, uns zugleich ein großes Mittel entzogen wird, die Richtigkeit unserer eigenen Urteile zu prüfen, und wir dem Irrtum preis gegeben werden. Man sage ja nicht, daß wenigstens die Mathematik privilegiert sei, aus eigener Machtvollkommenheit abzusprechen; denn wäre nicht die wahrgenommene durchgängige Übereinstimmung der Urteile des Meßkünstlers mit dem Urteile aller anderen, die sich diesem Fache mit Talent und Fleiß widmeten, vorhergegangen, so würde sie selbst der Besorgnis, irgendwo in[1] Irrtum zu fallen, nicht entnommen sein. – Gibt es *doch* auch[2] manche Fälle, wo wir sogar dem Urteil unserer eigenen Sinne allein nicht trauen, z.B. ob ein Geklingel bloß in unseren Ohren, oder *ob es*[3] das Hören wirklich gezogener Glocken sei, sondern noch andere zu befragen nötig fin||den, ob es sie nicht auch so *dünke*. Und, ob wir gleich im[4] Philosophieren wohl eben nicht, wie die Juristen *sich* auf Urteile der Rechtserfahrenen, uns *auf andrer Urteile* zu[5] Bestätigung unserer eigenen berufen dürfen, so[6] würde doch ein jeder Schriftsteller, der[7] keinen Anhang findet, mit seiner öffent-

[1] H (Cassirer): »irgendwie in«. – [2] A: »es *nicht* auch«. – [3] Zusatz von B. – [4] A: »*dünkt* und, obgleich wir im«. – [5] A: »Juristen, uns auf Urteile der Rechtserfahrenen zu«. – [6] H (Cassirer): »dürfen, ja nicht sollen, so«. – [7] H: »Schriftsteller, [wenn ihm der öffentliche Beifall allgemein entzogen würde bei anderen die sich auf dergleichen Nachforschungen nicht zu verstehen freimütig bekennen dennoch im Verdacht bleiben daß es Irrtum sein müsse was er gelehrt hat; denn über das Urteil anderer [kann] als Probierstein der Wahrheit [nicht entbehrt werden] kann man nicht so gleichgültig hinweg sehen] der«.

||BA 7

lich erklärten Meinung, die sonst von Wichtigkeit ist, in[1] Verdacht des Irrtums kommen.

Eben darum ist es ein Wagestück: eine der allgemeinen Meinung, selbst der Verständigen, widerstreitende Behauptung ins Publikum zu spielen. Dieser Anschein des Egoisms heißt die Paradoxie. Es ist nicht eine Kühnheit, etwas auf die Gefahr, daß es unwahr sei, sondern nur daß es bei wenigen Eingang finden möchte, zu wagen. – Vorliebe fürs Paradoxe ist zwar logischer Eigensinn, nicht Nachahmer von anderen sein zu wollen, sondern als ein seltener[2] Mensch zu erscheinen, statt dessen *ein solcher oft* nur[3] den Seltsamen macht. Weil aber doch ein jeder seinen eigenen Sinn haben und behaupten muß (Si omnes patres sic, at ego non sic.[4] Abaelard): so ist der Vorwurf der Paradoxie, wenn sie nicht auf Eitelkeit, sich bloß unterscheiden zu wollen, gegründet ist, von keiner schlimmen Bedeutung. – Dem Paradoxen ist das Alltägige entgegengesetzt, was die gemeine Meinung auf seiner Seite hat. Aber bei diesem ist eben so wenig Sicherheit, wo nicht noch weniger, weil es *einschläfert*[5]; statt dessen das Paradoxon das Gemüt zur Aufmerksamkeit und Nachforschung erweckt, die oft zu Entdeckungen führt.

Der ästhetische Egoist ist derjenige, *dem*[6] sein eigener Geschmack schon gnügt; es mögen nun andere || seine Verse, Malereien, Musik u. d. g. noch so schlecht finden, tadeln oder gar verlachen. Er beraubt sich selbst des Fortschritts zum Besseren, wenn er sich mit seinem Urteil isoliert, sich selbst Beifall klatscht, und den Probierstein des Schönen der Kunst nur in sich allein sucht.

Endlich ist der moralische Egoist der, welcher alle Zwekke auf sich selbst einschränkt, der keinen Nutzen worin sieht, als in dem, was ihm nützt, auch wohl, als Eudämonist[7], bloß im Nutzen und der eigenen Glückseligkeit, nicht in der Pflichtvorstellung, den obersten Bestimmungsgrund seines

[1] H (Cassirer): »Anhang findet und mit ... Wichtigkeit ist, allein steht, bloß darum beim Publikum in«. – [2] H (Cassirer): »seltener«. – [3] A: »dessen *er* nur«. – [4] Übersetzung des Herausgebers: »Selbst wenn alle Väter ja sagen: ich nicht.« – [5] A: »*einschlummert*«. – [6] A: »*den*«. – [7] H: »Eudämonist [in seinem Prinzip sehr irrig belehrt]«.

||BA 8

Willens setzt. Denn weil jeder andere Mensch sich auch andere Begriffe von dem macht, was er zur Glückseligkeit rechnet, so ist's gerade der Egoism, der *es so weit bringt*, gar[1] keinen Probierstein des echten Pflichtbegriffs zu haben, als welcher durchaus[2] ein allgemein geltendes Prinzip sein muß. – Alle Eudämonisten sind daher praktische Egoisten.

Dem Egoism kann nur der Pluralism entgegengesetzt werden, d. i. die Denkungsart: sich nicht als die ganze Welt in seinem Selbst befassend, sondern als einen bloßen Weltbürger zu betrachten und zu verhalten. – So viel gehört davon zur Anthropologie. Denn, was diesen Unterschied nach metaphysischen Begriffen betrifft, so liegt er ganz außer dem Felde der hier abzuhandelnden Wissenschaft. Wenn nämlich bloß die Frage wäre, ob ich, als denkendes Wesen, außer meinem Dasein noch das Dasein eines Ganzen anderer, mit mir in Gemeinschaft stehender, Wesen (Welt genannt) anzunehmen Ursache habe, so ist sie nicht anthropologisch, sondern bloß metaphysisch.

|| Anmerkung über die Förmlichkeit der egoistischen Sprache

Die Sprache[3] des Staatsoberhaupts zum Volk ist in unseren Zeiten gewöhnlich pluralistisch (Wir[4] N. von Gottes Gnaden u.s.w.). Es frägt sich, ob der Sinn hiebei nicht vielmehr egoistisch, d. i. eigene Machtvollkommenheit anzeigend[5], und eben dasselbe bedeuten solle, was der König von Spanien mit seinem Io el Rey (Ich, der König) sagt. Es scheint aber doch: daß jene Förmlichkeit der höchsten Autorität ursprünglich habe Herablassung (Wir, der König und sein Rat, oder die Stände) andeuten sollen. – Wie ist es aber zugegangen, daß die wechselseitige Anrede, welche in den alten klassischen Sprachen durch Du[6], mithin unitarisch,

[1] A: »*da macht*, gar«. – [2] H: »als welcher [nur in den für jedermann geltenden Bestimmungsgründen des freien Willens in Ansehung des Zwecks gefunden werden kann] durchaus«. – [3] H (Cassirer): »Sprache«. – [4] H (Cassirer): »Wir«. – [5] B_3: »anzeigen«. – [6] A: »durch Ich und Du«.

||BA 9

ausgedrückt wurde, von verschiedenen, vornehmlich germanischen Völkern, pluralistisch, durch Ihr *bezeichnet* worden?[1] wozu die *Deutschen* noch *zwei eine größere Auszeichnung der Person, mit der man spricht, andeutende Ausdrücke*, nämlich den des Er *und des Sie*[2] (gleich als wenn es gar keine Anrede, sondern Erzählung von Abwesenden[3] *und zwar entweder einem oder mehrern*[4] wäre) erfunden haben; *worauf* endlich[5], zu Vollendung aller Ungereimtheiten der vorgeblichen Demütigung unter dem Angeredeten und Erhebung des anderen über sich, statt der Person, das Abstraktum der Qualität des Standes des Angeredeten (Ew. Gnaden, Hochgeb., Hoch- und Wohledl. u.d.g.) in Gebrauch gekommen. – Alles vermutlich durch das Feudalwesen, nach welchem *dafür gesorgt wurde, daß*[4] von der königlichen Würde an durch alle Abstufungen bis dahin, wo die Menschenwür¦de gar aufhört, und bloß der Mensch bleibt, d. i. *bis zu*[4] dem | Stande des Leibeigenen, der allein von seinem Oberen durch Du angeredet werden, oder eines Kindes, was noch nicht einen eigenen Willen haben darf, – der Grad der Achtung, der dem Vornehmeren gebührt, ja nicht verfehlt *würde*[6].

VON DEM WILLKÜRLICHEN BEWUSSTSEIN SEINER VORSTELLUNGEN

§ 3. *Das Bestreben, sich seiner Vorstellungen bewußt zu werden,* ist[7] entweder das Aufmerken (attentio), oder das Absehen von einer Vorstellung, deren ich mir bewußt bin (abstractio). – Das letztere ist nicht etwa bloße Unterlassung und Verabsäumung des ersteren (denn das wäre Zerstreuung (distractio)), sondern ein wirklicher Akt des Erkenntnisvermögens, eine Vorstellung, deren ich mir bewußt bin, von der Verbindung mit anderen in Einem[8] Bewußtsein abzuhalten. – Man sagt daher nicht, etwas abstrahieren (ab-

[1] A: »durch Ihr *und Sie umgewandelt* worden?« – [2] A: »wozu die *letztern* noch *einen mittleren, zur Mäßigung der Herabsetzung des Angeredeten, ausgedachten Ausdruck,* nämlich den des Er«. – [3] A: »von *einem* Abwesenden«. – [4] Zusatz von B. – [5] A: »haben, *und* endlich«. – [6] A: »verfehlt *werde*«. – [7] A: »*Dieses Verfahren mit sich selbst* ist«. – [8] H (Cassirer): »einem«.

¦|BA 10

sondern), sondern von etwas, d.i. einer Bestimmung[1] des Gegenstandes meiner Vorstellung, abstrahieren, wodurch diese die Allgemeinheit eines Begriffs erhält, und so in den Verstand aufgenommen wird.

Von einer Vorstellung abstrahieren zu können, selbst wenn sie sich dem Menschen durch den Sinn aufdringt, ist ein weit größeres Vermögen, als das zu attendieren; weil es eine Freiheit des Denkungsvermögens und die Eigenmacht des Gemüts beweist, den Zustand seiner Vorstellungen in seiner Gewalt zu haben (animus sui compos). – In dieser Rücksicht ist nun das Abstraktionsvermögen viel schwerer, aber ⁞| auch wichtiger, als das der Attention, wenn es Vorstellungen der Sinne betrifft.

Viele Menschen sind unglücklich, weil sie nicht abstrahieren können. Der Freier könnte eine gute Heurat machen, wenn er nur über eine Warze im Gesicht oder eine Zahnlücke seiner Geliebten wegsehen[2] könnte. Es ist aber eine besondere Unart unseres Attentionsvermögens, gerade darauf, was fehlerhaft an anderen ist, auch unwillkürlich seine Aufmerksamkeit zu heften: seine Augen auf einen dem Gesicht gerade gegen über am Rock fehlenden Knopf, oder die Zahnlücke, oder einen angewohnten Sprachfehler zu richten, und den anderen dadurch zu verwirren, sich selbst aber auch im Umgange das Spiel zu verderben. – Wenn das Hauptsächliche gut ist, so ist es nicht allein billig, sondern auch klüglich gehandelt, über das Üble an anderen, ja selbst unseres eigenen Glückszustandes, wegzusehen; aber dieses Vermögen zu abstrahieren ist eine Gemütsstärke[3], welche nur durch Übung erworben werden kann.[4]

VON DEM BEOBACHTEN[5] SEINER SELBST

§ 4. Das Bemerken (animadvertere) ist noch nicht ein Beobachten (observare) seiner selbst. Das letztere ist eine

[1] H: »sondern von einer [Vorstellung abstrahieren] Bestimmung«. – [2] H: »Zahnlücke wegsehen«. – [3] H: »eine Seelenstärke«. – [4] Am Rand von H: »als Ganzes ‹?n?› Zustand der Vorstell: in seiner Gewalt haben«. – [5] H: »Beobachter«.

⁞|BA 11

methodische Zusammenstellung der an uns selbst gemachten Wahrnehmungen, welche den Stoff *zum* Tagebuch *eines* Beobachters[1] seiner selbst abgibt, und leichtlich zu Schwärmerei[2] und Wahnsinn hinführt.

Das Aufmerken (attentio) auf sich selbst, wenn man mit Menschen zu tun hat, ist zwar notwendig, || muß aber im Umgange nicht sichtbar werden; denn da macht es entweder geniert (verlegen) oder affektiert (geschroben)[3]. Das Gegenteil von beiden ist die Ungezwungenheit (das air dégagé); ein Vertrauen zu sich selbst, von andern in seinem Anstande nicht nachteilig beurteilt zu werden. Der, welcher sich so stellt, als ob er sich vor dem Spiegel beurteilen wolle, wie es ihm lasse, oder so spricht, als ob er sich (nicht bloß als ob ein anderer ihn) sprechen höre, ist eine Art von Schauspieler. Er will repräsentieren und erkünstelt einen Schein von seiner eigenen Person; wodurch, wenn man diese Bemühung an ihm wahrnimmt, er im Urteil anderer einbüßt, weil sie *den* Verdacht einer Absicht zu betrügen erregt[4]. – Man nennt die Freimütigkeit in der Manier, sich äußerlich zu zeigen, die zu keinem solchen Verdacht Anlaß gibt, das natürliche Betragen *(welches darum* doch nicht *alle* schöne Kunst und Geschmacks-Bildung *ausschließt)*, und[5] es gefällt durch die bloße Wahrhaftigkeit in Äußerungen. Wo aber zugleich Offenherzigkeit aus Einfalt, d. i. aus Mangel einer schon zur Regel gewordenen Verstellungskunst, aus der Sprache hervorblickt, da heißt sie Naivetät.

Die offene[6] Art, sich zu erklären, an einem der Mannbarkeit sich nähernden Mädchen, oder einem mit der städtischen Manier unbekannten Landmann, erweckt, durch die Unschuld und Einfalt (die Unwissenheit in der Kunst zu scheinen), ein fröhliches Lachen bei denen, die in dieser Kunst schon geübt und gewitzigt sind. Nicht ein Auslachen mit Verachtung: denn man ehrt doch hiebei im Herzen die

[1] A: »*zu einem* Tagebuch *des* Beobachters«. – [2] H: »und auf Schwärmerei«. – [3] H: »affektiert [(gezwungen)] (geschroben)«. – [4] A: »weil sie *von* einer Absicht zu betrügen Verdacht erregt«. – [5] A: »Betragen: *wenn es übrigens* doch nicht *ohne* schöne Kunst und Geschmacks-Bildung *sein mag* und«. – [6] H: »Die [naive] offene«.

|| BA 12

Lauterkeit und Aufrichtigkeit; sondern ein || gutmütiges liebevolles Belachen der Unerfahrenheit in der bösen, obgleich auf unsere schon verdorbene Menschennatur gegründeten, Kunst zu scheinen, die man eher beseufzen als belachen sollte; wenn man sie mit der Idee einer noch unverdorbenen Natur vergleicht.* Es ist eine augenblickliche Fröhlichkeit, wie von einem bewölkten Himmel, der sich an einer Stelle einmal öffnet, den Sonnenstrahl durchzulassen, aber sich so fort wieder zuschließt, um der blöden Maulwurfsaugen der Selbstsucht zu schonen.

Was aber die eigentliche Absicht dieses § betrifft, nämlich die obige Warnung, sich mit der Ausspähung und gleichsam studierten Abfassung einer inneren Geschichte des unwillkürlichen Laufs seiner Gedanken und Gefühle durchaus nicht zu befassen, so geschieht sie darum, weil es der gerade Weg ist, in Kopfverwirrung vermeinter höherer Eingebungen, und, ohne unser Zutun, wer weiß woher, auf[1] uns einfließenden Kräfte, in Illuminatism oder Terrorism zu geraten. Denn unvermerkt machen wir hier vermeinte Entdekkungen von dem, was wir selbst in uns hineingetragen haben; wie eine Bourignon mit schmeichelhaften, oder ein Pascal *mit schreckenden und ängstlichen Vorstellungen, in welchen Fall* selbst[2] ein sonst vortrefflicher Kopf, Albrecht Haller, *geriet,*[3] der, bei seinem lange geführten, oft auch unterbrochenen Diarium seines Seelenzustandes zuletzt dahin gelangte, einen berühmten Theologen, seinen vormaligen akademischen Kollegen, den D. Leß zu[4] befragen: ob er nicht || in seinem weitläuftigen Schatz der Gottesgelahrtheit Trost für seine beängstigte Seele antreffen könne.

Die verschiedenen Akte der Vorstellungskraft in mir zu beobachten, wenn ich sie herbeirufe, ist des Nachden-

* In Rücksicht auf diese könnte man den bekannten Vers des Persius so parodieren: Naturam videant ingemiscantque relicta.[5]

[1] H: »vermeinten inner[lich]en [Wahrnehmung] Eingebungen [von in der Seele] und ohne unser Zutun [wirksamen Prinzipien] auf«. – [2] A: »Pascal *und* selbst«; H: »Pascal mit schreckhaften und selbst«. – [3] Zusatz von B. – [4] H: »Kollegen zu«. – [5] Übersetzung des Herausgebers: »Mögen sie die Natur sehen und die verlassene beseufzen.«

||BA 13, 14

kens wohl wert; für Logik und Metaphysik nötig und nützlich. – Aber sich belauschen zu wollen, so wie sie auch ungerufen von selbst ins Gemüt kommen (das geschieht durch das Spiel der unabsichtlich dichtenden Einbildungskraft[1]), ist, weil alsdann die Prinzipien des Denkens nicht (wie sie sollen[2]) vorangehen, sondern hintennach folgen, eine Verkehrung der natürlichen Ordnung im Erkenntnisvermögen und ist entweder schon eine Krankheit des Gemüts (Grillenfängerei), oder führt zu derselben und zum Irrhause. Wer von inneren Erfahrungen (von der Gnade, von Anfechtungen) viel zu erzählen weiß, mag bei seiner Entdeckungsreise *zur* Erforschung[3] seiner selbst immer nur in Anticyra vorher anlanden. Denn es ist mit jenen inneren *Erfahrungen*[4] nicht so bewandt, wie mit den äußeren, von Gegenständen im Raum[5], worin die Gegenstände nebeneinander und[6] als bleibend[7] festgehalten *erscheinen*[8]. Der innere Sinn sieht die Verhältnisse seiner Bestimmungen nur in der Zeit, mithin im Fließen; wo keine Dauerhaftigkeit der Betrachtung, die doch zur Erfahrung notwendig ist, statt findet.*

* Wenn wir uns die innere Handlung (Spontaneität), wodurch ein Begriff (ein Gedanke) möglich wird, die Reflexion, die Empfänglichkeit (Rezeptivität), wodurch eine Wahrnehmung (perceptio), d. i. empirische || Anschauung möglich wird, die Apprehension, beide Akte aber mit Bewußtsein vorstellen, so kann das Bewußtsein seiner

[1] H: »der Einbildungskraft«. – [2] H (Cassirer): »sollten«. – [3] A: »*der* Erforschung«. – [4] Zusatz von B. – [5] H (Cassirer): »im Raum«. – [6] H: »und [beharrlich den Sinnen vorgelegt werden können sondern wo, nämlich in der Zeit die Phänomene (des Gemüts) im beständigen Flusse sind und in verschiedenen Stunden immer verschiedene Ansichten eben desselben Objekts geben welches hier die Seele (das Subjekts ‹?› selber) ist] [dem Erkenntnisvermögen [immer aufs neue] untergelegt werden können um eine Erfahrung zu begründen sondern die innern Wahrnehmungen die nach [ihrem] dem Verhältnis in der Zeit einander beigeordnet werden [stellen ihren Gegenstand gleichsam] sind selbst im Fließen begriffen [vor mit und in kontinuierlicher Veränderung] (dem Vergehen einiger und dem Entstehen anderer) [vor] wodurch es leicht geschieht daß Einbildungen statt Wahrnehmungen eingeschoben werden und was wir [unversehens selbst] hinzu dichten fälschlich für innere Erfahrung genommen [wird] und uns von uns selbst angedichtet*]«. – [7] H (Cassirer): »bleibend«. – [8] A: »festgehalten *Erfahrungen abgeben*«; H: »festgehalten werden«.

Anm.: ||BA 15

|| VON DEN VORSTELLUNGEN, DIE WIR HABEN, OHNE UNS IHRER BEWUSST ZU SEIN

§ 5. *Vorstellungen zu haben und sich ihrer doch nicht bewußt zu sein, darin* scheint ein[1] Widerspruch zu liegen; denn wie können wir wissen, daß wir sie haben, wenn wir uns ihrer nicht bewußt sind? Diesen Einwurf machte schon Locke, der darum auch das Dasein solcher Art Vor-

selbst (apperceptio) in das der Reflexion und das der Apprehension eingeteilt werden. Das erstere ist ein Bewußtsein des Verstandes, das zweite der innere Sinn; jenes die reine, dieses die empirische Apperzeption, da[2] dann jene fälschlich der innere Sinn genannt wird. – In der Psychologie erforschen wir uns selbst nach unseren Vorstellungen des inneren Sinnes; in der Logik aber nach dem, was das intellektuelle Bewußtsein an die Hand gibt. – Hier scheint uns nun das Ich doppelt zu sein (welches widersprechend wäre): 1) Das Ich, als Subjekt des Denkens (in der Logik), welches die reine Apperzeption bedeutet (das bloß reflektierende Ich), und von welchem gar nichts weiter zu sagen, sondern das eine ganz einfache Vorstellung ist. 2) Das Ich, als das Objekt der Wahrnehmung, mithin des inneren Sinnes, was eine Mannigfaltigkeit von Bestimmungen enthält, die eine innere Erfahrung[3] möglich machen.

Die Frage, ob bei den verschiedenen inneren Veränderungen des Gemüts[4] (seines Gedächtnisses oder der von ihm angenommenen Grundsätze) der Mensch, wenn er sich dieser Veränderungen bewußt ist, noch sagen könne, er sei ebenderselbe (der Seele nach), ist eine ungereimte Fra||ge; denn er kann sich dieser Veränderungen nur dadurch bewußt sein, daß er sich in den verschiedenen Zuständen als ein und dasselbe Subjekt vorstellt, und das Ich des Menschen ist zwar der Form (der Vorstellungsart) nach, aber nicht der Materie (dem Inhalte) nach zwiefach.[5]

[1] A: »*Es* scheint *hierin* ein«. – [2] H: »Apperzeption [des inneren Sinnes]; da«. – [3] H (Akad.-Ausg., Cassirer): »Erfahrung«. – [4] H: »des [Menschen] Gemüts«. – [5] Am Rand von H: »Von dem anschauenden und reflektierenden Bewußtsein. Das erstere kann empirisch oder a priori sein Das andere ist nie empirisch sondern jederzeit intellektual. // Das letztere ist entweder attendieren oder abstrahieren Wichtigkeit im pragmatischen Gebrauch. // Reflexion ist die Vergleichung der Vorstellungen mit Bewußtsein wodurch ein Begriff (des Objekts) möglich wird. Sie geht also vor dem Begriffe vorher setzt aber Vorstellungen ‹?› überhaupt voraus // Das Bewußtsein seiner selbst (appercept:) ist nicht empirisch Aber das Bewußtsein der Apprehension einer (a posteriori) gegebnen Vorstellung ist empirisch. // Doppelt Ich // Vom willkürlichen Ignorieren und keine Notiz nehmen«.

stellungen verwarf. – Allein wir können uns || doch mittelbar bewußt sein, eine Vorstellung zu haben, ob wir gleich unmittelbar *uns*[1] ihrer nicht bewußt sind. – Dergleichen Vorstellungen heißen dann dunkele; die übrigen sind klar, und, wenn ihre Klarheit sich auch auf die Teilvorstellungen eines Ganzen derselben und ihre Verbindung erstreckt, deutliche Vorstellungen; es sei des Denkens oder der Anschauung.

Wenn ich weit von mir auf einer Wiese einen Menschen zu sehen mir bewußt bin, ob ich gleich seine Augen, Nase, Mund u.s.w. zu sehen mir nicht bewußt bin, so schließe ich eigentlich nur, daß dies Ding ein Mensch sei; denn wollte ich darum, weil ich mir nicht bewußt bin, diese Teile des Kopfs (und so auch die übrigen Teile dieses Menschen) wahrzunehmen, die Vorstellung derselben in meiner Anschauung gar nicht zu haben behaupten, so würde ich auch nicht sagen können, daß ich einen Menschen sehe; denn aus diesen Teilvorstellungen ist die ganze (des Kopfs oder des Menschen) zusammengesetzt.

Daß das Feld unserer Sinnenanschauungen und Empfindungen, deren wir uns nicht bewußt sind, ob wir gleich unbezweifelt schließen können, daß wir sie haben, d. i. dunkeler Vorstellungen im Menschen (und so auch in Tieren), unermeßlich sei, die klaren dagegen nur unendlich wenige Punkte derselben enthalten, die dem || Bewußtsein offen liegen; daß gleichsam auf der großen Karte unseres Gemüts nur wenig Stellen illuminiert sind, kann uns Bewunderung über unser eigenes Wesen einflößen: denn eine höhere Macht dürfte nur rufen: es werde Licht! so würde auch ohne Zutun des Mindesten (z. B. wenn wir einen Literator mit allem dem nehmen, was er in seinem Gedächtnis hat) gleichsam eine halbe Welt ihm vor Augen liegen. Alles, was das bewaffnete Auge durchs Teleskop (etwa am Monde) oder durchs Mikroskop (an Infusionstierchen) entdecket, wird durch unsere bloßen Augen gesehen; denn diese optischen Mittel bringen ja nicht mehr Lichtstrahlen und dadurch erzeugte Bilder ins Auge, als auch ohne jene künstliche Werkzeuge sich

[1] Zusatz von B.

||BA 16, 17

auf der Netzhaut gemalt haben würden, sondern breiten sie nur mehr aus, um uns ihrer bewußt zu werden. – Eben das gilt von den Empfindungen des Gehörs, wenn der Musiker mit zehn Fingern und beiden Füßen eine Phantasie auf der Orgel spielt, und wohl auch noch mit einem neben ihm Stehenden spricht, wo so eine Menge Vorstellungen in wenig Augenblicken in der Seele erweckt werden, deren jede zu ihrer Wahl überdem noch ein besonderes Urteil über die Schicklichkeit bedurfte; weil ein einziger der Harmonie nicht gemäßer Fingerschlag sofort als Mißlaut vernommen werden würde, und doch das Ganze so ausfällt, daß der frei phantasierende Musiker oft wünschen möchte, manches von ihm glücklich ausgeführte Stück, dergleichen er vielleicht sonst mit allem Fleiß nicht so gut zu Stande zu bringen hofft, in Noten aufbehalten zu haben.

|| So ist das Feld d u n k l e r Vorstellungen das größte im Menschen. – Weil es aber diesen nur in seinem passiven Teile, als Spiel der Empfindungen wahrnehmen läßt, so gehört die Theorie derselben doch nur *zur* physiologischen Anthropologie, nicht zur pragmatischen, worauf[1] es hier eigentlich abgesehen[2] ist.

Wir spielen nämlich oft mit dunkelen Vorstellungen, und haben ein Interesse, beliebte[3] oder unbeliebte Gegenstände vor der Einbildungskraft in Schatten zu stellen; öfter aber noch sind wir selbst ein Spiel dunkeler Vorstellungen, und unser Verstand vermag nicht, sich wider die Ungereimtheiten zu retten, in die ihn der Einfluß derselben versetzt, ob er sie gleich als Täuschung anerkennt.

So ist es mit *der*[4] Geschlechtsliebe bewandt, so fern sie eigentlich nicht das Wohlwollen, sondern vielmehr den Genuß ihres Gegenstandes beabsichtigt. Wie viel Witz ist nicht von jeher verschwendet worden, einen dünnen Flor über das zu werfen, was zwar beliebt *ist*[5], aber doch den Menschen mit der gemeinen Tiergattung in so naher Verwandtschaft

[1] A: »doch nicht zur pragmatischen Anthropologie, *sondern* nur *der* physiologischen; worauf«. – [2] H: »eigentlich nicht abgesehen«. – [3] H (Cassirer): »Interesse dabei, beliebte«. – [4] Zusatz von B, doch auch schon in H. – [5] Zusatz von B.

||BA 18

sehen läßt, daß die Schamhaftigkeit dadurch aufgefordert wird, und die Ausdrücke in feiner Gesellschaft nicht unverblümt, *wenn gleich* zum[1] Belächeln durchscheinend genug, hervortreten dürfen. – Die Einbildungskraft mag hier gern im Dunkeln spazieren, und es gehört immer nicht gemeine Kunst dazu, wenn, um den Zynism zu vermeiden, man nicht in den lächerlichen Purism zu verfallen Gefahr laufen will.

|| Andererseits sind wir auch oft genug das Spiel dunkeler Vorstellungen, welche nicht verschwinden wollen, wenn sie gleich der Verstand beleuchtet. Sich das Grab in seinem Garten oder unter einem schattichten Baum, im Felde oder im trockenen Boden, zu bestellen, ist oft eine wichtige Angelegenheit für einen Sterbenden: ob zwar er im ersteren Fall *keine* schöne[2] Aussicht zu hoffen, im letzteren aber von der Feuchtigkeit den Schnupfen zu besorgen *nicht* Ursache[3] hat.

Daß das Kleid den Mann mache, gilt in gewisser Maße auch für den Verständigen. Das russische Sprichwort sagt zwar: »Man empfängt den Gast nach seinem Kleide und begleitet ihn nach seinem Verstande«; aber der Verstand kann doch den Eindruck dunkeler Vorstellungen von einer gewissen Wichtigkeit, den eine wohlgekleidete Person macht, nicht verhüten, sondern allenfalls nur das vorläufig über sie gefällete Urteil hinten nach zu berichtigen den Vorsatz haben[4].

Sogar wird studierte Dunkelheit oft mit gewünschtem Erfolg gebraucht, um Tiefsinn und Gründlichkeit vorzuspiegeln; wie etwa in der Dämmerung oder durch einen Nebel gesehene Gegenstände immer größer gesehen werden, als sie sind.* Das Skotison[5] (mach's dunkel) || ist der Machtspruch[6] aller Mystiker, um durch gekünstelte Dunkelheit Schatz-

* Dagegen, beim Tageslicht besehen, scheint das, was heller ist, als die umgebenden Gegenstände, auch größer zu sein, z. B. weiße Strümpfe stellen vollere Waden vor als schwarze; ein Feuer in der Nacht, auf einem hohen Berge angelegt, scheint größer zu sein, als man es beim Aus||messen befindet. – Vielleicht läßt sich daraus auch die scheinbare

[1] A: »*aber doch* zum«. – [2] A: »*nicht* schöne«. – [3] A: »*keine* Ursache«. – [4] H (Cassirer): »sondern das daraus gezogene Urteil hinten nach nur berichtigen«. – [5] H (Cassirer): »Skotison«. – [6] H (Cassirer): »Wahlspruch«.

||BA 19, 20 Anm.: || BA 20

gräber der Weisheit anzulocken. – Aber überhaupt ist auch ein gewisser Grad des Rätselhaften in einer Schrift dem Leser nicht unwillkommen; weil ihm dadurch seine eigene Scharfsinnigkeit fühlbar wird, das Dunkele in klare Begriffe aufzulösen.

VON DER DEUTLICHKEIT UND UNDEUTLICHKEIT IM BEWUSSTSEIN SEINER VORSTELLUNGEN

§ 6. Das Bewußtsein seiner Vorstellungen, welches zur Unterscheidung eines Gegenstandes von anderen zureicht, ist Klarheit. Dasjenige aber, wodurch auch die Zusammensetzung der Vorstellungen klar wird, heißt Deutlichkeit. Die letztere macht es allein, daß eine Summe von Vorstellungen Erkenntnis wird; worin dann, weil eine jede Zusammensetzung mit Bewußtsein Einheit desselben, folglich eine Regel für jene voraussetzt, Ordnung in diesem Mannigfaltigen gedacht wird. – Der deutlichen Vorstellung kann man nicht die verworrene (perceptio confusa), || sondern muß ihr bloß die undeutliche (mere clara) entgegensetzen. Was verworren ist, muß zusammengesetzt sein; denn im Einfachen gibt es weder Ordnung noch Verwirrung. Die letztere ist also die Ursache der Undeutlichkeit, nicht die Definition derselben. – In jeder vielhaltigen Vorstellung (perceptio complexa), dergleichen ein jedes Erkenntnis ist (weil dazu immer Anschauung und Begriff erfordert wird), beruht die Deutlichkeit auf der

Größe des[1] Mondes und eben so die dem Anschein nach größere Weite der Sterne von einander, nahe am Horizont, erklären; denn *in beiden Fällen erscheinen uns* leuchtende Gegenstände, die[2] nahe am Horizont durch eine mehr verdunkelnde Luftschicht gesehen werden, als hoch am Himmel, und was dunkel ist, wird durch das umgebende Licht auch als[3] kleiner beurteilt. Beim Scheibenschießen würde also eine schwarze Scheibe, mit einem weißen Zirkel in der Mitte, zum Treffen günstiger sein als umgekehrt.[4]

[1] H (Cassirer): »die scheinbar größere Gestalt des«. – [2] A: »denn *beides stellt* leuchtende Gegenstände *vor*, die«. – [3] H: »Licht noch als«. – [4] Am Rand von H: »Klarheit der Begriffe (Verstandesklarheit) und der Darstellung der Begriffe. Diese ist Helligkeit des Kopfs«.

||BA 21

Ordnung, nach der die Teilvorstellungen zusammengesetzt werden, die dann entweder (die bloße Form betreffend) eine bloß logische[1] Einteilung in obere und untergeordnete (perceptio primaria et secundaria), oder eine reale Einteilung in Haupt- und Nebenvorstellungen (perceptio principalis et adhaerens) veranlassen; durch welche Ordnung das Erkenntnis deutlich wird. – Man sieht wohl, daß, wenn[2] das Vermögen der Erkenntnis überhaupt Verstand (in der allgemeinsten Bedeutung des Worts) heißen soll, dieser das Auffassungsvermögen (attentio) gegebener Vorstellungen, um Anschauung, das Absonderungsvermögen dessen, was mehreren gemein ist (abstractio), um Begriff, und das Überlegungsvermögen (reflexio), um Erkenntnis des Gegenstandes hervorzubringen, enthalten müsse.

Man nennt den, welcher diese Vermögen[3] im vorzüglichen Grade besitzt, einen Kopf; den, dem sie in sehr kleinem Maß beschert sind, einen Pinsel (weil er immer von andern geführt zu werden bedarf); den aber, der sogar Originalität im Gebrauch desselben bei sich führt (kraft deren er, was gewöhnlicherweise unter || fremder Leitung gelernt werden muß, aus sich selbst hervorbringt), ein Genie.

Der nichts gelernt[4] hat, was man doch gelehrt werden muß, um es zu wissen, heißt ein Ignorant, wenn er es hätte wissen sollen; *so fern* er[5] einen Gelehrten vorstellen will; *denn*[6] ohne diesen Anspruch kann er ein großes Genie sein. Der, welcher nicht selbst denken, wenn gleich viel lernen kann, wird ein beschränkter[7] Kopf (borniert) genannt. – Man kann ein vaster Gelehrter[8] (Maschine zur Unterweisung anderer, wie man selbst unterwiesen worden) und, in Ansehung des vernünftigen Gebrauchs seines historischen Wissens, dabei doch sehr borniert sein. – Der, dessen Verfahren

[1] H (Cassirer): »logische«. – [2] H: »wenn [dieses Erkenntnis Erfahrung sein soll 1.) Auffassung de[s]r gegebenen [Objekts (apprehensio)] Vorstellung 2.) Bewußtsein des Mannigfaltigen in ihr enthaltenen (apperceptio) 3.) Überlegung der Art der Verbindung dieses letzteren in Einem Bewußtsein (reflexio) zu einem solchen Erkenntnis gehören]«. – [3] H: »[Talente] Vermögen«. – [4] H (Cassirer): »nichts von dem gelernt«. – [5] A: »*indem* er«. – [6] Zusatz von B. – [7] A: »ein *sehr* beschränkter«. – [8] H: »ein großer Gelehrter«.

||BA 22

mit dem, was er gelernt hat, in der öffentlichen Mitteilung den Zwang der Schule (also Mangel der Freiheit im Selbstdenken) verrät, ist der Pedant; er mag übrigens Gelehrter oder Soldat, oder gar Hofmann sein. Unter diesen ist der gelehrte Pedant im Grunde noch der erträglichste; weil man doch von ihm lernen kann: *da hingegen* die Peinlichkeit in[1] Formalien (die Pedanterie) bei den letzteren nicht allein nutzlos, sondern auch, wegen des Stolzes, der dem Pedanten unvermeidlich anhängt, obenein lächerlich wird, da *es* der[2] Stolz eines Ignoranten ist.

Die Kunst aber, oder vielmehr die Gewandtheit, im gesellschaftlichen Tone zu sprechen, und sich überhaupt modisch zu zeigen, welche, vornehmlich wenn es Wissenschaft betrifft, fälschlich Popularität genannt *wird, da sie* vielmehr geputzte Seichtigkeit *heißen sollte,* deckt[3] || manche Armseligkeit des eingeschränkten Kopfs. Aber nur Kinder lassen sich dadurch irre leiten. »Deine Trommel (sagte der Quäker beim Addison *zu dem*[4] in der Kutsche neben ihm schwatzenden Offizier) ist ein Sinnbild von dir; sie klingt weil sie leer ist.«

Um die Menschen nach ihrem Erkenntnisvermögen (dem Verstande überhaupt) zu beurteilen, teilt man sie in diejenigen ein, denen Gemeinsinn (sensus communis), der freilich nicht gemein (sensus vulgaris) ist, zugestanden werden muß, und in Leute von Wissenschaft. Die erstern sind der Regeln Kundige in Fällen der Anwendung (in concreto), die andern für sich selbst und vor ihrer Anwendung (in abstracto). – Man nennt den Verstand, der zu dem ersteren Erkenntnisvermögen gehört, den gesunden Menschenverstand (bon sens), den zum zweiten den hellen Kopf[5] (ingenium perspicax). – Es ist merkwürdig, daß man sich den ersteren, welcher gewöhnlich nur als praktisches Erkenntnisvermögen betrachtet wird, nicht allein als einen, welcher der Kultur entbehren kann, sondern als einen solchen, dem sie wohl gar nachteilig ist, wenn sie nicht weit genug getrieben wird,

[1] A: »kann: die Peinlichkeit *aber* in«. – [2] A: »da *er* der«. – [3] A: »Popularität, *sondern* vielmehr geputzte Seichtigkeit genannt *werden kann,* deckt«. – [4] A: *»zum«.* – [5] H: »zweiten [den kultivierten oder auch] den klaren Kopf«.

||BA 23

vorstellig macht, ihn daher bis zur Schwärmerei hochpreiset, und ihn als eine Fundgrube in den Tiefen des Gemüts verborgen liegender Schätze *vorstellt*[1], auch bisweilen seinen Ausspruch als Orakel (den Genius des Sokrates) für zuverlässiger erklärt, als alles, was studierte Wissenschaft immer zu Markte bringen würde. – So viel ist gewiß, daß, wenn die Auflösung einer Frage auf den allgemeinen und angebornen Regeln des Verstandes (deren Besitz Mutterwitz genannt wird) beruht, es unsi||cherer ist, sich nach studierten und künstlich aufgestellten Prinzipien (dem Schulwitz) umzusehen und seinen[2] Beschluß darnach abzufassen, als wenn man es auf den Ausschlag der im Dunkeln des Gemüts liegenden Bestimmungsgründe des Urteils in Masse ankommen läßt, welches man den logischen Takt nennen könnte: wo die Überlegung den Gegenstand sich auf vielerlei Seiten vorstellig macht und ein richtiges Resultat herausbringt, ohne sich der Akte, die hiebei im Inneren des Gemüts vorgehen, bewußt zu werden.

Der gesunde Verstand aber kann diese seine Vorzüglichkeit nur in Ansehung eines Gegenstandes der Erfahrung beweisen; nicht allein durch diese an Erkenntnis zu wachsen, sondern sie (die Erfahrung) selbst zu erweitern, aber nicht in spekulativer, sondern bloß in empirisch-praktischer[3] Rücksicht. Denn in jener bedarf es wissenschaftlicher Prinzipien a priori; in dieser aber können es auch Erfahrungen, d. i. Urteile sein, die durch Versuch und Erfolg kontinuierlich[4] bewähret werden.

|| VON[5] DER SINNLICHKEIT IM GEGENSATZ MIT DEM VERSTANDE

§ 7[6]. In Ansehung des Zustandes der Vorstellungen ist mein[7] Gemüt entweder handelnd und zeigt Vermögen (fa-

[1] Zusatz von B. – [2] H (Cassirer): »um seinen«. – [3] H: »in praktischer«. – [4] H: »auch empirische [sein welche der] einer Erkenntnis sein die durch den Erfolg kontinuierlich«. – [5] A: »*Zweiter Abschnitt.* Von«. – [6] H: »[A Vom sinnlichen Bewußtsein seiner selbst zum Unterschiede vom intellektuellen.] § 7«. – [7] H: »[das] mein«.

cultas), oder es ist leidend und besteht in Empfänglichkeit (receptivitas). Ein[1] Erkenntnis enthält beides verbunden in sich und die Möglichkeit, eine solche zu haben, führt den Namen des Erkenntnisvermögens von dem vornehmsten Teil derselben, nämlich der Tätigkeit des Gemüts, Vorstellungen zu verbinden, oder von einander zu sondern.

Vorstellungen, in Ansehung deren sich das Gemüt leidend verhält, durch welche also das Subjekt[2] affiziert wird (dieses mag sich nun selbst affizieren oder von einem Objekt affiziert werden), gehören zum sinnlichen: diejenigen aber, welche ein bloßes Tun (das Denken) enthalten, zum intellektuellen Erkenntnisvermögen. Jenes wird auch das untere, dieses aber das obere Erkenntnisvermögen genannt.* Jenes hat den Cha||rakter der Passivität des inneren Sinnes der Empfindungen, dieses der Spontaneität[5] der Apperzep-

* Die Sinnlichkeit bloß in der Undeutlichkeit der Vorstellungen, die Intellektualität dagegen in der Deutlichkeit zu setzen, und hiemit einen bloß formalen (logischen) Unterschied des Bewußtseins, statt des realen (psychologischen), der nicht bloß die Form, sondern auch || den Inhalt des Denkens betrifft, zu setzen, war ein großer Fehler der Leibniz-Wolffischen Schule, nämlich die Sinnlichkeit bloß in einem Mangel (der Klarheit, der Teilvorstellungen), folglich der[3] Undeutlichkeit zu setzen, die Beschaffenheit aber der Verstandesvorstellung in der Deutlichkeit; da jene doch etwas sehr Positives und ein unentbehrlicher Zusatz zu der letzteren ist, um ein Erkenntnis hervorzubringen. – Leibniz aber war eigentlich schuld daran. Denn er, der platonischen Schule anhängig, nahm angeborne reine Verstandesanschauungen, Ideen genannt, an, welche im menschlichen Gemüt, jetzt nur verdunkelt, angetroffen würden und deren Zergliederung und Beleuchtung durch Aufmerksamkeit wir allein die Erkenntnis der Objekte, wie sie an sich selbst sind, zu verdanken hätten.[4]

[1] H: »[Das] Ein«. – [2] H: »welche [dieses] also das Subjekt«. – [3] H (Cassirer): »nämlich der«. – [4] H: »und [durch] deren Zergliederung ... wir allein zum Erkenntnis ... sind gelangen könnten.« Am Rand von H: »[Sinnlichkeit ist das Vorstellungsvermögen eines Subjekts so fern es affiziert wird // Als Mangel und als Ergänzungsstück zum Erkenntnis, // Eine Vorstellung entsinnen oder entsinnlichen]«. – [5] H: »Spontaneität. – [Da nun bei der ersteren es im Erkenntnis der Gegenstände bloß auf die subjektive Beschaffenheit ankommt mit Eindrücken welche vom Objekt herkommen (zu einer gewissen Art es sich vorzustellen) affiziert zu werden welche nicht bei allen Subjekten

||BA 26 Anm.: ||BA 26

tion, d. i. des reinen Bewußtseins der Handlung, welche das Denken ausmacht und zur Logik[1] (einem System der Regeln des Verstandes), so wie jener zur Psychologie (einem Inbegriff aller innern Wahrnehmungen unter Naturgesetzen), gehört und innere Erfahrung begründet.

gerade eben dieselbe sein darf so [kann man sagen] sagt man diese stellen uns die Gegenstände der Sinne nur vor wie sie uns erscheinen nicht nach dem was sie an sich selbst sind. (Weil aber diese Erscheinungen mit dem Verstandesgesetze innigst verbunden sind so ist das Erkenntnis (von Gegenständen der Sinne) welches Erfahrung heißt darum nicht minder gewiß als ob es die Gegenstände an sich selbst beträfe und da es für uns keine Kenntnisse geben kann als von Dingen die unseren Sinnen vorgelegt werden können so mag es immer in der Vernunftidee Begriffe geben welche über jene ihre Grenze hinaus aber nur in praktischer Absicht (der Freiheitsidee) objektive Realität haben; uns gehen hier nur diejenige an welche unseren Sinnen gegeben werden können)] // Anmerkung // [Zweiter Abschnitt // Von der Sinnlichkeit // Daß dieser Satz so gar vom inneren Selbst gelte und daß der Mensch wenn er sich [selbst] innerlich nach den Eindrücken die gewisse Vorstellungen aus welchen Ursachen sie auch entspringen mögen beobachtet er sich auch dadurch [doch] nur erkennen könne wie er sich selbst erscheint nicht wie er schlechthin ist, das ist ein kühner metaphysischer Satz (paradoxon) der in einer Anthropologie gar nicht zur Frage kommen kann. – Daß aber wenn er innere Erfahrungen [über] [von] an sich selbst [mache] anstellt: [daß] wenn er diese Nachforschung [auch noch] so weit verfolgt als er kann er doch gestehen müsse das Selbsterkenntnis führe [auf] zu unergründlicher Tiefe zum Abgrunde in der Erforschung seiner Natur* gehört zur Anthropologie. // * Mensch der du dir ein schwer Problema in deinen eigenen Augen bist Nein ich vermag dich nicht zu fassen. Pope nach Brocks Übersetzung // Alles Erkenntnis setzt Verstand voraus. Das verstandeslose Vieh hat wohl [vielleicht] etwas dem was wir Vorstellungen nennen Ähnliches (weil es den Wirkungen nach mit dem was Vorstellungen im Menschen sind [sehr] übereinkommt) was aber vielleicht ganz davon unterschieden sein mag – aber kein Erkenntnis von Dingen; denn dazu gehört Verstand ein Vorstellungsvermögen mit Bewußtsein der Handlung wodurch die Vorstellungen auf einen gegebenen Gegenstand bezogen und dieses Verhältnis gedacht wird. – Wir verstehen aber [der Form nach] nichts recht als das was wir zugleich machen können wenn uns der Stoff dazu gegeben würde und so ist der Verstand ein Vermögen der Spontaneität in unserem Erkenntnis ein oberes Erkenntnisvermögen weil es die Vorstellungen gewissen Regeln a priori unterwirft und

[1] H (Cassirer): »Logik«.

Anmerkung. Der Gegenstand der Vorstellung, der nur die Art enthält, wie ich von ihm affiziert werde, kann von mir nur erkannt werden, wie er mir erscheint, und alle Erfahrung (empirische Erkenntnis), die innere nicht minder als die äußere, ist nur Erkenntnis der Gegenstände, wie sie uns

selbst die Erfahrung möglich macht. // In dem [Erfahrungserken] Selbsterkenntnis des Menschen durch innere Erfahrung macht er nicht das in ihm selbst wahrgenommene [sondern] denn das hängt vom Eindrucke (der Materie der Vorstellung) ab den er empfängt. Also ist er so fern leidend d. i. er hat eine Vorstellung von sich selbst wie er von sich selbst affiziert wird die also ihrer Form [und Beschaffenheit] nach bloß von der subjektiven Beschaffenheit seiner Natur abhängt [welche also] mithin die nicht als [zum] dem Objekt [gehörend] angehörig gedeutet werden darf obgleich er doch auch Recht hat sie dem Objekt (hier seiner eigenen Person) beizulegen aber mit der Einschränkung daß er sich selbst als Gegenstand durch diese Vorstellung in der Erfahrung nur erkennen kann wie er ihm erscheine nicht wie er der Beobachtete an sich selbst ist. – Wollte er sich auf die letztere Art erkennen so müßte er ein Bewußtsein der reinen Spontaneität (den Freiheitsbegriff) zum Grunde legen (welches auch angeht aber alsdann würde es nicht Wahrnehmung des inneren Sinnes und darauf gegründetes empirisches Erkenntnis seiner selbst (innere Erfahrung) sein können sondern nur Bewußtsein der Regel seines Tuns und Lassen ohne dadurch ein theoretisches (physiologisches) Erkenntnis seiner Natur erworben zu haben als worauf die Psychologie eigentlich ausgeht. – Das empirische Selbsterkenntnis stellt also dem inneren Sinn den Menschen vor wie er ihm erscheint nicht wie er [ist] an sich selbst ist weil jenes Erkenntnis bloß die Affektibilität des Subjekts nicht die innere Beschaffenheit desselben als Objekts vorstellig macht. // Wie ist nun die große Schwierigkeit zu heben die darin liegt daß das Bewußtsein seiner selbst doch nur Erscheinung von sich selbst nicht den Menschen an sich selbst darstelle, und es zwar nicht ein doppeltes Ich aber doch ein doppeltes Bewußtsein dieses Ich, einmal das des bloßen Denkens dann aber auch der inneren Wahrnehmung (ein rationales und empirisches) gebe d. i. diskursive und intuitive Apperzeption wovon die erste zur Logik die andere zur Anthropologie (als Physiologie) gehört jene ohne Inhalt (Materie des Erkenntnisses) diese von dem inneren Sinne mit einem Inhalte versehen ist. // Ein Gegenstand des (äußeren oder inneren) Sinnes so fern er wahrgenommen wird heißt Erscheinung (phaenomenon). Das Erkenntnis eines Gegenstandes in der Erscheinung (d. i. als Phänomens) ist Erfahrung. Also ist Erscheinung diejenige Vorstellung wodurch ein Gegenstand der Sinne gegeben wird (ein Gegenstand der Wahrnehmung d. i. der empirischen Anschauung) Erfahrung aber oder das empirische Erkenntnis diejenige wodurch er zugleich als ein solcher gedacht wird. – Also ist Erfahrung die Handlung (der Vorstellungskraft)

erscheinen, nicht wie sie (für sich allein betrachtet) *sind*. Denn es kommt alsdann nicht bloß auf die Beschaffenheit des Objekts der Vorstellung, sondern auf die des Subjekts und dessen Empfänglichkeit an, welcher Art die sinnliche Anschauung sein || werde, darauf das Denken desselben (der

wodurch Erscheinung[en] unter den Begriff[e] von einem Gegenstande derselben gebracht werden und Erfahrungen werden *gemacht* dadurch daß Beobachtungen (absichtliche Wahrnehmungen) *angestellt* und über die Vereinigung derselben unter [e]Einem Begriffe nachgedacht (*reflektiert*) wird. – Wir erwerben und erweiteren unser Erkenntnis durch Erfahrung indem wir dem Verstande Erscheinungen äußerer oder auch des inneren Sinnes als den Stoff unterlegen und niemand zweifelt daran daß wir nicht eben so gut innere Beobachtungen unserer selbst und Erfahrungen dieser Art [anstell] machen könnten; allein wenn wir [auch den] nun von Gegenständen des inneren Sinnes (der als Sinn immer nur Erscheinungen liefert) zu sprechen wagen daß wir [von diesen nur Er] [selbst] so gar durch diesen [nur] zur Erkenntnis unserer selbst nicht wie wir sind sondern wie wir uns (innerlich) erscheinen gelangen können so ist in diesem Satze etwas Empörendes, was wir näher betrachten müssen. – Dergleichen Urteil lassen wir zwar für Gegenstände außer uns gelten aber es sieht ganz widersinnisch aus es auf das wir in uns selbst wahrnehmen anzuwenden. – Daß einige Wortverdreher Erscheinung[en] und *Schein* für einerlei nehmen und [wohl] sagen jener Satz bedeute so viel als: es scheint mir nur daß ich existiere [oder] und diese oder jene Vorstellung habe ist eine Verfälschung die keiner Widerlegung wert ist. // Diese Schwierigkeit beruht gänzlich auf der Verwechselung des *inneren Sinnes* (und des empirischen Selbstbewußtseins) mit der *Apperzeption* (dem intellektuellen) welche gewöhnlich für einerlei [behauptet] genommen werden. Das Ich in jedem Urteile ist weder [die] eine Anschauung noch ein Begriff [sondern] und gar keine [auf irgend ein Objekt bezogene] Bestimmung irgend eines Objekts sondern [der] ein Verstandes Akt des bestimmenden Subjekts überhaupt und das Bewußtsein seiner selbst die reine Apperzeption selbst mithin bloß [logisch] zur Logik (ohne alle Materie und Inhalt) gehörig. Das Ich dagegen des inneren Sinnes d. i. der Wahrnehmung und Beobachtung seiner selbst ist nicht das Subjekt des Urteils sondern ein Objekt. Das Bewußtsein des sich selbst *Beobachtenden* ist eine ganz einfache Vorstellung des Subjekts im Urteile überhaupt wovon man alles weiß, wenn man es bloß denkt; aber das von sich selbst beobachtete Ich ist ein Inbegriff von so viel Gegenständen der inneren Wahrnehmung daß die Psychologie vollauf zu tun hat um alles darin im Verborgenen liegende auszuspüren und nicht hoffen darf damit jemals zu Ende zu kommen und die Frage hinreichend zu beantworten: Was ist der Mensch. // Man muß also die reine Apperzeption (des Verstandes) von der empirischen (der Sinnlichkeit) unterscheiden bei

||BA 27

Begriff vom Objekt) folgt. – Die formale Beschaffenheit dieser Rezeptivität kann nun nicht wiederum noch von den Sinnen abgeborgt werden, sondern muß (als Anschauung) a priori gegeben sein, d. i. es muß eine sinnliche Anschauung sein, welche übrig bleibt, wenn gleich alles Empirische (Sinnenempfindung enthaltende) weggelassen wird, und dieses Förmliche der Anschauung ist bei inneren[1] Erfahrungen die Zeit.

Weil Erfahrung empirisches Erkenntnis ist, zum Erkenntnis aber (da es auf Urteilen beruht) Überlegung (reflexio), mithin Bewußtsein, d. i. Tätigkeit[2] in Zusammenstellung des Mannigfaltigen der Vorstellung nach einer Re-

welcher letzteren wenn das Subjekt auf sich attendiert es sich dadurch auch zugleich affiziert und so [Erscheinungen] Empfindungen in sich aufruft d. i. Vorstellungen zum Bewußtsein bringt die der Form ihres Verhältnisses nach untereinander de[n]r subjektiven [und] formalen [Bedingungen] Beschaffenheit der Sinnlichkeit nämlich der Anschauung in [Raum und] der Zeit (zugleich oder nacheinander zu sein) nicht bloß den Regeln des Verstandes gemäß sind. Da nun [diese letztere Bedingungen] jene Formen nicht als für jedes Wesen überhaupt das sich seiner bewußt ist geltend angenommen werden kann so wird das Erkenntnis was den inneren Sinn des Menschen zum Grunde hat diesen bei der inneren Erfahrung nicht vorstellen wie er an sich selbst ist (weil die Bedingung nicht für alle denkende Wesen gültig ist denn sonst wäre eine Vorstellung des Verstandes) sondern ist bloß ein Bewußtsein der Art wie der Mensch [sich selber] in der inneren Beobachtung [sich] ihm selbst erscheint. // Das Erkenntnis seiner selbst nach derjenigen Beschaffenheit [die] was er an sich selbst ist kann durch keine innere Erfahrung erworben werden und entspringt nicht aus der Naturkunde vom Menschen sondern ist einzig und allein das Bewußtsein seiner Freiheit welche ihm durch den kategorischen Pflichtimperativ also nur durch den höchsten praktischen Vernunft kund wird // B // Vom dem Felde der Sinnlichkeit // in Verhältnis zum Felde des Verstandes // § 8 // Einteilung // Das Gemüt (animus) des Menschen, [als der] [ist] als Inbegriff aller Vorstellungen die in demselben Platz haben hat einen Umfang (sphaera) der die drei [Abteilungen] Grundstücke Erkenntnisvermögen, Gefühl der Lust und Unlust und Begehrungsvermögens befaßt deren jedes in zwei Abteilungen dem Felde der Sinnlichkeit und der Intellektualität zerfällt. (dem der sinnlichen oder intellektuellen Erkenntnis, Lust oder Unlust, und des Begehrens oder Verabscheuens). // Die Sinnlichkeit kann als Schwäche oder auch als Stärke betrachtet werden.]« – [1] H (Cassirer): »inneren«. – [2] H (Akad.-Ausg., Cassirer): »Bewußtsein der Tätigkeit«.

gel der Einheit[1] desselben, d.i. Begriff und (vom Anschauen unterschiedenes) Denken überhaupt erfordert wird: so wird das Bewußtsein in das diskursive (welches, als logisch, weil es die Regel gibt, voran gehen muß), und das intuitive Bewußtsein eingeteilt werden; das erstere (die reine Apperzeption seiner Gemütshandlung) ist einfach. Das Ich der Reflexion[2] hält kein Mannigfaltiges in sich, und ist in allen Urteilen immer ein und dasselbe, weil es bloß dies Förmliche des Bewußtseins, dagegen die innere Erfahrung das Materielle desselben und ein Mannigfaltiges der empirischen inneren Anschauung, das Ich der Apprehension (folglich eine empirische Apperzeption) enthält.

Ich, als denkendes Wesen, bin zwar mit mir, als Sinnenwesen, ein und dasselbe Subjekt; aber, als Objekt der inneren empirischen Anschauung, d.i. so fern ich inner||lich *von* Empfindungen[3] in der Zeit, so wie sie zugleich oder nach einander sind, affiziert werde, erkenne ich mich doch nur, wie ich mir selbst erscheine, nicht als Ding an sich selbst. Denn es hängt doch von der Zeitbedingung, welche kein Verstandesbegriff (mithin nicht bloße Spontaneität) ist, folglich von einer Bedingung ab, in Ansehung deren mein Vorstellungsvermögen leidend ist (und gehört zur Rezeptivität). – Daher erkenne ich mich durch innere Erfahrung immer nur, wie ich mir erscheine; welcher Satz dann oft böslicherweise so verdreht wird, daß er so viel sagen wolle: es scheine mir nur (mihi videri), *daß ich* gewisse Vorstellungen und Empfindungen *habe*, ja[4] überhaupt daß ich existiere. – Der Schein[5] ist der Grund zu einem irrigen Urteil aus subjektiven Ursachen, die fälschlich für objektiv gehalten werden; Erscheinung ist aber gar kein Urteil, sondern bloß empirische Anschauung, die durch Reflexion, und den daraus entspringenden Verstandesbegriff zur inneren Erfahrung und hiemit Wahrheit[6] wird.

Daß die Wörter innerer Sinn und Apperzeption von den Seelenforschern gemeinhin für gleichbedeutend genom-

[1] H: »Regel [des Bewußtseins] der Einheit«. – [2] H (Cassirer): »Reflexion«. – [3] A: »*mit* Empfindungen«. – [4] A: »gewisse ... *zu haben*, ja«. – [5] H (Cassirer): »Schein«. – [6] H (Cassirer): »Wahrheit«.

||BA 28

men werden, unerachtet der[1] erstere allein ein psychologisches (angewandtes), die zweite aber bloß ein logisches (reines) Bewußtsein anzeigen soll, ist die Ursache dieser Irrungen. Daß wir aber durch den ersteren uns nur erkennen können, wie wir uns erscheinen, erhellet daraus, weil Auffassung (apprehensio) der Eindrücke des ersteren eine formale Bedingung der inneren Anschauung des Subjekts, nämlich die Zeit, voraussetzt, welche kein Verstandesbegriff ist, und also || bloß als subjektive Bedingung *gilt*[2], wie nach der Beschaffenheit der menschlichen Seele uns innere Empfindungen gegeben werden, also diese uns nicht, wie das Objekt an sich[3] ist, zu erkennen gibt.

* * *

Diese Anmerkung gehört eigentlich nicht zur Anthropologie. In dieser sind nach Verstandesgesetzen vereinigte Erscheinungen Erfahrungen, und da wird nach der Vorstellungsart der Dinge, wie sie auch ohne ihr Verhältnis zu den Sinnen in Betrachtung zu ziehen (mithin an sich selbst) sind, gar nicht gefragt; denn diese Untersuchung gehört zur Metaphysik, welche es mit der Möglichkeit der Erkenntnis a priori zu tun hat. Aber es war doch nötig, so weit zurückzugehen, um auch nur die Verstöße des spekulativen Kopfs in Ansehung dieser Frage abzuhalten. – *Da* übrigens[4] die Kenntnis des Menschen durch innere Erfahrung, weil er darnach großenteils auch andere beurteilt, von großer Wichtigkeit, aber doch zugleich von vielleicht größerer Schwierigkeit *ist*, als[5] die richtige Beurteilung anderer, indem der Forscher seines Inneren leichtlich, statt bloß zu beobachten, manches in das Selbstbewußtsein hinein trägt[6], *so ist es* ratsam[7] und sogar notwendig, von beobachteten Erscheinungen in sich selbst anzufangen, und dann allererst zu Behauptung gewisser Sätze, die die Natur des Menschen angehen, d. i. zur inneren Erfahrung, fortzuschreiten.

[1] H (Cassirer): »unerachtet daß der«. – [2] Zusatz von B. – [3] H: »wie sie an sich«. – [4] A: »*Daß* übrigens«. – [5] A: »*sei* als«. – [6] H (Cassirer): »hineinträgt«. – [7] A: »*macht es auch* ratsam«.

||BA 29

|| APOLOGIE FÜR DIE SINNLICHKEIT

§ 8. Dem Verstande bezeigt jedermann alle Achtung, wie auch die Benennung desselben als oberen Erkenntnisvermögens es schon anzeigt; wer ihn lobpreisen wollte, würde mit dem Spott jenes den Lob[1] der Tugend erhebenden Redners (stulte! quis unquam vituperavit[2]) abgefertigt werden. Aber die Sinnlichkeit[3] ist in üblem Ruf. Man sagt ihr viel Schlimmes nach: z. B. 1) daß sie die Vorstellungskraft verwirre; 2) daß sie das große Wort führe und als Herrscherin, da sie doch nur die Dienerin des Verstandes sein sollte, halsstarrig und schwer zu bändigen sei; 3) daß sie sogar betrüge und man in Ansehung ihrer nicht genug auf seiner Hut sein könne. – Anderseits fehlt es ihr aber auch nicht an Lobrednern, vornehmlich unter Dichtern und Leuten von Geschmack, welche die Versinnlichung der Verstandesbegriffe nicht allein als Verdienst hochpreisen, sondern auch gerade hierin und daß die Begriffe nicht so mit peinlicher Sorgfalt in ihre Bestandteile zerlegt werden müßten, das Prägnante (die Gedankenfülle) oder das Emphatische (den Nachdruck) der Sprache und das Einleuchtende (die Helligkeit im Bewußtsein) der Vorstellungen setzen, die Nacktheit des Verstandes aber geradezu für Dürftigkeit erklären.* || Wir brauchen hier keinen Panegyristen, sondern nur einen Advokaten wider den Ankläger.

* Da hier nur vom Erkenntnisvermögen und also von Vorstellung[4] (nicht dem Gefühl der Lust oder Unlust) die Rede ist, so wird Empfindung nichts weiter als Sinnenvorstellung[5] (empirische Anschauung), zum Unterschiede sowohl von Begriffen (dem Denken), als auch von der reinen Anschauung (des Raums und der Zeitvorstellung) bedeuten.[6]

[1] B_3: »das Lob«. – [2] Übersetzung des Herausgebers: »Narr, wer hat sie je getadelt?« – [3] H: »Sinnlichkeit«. – [4] H: »Vorstellung der Gegenstände«. – [5] H: »Sinnenvorstellung«. – [6] Am Rand von H: »[Das Bewußtsein seiner selbst ist entweder diskursiv in ‹?› Begriff oder intuitiv in der innern Anschauung der Zeit. – Das Ich der Apperzeption ist einfach und verbindend; das aber der Apprehension zusammengesetzt aus Wahrnehmungen und [enthält] geht auf ein Mannigfaltiges mit einander Verbundene‹r ?› in dem ‹?› Ich als [Objekt] Gegenstand der Anschauungen ‹?›. Dieses Mannigfaltige in seiner ‹?› Anschauung ist gegeben ... ‹unleserlich› eine Form a priori in der es ‹?› geordnet werden ...]«

Das *Passive* in der Sinnlichkeit, was wir doch nicht ablegen können, ist eigentlich die Ursache alles des Übels, was man ihr nachsagt. Die innere Vollkommenheit des Menschen besteht darin: daß er den Gebrauch aller seiner Vermögen in seiner Gewalt habe, um ihn seiner *freien Willkür* zu unterwerfen. Dazu aber wird erfordert, daß der *Verstand* herrsche, ohne doch die Sinnlichkeit (die an sich Pöbel ist, weil sie nicht denkt) zu schwächen: weil ohne sie es keinen Stoff geben würde, der zum Gebrauch des gesetzgebenden Verstandes verarbeitet werden könnte.

RECHTFERTIGUNG DER SINNLICHKEIT GEGEN DIE ERSTE ANKLAGE

§ 9. *Die Sinne verwirren nicht.* Dem, der ein gegebenes Mannigfaltige zwar *aufgefaßt*, aber *noch nicht geordnet* hat, kann man nicht nachsagen, daß er es *verwirre*. Die Wahrnehmungen der Sinne[1] (empirische Vorstellungen mit Bewußtsein) können nur innere *Erscheinungen* heißen. Der Verstand, der hinzukommt, und sie unter einer Regel des Denkens verbindet (*Ordnung* in das Mannigfaltige hineinbringt), macht allererst daraus empirisches Erkenntnis, d. i. *Erfahrung*. – Es liegt also an dem seine Obliegenheit[2] vernachlässigenden *Verstande*, wenn er keck urteilt, ohne zuvor die Sinnenvorstellungen nach Be||griffen[3] geordnet zu haben, und dann nachher über die Verworrenheit derselben klagt, die der sinnlich gearteten Natur des Menschen zu Schulden kommen müsse. Dieser Vorwurf trifft sowohl die ungegründete Klage über die Verwirrung der äußeren, als der inneren Vorstellungen durch die Sinnlichkeit[4].

[1] H: »de[r]s [inneren] Sinnes«. – [2] H: »[Vorschrift] Obliegenheit«. – [3] H: »[unter Begriffe gebracht und] nach Begriffen«. – [4] Am Rand von H: »Die Wahrnehmungen (empirische Anschauungen mit Bewußtsein) können ‹?› nur Erscheinungen des innern Sinnes genannt werden: Damit sie aber innere Erfahrung werden muß das Gesetz bekannt sein welches die Form dieser ‹? sie bei ihrer ?› Verbindung in einem Bewußtsein des Objektes bestimmt. // Der Mensch kann sich selbst innerlich nicht beobachten wenn er nicht durch eine Regel geleitet wird unter der allein

||BA 32

Die sinnlichen Vorstellungen kommen freilich denen des Verstandes zuvor, und stellen sich in Masse dar. Aber desto reichhaltiger ist der Ertrag, wenn der Verstand mit seiner Anordnung und intellektuellen Form hinzukommt und z. B. prägnante Ausdrücke für den Begriff, emphatische für das Gefühl und interessante[1] Vorstellungen für die Willensbestimmung ins Bewußtsein bringt. – Der Reichtum, den die Geistesprodukte in der Redekunst und Dichtkunst dem Verstande auf einmal (in Masse[2]) darstellen, *bringt* diesen *zwar* oft[3] in Verwirrung[4], wenn er sich alle Akte der Reflexion, die er hiebei wirklich, obzwar im Dunkelen, anstellt, deutlich machen und auseinander setzen soll. Aber die Sinnlichkeit ist hiebei in keiner Schuld, sondern es ist vielmehr Verdienst von ihr, dem Verstande reichhaltigen Stoff, wogegen die abstrakten Begriffe desselben oft nur schimmernde Armseligkeiten sind, dargeboten zu haben.

RECHTFERTIGUNG DER SINNLICHKEIT GEGEN DIE ZWEITE ANKLAGE

§ 10. Die Sinne gebieten nicht über[5] den Verstand. Sie bieten sich vielmehr nur dem Verstande an, || um über ihren Dienst zu disponieren. Daß sie ihre Wichtigkeit nicht verkannt wissen wollen, die ihnen vornehmlich in dem zukommt, was man den gemeinen Menschensinn[6] (sensus communis) nennt, kann ihnen nicht für Anmaßung, über den Verstand herrschen zu wollen, angerechnet werden. Zwar gibt es Urteile, die man eben nicht förmlich vor den

‹?› die Wahrnehmungen verbunden sein müssen, wenn sie ihm eine Erfahrung liefern soll ‹?sollen?›. [Also] Daher sind jene insgesamt nur Erscheinungen von sich selbst daraus sich selbst zu erkennen muß er das Prinzip der Erscheinungen (in Raum und Zeit) zum Grunde legen um zu wissen was ist der Mensch // Die Sinnlichkeit als Stärke oder Schwäche«. – [1] H: »[belebende] interessante«. – [2] So auch H; A, $B_{1, 2}$: »im Masse«. – [3] A: »*bringen* diesen *vielmehr* oft«. – [4] H (Akad.-Ausg., Cassirer): »in Verlegenheit wegen seines vernünftigen Gebrauchs, und der Verstand gerät oft in Verwirrung«. – [5] H: »nicht [unter den verschiedenen Seelenkräften] über«. – [6] H: »Menschen[verstand]sinn«.

||BA 33

Richterstuhl[1] des Verstandes zieht, um von ihm abgeurteilt zu werden; die daher unmittelbar durch den Sinn diktiert zu sein scheinen. Dergleichen enthalten die sogenannten Sinnsprüche, oder orakelmäßigen Anwandlungen (wie diejenigen, deren Ausspruch Sokrates seinem Genius zuschrieb). *Es wird* nämlich *dabei vorausgesetzt*, daß das[2] erste Urteil über das, was in einem vorkommenden Falle zu tun recht und weise ist, gemeiniglich auch das richtige sei, und durch Nachgrübeln nur verkünstelt werde. Aber sie kommen in der Tat nicht aus den Sinnen, sondern aus *wirklichen* ob zwar dunkelen Überlegungen[3] des Verstandes. – Die Sinne machen darauf keinen Anspruch und sind wie das gemeine Volk, welches, wenn es nicht Pöbel ist (ignobile vulgus), seinem Obern, dem Verstande, sich zwar gern unterwirft, aber doch gehört werden will. Wenn aber gewisse Urteile und Einsichten als unmittelbar aus dem innern Sinn (nicht vermittelst des Verstandes) hervorgehend, sondern dieser als für sich gebietend und Empfindungen für Urteile geltend angenommen werden, so ist das bare Schwärmerei, welche mit der Sinnenverrückung in naher Verwandtschaft steht.

RECHTFERTIGUNG[4] DER SINNLICHKEIT WIDER DIE DRITTE ANKLAGE

Die[5] Sinne betrügen nicht. Dieser Satz ist die Ablehnung des wichtigsten, aber auch, genau er||wogen, nichtigsten Vorwurfs, den man den Sinnen macht; und dieses darum, nicht weil sie immer richtig urteilen, sondern weil sie gar nicht urteilen; weshalb der Irrtum immer nur dem Verstande zu Last[6] fällt. – Doch gereicht diesem der Sinnenschein (species, apparentia), wenn gleich nicht zur Rechtfertigung, doch zur Entschuldigung; *wonach* der[7] Mensch öfters in den Fall kommt, das Subjektive seiner Vorstellungsart für das Objektive (den entfernten Turm, an dem er keine Ecken

[1] H (Cassirer): »Richterausspruch«. – [2] A: »zuschrieb): daß nämlich das«. – [3] A: »aus (ob zwar dunkelen) Überlegungen«. – [4] So auch H; A: »*Rechtfertigkeit*«. – [5] Akad.-Ausg.: »§ 11. Die«. – [6] H (Akad.-Ausg., Cassirer): »zur Last«. – [7] A: »Entschuldigung: *daß* der«.

||BA 34

sieht, für rund, das Meer, dessen entfernter Teil ihm durch höhere Lichtstrahlen ins Auge fällt, für höher als das Ufer (altum mare), den Vollmond, den er in seinem Aufgange am Horizont[1] durch eine dunstige Luft sieht, ob zwar er ihn durch denselben Sehewinkel ins Auge faßt, für entfernter, also auch für größer, als wie er hoch am Himmel erscheint) und so Erscheinung für Erfahrung zu halten; dadurch aber in Irrtum, als[2] einen Fehler des Verstandes, nicht den der Sinne, zu geraten.

* * *

Ein Tadel, den die Logik der Sinnlichkeit entgegen wirft, ist der: daß man dem Erkenntnis, so wie es durch sie befördert wird, Seichtigkeit (Individualität, Einschränkung aufs Einzelne) vorwirft, da hingegen den Verstand, der aufs Allgemeine geht, eben darum aber zu Abstraktionen sich bequemen muß, der Vorwurf der Trockenheit trifft. Die ästhetische Behandlung, deren erste Forderung Popularität ist, schlägt aber einen Weg ein, auf dem beiden Fehlern ausgebeugt werden kann.

|| VOM KÖNNEN IN ANSEHUNG DES ERKENNTNIS-VERMÖGENS ÜBERHAUPT[3]

§ 10[4]. Der vorhergehende Paragraph, der vom Scheinvermögen handelte, in dem was kein Mensch kann, führt uns zur Erörterung der Begriffe vom Leichten und Schweren (leve et *grave*[5]), welche, dem Buchstaben nach, im Deutschen zwar nur körperliche Beschaffenheiten und Kräfte bedeuten, dann aber *wie*[6] im Lateinischen, nach einer gewissen Analogie, das Tunliche (facile) und Komparativ-Untunliche (difficile) bedeuten sollen; denn das Kaum-

[1] H: »im Horizont«. – [2] H: »[mithin] als«. – [3] Dieser Paragraph, der in H ursprünglich auf den § 11 (in der Zählung der Akad.-Ausg. den § 13) folgte, wurde dem letzteren erst nachträglich von Kant vorangestellt und die beiden Paragraphen dementsprechend von ihm umnumeriert. Die letzten sechs Abschnitte des jetzigen § 10 fehlen in H, die statt dessen den Verweis »vid. Einlage |☰« hat. – [4] Akad.-Ausg.: »§ 12«. – [5] A: *»ponderosum«*. – [6] Zusatz von B.

||BA 35

Tunliche wird doch von einem Subjekt, das an dem Grade seines dazu erforderlichen Vermögens zweifelt, in gewissen Lagen und Verhältnissen desselben für subjektiv-untunlich[1] gehalten.

Die Leichtigkeit, etwas zu tun (promptitudo) muß mit der Fertigkeit in solchen Handlungen (habitus) nicht verwechselt werden. Die erstere bedeutet einen gewissen Grad des mechanischen Vermögens: – »ich kann[2] wenn ich will«, und bezeichnet subjektive Möglichkeit; die zweite die subjektiv-praktische Notwendigkeit[3], d. i. Gewohnheit, mithin einen gewissen Grad des Willens, der durch den oft wiederholten Gebrauch seines Vermögens erworben wird: »ich will, weil es die Pflicht gebietet«. Daher kann man die Tugend nicht so erklären: sie sei die Fertigkeit in freien rechtmäßigen Handlungen; denn da wäre sie bloß Mechanism der Kraftanwendung; sondern Tugend ist die moralische Stärke in Befolgung || seiner Pflicht[4], die niemals zur Gewohnheit werden, sondern immer ganz neu und ursprünglich aus der Denkungsart hervorgehen soll[5].

Das Leichte wird dem Schweren, aber oft auch dem Lästigen entgegengesetzt. Leicht ist einem Subjekt dasjenige, wozu ein großer Überschuß seines Vermögens über die zu einer Tat erforderliche Kraftanwendung in ihm anzutreffen ist. Was ist leichter, als die Förmlichkeiten der Visiten, Gratulationen und Kondolenzen zu begehen? Was ist aber auch einem beschäftigten Mann beschwerlicher? Es sind freundschaftliche Vexationen (Plackereien), die ein jeder herzlich wünscht los zu werden, *indes er* doch[6] auch Bedenken trägt, wider den Gebrauch zu verstoßen.

Welche Vexationen gibt es nicht in äußeren zur Religion gezählten, eigentlich aber zur kirchlichen Form gezogenen Gebräuchen: wo gerade darin, daß sie zu nichts nutzen, und in der bloßen Unterwerfung der Gläubigen, sich durch Zeremonien und Observanzen, Büßungen und Kasteiungen (je

[1] H: »(subjektiv-)untunlich«. – [2] H: »kann«. – [3] H: »Notwendigkeit [»ich will etwas was ich kann«]«. – [4] H: »Pflicht [durch die es dem Subjekt leicht wird dem Gesetz gemäß zu handeln]«. – [5] H: »[muß] soll«. – [6] A: »werden, *aber* doch«.

||BA 36

mehr desto besser) geduldig hudeln[1] zu lassen, das Verdienstliche der Frömmigkeit gesetzt wird; indessen daß diese Frondienste zwar mechanisch leicht (weil keine lasterhafte Neigung dabei aufgeopfert werden darf), aber dem Vernünftigen moralisch sehr beschwerlich und lästig fallen müssen. – Wenn daher der große moralische[2] Volkslehrer sagte: »meine Gebote sind nicht schwer«, so wollte er dadurch nicht sagen, sie bedürften *nur geringen* Aufwand *von* Kräften[3], um sie zu erfüllen; denn in der Tat sind sie, als solche, welche reine Her||zensgesinnungen fodern, das Schwerste unter allem, was geboten werden mag; aber sie sind für einen Vernünftigen doch unendlich leichter als Gebote einer geschäftigen Nichtstuerei (gratis anhelare, multa agendo nihil agere[4]), dergleichen die waren, welche das Judentum begründete[5]; denn das[6] Mechanischleichte fühlt der vernünftige Mann zentnerschwer, wenn er sieht, daß die darauf verwandte Mühe doch zu nichts nützt.

Etwas Schweres leicht zu machen ist Verdienst; es als leicht vorzumalen, ob man gleich es selbst zu leisten nicht vermag, ist Betrug. Das, was leicht ist, zu tun, ist verdienstlos. Methoden und Maschinen, und unter diesen die Verteilung der Arbeiten unter verschiedene Künstler (fabrikenmäßige Arbeit), machen vieles leicht, was mit eigenen Händen, ohne andere Werkzeuge, zu tun schwer sein würde.

Schwierigkeiten zu zeigen, ehe man die Vorschrift zur Unternehmung gibt (wie z.B. in Nachforschungen der Metaphysik), mag zwar abschrecken, aber das ist doch besser, als sie zu verhehlen. Der alles, was er sich vornimmt, für leicht hält, ist leichtsinnig. Dem alles, was er tut, leicht läßt, *ist*[7] gewandt; so wie der, dessen Tun Mühe verrät, schwerfällig. – Die gesellige Unterhaltung (Konversation) ist ein bloßes Spiel, worin alles leicht sein und leicht lassen muß. Daher die Zeremonie (das Steife) in derselben, z.B. das fei-

[1] A: »Kasteiungen geduldig (je mehr desto besser) hudeln«. – [2] H: »[Tugend] moralische«. – [3] A: »bedürften *wenig* Kräftenaufwand«. – [4] Übersetzung des Herausgebers: »umsonst zu keuchen; mit vielem beschäftigt, nichts zu schaffen«. – [5] H: »begründeten«. – [6] H: »denn selbst das«. – [7] Zusatz von B.

||BA 37

erliche Abschiednehmen nach einem Gelage, als altväterisch abgeschafft ist.

|| Die Gemütsstimmung *der Menschen* bei[1] Unternehmung eines Geschäfts ist nach Verschiedenheit der Temperamente verschieden. Einige fangen von Schwierigkeiten und Besorgnissen an (Melancholische), bei andern ist die Hoffnung und vermeinte Leichtigkeit der Ausführung das erste, was ihnen in die Gedanken kommt (Sanguinische).

Was ist aber von dem ruhmredigen Ausspruche der Kraftmänner, der nicht auf bloßem Temperament gegründet ist, zu halten? »Was der Mensch will, das kann er«. Er ist nichts weiter als eine hochtönende Tautologie: was er nämlich auf den Geheiß seiner moralisch-gebietenden Vernunft will, das soll er, folglich kann er es auch tun (denn das Unmögliche wird ihm die Vernunft nicht gebieten). Es gab aber vor einigen Jahren solche Gecken, die das auch im physischen Sinn von sich priesen, *und sich so* als Weltbestürmer *ankündigten*, deren[2] Rasse aber vorlängst ausgegangen ist.

Endlich macht das Gewohntwerden (*consuetudo*[3]), da nämlich Empfindungen von eben derselben Art, durch ihre lange Dauer ohne Abwechselung, die Aufmerksamkeit von den Sinnen abziehen, und man sich ihrer kaum mehr bewußt ist, *zwar* die Ertragung der Übel leicht (die[4] man alsdann fälschlich mit dem Namen einer Tugend, nämlich der Geduld, beehrt), aber auch das Bewußtsein und die Erinnerung des empfangenen Guten schwerer, *welches dann* gemeiniglich *zum* Undank (*einer wirklichen* Untugend) *führt*[5].

Aber die Angewohnheit (*assuetudo*[6]) ist eine physische innere Nötigung, nach derselben Weise ferner || zu verfahren, wie man bis dahin verfahren hat. Sie benimmt selbst den guten Handlungen eben dadurch ihren moralischen Wert, weil sie der Freiheit des Gemüts Abbruch tut, und überdem zu gedankenlosen Wiederholungen ebendesselben *Akts*[7]

[1] A »*einiger* bei«. – [2] A: »Sinn als Weltbestürmer von sich priesen, deren«. – [3] A: »*assuefactio*«. – [4] A: »bewußt ist; *was dann* die... leicht *macht* (die«. – [5] A: »schwerer, *mithin* gemeiniglich Undank *macht* (*welches eine* Untugend *ist*)«. – [6] A: »*assuefactio*«. – [7] Zusatz von B.

||BA 38, 39

(Monotonie) führt, und dadurch lächerlich wird. – Angewöhnte Flickwörter (Phrasen zu bloßer Ausfüllung der Leere an Gedanken) machen den Zuhörer unaufhörlich besorgt, das Sprüchelchen wiederum hören zu müssen, und den Redner zur Sprachmaschine. Die Ursache der Erregung des Ekels, den die Angewohnheit eines andern in uns erregt, ist, weil das Tier hier gar zu sehr aus dem Menschen hervorspringt, das instinktmäßig nach der Regel der Angewöhnung, gleich als eine andere (nicht-menschliche) Natur geleitet wird, und so Gefahr läuft, mit dem Vieh in eine und dieselbe Klasse zu geraten. – Doch können gewisse Angewöhnungen absichtlich geschehen und eingeräumt werden, wenn nämlich die Natur der freien Willkür ihre Hülfe versagt, z. B. im Alter sich an die Zeit des Essens und Trinkens, die Qualität und Quantität desselben, oder auch des Schlafs zu gewöhnen und so allmählich mechanisch zu werden; aber das gilt nur als Ausnahme und im Notfall. In der Regel ist alle Angewohnheit verwerflich.

VON DEM KÜNSTLICHEN SPIEL MIT DEM SINNENSCHEIN

§ 11[1]. Das Blendwerk, welches durch Sinnenvorstellungen dem Verstande gemacht wird (praestigiae), kann natürlich, oder auch künstlich sein und ist entweder Täuschung (illusio), oder Betrug (fraus). – || Dasjenige Blendwerk, wodurch man genötigt wird, etwas auf das Zeugnis *der Augen* für[2] wirklich zu halten, ob es zwar von eben demselben[3] Subjekt durch seinen Verstand für unmöglich erklärt wird, heißt Augenverblendnis (*praestigiae*[4]).

Illusion ist dasjenige Blendwerk, welches bleibt, ob man gleich weiß, daß der vermeinte Gegenstand nicht wirklich ist. – Dieses Spiel des Gemüts mit dem Sinnenschein ist sehr angenehm und unterhaltend, wie z. B. die perspektivische Zeichnung des Inneren eines Tempels, oder, wie Raphael Mengs von dem Gemälde der Schule der Peripatetiker (mich

[1] Akad.-Ausg.: »§ 13«. – [2] A: »*seiner Sinne* für«. – [3] H: »zwar eben demselben«. – [4] A: »*fascinatio*«.

||BA 40

deucht von Correggio) sagt: »daß, wenn man sie lange ansieht, sie zu gehen scheinen«; oder wie eine im Stadthaus von Amsterdam gemalte Treppe mit halbgeöffneter Tür jeden verleitet, an ihr hinaufzusteigen[1], u.d.g.

Betrug aber der Sinne ist: wenn, so bald man weiß, wie es mit dem Gegenstande beschaffen ist, auch der Schein sogleich aufhört. Dergleichen sind die Taschenspielerkünste von allerlei Art. – Kleidung, deren Farbe zum Gesicht vorteilhaft absticht, ist Illusion; Schminke aber Betrug. Durch die erstere wird man verleitet, durch die zweite geäfft. – Daher kommt es auch, daß man mit Farben nach der Natur bemalte Statüen menschlicher oder tierischer Gestalten nicht leiden mag: indem man jeden Augenblick[2] betrogen wird, sie für lebend zu halten, so oft sie unversehens zu Gesichte kommen.

|| Bezauberung (fascinatio) in einem sonst gesunden Gemütszustand ist ein Blendwerk der Sinne[3], von dem man sagt, daß es nicht mit natürlichen Dingen zugehe; weil das Urteil, daß ein Gegenstand (oder eine Beschaffenheit desselben) sei, bei darauf verwandter Attention, mit dem Urteil, daß er nicht (oder anders gestaltet) sei, unwiderstehlich wechselt, – der Sinn also sich selbst zu widersprechen scheint. Wie ein Vogel, der gegen den Spiegel, in dem er sich selbst sieht, flattert, und ihn bald für einen wirklichen Vogel bald nicht dafür hält. Dieses Spiel mit Menschen, daß sie ihren eigenen Sinnen nicht trauen, findet vornehmlich bei solchen statt, die durch Leidenschaft stark angezogen werden[4]. Dem Verliebten, der (nach Helvetius) seine Geliebte in den Armen eines anderen sah, konnte diese, die es ihm schlechthin ableugnete, sagen: »Treuloser, du liebst mich nicht mehr, du glaubst mehr was du siehst, als was ich dir sage«. – Gröber, wenigstens schädlicher war der Betrug, den die Bauchredner, die Gaßnere, die Mesmerianer u.d.g. vermeinte Schwarzkünstler verübten. Man nannte vor alters die armen unwissenden Weiber, die so etwas Übernatür-

[1] H (Cassirer): »sie hinaufzusteigen«. – [2] H (Cassirer): »einen Augenblick«. – [3] H: »[Spiel der Sinnenvorstellungen] Blendwerk der Sinne«. – [4] H (Cassirer): »angegriffen werden«.

||BA 41

liches zu tun vermeinten[1], Hexen, und noch in diesem Jahrhundert war der Glaube daran nicht völlig ausgerottet.* Es || scheint, das Gefühl der Verwunderung über etwas Unerhörtes habe an sich selbst viel Anlockendes für den Schwachen: nicht bloß weil ihm auf einmal neue Aussichten eröffnet werden, sondern weil er dadurch von dem ihm lästigen Gebrauch der Vernunft losgesprochen zu sein, dagegen andere[2] in[3] der Unwissenheit sich gleich zu machen, verleitet wird.

VON DEM ERLAUBTEN MORALISCHEN SCHEIN

§ 12[4]. Die Menschen sind insgesamt, je zivilisierter[5], desto mehr Schauspieler: sie nehmen den Schein der Zuneigung, der Achtung vor anderen, der Sittsamkeit, der Uneigennützigkeit an, ohne irgend jemand dadurch zu betrügen; weil ein jeder andere, daß es hiemit eben nicht herzlich gemeint sei, dabei einverständigt ist, und es ist auch sehr gut, daß es so in der Welt zugeht. Denn dadurch, daß Menschen diese Rolle spielen, werden zuletzt die Tugenden, deren Schein sie eine geraume Zeit hindurch nur gekünstelt

* Ein protestantischer Geistliche in Schottland sagte noch in diesem Jahrhundert in dem Verhör über einen solchen Fall als Zeuge zum Richter: »Mein Herr, ich versichere Euch auf meine priesterliche Ehre, daß dieses Weib eine Hexe ist«; worauf der letztere erwiderte: »und ich versichere Euch auf meine richterliche Ehre, daß Ihr kein He||xenmeister seid«. Das jetzt deutsch gewordene Wort Hexe kommt von den Anfangsworten der Meßformel, bei Einweihung der Hostie her, welche der Gläubige mit leiblichen Augen als eine kleine Scheibe Brot sieht, nach Aussprechung derselben aber mit geistigen Augen als den Leib eines Menschen zu sehen verbunden wird. Denn die Wörter hoc est haben zuerst das Wort[6] corpus hinzugetan, wo hoc est corpus sprechen in hocuspocus machen verändert wurde; vermutlich aus frommer Scheu, den rechten Namen zu nennen und zu profanieren; wie es Abergläubische bei unnatürlichen Gegenständen zu tun pflegen, um sich daran nicht zu vergreifen.

[1] H (Cassirer): »tun zu können vermeinten«. – [2] H (Cassirer): »losgesprochen und andere«. – [3] A: »andere *ihm* in«. – [4] Akad.-Ausg.: »§14«. – [5] H: »[geschliffener] zivilisierter«. – [6] H: »zuerst das hocsten ‹?› woraus nachher hexen als der Anfang der Zauberformel geworden ist veranlaßt dann aber auch [hoc est corpus der ‹?› Anf. dann aber] das Wort«.

||BA 42 Anm.: ||BA 42

haben, nach und nach wohl || wirklich erweckt, und gehen in die Gesinnung über. – Aber den Betrüger in uns selbst, die Neigung[1], zu betrügen, ist wiederum Rückkehr zum Gehorsam unter das Gesetz der Tugend, und nicht Betrug, sondern schuldlose Täuschung[2] unserer selbst.

So ist die Anekelung seiner eigenen Existenz, aus der Leerheit des Gemüts an Empfindungen, zu denen es unaufhörlich strebt, *der langen* Weile, *wobei man* doch zugleich ein Gewicht der Trägheit *fühlt*, d. i.[3] des Überdrusses an aller Beschäftigung, die Arbeit heißen und jenen Ekel vertreiben könnte, weil sie mit Beschwerden verbunden ist, ein höchst widriges Gefühl, dessen Ursache[4] keine andere ist, als die natürliche Neigung zur Gemächlichkeit (einer Ruhe, vor der keine Ermüdung vorhergeht). – Diese Neigung ist aber betrügerisch, selbst in[5] Ansehung der Zwecke, welche die Vernunft dem Menschen zum Gesetz macht, um mit[6] sich selbst zufrieden zu sein, wenn er gar nichts tut (zwecklos vegetiert), weil er da doch nichts Böses tut. Sie also wieder zu betrügen (welches durch das Spiel mit schönen Künsten, am meisten aber durch gesellige Unterhaltung geschehen kann), heißt die Zeit vertreiben (tempus fallere); wo der Ausdruck schon die Absicht andeutet, nämlich die Neigung zur geschäftlosen Ruhe selbst zu betrügen, wenn durch schöne Künste das Gemüt spielend unterhalten, ja auch nur durch ein bloßes an sich zweckloses Spiel in einem friedlichen Kampfe wenigstens[7] Kultur des Gemüts bewirkt wird; widrigenfalls es heißen würde: die Zeit töten. – – Mit Gewalt ist wider die Sinnlichkeit in den Neigungen nichts ausgerichtet; man muß sie || überlisten, und, wie Swift sagt, dem Walfisch eine Tonne zum Spiel hingeben, um das Schiff zu retten.

Die Natur hat den Hang, sich gerne täuschen zu lassen, dem Menschen weislich eingepflanzt, selbst um die Tugend

[1] H (Cassirer): »Neigungen«. – [2] H (Cassirer): »sondern rühmliche Täuschung«. – [3] A: »strebt, *die lange* Weile, doch *auch* zugleich ein Gewicht der Trägheit d. i.«; H: »und doch zugleich das Gewicht der Trägheit, d. i.«. – [4] H: »die [einen Zweck hat und] Arbeit heißen könnte [das heißt die] weil sie mit Beschwerde verbunden ist [und] ein höchst widriges Gefühl seiner eigenen Nichtswürdigkeit deren Ursache«. – [5] H: »ist betrügerisch in«. – [6] H: »macht mit«. – [7] H: »doch wenigstens«.

||BA 43, 44

zu retten, oder doch zu ihr hinzuleiten. Der gute ehrbare Anstand ist ein äußerer Schein, der andern Achtung einflößt (sich nicht gemein zu machen). Zwar würde das Frauenzimmer[1] damit schlecht zufrieden sein, wenn das männliche Geschlecht ihren Reizen nicht zu huldigen schiene. Aber Sittsamkeit (pudicitia), ein Selbstzwang, der die Leidenschaft versteckt, ist doch als Illusion sehr heilsam[2], um zwischen einem und dem anderen Geschlecht den Abstand zu bewirken, der nötig ist, um nicht das eine zum bloßen Werkzeuge des Genusses des anderen abzuwürdigen. – Überhaupt ist alles, was man Wohlanständigkeit (decorum) nennt, von derselben Art, nämlich nichts als schöner[3] Schein.

Höflichkeit (Politesse) ist ein Schein der Herablassung, der Liebe einflößt. Die Verbeugungen (Komplimente) und die ganze höfische Galanterie, samt den heißesten Freundschaftsversicherungen mit Worten, sind zwar nicht eben immer Wahrheit (Meine lieben Freunde: es gibt keinen Freund! Aristoteles), aber sie betrügen darum doch auch nicht, weil ein jeder weiß, wofür er sie nehmen soll, und dann vornehmlich darum, weil diese anfänglich leeren Zeichen des Wohlwollens und der Achtung nach und nach zu wirklichen Gesinnungen dieser Art hinleiten.

|| Alle menschliche Tugend im Verkehr ist Scheidemünze; ein Kind ist der, welcher sie für echtes Gold nimmt. – Es ist doch aber besser, Scheidemünze, als gar kein solches Mittel im Umlauf zu haben, und[4] endlich kann es doch, wenn gleich mit ansehnlichem Verlust, in bares Gold[5] umgesetzt werden. Sie für lauter Spielmarken, die gar keinen Wert haben, auszugeben, mit dem sarkastischen Swift zu sagen: »Die Ehrlichkeit ist ein Paar Schuhe, die im Kote ausgetreten worden« u.s.w., oder, mit dem Prediger Hofstede, in seinem Angriff auf Marmontels Belisar, selbst einen Sokrates zu ver-

[1] Am Rand von H: »Von einem Paar das Gäste bekam die sich vorher nicht angemeldet hatten. // Einschränkung der Ansprüche der Sinnlichkeit des Erkenntnisvermögens. – NB es muß zuletzt vor den Titel des Verstandes kommen.« – [2] H: »[nützlich] heilsam«. – [3] H (Cassirer): »als ein schöner«. – [4] H: »[oder mit bloßem gestempelten Papier das gar keinen innern Gehalt hat] und«. – [5] H (Cassirer): »wahres Gold«.

||BA 45

leumden, um ja zu verhindern, daß irgend jemand an die Tugend glaube, ist ein an der Menschheit verübter Hochverrat. Selbst der Schein des Guten an anderen muß uns wert sein; weil aus diesem Spiel mit *Verstellungen*[1], welche Achtung erwerben, ohne sie vielleicht zu verdienen, endlich wohl Ernst werden kann. – Nur der Schein des Guten in uns selbst muß ohne Verschonen weggewischt, und der Schleier, womit die Eigenliebe unsere moralischen Gebrechen verdeckt, abgerissen werden; weil der Schein da betrügt, wo man durch das, was ohne allen moralischen Gehalt ist, die Tilgung seiner Schuld, oder gar, in Wegwerfung desselben[2], die Überredung, nichts schuldig zu sein, sich vorspiegelt, z.B. wenn die Bereuuung der Übeltaten am Ende des Lebens für wirkliche Besserung, oder vorsetzliche Übertretung als menschliche Schwachheit, vorgemalt wird.[3]

VON DEN FÜNF SINNEN[4]

§ 13[5]. Die Sinnlichkeit im Erkenntnisvermögen (das Vermögen der Vorstellungen in der An||schauung) enthält zwei Stücke: den Sinn und die Einbildungskraft. – Das erstere ist das Vermögen der Anschauung in der Gegenwart des Gegenstandes, das zweite auch ohne die Gegenwart desselben. – Die Sinne aber werden wiederum in die äußeren und den inneren Sinn (sensus internus) eingeteilt; der erstere ist der, wo der menschliche Körper durch körperliche Dinge, der zweite, wo er durchs Gemüt affiziert wird; wobei zu merken ist, daß der letztere, als bloßes Wahrnehmungsvermögen (der empirischen Anschauung), vom Gefühl der Lust und Unlust, d. i. der Empfänglichkeit des Subjekts[6], durch ge-

[1] A: »*Vorstellungen*«. – [2] Cassirer: »Wegwerfung derselben«. – [3] Am Rand von H: »Nicht bei Sinnen sein, unbesonnen verfahren. // Von der Leichtigkeit etwas zu tun (promptitudo) Von der subjektiven Notwendigkeit etwas zu tun (habitus) Fertigkeit. Die mechanische Leichtigkeit die von der Übung abhängt ist von der dynamischen welche objektiv ist unterschieden. Die Tugend ist nicht Fertigkeit sondern Stärke.« – [4] H: »Von den [zum Erkenntnisvermögen gehörenden Sinnen] fünf Sinnen«. – [5] Akad.-Ausg.: »§ 15«. – [6] H: »des [Vorstellungsvermögens] Subjekts«.

||BA 46

wisse Vorstellungen zur Erhaltung oder Abwehrung des Zustandes dieser Vorstellungen bestimmt zu werden, verschieden gedacht wird, den man den inwendigen Sinn (sensus interior) nennen könnte. – Eine Vorstellung durch den Sinn, deren man sich als einer solchen bewußt ist, heißt besonders Sensation, wenn die Empfindung zugleich Aufmerksamkeit auf den Zustand des Subjekts erregt.

§ 14[1]. Man kann zuerst die Sinne der Körperempfindung in den der Vitalempfindung (sensus vagus), und die der Organempfindung (sensus fixus), und, da sie insgesamt nur da, wo Nerven sind, angetroffen werden, in diejenigen einteilen, welche das ganze System der Nerven, oder nur den zu einem gewissen Gliede des Körpers gehörenden Nerven affizieren. – Die Empfindung der Wärme und Kälte, selbst die, welche durchs Gemüt erregt wird (z.B. durch schnell wachsende Hoffnung oder Furcht), gehört zum Vitalsinn. Der Schauer, der den Menschen selbst || bei der Vorstellung des Erhabenen überläuft, und das Gräuseln, womit Ammenmärchen in später Abendzeit die Kinder zu Bette jagen, sind von der letzteren Art; sie durchdringen den Körper, so weit als in ihm Leben ist.

Der Organsinne aber können füglich nicht mehr oder weniger als fünf aufgezählt werden, so fern sie sich auf äußere Empfindung beziehen.

Drei derselben aber sind mehr objektiv als subjektiv, d. i. sie tragen, als empirische Anschauung, mehr zur Erkenntnis des äußeren Gegenstandes bei, als sie das Bewußtsein des affizierten Organs rege machen; – zwei aber sind mehr subjektiv als objektiv, d. i.[2] die Vorstellung durch dieselbe ist mehr die des Genusses, als der Erkenntnis des äußeren Gegenstandes; daher über die erstere man sich mit anderen leicht einverständigen kann, in Ansehung der letzteren aber, bei einerlei äußerer empirischer Anschauung und Be-

[1] Akad.-Ausg.: »§ 16«. – [2] H: »d. i. [sie bewegen mehr die bloße Lebensempfindung des Subjekts (ein Organ affiziert zu wissen) als daß sie zum Erkenntnis des affizierenden Gegenstandes und seiner Beschaffenheit etwas beitrügen. Daher können sich in Ansehung der ersteren Menschen sehr wohl einverständigen statt dessen über die Sinnesempfindung der letzteren man gemeiniglich weit aus einander ist sie]«.

||BA 47

nennung des Gegenstandes, die Art, wie das Subjekt sich von ihm affiziert fühlt, ganz verschieden sein kann.[1]

Die Sinne von der ersteren Klasse sind 1) der der Betastung (tactus), *2)*[2] des Gesichts (visus), 3) des Gehörs (auditus). – Von der zweiten a) des Geschmacks (gustus), b) des Geruchs (olfactus); insgesamt lauter Sinne der Organempfindung, gleichsam so vieler äußerer, von der Natur für das Tier zum Unterscheiden der Gegenstände zubereiteten, Eingänge.

|| VOM SINNE DER BETASTUNG

§ 15[3]. *Der Sinn der Betastung* liegt[4] in den Fingerspitzen und den Nervenwärzchen (papillae) derselben, um durch die Berührung der Oberfläche eines festen Körpers die Gestalt desselben zu erkundigen. – Die Natur scheint allein dem Menschen dieses Organ angewiesen zu haben, damit er durch Betastung von allen Seiten sich einen Begriff von der Gestalt eines Körpers machen könne; denn die Fühlhörner der Insekten scheinen nur die Gegenwart desselben, nicht die Erkundigung der Gestalt zur Absicht zu haben. – Dieser Sinn ist auch der einzige *von unmittelbarer äußerer*[5] Wahrnehmung; eben darum auch der wichtigste und am sichersten belehrende, dennoch aber der gröbste: weil die Materie fest sein muß, von deren Oberfläche der Gestalt nach wir durch Berührung belehrt werden sollen. (Von der Vitalempfindung, ob *die Oberfläche* sanft[6] oder unsanft, viel weniger noch, ob sie warm oder kalt anzufühlen sei, ist hier nicht die Rede.) – Ohne diesen Organsinn würden wir uns von einer körperlichen Gestalt gar keinen Begriff machen können, auf deren Wahrnehmung[7] also die beiden andern *Sinne der erstern Klasse*[8] ursprünglich bezogen werden müssen, um Erfahrungserkenntnis zu verschaffen.

[1] Am Rand von H: »Von dem Sinn des Gesichts ohne Farbe und des Gehörs ohne Musik«. – [2] Zusatz von B, doch auch schon in H. – [3] Akad.-Ausg.: »§ 17«. – [4] A: »*Er* liegt«. – [5] A: »*der unmittelbaren äußeren*«. – [6] A: »ob *sie* sanft«. – [7] H (Cassirer): »auf dessen Wahrnehmungen«. – [8] Zusatz von B.

VOM GEHÖR

§ 16[1]. *Der* Sinn *des Gehörs* ist einer *der Sinne* von bloß *mittelbarer Wahrnehmung.*[2] – Durch die Luft, die uns umgibt, und vermittelst derselben, wird ein entfernter Gegenstand in großem Umfange erkannt, und durch *eben*[3] dieses Mittel, *welches* durch das Stimmorgan, den Mund, *in Bewegung gesetzt wird,* können[4] sich Menschen am || leichtesten und vollständigsten mit andern in Gemeinschaft der Gedanken und Empfindungen bringen, vornehmlich wenn die Laute, die jeder den anderen hören läßt, artikuliert sind, und in ihrer gesetzlichen Verbindung durch den Verstand eine Sprache ausmachen. – Die Gestalt des Gegenstandes wird durchs Gehör nicht gegeben, und die Sprachlaute führen nicht unmittelbar zur Vorstellung[5] desselben, sind aber eben darum, und weil sie an sich nichts, *wenigstens keine* Objekte, *sondern* allenfalls *nur* innere Gefühle bedeuten, die[6] geschicktesten Mittel der Bezeichnung der Begriffe, und Taubgeborne, die eben darum auch stumm (ohne Sprache) bleiben müssen, können nie zu etwas Mehrerem, als einem Analogon der Vernunft gelangen.

Was aber den Vitalsinn betrifft, so wird dieser durch Musik, als ein regelmäßiges Spiel von Empfindungen des Gehörs, unbeschreiblich lebhaft und mannigfaltig nicht bloß bewegt, sondern auch gestärkt, welche also gleichsam eine Sprache bloßer Empfindungen (ohne alle Begriffe) ist. Die Laute sind hier Töne, und dasjenige fürs Gehör, was die Farben fürs Gesicht sind; eine Mitteilung der Gefühle[7] in die Ferne in einem Raume umher, an alle, die sich darin befinden, und ein gesellschaftlicher Genuß, der dadurch nicht vermindert wird, daß viele an ihm teilnehmen.[8]

[1] Akad.-Ausg.: »§ 18«. – [2] A: »*Dieser* Sinn ist einer von *den* bloß *mittelbaren Wahrnehmungen.*« – [3] Zusatz von B. – [4] A: »Mittel, *dessen Gebrauch* durch ... Mund, *geschieht,* können«. – [5] H: »führen [an sich] nicht unmittelbar [zum Begriffe] zur Vorstellung«. – [6] A: »nichts bedeuten, *außer* allenfalls innere Gefühle, *nicht* Objekte, die«. – [7] H: »und eine Mitteilung der [Empfindungen] Gefühle«. – [8] Am Rand von H: »Vom Gefühl der Muskeln des Mundes bei Stummen«.

||BA 49

VON DEM SINN DES SEHENS

§ 17[1]. *Auch das Gesicht ist* ein[2] Sinn der mittelbaren Empfindung durch eine nur für ein gewisses Organ (die Augen) empfindbare bewegte Materie, durch Licht[3], || welches nicht, wie der Schall, bloß eine wellenartige Bewegung *eines flüssigen Elements* ist, *die* sich im Raume umher nach allen Seiten verbreitet, sondern eine Ausströmung, *durch welche* ein Punkt für das Objekt *im Raume* bestimmt wird[4], und vermittelst dessen uns das Weltgebäude in einem so unermeßlichen Umfange bekannt wird, daß, vornehmlich bei selbstleuchtenden Himmelskörpern, wenn wir ihre Entfernung mit unseren Maßstäben hier auf Erden vergleichen, wir über der Zahlenreihe ermüden, und dabei fast mehr Ursache haben, über die zarte Empfindsamkeit dieses Organs in Ansehung der Wahrnehmung so geschwächter Eindrücke zu erstaunen, als über die Größe des Gegenstandes (des Weltgebäudes), vornehmlich wenn man die Welt im kleinen, so wie sie uns vermittelst der Mikroskopien vor Augen gestellt wird, z. B. bei den Infusionstierchen, dazu nimmt. – Der Sinn des Gesichts ist, wenn gleich nicht unentbehrlicher als der des Gehörs, doch der edelste; weil er sich unter allen am meisten von dem der Betastung, als der eingeschränktesten Bedingung der Wahrnehmungen, entfernt, und nicht[5] allein die größte Sphäre derselben im Raume enthält, sondern auch *sein* Organ am[6] wenigsten affiziert fühlt (weil es sonst nicht bloßes[7] Sehen[8] sein würde), hiemit also einer reinen Anschauung (der unmittelbaren Vorstellung des gegebenen Objekts ohne beigemischte merkliche Empfindung) näher kommt.

* * *

[1] Akad.-Ausg.: »§ 19«. – [2] A: »*Gleichfalls* ein«. – [3] H: »Materie, das Licht«. – [4] A: »welches eine Ausströmung ist, nicht, wie der Schall, bloß eine wellenartige Bewegung *des unendlich gröberen Flüssigen (der Luft), welche* sich im Raume ... verbreitet, sondern *dadurch* ein Punkt für das Objekt *in demselben* bestimmt wird«. – [5] H: »und [so damit unendlich mehr Stoff zum Denken hergibt] nicht«. – [6] A: »auch *das* Organ *sich* am«; H: »auch das Organ am«. – [7] H (Cassirer): »nicht ein bloßes«. – [8] B_3: »Sehen«.

||BA 50

Diese drei äußern Sinne leiten durch Reflexion das Subjekt zum Erkenntnis des Gegenstandes als eines Din||ges außer uns. – Wenn aber die Empfindung so stark wird, daß das Bewußtsein der Bewegung des Organs stärker wird, als das der Beziehung[1] auf ein äußeres Objekt, so werden äußere[2] Vorstellungen in innere verwandelt[3]. – Das Glatte oder Rauhe im Anfühlbaren bemerken[4] ist ganz was anderes, als die Figur des äußeren Körpers dadurch erkundigen. Eben so: wenn das Sprechen anderer so stark ist, daß einem, wie man sagt, die Ohren davon wehtun, oder wenn *jemand*, welcher[5] aus einem dunkeln Gemach in den hellen Sonnenschein tritt, mit den Augen *blinzelt*[6], so wird der *letzte*[7] durch zu starke oder plötzliche Erleuchtung auf einige Augenblicke blind, der *erste*[8] durch kreischende Stimme taub, d. i. beide können vor der Heftigkeit der Sinnesempfindung nicht zum Begriff vom Objekt kommen, sondern ihre Aufmerksamkeit ist bloß an *die subjektive* Vorstellung, nämlich *die* Veränderung[9] des Organs, geheftet.[10]

VON DEN SINNEN DES GESCHMACKS UND DES RIECHENS[11]

§ 18[12]. *Die Sinne des Geschmacks und des Geruchs* sind beide mehr[13] subjektiv als objektiv; der erstere in[14] der Berührung

[1] H: »der [objektiven Vorstellung] Beziehung«. – [2] H: »werden [es Sinne der Vitalempfindung und die] äußere«. – [3] H: »innere [und Organempfindungen] verwandelt«. – [4] H: »im Anfühlen bemerken«. – [5] A: »wenn *der*, welcher«. – [6] A: »*blinzert*«. – [7] A: »der *eine*«. – [8] A: »der *andere*«. – [9] A: »an *der subjektiven* Vorstellung, nämlich *der* Veränderung«. – [10] Am Rand von H: »Leichtsinnig, der ohne zu untersuchen etwas statuiert // Leichtgläubig, der auf anderer [Nachricht ohne] Zeugnis ohne Untersuchung trauet // Ungläubisch der auf kein Zeugnis Glauben setzt. // Gläubiger (creditor) der auf das Versprechen eines andern Vertrauen setzt. Die Gläubigen sind die so ein wirkliches oder vermeintes Versprechen eines Wesens was nicht betrügen kann vertraut. // Abergläubisch (superstitios.) der was ‹?› er sich selbst verspricht ‹vorspricht?› für das Geschenk eines ‹?› anderen hält«. – [11] H: »Von den Sinnen des Schmeckens und Riechens«. – [12] Akad.-Ausg.: »§ 20«. – [13] A: »Beide sind mehr«. – [14] A: »erstere *(des Geschmacks)* in«; H: »erstere (des Schmeckens) in«.

||BA 51

des Organs der Zunge, des Schlundes und der Gaumen durch den äußeren Gegenstand, der zweite durch[1] Einziehung der mit der Luft vermischten fremden Ausdünstungen, *wobei der Körper, der sie ausströmt, selbst vom Organ entfernt sein kann*[2]. Beide sind einander nahe verwandt, und wem der Geruch mangelt, der hat jederzeit nur einen stumpfen Geschmack. – Man[3] kann sagen, daß beide durch Salze (fixe und flüchtige), deren die | eine | durch die Flüssigkeit im Munde, die andere durch die Luft aufgelöst sein müssen, affiziert werden, *welche* in[4] das Organ eindringen müssen, um *diesem* ihre[5] spezifische Empfindung[6] zukommen zu lassen.

ALLGEMEINE ANMERKUNG ÜBER DIE ÄUSSERN SINNE

§ 19.[7] Man kann *die* Empfindungen *der äußern Sinne* in[8] die des mechanischen und des chemischen Einflusses einteilen. Zu den mechanisch einfließenden gehören die drei obersten, zu denen von chemischem Einfluß die zwei niedern Sinne. Jene sind Sinne der Wahrnehmung (oberflächlich), diese des Genusses (innigste Einnehmung). – Daher kommt es, daß der Ekel, ein Anreiz, sich des Genossenen durch den kürzesten Weg des Speisekanals zu entledigen (sich zu erbrechen), als eine so starke Vitalempfindung den Menschen beigegeben worden, weil jene innigliche Einnehmung dem Tier gefährlich werden kann.

Weil es aber auch einen Geistesgenuß gibt, der in der Mitteilung der Gedanken besteht, das Gemüt aber diesen, wenn er uns aufgedrungen wird, und doch als Geistes-Nahrung für uns nicht gedeihlich ist, *widerlich findet*[2] (wie z. B. die Wiederholung immer einerlei witzig oder lustig sein sollender Einfälle uns selbst durch diese Einerleiheit ungedeihlich

[1] A: »zweite *(des Riechens) auch in der Entfernung zu empfinden,* durch«. – [2] Zusatz von B. – [3] H: »Geschmack. – [Keiner von beiden Sinnesarten führt für sich allein zum Erkenntnis des Gegenstandes wenn man nicht einen anderen Sinn zu Hülfe ruft z. B.] Man«. – [4] A: »werden *und* in«; H: »werden und [welche] in«. – [5] A: »um *jeder* ihre«. – [6] B_3: »Empfindungen«. – [7] dusatz von B; Akad.-Ausg.: »§ 21.« – [8] A: »kann *dieser ihre* Empfindungen in«.

||BA 52

werden kann), so wird der Instinkt der Natur, *seiner* los[1] zu werden, der Analogie wegen, gleichfalls Ekel genannt; ob er gleich zum[2] inneren Sinn gehört.

|| Geruch ist gleichsam ein Geschmack in der Ferne, und andere werden gezwungen, mit zu genießen, sie mögen wollen oder nicht, und darum ist er, als der Freiheit zuwider, weniger gesellig als der Geschmack, wo, unter vielen Schüsseln oder Bouteillen, der Gast Eine nach seiner Behaglichkeit wählen kann, ohne daß andere genötigt werden, davon mit zu genießen. – Schmutz scheint nicht sowohl durch das Widrige fürs Auge und die Zunge, als vielmehr durch den davon zu vermutenden Gestank, Ekel zu erwecken. Denn die Einnehmung durch den Geruch (in die Lungen) ist noch inniglicher, als die durch die einsaugenden Gefäße des Mundes, oder des Schlundes.[3]

Je stärker die Sinne, bei eben demselben Grade des auf sie geschehenen Einflusses, sich affiziert fühlen, desto weniger lehren sie. Umgekehrt: wenn sie viel lehren sollen, müssen sie mäßig affizieren. Im stärksten Licht sieht (unterscheidet) man nichts, und eine stentorisch angestrengte Stimme betäubt (unterdrückt das Denken).

Je empfänglicher der Vitalsinn für Eindrücke ist (je zärtlicher und empfindlicher), desto unglücklicher *ist der Mensch*[4]; je empfänglicher für den Organsinn (empfindsamer), dagegen abgehärteter für den Vitalsinn der Mensch ist, desto[5] glücklicher ist er; – ich sage glücklicher, nicht eben moralisch-besser; – denn er hat das Gefühl seines Wohlseins mehr in seiner Gewalt. Die Empfindungsfähigkeit aus Stärke (sensibilitas sthenica) kann man zarte Empfindsamkeit, die aus Schwäche des Subjekts, dem Eindringen der Sinneneinflüsse ins Bewußtsein[6] nicht hinreichend widerstehen zu können, | d. i. wider Willen darauf zu attendieren, zärtliche Empfindlichkeit (sensi|bilitas asthenica) nennen[7].

[1] A: »*ihrer* los«. – [2] H: »gleich nur zum«. – [3] Am Rand von H: »pica«. – [4] Zusatz von B. – [5] A: »Organsinn, dagegen ... Mensch ist (empfindsamer), desto«. – [6] H: »[in die Lebenskraft] ins Bewußtsein«. – [7] A: »können (sensi|bilitas asthenica), d. i. ... Empfindlichkeit nennen«.

||BA 53, 54

FRAGEN

§ 20.[1] Welcher Organsinn ist der undankbarste und scheint auch der entbehrlichste zu sein? Der des G e r u c h s. Es belohnt nicht, ihn zu kultivieren, oder wohl gar zu verfeinern, um zu genießen; denn es gibt mehr Gegenstände des Ekels (vornehmlich in volkreichern Örtern), als der Annehmlichkeit, die er verschaffen kann, und der Genuß durch diesen Sinn kann immer auch nur flüchtig und vorübergehend sein, wenn er vergnügen soll. – Aber als negative Bedingung des Wohlseins, um nicht schädliche Luft (den Ofendunst, *den Gestank* der Moräste und *Äser*[2]) einzuatmen, oder auch faulende Sachen zur Nahrung zu brauchen, ist dieser Sinn nicht unwichtig.[3] – Eben dieselbe Wichtigkeit hat auch der zweite Genußsinn, nämlich[4] der Sinn des Geschmacks, aber mit dem ihm eigentümlichen Vorzuge, daß dieser die Geselligkeit im Genießen befördert, was der vorige nicht tut, überdem auch, daß er schon bei der Pforte des Eingangs der Speisen in den Darmkanal die Gedeihlichkeit derselben zum voraus beurteilt; denn diese ist mit der Annehmlichkeit in diesem Genusse, als einer ziemlich sicheren Vorhersagung der letzteren, wohl verbunden, wenn Üppigkeit und Schwelgerei den Sinn nur nicht verkünstelt hat. – Worauf der Appetit bei Kranken fällt, das pflegt ihnen auch gemeiniglich, gleich einer Arznei, gedeihlich zu sein. – Der Geruch *der Speisen* ist gleichsam ein *Vorgeschmack*, und[5] der Hungrige wird durch den ¦ Geruch | von beliebten Speisen zum Genusse eingeladen, so wie der Satte dadurch abgewiesen wird.[6]

[1] Zusatz von B; Akad.-Ausg.: »§ 22.« – [2] A: »Ofendunst, *die* der Moräste und *Anger verfaulter Tiere*«. – [3] Am Rand von H: »Der Geruch läßt sich nicht beschreiben sondern nur durch Ähnlichkeit mit einem andern Sinn (wie Musik mit Farbenspiel) z.B. des Geschmacks vergleichen z.B. das riecht sauer, süß fäulig – Anhauchen des Tonschiefers«. – [4] H: »zweite S i n n e n g e n u ß nämlich«. – [5] A: »Der Geruch ist gleichsam ein *Geschmack in der Ferne,* und«. – [6] Am Rand von H: »Vikariat. // Einteilung – Anthropologische Elementarlehre. Exposition und Methodenlehre Charakteristik ... Element.lehre. Vom [der Sinnlichkeit und dem Verstand] Erkenntnisvermögen dem Gefühl der Lust und Unl. und Begehrungsvermögen. – Alles dieses sinnlich oder intellektuell. Vom sinnlichen Erk. Verm. 1. Von den Sinnen 2. der Ein-

||BA 55

Gibt es ein Vikariat der Sinne, d.i. einen[1] Gebrauch des einen Sinnes, um die Stelle eines andern zu vertreten? Dem Tauben kann man, wenn er nur sonst hat hören können, durch die Gebärdung, also durch die Augen desselben, die gewohnte Sprache ablocken; wozu auch die Beobachtung der Bewegung seiner Lippen gehört, ja durch das Gefühl der Betastung bewegter Lippen im Finstern kann eben dasselbe geschehen. Ist er aber taub geboren, so muß der Sinn des Sehens aus der Bewegung der Sprachorgane die Laute, die man ihm bei seiner Belehrung abgelockt hat, in ein Fühlen der eigenen Bewegung der Sprachmuskeln desselben verwandeln; wiewohl er dadurch nie zu wirklichen Begriffen kommt, weil die Zeichen, deren er dazu bedarf, keiner Allgemeinheit fähig sind. – Der Mangel eines musikalischen Gehörs, obgleich das bloß physische unverletzt ist, da das Gehör zwar Laute aber nicht Töne vernehmen, der Mensch also zwar sprechen aber nicht singen kann, ist eine schwer zu erklärende Verkrüppelung; so wie es Leute gibt, die sehr gut sehen, aber keine Farben unterscheiden können, und denen alle Gegenstände wie im Kupferstich erscheinen.

Welcher Mangel oder Verlust eines Sinnes ist wichtiger, der des Gehörs oder des Gesichts? – Der erstere ist, wenn er angeboren wäre, unter allen am wenigsten ersetzlich; ist er aber nur später, nachdem der Gebrauch der Augen, es sei zu Beobachtung des Gebär||denspiels, oder, noch mittelbarer, durch Lesung einer Schrift schon kultiviert worden, erfolgt: so kann ein solcher Verlust, vornehmlich bei einem Wohlhabenden[2], noch wohl notdürftig durchs Gesicht er-

bild.kraft. Annehmlichkeit die sich aufdringt a – Musik b. Geruch. // Curiosus ist der begierig ist Seltenheiten zu erfahren oder auch zu besitzen für Curiose // Zu starkes Licht oder Geschrei macht blind und taub d. i. man kann nicht Begriffe vom Objekte bekommen // Ob nicht wirklich noch ein 6ter Sinn nämlich in Ansehung des Geschlechts anzunehmen (papagei) der Kuß ist ein Genuß zwischen beiden Geschlechtern Die Umarmung derer von demselben Geschlecht oder der kleinen noch stammelnden Kinder bloßer Liebeserguß. Analogie«. –
[1] H: »[Was ist das] Gibt es ein Vikariat der Sinne, d. i. [der] einen«. –
[2] H: »Wohlhabenden [sehr wohl ersetzlich. ziemlich zu ersetzen. Ein Blindgeborner oder in der Folge dazu gewordener vermißt nach gerade seinen Verlust nicht sonderlich,]«.

||BA 56

setzt werden. Aber ein im Alter Taubgewordener vermißt dieses Mittel des Umgangs gar sehr, und, so wie man viele Blinde sieht, welche gesprächig, gesellschaftlich und an der Tafel fröhlich sind, so wird man schwerlich einen, der sein Gehör verloren hat, in Gesellschaft anders als verdrießlich, mißtrauisch und unzufrieden antreffen. Er sieht in den Mienen der Tischgenossen allerlei Ausdrücke von Affekt, oder wenigstens Interesse, und zerarbeitet sich vergeblich, ihre Bedeutung zu erraten, und ist *also selbst mitten in der Gesellschaft* zur[1] Einsamkeit verdammt.

* * *

§ 21.[2] Noch gehört zu den beiden letzteren Sinnen (die mehr subjektiv als objektiv sind) eine Empfänglichkeit für gewisse Objekte äußerer Sinnenempfindungen[3] von der besonderen Art, daß sie bloß subjektiv sind und auf die Organe des Riechens und Schmeckens durch einen Reiz würken, der doch weder Geruch noch Geschmack ist, sondern als die Einwirkung gewisser fixer Salze, welche die Organe[4] zu spezifischen Ausleerungen reizen, gefühlt *wird; daher denn diese Objekte* nicht *eigentlich* genossen[5] und in die Organe innigst aufgenommen werden, sondern nur sie berühren und bald darauf weggeschafft werden sollen; eben dadurch aber den ganzen Tag hindurch (die Essenszeit und den Schlaf ausgenommen) ohne Sättigung können gebraucht werden. – Das gemeinste Material derselben ist der Tobak, es sei ¦ ihn zu schnupfen, oder *ihn in den Mund* zwischen der Backe und *dem* Gaumen *zur* Reizung des Speichels | zu legen[6], oder auch ihn durch Pfeifenröhre, wie[7] selbst das spanische Frauenzimmer in Lima durch einen angezündeten Zigarro, zu rauchen. Statt des Tobaks bedienen sich die Malaien im letzteren Fall der Arekanuß in ein Betelblatt gewickelt (Betelarek), welches eben dieselbe Wirkung tut. – Dieses

[1] A: »ist, *was den Umgang betrifft,* zur«. – [2] Zusatz von B; Akad.-Ausg.: »§ 23.« – [3] H: »gewisse äußere Sinnenempfindungen«. – [4] H: »welche diese Organen«. – [5] A: »gefühlt *aber* nicht genossen«. – [6] A: »(oder *auch im Munde* zwischen der Backe und *den* Gaumen *zu* Reizung des Speichels | zu legen)«. – [7] H (Cassirer): »durch Pfeifen oder wie«

¦BA 57

Gelüsten (pica), abgesehen von dem medizinischen Nutzen oder Schaden, den die Absonderung des Flüssigen in beiderlei Organen zur Folge haben mag, ist, als bloße Aufreizung des Sinnengefühls überhaupt, gleichsam ein oft wiederholter Antrieb der Rekollektion der Aufmerksamkeit[1] auf seinen Gedankenzustand, der sonst einschläfern, oder durch Gleichförmigkeit und Einerleiheit langweilig sein würde; statt dessen jene Mittel sie immer stoßweise wieder aufwecken. Diese Art der Unterhaltung des Menschen mit sich selbst vertritt die Stelle einer Gesellschaft; indem es die Leere der Zeit statt des Gespräches mit immer neu erregten Empfindungen und schnell vorbeigehenden[2], aber immer wieder erneuerten, Anreizen ausfüllt.

VOM[3] INNEREN SINN

§ 22[4]. Der innere Sinn ist nicht die reine Apperzeption, ein Bewußtsein dessen, was der Mensch tut, denn dieses gehört zum Denkungsvermögen, sondern was er leidet, *wiefern* er[5] durch sein eignes Gedankenspiel affiziert wird. Ihm liegt die innere Anschauung, folglich das Verhältnis der Vorstellungen in der Zeit (so wie sie darin zugleich oder nach einander sind) zum Grunde. || Die Wahrnehmungen desselben und die durch ihre Verknüpfung zusammengesetzte (wahre oder scheinbare) innere Erfahrung ist nicht bloß[6] anthropologisch, wo man nämlich davon absieht, ob der Mensch eine Seele (als besondere unkörperliche Substanz) habe oder nicht, sondern psychologisch, wo man *eine solche* in sich wahrzunehmen *glaubt*, und *das Gemüt*, welches[7] als bloßes Vermögen zu empfinden und zu denken vorgestellt ist, als besondere im Menschen wohnende Substanz angesehen wird. – Da gibt es alsdann nur Einen[8] inneren Sinn; weil es nicht verschiedene Organe sind, durch welche der Mensch

[1] H: »seiner Aufmerksamkeit«. – [2] H (Cassirer): »vergehenden«. – [3] A: »*Anhang.* Vom«. – [4] A: »§ *19*«; Akad.-Ausg.: »§ 24«. – [5] A: »*wie* er«. – [6] H: »[eigentlich] [rein] bloß«. – [7] A: »wo man *ein solches* in sich wahrzunehmen und *statt des Gemüts*, welches«. – [8] H: »[einen] Einen«.

||BA 58

sich innerlich empfindet, und man könnte sagen, die Seele ist das Organ des inneren Sinnes, von dem nun gesagt wird, daß er auch Täuschungen unterworfen ist, die darin bestehen, daß der Mensch *die* Erscheinungen desselben entweder für *äußere Erscheinungen, d. i. Einbildungen für Empfindungen nimmt, oder aber gar für Eingebungen* hält[1], von denen ein anderes Wesen, welches doch kein Gegenstand äußerer Sinne ist, die Ursache sei: wo die Illusion alsdann Schwärmerei, oder auch Geisterseherei und beides Betrug[2] des inneren Sinnes ist. In beiden Fällen ist es Gemütskrankheit: der Hang, das Spiel der Vorstellungen des inneren Sinnes für Erfahrungserkenntnis anzunehmen, da es doch nur eine Dichtung[3] ist; *oft auch*[4] sich selbst mit einer gekünstelten Gemütsstimmung hinzuhalten, vielleicht weil[5] man sie für heilsam und über die Niedrigkeit der Sinnenvorstellungen erhaben hält, und mit darnach geformten Anschauungen (Träumen im Wachen) sich zu[6] hintergehen. – Denn nach gerade *hält* der Mensch das, was er sich selbst vorsetzlich ins Gemüt ¦ hineingetragen hat, *für etwas, das* schon vorher in demselben *gelegen hätte*, und glaubt, *das*, was[7] er sich selbst auf|drang, in den Tiefen seiner Seele nur entdeckt zu haben.

So war es mit den schwärmerisch-reizenden inneren Empfindungen einer Bourignon, oder den schwärmerisch-schreckenden eines Pascal bewandt. Diese Verstimmung des Gemüts kann nicht füglich durch vernünftige Vorstellungen (denn was vermögen die wider vermeinte Anschauungen?) gehoben werden. Der Hang, in sich selbst gekehrt zu sein, kann, samt den daher kommenden Täuschungen des inneren Sinnes, nur *dadurch in Ordnung* gebracht werden, *daß der Mensch* in die äußere Welt, und hiemit in die Ord-

[1] A: »die entweder darin bestehen, daß der Mensch Erscheinungen desselben für *solche* hält«. – [2] H: »alsdann unvorsetzlich ist und Schwärmerei heißt oder auch absichtlich gekünstelt wird um mit solchen Wesen in vermeinte Gemeinschaft zu kommen und alsdann Geisterseherei und Betrug«. – [3] H: »eine absichtliche Dichtung«. – [4] Zusatz von B. – [5] H: »Gemütsstimmung weil«. – [6] H: »Wachen) zu«. – [7] A: »nach gerade glaubt der Mensch das, was ... hat, *als* schon vorher in demselben *belegen*, und was«.

¦|BA 59

nung der Dinge, die den äußeren Sinnen vorliegen, *zurückgeführt wird*[1].

|| VON[2] DEN URSACHEN DER VERMEHRUNG ODER VERMINDERUNG DER SINNENEMPFINDUNGEN DEM GRADE NACH

§ 23.[3] *Die Sinnenempfindungen werden dem Grade nach vermehrt durch* 1) *den* Kontrast, 2) die Neuigkeit, 3) *den* Wechsel[4], 4) die Steigerung[5].

a. DER KONTRAST

Abstechung (Kontrast) ist die Aufmerksamkeit erregende Nebeneinanderstellung einander widerwärtiger Sinnesvorstellungen unter einem und demselben Begriffe. Sie ist vom Widerspruch unterschieden, welcher in der Verbindung einander widerstreitender Begriffe besteht. – Ein wohlgebautes[6] Stück Landes in einer Sandwüste hebt die Vorstellung des ersteren durch den bloßen Kontrast; *wie* die[7] angeblich paradiesischen Gegenden in der Gegend von Damaskus in Syrien. – Das Geräusch und der Glanz eines Hofes oder auch nur einer großen Stadt, neben dem stillen, einfältigen und doch zufriedenen Leben des Landmanns, ein Haus unter einem Strohdach, inwendig mit geschmackvollen und bequemen Zimmern anzutreffen, belebt die Vorstellung und man weilet gern dabei; weil die Sinne dadurch gestärkt werden. – – Dagegen Armut und Hoffart, prächtiger Putz einer Dame, die mit Brillanten umschimmert und deren Wäsche

[1] A: »nur *durch Versetzung* in die äußere Welt ... vorliegen, *ins Gleis* gebracht werden«; am Rand von H: »NB Oben vom animus sui compos der alle Gemütsveränderungen in seiner Gewalt hat. // Von stumpfen schwachen blöden Sinnen – Gefühl der Mattigkeit und Stärke Sagazität der Hunde Spüren ‹Spähen ?›. – Der Alte glaubt sich wohl zu befinden indem die Vitalempfindung schwach wird – Blinde unterscheiden Farben des Gefühls ‹?› Scharfe Sinne zum Wahrnehmen, zarte zum Unterscheiden.« – [2] A: »*Dritter Abschnitt.* Von«. – [3] Zusatz von B; Akad.-Ausg.: »§ 25.« – [4] A: »*Sie sind* 1) *der* Kontrast, 2) die Neuigkeit, 3) *der* Wechsel«. – [5] H: »[die Vollendung] die Steigerung«. – [6] H (Cassirer): »wohlangebautes«. – [7] A: »*daher* die«.

||BA 60

unsauber || ist, – oder, wie ehemals bei einem polnischen Magnaten, verschwenderisch besetzte Tafeln und dabei zahlreiche Aufwärter, aber in Bastschuhen, stehen nicht im Kontrast, sondern im Widerspruch, und eine Sinnenvorstellung vernichtet oder schwächt die andere, weil sie unter einem und demselben Begriffe das Entgegengesetzte vereinigen will, welches unmöglich ist. – – Doch kann man auch komisch kontrastieren und einen augenscheinlichen Widerspruch im Ton der Wahrheit[1], oder etwas offenbar Verächtliches in der Sprache der Lobpreisung vortragen, um die Ungereimtheit noch fühlbarer zu machen, wie Fielding in seinem Jonathan Wild dem Großen, oder Blumauer in seinem travestierten Virgil, und z.B. einen herzbeklemmenden Roman, wie Clarissa, lustig und mit Nutzen parodieren, und so die Sinne stärken, dadurch, daß man sie vom Widerstreite befreit, den falsche und schädliche Begriffe ihnen beigemischt haben.

b. DIE NEUIGKEIT

Durch das Neue, wozu auch das Seltene und das verborgen Gehaltene gehört, wird die Aufmerksamkeit belebt. Denn es ist Erwerb; die Sinnenvorstellung gewinnt also dadurch mehr Stärke. Das Alltägige oder Gewohnte löscht sie aus. Doch ist darunter nicht die Entdeckung, Berührung oder öffentliche Ausstellung eines Stücks des Altertums zu verstehen, wodurch[2] eine Sache vergegenwärtigt wird, *von der man*, nach dem natürlichen Lauf der Dinge, *hätte vermuten sollen, daß die Gewalt* der Zeit *sie* längst *ver*|*nichtet hätte*[3]. | Auf einem Stück des Gemäuers des alten Theaters der Römer (in Verona oder Nîmes) zu sitzen, einen Hausrat jenes Volks aus dem alten, *nach* viel *Jahrhunderten* unter[4] der Lava entdeckten, Herculanum[5] in Händen zu haben, eine Münze makedonischer Könige, oder eine Gemme von

[1] H: »einen Widerspruch im Ton der Wahrheitslehre«. – [2] H: »verstehen, [denn die kann neu genug sein und der Seltenheit wegen imgleichen der Verborgenheit wegen darin sie liegen Die Attention] wodurch«. – [3] A: »wird, *welche*, nach ... Dinge, *vom Zahn* der Zeit längst *aufgezehrt zu sein vermutet wurde*«. – [4] A: »alten, viel *Jahrhunderte* unter«. – [5] H: »bedeckten Herculanum«.

||BA 61, 62

der alten Skulptur vorzeigen zu können u.d.g., weckt die Sinne des Kenners zur größten Aufmerksamkeit[1]. Der Hang zur Erwerbung einer Kenntnis, bloß ihrer Neuigkeit, Seltenheit und Verborgenheit halber, wird die Kuriosität genannt. Diese Neigung, ob sie zwar nur mit Vorstellungen spielend, und sonst ohne Interesse an ihrem Gegenstande ist, wenn sie nur nicht auf Ausspähung dessen geht, was eigentlich nur andere interessiert, ist nicht zu tadeln. – Was aber den bloßen Sinneindruck[2] betrifft, so macht jeder Morgen bloß durch die Neuigkeit seiner Empfindungen alle *Vorstellungen der Sinne* (*wenn diese nur sonst* nicht *krankhaft sind*) klärer und *belebter*, als *sie* gegen Abend *zu sein pflegen*[3].

c. DER WECHSEL

Monotonie (völlige Gleichförmigkeit in Empfindungen) bewirkt endlich Atonie derselben (Ermattung der Aufmerksamkeit auf seinen Zustand), und die Sinnenempfindung wird geschwächt. Abwechselung frischt sie auf; so wie eine in ebendemselben Tone, es sei geschriene oder mit gemäßigter aber gleichförmiger Stimme abgelesene Predigt die ganze Gemeine[4] in Schlaf bringt. – Arbeit und Ruhe, Stadt- und Landleben, im Umgange Unterredung und Spiel, in der Einsamkeit Unterhaltung, ¦| bald mit Geschichten, bald mit Gedichten, einmal mit Philosophie und dann mit Mathematik, stärken das Gemüt. – Es ist eben dieselbe Lebenskraft, welche das Bewußtsein der Empfindungen rege macht; aber die verschiedenen Organe derselben lösen einander in ihrer Tätigkeit ab. So ist es leichter, sich eine geraume Zeit

[1] H: »Aufmerksamkeit auf [Man nennt die Neigung solche Seltenheiten zu sehen die Kuriosität; wiewohl auch diejenige das Geheimgehaltene bloß darum weil es geheim gehalten wird auszuforschen mit diesem Namen benennt wird aber alsdann eine unechte genannt zu werden verdient.]« Am Rand von H: »Monotonie, Disharmonie und Atonie des Empfindungsvermögens. // Steigern ‹Steigen?› mit d. Dosis // Die Angewohnheit macht sie notwendig«. – [2] B_3: »Sinneneindruck«. – [3] A: »seiner (*übrigens* nicht *schon krankhaften*) Empfindungen alle *Sinnenvorstellungen* klärer und *belebender*, als *es* gegen Abend *geschieht*«. – [4] H: »Gemeinde«.

¦|BA 63

im Gehen zu unterhalten[1], weil da ein Muskel (der Beine) mit dem anderen in der Ruhe wechselt, als steif auf einer und derselben Stelle stehen zu bleiben, wo einer unabgespannt eine Weile wirken muß. – Daher ist das Reisen so anlockend; nur schade, daß es bei müßigen[2] Leuten eine Leere (die Atonie), als die Folge von der Monotonie des häuslichen Lebens, zurückläßt.

Die Natur hat es nun zwar schon selbst so geordnet, daß sich zwischen angenehmen und den Sinn unterhaltenden Empfindungen der Schmerz ungerufen einschleicht und so das Leben interessant macht. Aber absichtlich, der Abwechselung wegen, ihn beizumischen und sich wehe zu tun, sich aufwecken zu lassen, um das erneuerte Einschlafen recht zu fühlen, oder, wie in Fieldings Roman (der Findling) ein Herausgeber dieses Buchs nach *des Verfassers* Tode[3] noch einen letzten Teil hinzufügte, um, der[4] Abwechselung halber, in die Ehe (womit die Geschichte schloß) *noch*[5] Eifersucht hineinzubringen, ist abgeschmackt; denn die Verschlimmerung eines Zustandes ist nicht Vermehrung des Interesse, welches die Sinne daran nehmen; selbst nicht in einem Trauerspiel. Denn Beendigung ist nicht Abwechselung.

|| d. DIE STEIGERUNG BIS ZUR VOLLENDUNG

Eine kontinuierliche Reihe dem[6] Grade nach verschiedener auf einander folgender Sinnesvorstellungen hat[7], wenn die folgende immer stärker ist als die vorhergehende, ein Äußerstes der Anspannung (intensio), dem sich zu nähern erweckend, es zu überschreiten wiederum abspannend ist (remissio). In dem Punkte aber, der beide Zustände trennt, *liegt* Vollendung (maximum) der Empfindung, *welche* Unempfindlichkeit[8], mithin Leblosigkeit, zur Folge hat.

[1] H (Cassirer): »zu erhalten«. – [2] H: »es müßigen«. – [3] A: »und *jenes seinem* Tode«. – [4] A: »um *in demselben*, der«. – [5] Zusatz von B. – [6] H: »Reihe [zweckmäßig geordneter] dem«. – [7] H: »Sinnes-Vorstellungen [welche ein Ganzes ausmachen soll erweckt durch den Schluß und das Ende die Sinne am meisten ist] hat«. – [8] A: »abspannend (remissio), in dem Punkte ... trennt, Vollendung ... Empfindung ist *und* Unempfindlichkeit«.

||BA 64

Will man das Sinnenvermögen lebendig erhalten, so muß man nicht von den starken Empfindungen anfangen (denn die machen uns gegen die folgenden unempfindlich), sondern sie sich lieber anfänglich versagen und sich kärglich zumessen, um immer höher steigen zu können. Der Kanzelredner fängt in der Einleitung mit einer kalten Belehrung des Verstandes an, die zu Beherzigung eines Pflichtbegriffs hinweiset, bringt hernach in die Zergliederung seines Textes ein moralisches Interesse hinein, und endigt in der Applikation mit Bewegung aller Triebfedern der menschlichen Seele durch die Empfindungen, welche jenem Interesse Nachdruck geben können.

Junger Mann! versage dir die Befriedigung[1] (der Lustbarkeit, der Schwelgerei, der Liebe u. d. g.), wenn auch nicht in der stoischen Absicht, ihrer gar entbehren zu wollen, sondern in der feinen epikurischen, um einen immer noch wachsenden Genuß im Prospekt zu haben. || Dieses Kargen mit der Barschaft deines Lebensgefühls macht dich durch den Aufschub des Genusses wirklich reicher, wenn du auch dem Gebrauch derselben am Ende des Lebens großenteils entsagt haben solltest. Das Bewußtsein, den Genuß in deiner Gewalt zu haben, ist, wie alles Idealische, fruchtbarer und weiter umfassend, als alles, was den Sinn dadurch befriedigt, daß es hiemit zugleich verzehrt wird, und so von der Masse des Ganzen abgeht.

VON DER[2] HEMMUNG, SCHWÄCHUNG UND DEM GÄNZLICHEN VERLUST DES SINNENVERMÖGENS

§ 23[3]. *Das Sinnenvermögen kann geschwächt, gehemmt, oder gänzlich aufgehoben werden. Daher die Zustände* der Trunkenheit, des Schlafs, der Ohnmacht, des Scheintodes *(Asphyxie)* und des *wirklichen Todes*.[4]

[1] H: »dir Befriedigungen der Sinne«. – [2] H: »Von [dem Aufhören der Sinnenempfindung] der«. – [3] A: »§ *20*«; Akad.-Ausg.: »§ 26«. – [4] A: »*Der Zustand des Menschen ist hiebei der* des Schlafs, *oder* der Trunkenheit, *oder* der Ohnmacht und des *wahren oder* des Scheintodes.«

||BA 65

Die Trunkenheit ist der widernatürliche Zustand des Unvermögens, seine Sinnenvorstellungen nach Erfahrungsgesetzen zu ordnen, so fern *er* die Wirkung eines *übermäßig* genommenen Genießmittels ist.[1]

Der Schlaf ist, der Worterklärung nach, ein Zustand des Unvermögens eines gesunden Menschen, sich der Vorstellungen durch äußere[2] Sinne bewußt werden zu können. Hiezu die[3] Sacherklärung zu finden, bleibt den Physiologen überlassen; welche diese Abspannung, die doch zugleich eine *Sammlung der Kräfte*[4] zu erneuerter äußeren Sinnenempfindung ist (wodurch sich der Mensch gleich als neugeboren in der Welt sieht, und[5] womit wohl ein Dritteil unserer Lebenszeit unbewußt ¦ und unbedauret dahin geht), – wenn sie können, erklären mögen.[6]

[1] Der voranstehende Abschnitt fehlt in A an dieser Stelle; ein ähnlich lautender Text findet sich am Anfang des dortigen § 22 (A 70 f.). – [2] H: »äußere«. – [3] H: »Aber die«. – [4] A: »*Kräftensammlung*«. – [5] H: »sieht [und der Morgen ihm alles gleich als neu vorstellig macht] und«. – [6] H: »erklären mögen* [** Wenn man ohne irgend eine bekannte Ursache sich beim Zubettegehen schläfrig aber doch schlaflos findet so wird man bei ruhiger Aufmerksamkeit auf seine körperliche Empfindung etwas Spastisches so wohl in Muskeln der Füße als auch so gar im Gehirn wahrnehmen und im Augenblicke des Einschlafens eine Abspannung fühlen welche[s] eine sehr angenehme Empfindung ist. – Daß das Wachen ein Zustand der Anspannung und Zusammenziehung aller Fasern sei ist auch an dem Phänomen zu ersehen daß Rekruten welche nachdem sie eben aus dem Schlafe geweckt worden und aufstehend gemessen werden etwa um einen halben Zoll länger befunden werden um welches Maß sie doch kürzer befunden werden wenn sie in ihrem Bette eine Zeitlang wachend gelegen haben. // Der Schlaf ist nicht bloß ein Bedürfnis der Abspannung erschöpfter Kräfte sondern auch ein Genuß der Behaglichkeit im Anfange so wohl (der Einschläferung) als auch beim Ende desselben (dem Erwachen). Mit diesem aber so wie mit allem Genusse ist es notwendig sparsam zu sein weil er die Empfindungsfähigkeit mit ihr aber auch die Lebenskraft [schwächt] erschöpft. – Es ist hiemit wie mit dem Maß der Speisen in der Vorstellungsart des Mohammedaners bewandt wo es heißt daß einem jeden Menschen schon bei seiner Geburt zugewogen worden wie viel er essen soll. Ißt er viel so hat er seine Portion bald aufgezehrt und stirbt frühe: speiset er mäßig so hat er lange zu essen also auch zu leben. – Eben das könnte man auch vom Schlaf sagen – wer in jüngeren aber doch männlichen Jahren viel schläft wird im Alter wenig Schlaf haben welches ein trauriges Schicksal ist – Die Kalmücken geben es für schändlich aus im Tage zu schlafen und die Siesta der Spanier gibt keinen sonderlichen Begriff von ihrer Rüstigkeit.«

¦B 66

Der widernatürliche Zustand einer Betäubung der Sinnwerkzeuge[1], welche einen geringeren Grad der Aufmerksamkeit auf sich selbst als im natürlichen zur Folge hat, ist ein Analogon der Trunkenheit, daher der aus | einem festen Schlaf schnell Aufgeweckte schlaftrunken genannt wird. – Er hat noch nicht seine völlige Besinnung. – Aber auch im Wachen kann eine plötzlich jemanden anwandelnde Verlegenheit, sich zu besinnen, was man in einem unvorhergesehenen Falle zu tun habe, als Hemmung[2] des ordentlichen und gewöhnlichen Gebrauchs seines Reflexionsvermögens, einen Stillstand im Spiel der Sinnenvorstellungen hervorbringen, bei dem man sagt: er ist aus der Fassung gebracht, außer sich, (vor Freude oder Schreck) perplex, verdutzt, verblüfft, hat den Tramontano* verloren u.d.g., und dieser Zustand ist wie ein augenblicklich anwandelnder Schlaf, der eines Sammelns seiner Sinnenempfindungen bedarf, anzusehen. Im heftigen plötzlich erregten Affekt (des Schrecks, des Zorns, auch wohl der Freude) ist der Mensch, wie man sagt, außer sich, (in einer Ecstasis, wenn man sich in einer Anschauung, die nicht die der Sinne ist, begriffen zu sein glaubt) seiner selbst nicht mächtig und für den Gebrauch äußerer Sinne einige[3] Augenblicke gleichsam gelähmt.

* Tramontano *oder Tramontana heißt der Nordstern; und perdere la tramontana, den Nordstern (als Leitstern der Seefahrer) verlieren, heißt aus der Fassung kommen, sich nicht zu finden wissen.*[4]

[1] H: »Sinnen[empfin]werkzeuge«. – [2] H: »Hemmung«. – [3] H: »Sinne [unfähig und so gleichsam trunken für dieselbe] einige«. – [4] A: »Tramontano *ist ein beschwerlicher Nordwind in Italien, so wie* Sirocco *ein noch schlimmerer Südostwind. – Wenn nun ein junger, ungeübter Mann in eine über seine Erwartung glänzende Gesellschaft (vornehmlich von Damen) tritt, so gerät er leicht in Verlegenheit, wovon er zu sprechen anfangen solle. Nun wäre es unschicklich mit einer Zeitungsnachricht den Anfang zu machen; denn man sieht nicht, was ihn gerade* darauf *gebracht hat. Da er aber eben von der Straße kommt, so ist das schlimme Wetter das beste Einleitungsmittel und wenn er sich auch auf dieses (z.B. den Nordwind) nicht besinnt, so sagt der Italiener: ›er hat den Nordwind verloren‹.«*

|A 66

|| § 24[1]. Die Ohnmacht, welche auf[2] einen Schwindel (einen schnell im Kreise wiederkehrenden und die Fassungskraft übersteigenden Wechsel vieler ungleichartigen Empfindungen) zu folgen pflegt, ist ein Vorspiel von dem Tod[3]. Die gänzliche Hemmung dieser insgesamt ist Asphyxie, oder der Scheintod, welcher, so viel man äußerlich wahrnehmen kann, nur durch den Erfolg von dem wahren zu unterscheiden ist (wie bei Ertrunkenen, Gehenkten, im Dampf Erstickten).

Das Sterben kann kein Mensch an sich selbst erfahren (denn eine Erfahrung zu machen, dazu gehört Leben), sondern nur an andern wahrnehmen[4]. Ob es schmerzhaft sei, ist aus dem Röcheln, oder den Zuckungen des Sterbenden nicht zu beurteilen; vielmehr scheint es eine bloß mechanische Reaktion der Lebenskraft, und vielleicht eine sanfte Empfindung des allmählichen Freiwerdens von allem Schmerz zu sein. – Die allen Menschen, selbst den Unglücklichsten oder auch dem Weisesten, natürliche Furcht vor dem Tod ist also nicht ein Grauen vor dem Sterben[5], sondern, wie Montaigne richtig sagt, vor dem Gedanken gestorben (d.i. tot) zu sein; den also der Kandidat des Todes nach dem Sterben noch zu haben vermeint, indem er das Kadaver, was nicht mehr er selbst ist, doch als sich selbst im düstern Grabe, oder irgend sonst wo denkt. – Die Täuschung ist hier nicht zu heben; denn sie liegt in der Natur des Denkens, als eines Sprechens zu und von sich selbst. Der Gedanke: ich bin nicht, kann gar nicht existieren; denn bin ich nicht, so kann ich mir auch nicht bewußt[6] werden, daß ich nicht bin. Ich kann wohl sagen, ich bin nicht || gesund, u.d.g. Praedicata von mir selbst verneinend denken (wie es bei allen Verbis geschieht); aber in der ersten Person sprechend das

[1] A: »§ 21«; Akad.-Ausg.: »§ 27«; der ganze § steht in A nicht an dieser Stelle, sondern erst im Anschluß an den dortigen § 22 (A 75 f.; nach der Zählung von B § 26); in H folgt (nach der Zählung von B) auf den § 23 zunächst nicht der § 25, sondern der § 26 und im Anschluß daran die §§ 24, 25, 27. – [2] H: »Ohnmacht und der Tod, deren die erstere«. – [3] H: »Vorspiel vom letzteren d. i. dem Aufhören aller Empfindung obzwar noch nicht die Ursache des letzteren«. – [4] H: »nur aus Erfahrungen an anderen vermuten«. – [5] H (Akad.-Ausg., Cassirer): »Sterben«. – [6] H: »nicht [denken, daß ich ni] bewußt«.

Subjekt selbst verneinen, wobei alsdann dieses sich selbst vernichtet, ist ein Widerspruch.

| VON[1] DER EINBILDUNGSKRAFT

§ *25*[2]. Die Einbildungskraft (facultas imaginandi), als ein Vermögen der Anschauungen auch ohne Gegenwart des Gegenstandes, ist entweder produktiv, d.i. ein Vermögen der ursprünglichen Darstellung des letzteren (exhibitio originaria), welche also vor der Erfahrung vorhergeht; oder reproduktiv, der abgeleiteten (exhibitio derivativa), welche eine vorher gehabte empirische Anschauung ins Gemüt zurückbringt. – Reine Raumes- und Zeitanschauungen gehören zur erstern Darstellung; alle übrige setzen empirische Anschauung voraus, welche, wenn sie mit dem Begriffe vom Gegenstande verbunden und also empirisches Erkenntnis wird, Erfahrung heißt. – Die Einbildungskraft, so fern sie auch unwillkürlich Einbildungen hervorbringt, heißt Phantasie. Der, welcher diese für (innere oder äußere) Erfahrungen zu halten gewohnt ist, ist ein Phantast. – Im Schlaf (einem Zustande der Gesundheit) ein unwillkürliches Spiel seiner Einbildungen zu sein, heißt träumen.[3]

¦ Die[4] Einbildungskraft ist (mit andern Worten) entweder dichtend (produktiv), oder bloß zurückru|fend (reproduktiv). Die produktive aber ist dennoch darum eben nicht schöpferisch, nämlich nicht vermögend, eine Sinnenvorstellung, die vorher unserem Sinnesvermögen nie gegeben war, hervorzubringen, sondern man kann den Stoff zu derselben immer nachweisen. Dem, der unter den sieben Farben die rote nie gesehen hätte, kann man diese Empfindung nie faßlich[5] machen, dem Blindgebornen aber gar keine; selbst

[1] A: »*Der Sinnlichkeit im Erkenntnisvermögen Zweites Kapitel.* Von«. – [2] A: »§ *21*«; Akad.-Ausg.: »§ 28«. – [3] H: »heißt phantasieren heißt träumen [d. i. bei der Unempfindlichkeit aller äußeren Sinnenwerkzeuge ein analogisch mit den Erfahrungsgesetzen unwillkürliches Spiel der Einbildungen erleiden wiewohl auch derjenige welcher im Wachen dem Hange unterworfen ist Phantasien unter die Erfahrungen zu mengen und sie damit zu verschmelzen ein Träumer genannt wird.]« – [4] A: »*Einteilung.* Die«. – [5] H: »[begreiflich] faßlich«.

nicht die Mittelfarbe, die aus der Vermischung zweier hervorgebracht wird; z. B. die grüne. Gelb und Blau, mit einander gemischt, geben Grün; aber die Einbildungskraft würde nicht die mindeste Vorstellung von dieser Farbe, ohne sie vermischt gesehen zu haben, hervorbringen.

Eben so ist es mit jedem besonderen aller fünf Sinne bewandt, daß nämlich die Empfindungen aus denselben in ihrer Zusammensetzung nicht durch die Einbildungskraft können gemacht, sondern ursprünglich dem Sinnesvermögen abgelockt werden müssen. Es hat Leute gegeben, die für die Lichtsvorstellung keinen größeren Vorrat in ihrem Sehevermögen hatten, als Weiß oder Schwarz[1], und für die, ob sie gleich gut[2] sehen konnten, die sichtbare Welt nur wie ein Kupferstich erschien. Eben so gibt es mehr Leute, als man wohl glaubt, die von gutem, ja sogar äußerst feinem, aber schlechterdings nicht musikalischem Gehör sind, deren Sinn für Töne, nicht bloß um sie nachzumachen (zu singen), sondern auch nur vom bloßen Schall zu unterscheiden, ganz unempfänglich ist. – Eben so mag es mit den Vorstellungen[3] des Geschmacks ¦ und Geruchs bewandt sein, daß nämlich für manche spezifische Empfindungen dieser Stoffe des Genusses der | Sinn mangelt, und einer den anderen hierüber zu verstehen glaubt, indessen daß die Empfindungen des einen von denen des anderen nicht bloß dem Grade nach, sondern spezifisch ganz und gar unterschieden sein mögen. – Es gibt Leute, denen der Sinn des Geruchs gänzlich mangelt, die die Empfindung des Einziehens der reinen Luft durch die Nase für Geruch halten, und daher aus allen Beschreibungen, die man ihnen von dieser Art zu empfinden machen mag, nicht klug werden können; wo aber der Geruch mangelt, da fehlt es auch sehr am Geschmack, den, wo er nicht ist, zu lehren und beizubringen vergebliche Arbeit ist[4]. Der Hunger aber und die Befriedigung desselben *(die Sättigung)*[5] ist ganz was anders als der Geschmack[6].

[1] H (Cassirer): »weiß und schwarz«. – [2] H: »gleich recht gut«. – [3] H: »[Empfindungen] Vorstellungen«. – [4] H: »beizubringen unmöglich ist«. – [5] Zusatz von B. – [6] A: »Geschmack *und die Sättigung*«; H: »der Hunger aber die Befriedigung desselben ist ganz was anderes als der Geschmack«.

Wenn also *gleich* die[1] Einbildungskraft eine noch so große Künstlerin, ja Zauberin ist, so ist sie doch nicht schöpferisch, sondern muß den Stoff zu ihren Bildungen von den Sinnen hernehmen. Diese aber sind, nach den eben gemachten[2] Erinnerungen, nicht so allgemein mitteilbar, als die Verstandesbegriffe. Man nennt aber (wiewohl nur uneigentlich) auch die Empfänglichkeit für Vorstellungen der Einbildungskraft in der Mitteilung bisweilen einen Sinn und sagt: Dieser Mensch hat hiefür keinen Sinn, ob es zwar eine Unfähigkeit nicht des Sinnes, sondern zum Teil des Verstandes ist, mitgeteilte Vorstellungen aufzufassen und im Denken zu vereinigen. Er denkt[3] selbst nichts bei dem, was er spricht, und andere verstehen ihn daher auch nicht; er spricht ¦ Unsinn (non sense[4]); welcher Fehler noch von dem Sinnleeren unterschieden[5] ist, wo Gedanken so zusam|men gepaart werden, daß ein anderer nicht weiß, was er daraus machen soll. – Daß das Wort Sinn[6] (aber nur im Singular) so häufig für Gedanken[7] gebraucht, ja wohl *gar* eine noch höhere Stufe, *als* die des Denkens ist, *bezeichnen soll;* daß[8] man von einem Ausspruche sagt: es liege in ihm ein reichhaltiger oder tiefer Sinn (daher das Wort Sinnspruch), und *daß man*[9] den gesunden Menschenverstand auch Gemeinsinn *nennt, und ihn*[9], obzwar dieser Ausdruck eigentlich nur die niedrigste Stufe vom Erkenntnisvermögen bezeichnet, doch obenan[10] setzt, gründet sich darauf: daß die Einbildungskraft, welche dem Verstande Stoff unterlegt, um den Begriffen desselben Inhalt (zum Erkenntnisse) zu verschaffen, vermöge der Analogie ihrer (gedichteten) Anschauungen mit wirklichen Wahrnehmungen, *jenen*[9] Realität zu verschaffen scheint.

§ 26[11]. *Die* Einbildungskraft* *zu erregen* oder *zu besänftigen gibt es ein körperliches Mittel in dem Genusse berauschen-*

* Ich übergehe hier, was nicht Mittel zu einer Absicht, sondern natürliche Folge aus der Lage ist, *darein*[12] jemand gesetzt wird, und wo-

[1] A: »*Ob* also die«. – [2] H: »[vorgetragenen] gemachten«. – [3] H: »[versteht] denkt«. – [4] H (Cassirer): »nonsense«. – [5] $B_{1,2}$: »unterscheiden«. – [6] H: »[der Ausdruck] das Wort Sinn«. – [7] H (Cassirer): »Gedanke«. – [8] A: »Gedanken, ja wohl *noch als* eine noch höhere Stufe *wie* die des Denkens ist, gebraucht *wird,* daß«. – [9] Zusatz von B. – [10] H: »[über] oben an«. – [11] Akad.-Ausg.: »§ 29«. – [12] A: »*darin*«.

¦B 71 |A 70

der Genießmittel; deren[1] einige als Gifte die Lebenskraft schwächend (gewisse Schwämme, | Porsch, wilder Bärenklau, das Chicha der Peruaner und das Ava der Südseeindianer, das Opium), andere sie stärkend, wenigstens ihr Gefühl erhebend (wie gegorne Getränke, Wein und Bier, oder dieser ihr geistiger Auszug, Branntwein), alle aber widernatürlich und gekünstelt sind. Der, welcher sie *in solchem Übermaße*[2] zu sich nimmt, *daß er die Sinnenvorstellungen nach Erfahrungsgesetzen zu ordnen auf eine Zeitlang unvermögend wird,*[2] heißt trunken, *oder berauscht;*[2] und *sich willkürlich oder* absichtlich *in diesen Zustand versetzen heißt sich berauschen*[3]. Alle diese Mittel aber sollen dazu dienen, den Menschen die Last, die ursprünglich im Leben überhaupt zu liegen scheint[4], vergessen zu machen. – Die sehr ausgebreitete Neigung und der Einfluß desselben[5] auf den Verstandesgebrauch verdient vorzüglich in einer pragmatischen Anthropologie[6] in Betrachtung gezogen zu werden.

durch bloß seine Einbildungskraft ihn außer Fassung bringt. Dahin gehört der Schwindel beim Herabsehen vom Rande einer steilen Höhe (allenfalls auch nur einer schmalen Brücke ohne Geländer), und die Seekrankheit. – Das Brett, worauf der sich schwach fühlende Mensch tritt, würde, wenn es auf der Erde läge, ihm keine Furcht einjagen; wenn es aber, als ein Steg, über || einen tiefen Abgrund gelegt ist, vermag der Gedanke von der bloßen Möglichkeit fehl zu treten so viel, daß er bei seinem Versuche wirklich in Gefahr kommt. – Die Seekrankheit (von welcher ich selbst in einer Fahrt von Pillau nach Königsberg eine Erfahrung gemacht habe, wenn man anders dieselbe eine Seefahrt nennen will), mit ihrer Anwandlung zum Erbrechen, kam, wie ich bemerkt zu haben glaube, mir bloß durch die Augen; da, beim[7] Schwanken des Schiffs aus der Kajüte gesehen, mir bald das Haff, bald die Höhe von Balga in die Augen fiel und das wiederkommende Sinken, nach dem Steigen, vermittelst der Einbildungskraft durch die Bauchmuskeln eine antiperistaltische Bewegung der Eingeweide reizte.

[1] A: »*Von gewissen körperlichen Mitteln der Erregung* oder *Besänftigung der* Einbildungskraft.* §*22.* Trunkenheit ist der widernatürliche Zustand des Unvermögens, seine Sinnenvorstellungen nach Er|fahrungsgesetzen zu ordnen, so fern *jenes* die Wirkung eines *dazu absichtlich* genommenen Genießmittels ist; deren« (vgl. S. 463 Anm. 1 u. S. 465 Anm. 1 des vorliegenden Bandes). – [2] Zusatz von B. – [3] A: »und *tut er es* absichtlich, *betrunken*«. – [4] H: »[liegt] zu liegen scheint«. – [5] Akad.-Ausg.: »derselben«. – [6] H: »verdient [allein] vorzüglich in einer [philosophischen Untersuchung der Natur des Menschen gezogen zu werden] pragmatischen Anthropologie«. – [7] B_3: »da, als ich beim«.

|B 72 |A 71 Anm.: |B 72 |A 71

Alle stumme Berauschung, d.i. diejenige, welche die Geselligkeit und wechselseitige Gedankenmitteilung || nicht belebt, hat etwas Schändliches an sich; dergleichen die vom Opium und dem Branntwein ist. Wein und Bier, wovon der erstere bloß reizend, das zweite mehr nährend und, gleich einer Speise, sättigend ist, dienen zur geselligen Berauschung; wobei doch der Unterschied ist, daß die Trinkgelage mit dem letzteren mehr träumerisch verschlossen, oft auch ungeschliffen, die aber mit dem ersteren fröhlich, laut und mit Witz redselig sind.

Die Unenthaltsamkeit im gesellschaftlichen Trinken, die bis zur Benebelung der Sinne geht, ist allerdings eine Unart des Mannes, nicht bloß in Ansehung der Gesellschaft, mit der man sich unterhält, sondern auch in Absicht auf die Selbstschätzung, wenn er aus ihr taumelnd, wenigstens nicht sicheren Tritts, oder bloß lallend herausgeht. Aber es läßt sich auch vieles zur Milderung des Urteils über ein solches Versehen, da die Grenzlinie des Selbstbesitzes so leicht übersehen und überschritten werden kann, anführen; denn der Wirt will doch, daß der Gast durch diesen Akt der Geselligkeit völlig befriedigt (ut conviva satur[1]) herausgehe.

Die Sorgenfreiheit und mit ihr auch wohl die Unbehutsamkeit, welche der Rausch bewirkt, ist ein täuschendes Gefühl vermehrter Lebenskraft; der Berauschte fühlt nun nicht die Hindernisse des Lebens, mit deren Überwältigung die Natur unablässig zu tun hat (worin auch die Gesundheit besteht), und ist[2] glücklich in[3] seiner Schwäche, indem die Natur wirklich in ihm bestrebt ist, durch allmähliche Steigerung seiner Kräfte sein Leben stufenweise wieder herzustellen. – Weiber, Geistliche und Ju||den betrinken gewöhnlich sich nicht, wenigstens vermeiden sie sorgfältig allen Schein davon, weil sie bürgerlich[4] schwach sind und Zurückhaltung nötig haben (wozu durchaus Nüchternheit erfordert wird). Denn ihr äußerer Wert beruht bloß auf dem

[1] Übersetzung des Herausgebers: »als befriedigter Gast«. – [2] H: »und [dünkt sich] ist«. – [3] H: »glücklich [und mutvoll] in«. – [4] H (Akad.-Ausg.): »bürgerlich«.

Glauben anderer an ihre Keuschheit, Frömmigkeit und separatistische[1] Gesetzlichkeit. Denn was das letztere betrifft, so sind alle Separatisten, d. i. solche, die sich nicht bloß einem öffentlichen Landesgesetz, sondern noch einem besonderen (sektenmäßig) unterwerfen, als Sonderlinge und vorgeblich Auserlesene, der Aufmerksamkeit des Gemeinwesens und der Schärfe der Kritik vorzüglich ausgesetzt; können also auch in der Aufmerksamkeit auf sich selbst nicht nachlassen, weil der Rausch, der diese Behutsamkeit wegnimmt, für sie ein Skandal ist.[2]

Vom Cato *sagt*[3] sein stoischer Verehrer: seine Tugend stärkte sich durch Wein (virtus eius incaluit mero), und von den alten Deutschen ein Neuerer: »Sie faßten ihre Ratschläge (zu Beschließung eines Krieges) beim Trunk, damit sie nicht ohne Nachdruck wären, und überlegten sie nüchtern, damit sie nicht ohne Verstand wären«.

Der Trunk löst die Zunge (in vino disertus[4]). – Er öffnet aber auch das Herz und ist ein materiales[5] Vehikel einer moralischen Eigenschaft, nämlich der Offenherzigkeit. – Das Zurückhalten mit seinen Gedanken ist für ein lauteres Herz ein beklemmender Zustand, und lustige Trinker dulden es auch nicht leicht, daß jemand bei einem Gelage sehr mäßig sei; weil er einen Aufmerker vorstellt, der auf die Fehler der anderen Acht hat, || mit seinen eigenen aber zurückhält. Auch sagt Hume: »unangenehm ist der Gesellschafter der nicht vergißt; die Torheiten des einen Tages müssen vergessen werden, um denen des anderen Platz zu machen«. Gutmütigkeit wird bei dieser Erlaubnis, die der Mann hat, der geselligen Freude wegen über die Grenzlinie[6] der Nüchternheit ein wenig und auf kurze Zeit hinaus-

[1] H: »und [haushälterische Ordnung beruht, diese drei Stücke aber nicht handgreiflich wahrzunehmen sind] separatistische«. – [2] Am Rand von H: »Die Einbildungskraft ist entweder schöpferisch (produktiv) oder wiedererzeugend (reproduktiv). Die letztere bedarf des Gesetzes der Assoziation der Vorstellungen Die bezeichnende ist willkürlich zur Absicht der Reproduktion assoziierende. – In Ansehung der Zeit ist sie die zurücksehende die apprehendierende und die vorhersehende Einbildungskraft«. – [3] A: »*sagte*«. – [4] Übersetzung des Herausgebers: »beim Wein ist man beredt«. – [5] H: »materielles«. – [6] H: »[Schranken] Grenzlinie«.

|B 75 |A 74

zugehen, vorausgesetzt; die vor einem halben Jahrhundert im Schwang gewesene Politik, als nordische Höfe Gesandte *abschickten*[1], die[2] viel trinken konnten, ohne sich zu betrinken, andere aber betrunken machten, um sie auszuforschen oder zu bereden, war hinterlistig[3]; ist aber mit der Rohigkeit der Sitten damaliger Zeit verschwunden, und eine Epistel der Warnung wider dieses Laster möchte wohl in Ansehung der gesitteten Stände jetzt überflüssig sein.

Ob man beim Trinken auch wohl das Temperament des Menschen, der sich betrinkt, oder seinen Charakter erforschen könne? Ich glaube nicht. Es ist ein neues Flüssige seinen in den Adern umlaufenden Säften beigemischt, und ein anderer Reiz auf die Nerven, der nicht die natürliche Temperatur deutlicher entdeckt, sondern eine andere hineinbringt. – Daher wird *der eine*[4], der sich betrinkt, verliebt, der andere großsprecherisch, der dritte zänkisch *werden*[5], der vierte (vornehmlich beim Bier) sich weichmütig oder andächtig oder gar stumm zeigen[6]; alle aber werden, wenn sie den Rausch ausgeschlafen haben, und man sie an ihre Reden des vorigen Abends erinnert, über diese wunderliche Stimmung oder Verstimmung ihrer Sinne selber lachen.[7]

| *§ 27.*[8] Die Originalität (nicht nachgeahmte Produktion) der Einbildungskraft, wenn sie zu Begriffen zusammenstimmt, heißt Genie; stimmt sie dazu nicht zusammen, Schwärmerei. – Es ist merkwürdig, daß wir uns für ein vernünftiges Wesen keine andere schickliche Gestalt, als die eines Menschen denken können. Jede andere würde allenfalls wohl ein Symbol von einer gewissen Eigenschaft des Menschen – z. B. die Schlange als Bild der boshaften Schlauigkeit – aber nicht das vernünftige Wesen selbst vorstellig machen. So bevölkern wir alle andere Weltkörper in

[1] A: »*abzuschicken*«. – [2] H: »Politik an nordische Gesandte abzuschicken die«. – [3] H: »[schelmisch] hinterlistig«. – [4] A: »*einer*«. – [5] Zusatz von B. – [6] H: »sich zärtlich oder andächtig zeigen«. – [7] Vgl. S. 465 Anm. 1 des vorliegenden Bandes. – [8] Zusatz von B; Akad.-Ausg.: »§ 30.«

|B 76

unserer Einbildung mit lauter Menschengestalten, obzwar es wahrscheinlich ist, daß sie, nach Verschiedenheit des Bodens, der sie trägt und ernährt, und der Elemente, daraus sie bestehen, sehr verschieden gestaltet sein mögen. Alle andere Gestalten, die wir ihnen geben möchten, sind *Fratzen*.*

| Wenn der Mangel eines Sinnes (z.B. des Sehens) angeboren ist: so kultiviert der Verkrüppelte nach Möglichkeit einen andern Sinn, der das *Vikariat* für | jenen führe, und übt die produktive Einbildungskraft in großer Maße; indem er die Formen äußerer Körper durch *Betasten*, und, wo dieses, wegen der Größe (z.B. eines Hauses) nicht zureicht, die *Geräumigkeit* noch durch einen andern Sinn, etwa den des *Gehörs*, nämlich durch den Widerhall der Stimme in einem Zimmer sich[1] faßlich zu machen sucht; am Ende aber, wenn eine glückliche Operation das Organ für die Empfindung frei macht, muß er allererst sehen und hören *lernen*, d. i. seine Wahrnehmungen unter Begriffe von dieser Art Gegenstände zu bringen suchen.

Begriffe von Gegenständen veranlassen oft, ihnen ein selbstgeschaffenes Bild (durch produktive Einbildungskraft) unwillkürlich unterzulegen. Wenn man das Leben und die Taten eines dem Talent, Verdienst, oder Rang nach großen Mannes liest, oder sich erzählen läßt, so wird man gemeiniglich verleitet, ihm in der Einbildungskraft[2] eine ansehnliche Statur zu geben, und dagegen einem der Beschreibung nach feinen und sanften im Charakter eine kleinlich-geschmeidige Bildung. Nicht bloß der Bauer, sondern auch wohl ein genugsam mit der Welt Bekannter, findet sich doch befrem-

* Daher die *heilige Drei*, ein alter Mann, ein junger Mann und ein Vogel (die Taube), nicht als wirkliche ihrem Gegenstande ähnliche Gestalten, sondern nur als Symbole vorgestellt werden müssen. Eben das bedeuten die bildlichen Ausdrücke des Herabkommens vom Himmel und Aufsteigens zu demselben. Wir können, um unseren Begriffen von vernünftigen Wesen Anschauung unterzulegen, nicht anders verfahren, als sie zu anthropomorphosieren; un|glücklich aber oder kindisch, wenn dabei die symbolische Vorstellung zum Begriffe der Sache an sich selbst erhoben wird.

[1] So auch H; A: »Zimmer *sie* sich«. – [2] H: »in der Einbildung«.

det[1], wenn ihm der Held, den er sich nach den von ihm erzählten Taten | dachte, als ein kleines Männchen, umgekehrt der feine und sanfte Hume ihm als ein vierschrötiger Mann vorgewiesen wird. – Daher muß man auch die Erwartung von etwas nicht hoch spannen, weil die Einbildungskraft natürlicherweise bis zum Äußersten *zu steigern* geneigt[2] ist; denn die Wirklichkeit ist immer beschränkter als die Idee, die ihrer Ausführung zum Muster dient. –[3]

¦ Es ist nicht ratsam, von einer Person, die man zuerst in eine Gesellschaft *einführen*[4] will, vorher viel Hochpreisens zu machen; vielmehr kann es oft ein boshaftes Stückchen von einem Schalk sein, jene lächerlich zu machen. Denn die Einbildungskraft steigert die Vorstellung von dem, was erwartet wird, so hoch, daß die genannte Person, in Vergleichung mit der vorgefaßten Idee, nicht anders als einbüßen kann. Eben das geschieht, wenn man eine Schrift, ein Schauspiel, oder sonst etwas, was zur schönen Manier gehört, mit übertriebener Lobpreisung[5] ankündigt; denn da kann es, wenn es zur Darstellung kommt, nicht anders als sinken. Selbst ein gutes Schauspiel nur gelesen zu haben, schwächt schon den Eindruck, wenn man es aufführen sieht. – Ist nun aber das vorher Gepriesene gar das gerade Widerspiel von dem, worauf die Erwartung gespannt war, so erregt der auf|geführte Gegenstand, wenn er sonst unschädlich ist, das größte Gelächter.[6]

Wandelbare, in Bewegung gesetzte Gestalten, die für sich eigentlich keine Bedeutung haben, welche Aufmerksamkeit erregen könnte, – dergleichen das Flackern eines Kaminfeuers, oder die mancherlei Drehungen und Blasenbewegungen eines über Steine rieselnden Bachs sind, unterhalten die

[1] H: »[betroffen] befremdet«. – [2] A: »natürlicherweise *im Steigeren* bis zum Äußersten geneigt«. – [3] Anschließend folgt in A: *»Es ist keine gute Manier, von jemand, den man in eine Gesellschaft zu führen verspricht, übertriebene Lobeserhebungen zu machen. Denn dieser kann nun in der Beurteilung der Gesellschaft nicht anders als sinken und öfters wird auch dieser boshafte Streich absichtlich dazu gebraucht, um jemand lächerlich zu machen.«* – [4] A: *»aufführen«*. – [5] H: »Hochpreisung«. – [6] Der voranstehende Abschnitt steht in A nicht an dieser Stelle, sondern erst im dortigen § 24 als dritter Abschnitt hinter den Worten *»tun wollen«* (A 86 f.).

¦B 78 |A 78, 87

Einbildungskraft mit einer Menge von Vorstellungen ganz anderer Art (als die hier des Sehens), im Gemüt zu spielen und sich im[1] Nachdenken zu vertiefen. Selbst Musik, für den der sie nicht als Kenner anhört, kann einen Dichter oder Philosophen in eine Stimmung setzen[2], darin ein jeder nach seinen Geschäften oder seiner Liebhaberei Gedanken haschen und derselben ¦ auch mächtig werden kann, die er, wenn er in seinem Zimmer einsam sich hingesetzt hätte, nicht so glücklich würde aufgefangen haben. Die Ursache dieses Phänomens scheint darin[3] zu liegen: daß, wenn der Sinn *durch ein Mannigfaltiges*[4], was für sich gar keine Aufmerk|samkeit erregen kann, vom Aufmerken auf irgend einen andern, stärker in den Sinn fallenden, Gegenstand abgezogen wird, das Denken nicht allein erleichtert, sondern auch belebt wird, so fern es nämlich einer angestrengteren und anhaltendern Einbildungskraft bedarf, um seinen Verstandesvorstellungen Stoff unterzulegen. – Der Engl. Zuschauer erzählt von einem Advokaten: daß er gewohnt war, beim Plaidieren einen Bindfaden aus der Tasche zu nehmen, den er unaufhörlich um den Finger auf- und abwickelte; da denn, als der Schalk, sein Gegenadvokat, ihn heimlich aus der Tasche praktizierte, jener ganz in Verlegenheit kam und lauter Unsinn redete, weswegen man sagte: »er habe den Faden seiner Rede verloren«. – Der Sinn, der an einer Empfindung fest gehalten wird, läßt (der Angewöhnung wegen) auf keine andere, fremde Empfindungen Acht geben, wird also dadurch nicht zerstreut; die Einbildungskraft aber kann sich hiebei desto besser[5] im regelmäßigen Gange erhalten.

VON DEM SINNLICHEN DICHTUNGSVERMÖGEN NACH SEINEN VERSCHIEDENEN ARTEN

§ 28[6]. *Es gibt drei verschiedene Arten des sinnlichen Dichtungsvermögens. Diese* sind[7] das b i l d e n d e der Anschauung

[1] H: »in«. – [2] H (Cassirer): »versetzen«. – [3] H: »scheint mir darin«. – [4] A: *»mit einem Mannigfaltigen«*. – [5] H: »zerstreut und die Einbildungskraft kann sich desto besser«. – [6] A: »§ *23*«; Akad.-Ausg.: »§ 31«. – [7] A: »*Sie* sind«.

¦|BA 79

im Raum (imaginatio plastica), das ¦ beigesellende der Anschauung in der Zeit (imaginatio associans), und das der Verwandtschaft[1] aus der gemeinschaftlichen Abstammung der Vorstellungen von einander (affinitas[2]).

| A. VON DEM SINNLICHEN DICHTUNGSVERMÖGEN DER BILDUNG

Ehe der Künstler eine körperliche Gestalt (gleichsam handgreiflich) darstellen kann, muß er sie in der Einbildungskraft verfertigt haben, und diese Gestalt ist alsdann eine Dichtung, welche, wenn sie unwillkürlich ist (wie etwa im Traume), Phantasie heißt, und nicht dem Künstler angehört; *wenn sie aber durch Willkür regiert wird, Komposition, Erfindung genannt wird. Arbeitet nun der Künstler nach Bildern, die den Werken der Natur ähnlich sind, so heißen seine Produkte natürlich;*[3] verfertigt er aber nach Bildern, die nicht in der Erfahrung vorkommen können, so gestaltete Gegenstände (wie der Prinz Palagonia in Sizilien), so heißen sie *abenteuerlich, unnatürlich, Fratzengestalten, und solche Einfälle sind gleichsam*[3] Traumbilder eines Wachenden (velut aegri somnia vanae finguntur species[4]). –[5] Wir spielen oft und gern mit der Einbildungskraft; aber die Einbildungskraft (als Phantasie) spielt eben so oft und bisweilen sehr *ungelegen*[6] auch mit uns.

¦ Das Spiel der Phantasie mit dem Menschen im Schlafe ist der Traum, und findet auch im gesunden Zustande statt; dagegen es einen krankhaften Zustand verrät, wenn es im Wachen geschieht. – Der Schlaf, als Abspannung alles Vermögens äußerer Wahrnehmungen und vornehmlich willkürlicher Bewegungen, scheint allen Tieren, ja selbst den Pflanzen (nach der Analogie der letzteren mit den ersteren),

[1] H: »das [intellektuelle Dichtungsvermögen] der Verwandtschaft«. – [2] H: »affinitatis«; Cassirer: »imaginatio affinitatis«. – [3] Zusatz von B. – [4] Übersetzung des Herausgebers: »wie Träume eines Kranken werden Wahngebilde erdichtet«. – [5] Am Rand von H: »[Wir können uns daher kein vernünftiges Wesen [auf schickliche Art] unter keiner anderen Gestalt schicklich denken als der eines Menschen]«. – [6] A: »*ungern*«.

zur Sammlung der im Wachen aufgewandten Kräfte notwendig; aber eben das scheint auch der Fall mit den Träumen zu sein, so, daß die Lebenskraft[1], wenn sie im Schlafe nicht durch Träume immer rege erhalten würde, erlöschen und der tiefste | Schlaf zugleich den Tod mit sich führen müßte. – Wenn man sagt: einen festen Schlaf, ohne Träume, gehabt zu haben, so ist das doch wohl nicht mehr, als daß man sich dieser beim Erwachen gar nicht erinnere; welches, wenn die Einbildungen schnell wechseln, einem wohl auch im Wachen begegnen kann, nämlich im Zustande einer Zerstreuung zu sein, wo man auf die Frage, was der mit starrem Blicke eine Weile auf denselben Punkt Geheftete jetzt denke, die Antwort erhält: ich habe nichts gedacht. Würde es nicht beim Erwachen viele Lücken (aus Unaufmerksamkeit übergangene verknüpfende Zwischenvorstellungen) in unserer Erinnerung geben; würden wir die folgende Nacht da wieder zu träumen anfangen, wo wir es in der vorigen gelassen haben: so weiß ich nicht, ob wir nicht uns in zwei verschiedenen Welten zu leben wähnen würden. – Das Träumen ist eine weise Veranstaltung der Natur zur Erregung der Lebenskraft durch Affekten, die sich auf unwillkürlich gedichtete Begebenheiten beziehen, indessen daß die auf der ¦ Willkür beruhenden Bewegungen des Körpers, nämlich die der Muskeln, suspendiert sind. – Nur muß man die Traumgeschichten nicht für Offenbarungen aus einer unsichtbaren Welt annehmen.

B. VON DEM SINNLICHEN DICHTUNGSVERMÖGEN DER BEIGESELLUNG

Das Gesetz der Assoziation[2] ist: empirische Vorstellungen, die nach einander oft folgten, bewirken eine | Angewohnheit im Gemüt, wenn die eine erzeugt wird, die andere auch entstehen zu lassen. – Eine[3] physiologische Erklärung hievon zu fordern[4], ist vergeblich; man mag sich auch hie-

[1] H: »[der Mensch] die Lebenskraft«. – [2] H: »[Beigesellung] Assoziation«. – [3] H: »lassen. Es ist eine Verknüpfung [aus] der Nachbarschaft. – Eine«. – [4] H: »[geben] fordern«.

¦B 82 |A 81, 82

zu *was immer für*[1] einer Hypothese bedienen (die selbst wiederum eine Dichtung ist), wie der des Cartesius von seinen sogenannten materiellen Ideen im Gehirn. Wenigstens ist keine dergleichen Erklärung pragmatisch, d.i. man kann sie zu keiner Kunstausübung brauchen; weil wir keine Kenntnis vom Gehirn und den Plätzen in demselben haben, worin die Spuren der Eindrücke aus Vorstellungen sympathetisch mit einander in Einklang kommen möchten, in dem sie sich einander (wenigstens mittelbar) gleichsam berühren.

Diese Nachbarschaft geht öfters sehr weit, und die Einbildungskraft geht vom Hundertsten aufs Tausendste oft so schnell, daß es scheint, man habe gewisse Zwischenglieder in der Kette der Vorstellungen gar übersprungen, | obgleich man sich ihrer nur nicht bewußt geworden ist, so daß man sich selbst öfters fragen[2] muß: wo war ich? von wo war ich in meinem Gespräch ausgegangen, und wie bin ich zu diesem Endpunkte gelangt?*

* Daher muß der, welcher einen gesellschaftlichen Discours anhebt, von dem, was ihm nahe und gegenwärtig ist, an|fangen, und so allmählich auf das Entferntere, so wie es interessieren kann, hinleiten. Das böse Wetter ist für den, der von der Straße in eine zur wechselseitigen Unterhaltung versammelte Gesellschaft tritt, hiezu ein guter und gewöhnlicher Behelf. Denn[3] etwa von den Nachrichten aus der Türkei, die eben in den Zeitungen stehen, wenn man ins Zimmer tritt, anzufangen, tut der Einbildungskraft anderer Gewalt an, die nicht sehen, was ihn darauf gebracht habe. Das[4] Gemüt verlangt zu aller Mitteilung der Gedanken eine gewisse Ordnung, wobei es auf die einleitenden Vorstellungen und den Anfang eben sowohl im Diskurse, wie in einer Predigt, sehr ankömmt.[5]

[1] Zusatz von B. – [2] H: »sich ofters selbst fragen«. – [3] A: »Behelf. *Wird der Ankömmling über die nicht erwartete Feierlichkeit derselben perplex, so sagt man, er hat die Tramontane verloren, d.i. er hätte nur vom bösen Nordwind, der etwa jetzt eben herrscht, das Gespräch anheben können (oder vom Sirocco, wenn er in Italien ist).* Denn«. – [4] H: »Denn das«. – [5] Am Rand von H: »[Vom] Das Abspringen von der Materie des Diskurses // facultas signatrix gehört zur beigesellenden Einbildungskraft. // Wenn wir aber wirkliche Sinnenvorstellungen (nicht Einbildungen) deren Verknüpfung nach einer Regel Erfahrung heißt unsere Vorstellungen als von selbst an einander geknüpft wahrnehmen so geschieht das in der Zeit und ist Assoziat. // Von der Notwendigkeit zweier Geschlechter zur Fortpflanzung«.

C. DAS SINNLICHE DICHTUNGSVERMÖGEN DER VERWANDTSCHAFT

Ich verstehe unter der Verwandtschaft die Vereinigung aus der Abstammung des Mannigfaltigen von |einem[1] Grunde. – In einer gesellschaftlichen Unterhaltung ist das Abspringen von einer Materie auf eine ganz ungleichartige, wozu die empirische Assoziation der Vorstellungen, deren Grund bloß subjektiv ist (d. i. bei dem einen sind die Vorstellungen anders assoziiert, als bei dem | anderen) – wozu, sage ich, diese Assoziation verleitet, eine Art Unsinn der Form nach, welcher alle Unterhaltung unterbricht und zerstört. – Nur wenn eine Materie erschöpft worden, und eine kleine Pause eintritt, kann jemand eine andere, die interessant ist, auf die Bahn bringen. Die regellos herumschweifende Einbildungskraft verwirrt, durch den Wechsel der Vorstellungen, die an nichts objektiv angeknüpft sind, den Kopf so, daß dem, der aus einer Gesellschaft dieser Art gekommen ist, zu Mute wird als ob er geträumt hätte. – Es muß immer ein | Thema sein, sowohl beim stillen[2] Denken als in Mitteilung der Gedanken, an welches das Mannigfaltige angereihet wird, mithin auch der Verstand dabei wirksam sein; aber das Spiel der Einbildungskraft folgt hier doch den Gesetzen der Sinnlichkeit, welche den Stoff dazu hergibt, dessen Assoziation, ohne Bewußtsein der Regel, doch derselben und hiemit dem Verstande gemäß, obgleich nicht als aus dem Verstande abgeleitet, verrichtet wird.

Das Wort Verwandtschaft (affinitas) erinnert hier an eine aus der Chemie genommene, jener Verstandesverbindung analogische, Wechselwirkung zweier spezifisch verschiedenen, körperlichen, innigst auf einander wirkenden und zur Einheit strebenden Stoffe, wo diese Vereinigung etwas Drittes bewirkt, was Eigenschaften hat, die nur durch die Vereinigung zweier heterogenen Stoffe erzeugt werden können. Verstand und Sinnlichkeit verschwistern sich, bei ihrer Ungleichartigkeit, doch so von selbst zu Bewirkung unserer Erkenntnis, als wenn eine von der anderen, oder beide von

[1] H: »[e]Einem«. – [2] H: »[inneren] stillen«.

|B 84 |A 83, 84

einem gemein¦schaftlichen Stamme ihren Ursprung hätten; welches doch nicht sein kann, wenigstens für uns unbegreiflich ist, wie das Ungleichartige aus einer und derselben Wurzel entsprossen sein könne.*[1]

§ *29.*[2] Die Einbildungskraft ist indessen nicht so schöpferisch, als man wohl vorgibt. Wir können uns für ein vernünftiges Wesen keine andere Gestalt als schick¦lich denken, als die Gestalt eines Menschen. Daher macht der Bildhauer oder Maler, wenn er einen Engel oder einen Gott verfertigt, jederzeit einen Menschen. Jede andere Figur scheint ihm Teile zu enthalten, die sich, seiner Idee nach, mit dem Bau eines

* Man könnte die zwei ersten Arten der Zusammensetzung[3] der Vorstellungen die m a t h e m a t i s c h e (der Vergrößerung), die dritte aber die d y n a m i s c h e (der Erzeugung) nennen; wodurch ein ganz neues Ding (wie etwa das Mittelsalz in der Chemie) hervorkommt. Das Spiel der Kräfte, in der leblosen Natur sowohl als der lebenden, in der | Seele[4] eben sowohl als des Körpers, beruht auf Zersetzungen und Vereinigungen des Ungleichartigen. Wir gelangen zwar zur Erkenntnis derselben durch Erfahrung ihrer Wirkungen; die oberste Ursache aber und die einfachen Bestandteile, darin ihr Stoff aufgelöst werden kann, sind für uns unerreichbar. – – Was mag wohl die Ursache davon sein, daß alle organische Wesen, die wir kennen, ihre Art nur durch die Vereinigung zweier Geschlechter (die man dann das männliche und weibliche nennt) fortgepflanzt werden[5]? Man kann doch nicht annehmen, daß der Schöpfer, bloß der Sonderbarkeit halber, und nur um[6] auf unserem Erd-Glob[7] eine Einrichtung, die ihm so gefiele, zu machen, gleichsam nur gespielt habe; sondern es scheint, es müsse u n m ö g l i c h sein, aus der Materie[8] unsers Erdballs organische Geschöpfe durch Fortpflanzung anders entstehen[9] zu lassen, ohne daß dazu zwei Geschlechter gestiftet[10] wären. – – In welchem Dunkel verliert sich die[11] menschliche Vernunft, wenn sie hier den Abstamm zu ergründen, ja auch nur zu erraten, es unternehmen will?[12]

[1] H: »etwas Drittes voraussetzt von welchem beide als Stammglieder eines und desselben (obgleich für uns unbegreiflichen) Prinzips ihren Ursprung haben.*« – [2] A: »| *Erläuterung durch Beispiele.* § *24*«; Akad.-Ausg.: »§ 32«. – [3] H: »[Vereinigung] Zusammensetzung«. – [4] A: »in der | *der* Seele«. – [5] Akad.-Ausg.: »fortpflanzen«. – [6] H: »und um«. – [7] H (Cassirer): »Glob«. – [8] H (Cassirer): »den Materien«. – [9] H (Cassirer): »Fortpflanzung entstehen«. – [10] H: »[vorhanden] gestiftet«. – [11] H: »sich hier die«. – [12] Am Rand von H: »1. Bildung durch kalte oder warme Kristallisation indem ein Auflösungsmittel (Wärme oder Wasser entweicht. e. g. im Kalkspat) a) die mechanische Bildung der Gestalt: wo der Sto // b.) die Zusammenfügung // Die Synthesis der Aggregation (mathematisch) und der Koalition (dynamisch). // Verstand Urteilkr. Vernunft.«

|B 85, 86 |A 85 Anm.: |A 85

vernünftigen Wesens nicht zusammen vereinigen lassen (als Flügel, Krallen, oder Hufe). Die Größe dagegen kann er dichten[1], wie er will.

Die | Täuschung durch die Stärke der Einbildungskraft des Menschen geht oft so weit, daß er dasjenige, was er nur im Kopf hat, außer sich zu sehen und zu fühlen glaubt. Daher der Schwindel, der den, welcher in einen Abgrund sieht, befällt, ob er gleich eine genugsam breite Fläche um sich hat, um nicht zu fallen, oder gar an einem festen Geländer steht. – Wunderlich ist die Furcht einiger Gemütskranken[2] vor der Anwandelung[3] eines inneren Antriebes, sich wohl gar freiwillig herunterzustürzen. – Der Anblick des Genusses ekeler Sachen an anderen (z. B. wenn die Tungusen den Rotz aus den Nasen ihrer Kinder mit einem Tempo aussaugen und verschlucken) bewegt den Zuschauer eben so zum Erbrechen, als wenn *ihm* selbst *ein solcher Genuß aufgedrungen würde*[4].

Das Heimweh der Schweizer (und, wie ich es aus dem Munde eines erfahrnen Generals habe, auch der Westfäler und der Pommern in einigen Gegenden), welches sie befällt, wenn sie in andere Länder versetzt werden, ist die Wirkung einer durch die Zurückrufung der Bilder der Sorgenfreiheit und nachbarlichen *Gesellschaft*[5] in ihren Jugendjahren erregten Sehnsucht nach den Örtern, | wo sie die sehr einfachen Lebensfreuden genossen, da sie dann nach dem spätern Besuche derselben sich in ihrer Erwartung sehr getäuscht und so auch geheilt finden; zwar in der Meinung, daß sich dort alles sehr geändert habe, in der Tat aber, weil sie ihre Jugend dort nicht wiederum hinbringen können; wobei es doch merkwürdig ist, daß dieses Heimweh mehr die Landleute einer geldarmen, dafür aber durch Brüder- und Vetterschaften verbundenen Provinz, als diejenigen befällt, die mit Gelderwerb beschäftigt sind und das patria ubi bene[6] sich zum Wahlspruch machen.

[1] H: »[wählen] dichten«. – [2] H: »Gemüts[schwachen]kranken«. – [3] H: »[Entschließung] Anwandelung«. – [4] A: »wenn *er es* selbst *hätte tun wollen*«; vgl. S. 474 Anm. 6 des vorliegenden Bandes. – [5] A: »*Geselligkeit*«. – [6] H: »ibi patria ubi bene«; Übersetzung des Herausgebers: »dort ist das Vaterland, wo es einem gut geht«.

|B 87 |A 86

Wenn man vorher gehört hat, daß dieser oder jener ein böser Mensch ist, so glaubt man ihm die Tücke im Gesicht lesen zu können, und Dichtung mischt sich hier, vornehmlich wenn Affekt und Leidenschaft hinzukommen, mit der Erfahrung zu Einer Empfindung. Nach Helvetius sah eine Dame durch ein Teleskop im Monde die Schatten zweier Verliebten; der Pfarrer, der nachher dadurch beobachtete, sagte: »nicht doch, Madam; es sind zwei Glockentürme an einer Hauptkirche«.

| Man kann zu allen diesen noch die Wirkungen durch die Sympathie der Einbildungskraft zählen. Der Anblick eines Menschen in konvulsivischen, oder gar epileptischen Zufällen reizt zu ähnlichen krampfhaften Bewegungen; so wie das Gähnen anderer, um mit ihnen zu gähnen, und der Arzt, Hr. Michaelis, führt an: daß, als bei der Armee in Nordamerika ein Mann in heftige Raserei geriet, zwei oder drei beistehende durch den Anblick desselben plötzlich auch darein versetzt wurden, wiewohl dieser Zu|fall nur vorbeigehend war; daher es Nervenschwachen (Hypochondrischen) nicht zu raten ist, aus Neugierde Tollhäuser zu besuchen. Mehrenteils vermeiden sie dieses auch von selbst; weil sie für ihren Kopf fürchten. – Man wird auch finden, daß lebhafte Personen, wenn jemand ihnen etwas im Affekt, vornehmlich des Zorns, was *ihm*[1] begegnet sei, erzählt, bei starker Attention Gesichter dazu schneiden, und unwillkürlich in ein Spiel der Mienen, die zu jenem Affekt passen, versetzt werden. – Man will auch bemerkt haben: daß mit einander sich wohlvertragende Eheleute nach und nach eine Ähnlichkeit in Gesichtszügen bekommen, und[2] deutet es dahin aus, die Ursache sei, weil sie sich um dieser Ähnlichkeit halber (similis simili gaudet[3]) geehlicht haben; welches doch falsch ist. Denn die Natur treibt beim Instinkt der Geschlechter eher zur Verschiedenheit der Subjekte, die sich in einander verlieben sollen, damit alle Mannigfaltigkeit, welche sie in ihre Keime gelegt hat, entwickelt *werde*[4]; son-

[1] So auch H; A: »*ihnen*«. – [2] H: »Eheleute auch Ähnlichkeit in Gesichtszügen haben und«. – [3] Übersetzung des Herausgebers: »Ähnliche finden aneinander Gefallen«. – [4] A: »*werden*«.

||BA 88

dern die Vertraulichkeit und Neigung, mit der sie einander in ihren einsamen Unterhaltungen, dicht neben einander, oft und lange in die Augen sehen, bringt sympathetische ähnliche Mienen hervor, die, | wenn sie fixiert werden, endlich in stehende Gesichtszüge übergehen.

Endlich kann man zu diesem unabsichtlichen Spiel der produktiven Einbildungskraft, die alsdann Phantasie genannt werden kann, auch den Hang zum arglosen Lügen rechnen, der bei Kindern allemal, bei Erwachsenen, aber sonst gutmütigen, dann und wann, bisweilen fast als anerbende[1] Krankheit angetrof¦fen wird, wo beim Erzählen die Begebenheiten und vorgeblichen Abenteuer, wie eine herabrollende Schneelawine wachsend, aus der Einbildungskraft hervorgehen, ohne irgend einen Vorteil zu beabsichtigen, als bloß sich interessant zu machen; wie der Ritter John Falstaff beim Shakespeare, der aus zwei Männern in Frieskleidern fünf Personen machte, ehe er seine Erzählung endigte. –[2]

§ 30[3]. Weil die Einbildungskraft reicher und fruchtbarer an Vorstellungen ist als der Sinn, so wird sie, wenn eine Leidenschaft hinzutritt, durch die Abwesenheit des Gegenstandes mehr belebt als durch die Gegenwart; wenn etwas geschieht, was dessen Vorstellung, die eine Zeit lang durch Zerstreuungen getilgt zu sein schien, wiederum ins Gemüt zurückruft. – So hatte ein deutscher Fürst, sonst ein rauher Krieger, aber doch edler Mann, um seine Verliebung in eine bürgerliche Person in seiner Residenz sich aus dem Sinn zu bringen, eine Reise nach | Italien unternommen; der erste Anblick aber ihrer Wohnung bei seiner Wiederkehr erweckte weit stärker, als es ein anhaltender Umgang getan hätte, die Einbildungskraft, so, daß er der Entschließung ohne weitere Zögerung nachgab, die glücklicher Weise auch der Erwartung entsprach. – Diese Krankheit, als Wirkung einer dichtenden Einbildungskraft[4], ist unheilbar: außer durch

[1] H: »[erbliche] anerbende«. – [2] H: »endigte. – Dies Phänomen läßt sich kaum woraus anders als«; am Rand von H: »Lügen der Kinder«. – [3] A: »*Von den Mitteln der Belebung und Bezähmung des Spiels der Einbildungskraft.* § *25*«; Akad.-Ausg.: »§ 33«. – [4] H: »Krankheit [durch die] als Wirkung [der] einer dichtenden Einbildungskraft«.

die Ehe. Denn diese ist Wahrheit (eripitur persona, manet res.[1] Lucret.).

Die dichtende Einbildungskraft stiftet eine Art von Umgange mit uns selbst, obgleich bloß als Erscheinungen[2] | des inneren Sinnes, doch[3] nach einer Analogie mit äußeren. Die Nacht belebt sie und erhöht sie über ihren wirklichen Gehalt: so wie der Mond zur Abendzeit eine große Figur am Himmel macht, der am hellen Tage nur wie ein unbedeutendes Wölkchen anzusehen ist. Sie schwärmt in demjenigen, der in der Stille der Nacht lukubriert, oder auch mit seinem eingebildeten Gegner zankt, oder, in seinem Zimmer herumgehend, Luftschlösser baut. Aber alles, was ihm da wichtig zu sein scheint, verliert an dem auf den Nachtschlaf folgenden Morgen seine ganze Wichtigkeit; wohl aber fühlt er mit der Zeit von dieser übeln Gewohnheit Abspannung der Gemütskräfte. Daher ist die Bezähmung seiner Einbildungskraft durch frühes Schlafengehen, um früh wieder aufstehen zu können, eine zur psychologischen Diät gehörige sehr nützliche Regel; das Frauenzimmer aber und die Hypochondristen (die gemeiniglich eben daher ihr Übel haben) lieben mehr das entgegengesetzte Verhalten. – Warum lassen sich Geistergeschichten in später Nacht noch wohl anhören, | die am Morgen, bald nach dem Aufstehen, jedem abgeschmackt und für die Unterhaltung ganz unschicklich vorkommen; wo man dagegen frägt: was Neues im Haus- oder gemeinen Wesen vorgefallen sei, oder seine Arbeit des vorigen Tages fortsetzt? Die Ursache ist: weil, was an sich bloß Spiel ist, dem Nachlassen der den Tag über erschöpften Kräfte, was aber Geschäfte ist, dem durch die Nachtruhe gestärkten und gleichsam neugebornen Menschen angemessen ist.

Die Vergehungen (vitia) der Einbildungskraft sind: daß ihre Dichtungen entweder bloß zügellos oder gar | regellos sind (effrenis aut perversa). Der letztere Fehler ist der ärgste. Die erstern Dichtungen könnten[4] doch wohl in einer möglichen Welt (der Fabel) ihre Stelle finden; die letztern in[5] gar

[1] Übersetzung des Herausgebers: »die Maske fällt, es bleibt die Sache.« – [2] H: »selbst, [als] obgleich bloß Erscheinungen«. – [3] H: »Sinnes [die den äußeren ähnlich] doch«. – [4] H: »können«. – [5] H: »letztere aber in«.

keiner, weil sie sich widersprechen. – Daß die in der libyschen Wüste Ras-Sem häufig anzutreffenden in Stein gehauenen Menschen- und Tiergestalten von den Arabern mit Grauen angesehen werden, weil sie solche für durch den Fluch versteinerte Menschen halten, gehört zu Einbildungen der ersteren Gattung, nämlich der zügellosen Einbildungskraft. – Daß aber, nach der Meinung derselben Araber, diese Bildsäulen von Tieren, am Tage der allgemeinen Auferstehung, den Künstler anschnarchen und ihm es verweisen werden, daß er sie gemacht und ihnen doch keine Seele habe geben können, ist ein Widerspruch. – Die zügellose Phantasie kann immer noch einbeugen (wie die jenes Dichters, den der Kardinal Este bei Überreichung des ihm gewidmeten Buchs fragte: »Meister Ariosto[1], wo Henker habt ihr alles das tolle Zeug her?«); sie ist Üp|pigkeit aus ihrem Reichtum; aber die regellose nähert sich dem Wahnsinn, wo die Phantasie gänzlich mit dem Menschen spielt, und der Unglückliche den Lauf seiner Vorstellungen[2] gar nicht in seiner Gewalt hat.

Übrigens kann ein politischer Künstler, eben so gut wie ein ästhetischer, durch Einbildung, die er statt der Wirklichkeit vorzuspiegeln versteht, z. B. von Freiheit des Volks, die (wie die im Englischen Parlament), oder des Ranges und der Gleichheit (wie im französischen Konvent[3]), in bloßen Formalien besteht, die Welt leiten und regieren (mundus vult decipi[4]); aber es ist doch ¦ besser, auch nur den Schein von dem Besitz dieses die Menschheit veredelnden Guts für sich zu haben, als sich desselben handgreiflich beraubt zu fühlen.[5]

VON DEM VERMÖGEN DER VERGEGENWÄRTIGUNG DES VERGANGENEN UND KÜNFTIGEN DURCH DIE EINBILDUNGSKRAFT

§ 31[6]. *Das Vermögen, sich* vorsetzlich *das Vergangene zu vergegenwärtigen, ist* das Erinnerungs*vermögen;* und

[1] H: »Messer Ariosto«. – [2] H: »[Bilder] Vorstellungen«. – [3] H: »[populären Betitelung] wie im französischen Konvent«. – [4] Übersetzung des Herausgebers: »die Welt will betrogen werden«. – [5] Am Rand von H: »nicht Tollhäuser besuchen«. – [6] A: »§ *26*«; Akad.-Ausg.: »§ 34«.

||BA 92

das Vermögen, sich etwas als zukünftig vorzustellen, das Vorhersehungsvermögen. *Beide* gründen[1] sich, sofern sie sinnlich sind, auf *die*[2] Assoziation der Vorstellungen des vergangenen und künftigen Zustandes des Subjekts mit dem gegenwärtigen, und, obgleich nicht selbst Wahrnehmungen, dienen sie zur Verknüpfung der Wahrnehmungen in der Zeit, das, was nicht[3] mehr ist, mit dem, was noch nicht ist, durch das, was gegenwärtig ist, in einer zusammenhängenden Erfahrung zu verknüpfen. Sie heißen Erinnerungs- und Divinationsvermögen[4] der Respizienz und Prospizienz (wenn man sich diese Ausdrücke erlauben darf), da man sich seiner Vor|stellungen[5] als solcher, die im vergangenen oder künftigen Zustande anzutreffen wären[6], bewußt ist.

A. VOM GEDÄCHTNIS

Das Gedächtnis ist von der bloß reproduktiven Einbildungskraft darin unterschieden, daß es die vormalige ¦Vorstellung willkürlich zu reproduzieren vermögend, das Gemüt also nicht ein bloßes Spiel von jener ist. Phantasie, d. i. schöpferische Einbildungskraft, muß sich nicht darein mischen, denn dadurch würde das Gedächtnis untreu. – Etwas bald ins Gedächtnis fassen, sich leicht worauf besinnen und es lange behalten sind die formalen Vollkommenheiten des Gedächtnisses. Diese Eigenschaften sind aber selten beisammen. Wenn jemand glaubt etwas im Gedächtnis zu haben, aber es nicht zum Bewußtsein bringen kann, so sagt er, er könne es nicht entsinnen (nicht sich entsinnen; denn das bedeutet so viel, als sich sinnlos machen). Die Bemühung hiebei ist, wenn man doch darauf bestrebt ist, sehr kopfangreifend, und man tut am besten, daß man sich eine Weile durch andere Gedanken zerstreut, und

[1] A: »*Sie sind, wenn dieser ihr Akt hiebei* vorsetzlich *ist,* das Erinnerungs- und Vorhersehungsvermögen *und* gründen«. – [2] A: »auf *der*«. – [3] H (Akad.-Ausg., Cassirer): »nicht«. – [4] H: »[Gedächtnis] Erinnerungs und [Erwartungs-] Divinationsvermögen«. – [5] H: »wenn man sich ihrer Vorstellungen«. – [6] H: »Zustande waren«.

||BA 93

von[1] Zeit zu Zeit nur flüchtig auf das Objekt zurückblickt; *dann* ertappt[2] man gemeiniglich eine von den assoziierten Vorstellungen, welche jene zurückruft.

Methodisch etwas ins Gedächtnis fassen (memoriae mandare) heißt memorieren (nicht studieren, wie der gemeine Mann es von dem Prediger sagt, der seine künftig zu haltende Predigt bloß auswendig | lernt). – Dieses Memorieren kann mechanisch, oder ingeniös, oder auch judiziös sein. Das erstere beruht bloß auf öfterer, buchstäblicher, Wiederholung: z.B. beim Erlernen des Einmaleins, wo der Lernende die ganze Reihe der auf einander in der gewöhnlichen Ordnung folgenden Worte durchgehen muß, um auf das Gesuchte zu kommen, z.B. wenn der Lehrling gefragt wird, wieviel macht 3 mal 7? so wird er, von 3 mal 3 anfangend, ¦ wohl auf ein und zwanzig kommen; frägt man ihn aber, wie viel macht 7 mal 3? so wird er sich nicht so bald besinnen können, sondern die Zahlen umkehren müssen, um sie in die gewohnte Ordnung zu stellen. Wenn das Erlernte eine feierliche Formel ist, in der kein Ausdruck abgeändert werden, sondern die, wie man sagt, hergebetet werden muß, so sind wohl Leute von dem besten Gedächtnis furchtsam, sich darauf zu verlassen (*wie denn* diese Furcht selbst sie *irre* machen *könnte*), *und* halten es *daher* für nötig[3], sie abzulesen; wie es auch die geübtesten Prediger tun, weil die mindeste Abänderung der Worte hiebei lächerlich sein würde.

Das ingeniöse Memorieren ist eine Methode, *gewisse Vorstellungen* durch Assoziation *mit* Nebenvorstellungen, die an sich (für den Verstand) gar keine Verwandtschaft mit einander haben, z.B. Laute einer Sprache *mit gänzlich ungleichartigen Bildern*, die jenen korrespondieren *sollen, dem Gedächtnis einzuprägen*; wo[4] man, um etwas leichter ins Ge-

[1] H: »wenn man eine Zeit hindurch durch andere Gedanken zerstreut von«. – [2] A: »*denn* ertappt«; H: »denn alsdann ertappt«. – [3] A: »(*und* diese Furcht selbst *kann* sie *fehlen* machen), *sondern sie* halten es für nötig«. – [4] A: »Methode durch Assoziation *von* Nebenvorstellungen, die ... haben, z.B. *durch die Ähnlichkeit der* Laute einer Sprache *bei der gänzlichen Ungleichartigkeit der Bilder*, die jenen korrespondieren *sollten, einander zur Erinnerung anzuknüpfen*; wo«; H: »korrespondieren

||BA 94

dächtnis zu fassen, *dasselbe* noch[1] mit mehr Nebenvorstellungen belästigt; folglich ungereimt, als *regelloses Verfahren der* Einbildungskraft[2] in der Zusammenpaarung dessen, was | nicht unter einem und demselben Begriffe zusammen gehören kann; und zugleich Widerspruch *zwischen Mittel und* Absicht, *da man dem Gedächtnis die Arbeit zu erleichtern sucht, in der Tat aber sie durch die ihm unnötig aufgebürdete Assoziation sehr disparater Vorstellungen erschwert*[3].* Daß | Witzlinge selten ein treues[4] Gedächtnis haben (ingeniosis non admodum fida est memoria[5]), ist eine Bemerkung, die jenes Phänomen erklärt.

Das judiziöse Memorieren ist kein anderes als das einer Tafel der Einteilung eines Systems (z. B. des Linnäus) in Gedanken; wo, wenn man irgend etwas sollte vergessen haben, man sich durch die Aufzählung der Glieder, die man behalten hat, wieder zurecht finden kann; oder auch der Abteilungen eines sichtbar gemachten Ganzen (z.B. der Provinzen eines Landes auf einer Karte, welche nach Norden, Westen u.s.w. liegen), weil man auch dazu Verstand braucht und dieser wechselseitig der Einbildungskraft zu Hülfe kommt. Am meisten die Topik[6], d.i. ein Fachwerk für allgemeine Begriffe, Gemeinplätze[7] genannt, welches *durch*

* So ist die Bilderfibel, wie die Bilderbibel, oder gar eine in Bildern vorgestellte Pandektenlehre ein optischer | Kasten eines kindischen Lehrers, um seine Lehrlinge noch kindischer zu machen als sie waren. Von der letzteren kann ein auf solche Art dem Gedächtnis anvertrauter Titel der Pandekten: de heredibus suis et legitimis[8], zum Beispiel dienen. Das erste Wort wurde durch einen Kasten mit Vorhängeschlössern sinnlich gemacht, das zweite durch eine Sau, das dritte durch die zwei Tafeln Mosis.

sollten [(also der Gegenstand des Gehörs mit dem des Gesichts] [einem ganz anderen z. B. des Gesichts] einander... « – [1] A: »*das Gedächtnis* noch«. – [2] A: »als *regellose* Einbildungskraft«. – [3] A: »Widerspruch *der* Absicht *mit sich selbst, durch Vermehrung dessen, was im Kopf behalten werden muß, um es sich gelegentlich zu erinnern, ein vorgebliches Mittel der Verminderung der Beschwerde sich dessen erinnern zu können*«. – [4] H: »treues«. – [5] Übersetzung des Herausgebers: »Witzige haben nicht eben ein treues Gedächtnis«. – [6] H: »Am meisten [eine gewisse] die Topik«. – [7] H (Cassirer): »[als] Gemeinplätze (loci topici)«. – [8] Übersetzung des Herausgebers: »von seinen Erben und zwar den gesetzlichen«.

||BA 95 Anm.: |B 95

Klasseneinteilung, *wie wenn man* in ei|ner Bibliothek *die Bücher* in[1] Schränke mit verschiedenen Aufschriften verteilt, die Erinnerung erleichtert.

Eine Gedächtniskunst (ars mnemonica) als allgemeine Lehre gibt es nicht. Unter die besondern dazu gehörigen Kunstgriffe gehören die Denksprüche in Versen (versus memoriales); weil der Rhythmus einen regelmäßigen Silbenfall enthält, der dem Mechanism des Gedächtnisses sehr zum Vorteil *gereicht*[2]. – Von den | Wundermännern des Gedächtnisses, einem Picus von Mirandola, Scaliger, Angelus Politanus, Magliabecchi u.s.w., den Polyhistoren, die eine Ladung[3] Bücher für hundert Kamele als Materialien für die Wissenschaften in ihrem Kopf herumtragen[4], muß man nicht verächtlich sprechen; weil sie vielleicht die, für das Vermögen der Auswahl aller dieser Kenntnisse zum zweckmäßigen Gebrauch angemessene, Urteilskraft nicht besaßen; denn es ist doch schon Verdienst genug, die rohe Materie reichlich herbeigeschafft zu haben; wenn gleich andere Köpfe nachher hinzukommen müssen, sie mit Urteilskraft zu verarbeiten (tantum scimus, quantum memoria tenemus[5]). Einer der Alten sagte: »Die Kunst zu schreiben hat das Gedächtnis zu Grunde gerichtet (zum Teil entbehrlich gemacht)«. Etwas Wahres ist in diesem Satz: denn der gemeine Mann hat das Mannigfaltige, was ihm aufgetragen wird, gemeiniglich besser auf der Schnur, es nach der Reihe zu verrichten und sich darauf zu besinnen: eben darum, weil das Gedächtnis hier mechanisch ist und sich kein Vernünfteln einmischt; da hingegen dem Gelehrten, welchem viele fremdartige Nebengedanken durch den Kopf gehen, vieles von seinen Aufträgen oder häusli|chen Angelegenheiten durch Zerstreuung entwischt, weil er sie nicht mit genugsamer Aufmerksamkeit aufgefaßt hat. Aber, mit der Schreibtafel in der Tasche, sicher zu sein, alles, was man in den Kopf zum Aufbewahren niedergelegt hat, ganz genau und ohne Mühe wiederzufin-

[1] A: »welches *eine* Klasseneinteilung, *gleich als* in ei|ner Bibliothek in«. – [2] A: »Vorteil *ist*«. – [3] H: »[Last] Ladung«. – [4] H (Cassirer): »herumtrugen«. – [5] Übersetzung des Herausgebers: »wir wissen so viel, wie wir im Gedächtnis haben«.

den, ist doch *eine große Bequemlichkeit, und* die Schreibkunst *bleibt immer* eine[1] herrliche Kunst, weil, wenn sie auch nicht zur Mitteilung seines Wissens an andere gebraucht würde, sie doch die Stelle des aus|gedehntesten und treuesten Gedächtnisses vertritt, dessen Mangel sie ersetzen kann.

Vergeßlichkeit (obliviositas) hingegen, wo der Kopf, so oft er auch gefüllet wird, doch, wie ein durchlöchertes Faß, immer leer bleibt, ist ein um desto größeres Übel. Dieses ist bisweilen unverschuldet; wie bei alten Leuten, welche sich zwar die Begebenheiten ihrer jüngern Jahre gar wohl erinnern können, aber das nächst Vorhergehende immer aus den Gedanken verlieren. Aber oft ist es doch auch die Wirkung einer habituellen Zerstreuung, welche vornehmlich die Romanleserinnen anzuwandeln pflegt. Denn, weil bei dieser Leserei die Absicht nur ist, sich für den Augenblick zu unterhalten, indem man weiß, daß es bloße Erdichtungen sind, die Leserin[2] hier also volle Freiheit hat, im Lesen nach dem Laufe ihrer Einbildungskraft zu dichten[3], welches natürlicher Weise zerstreut, und die Geistesabwesenheit (Mangel der Aufmerksamkeit auf das Gegenwärtige) habituell macht: so muß das Gedächtnis dadurch unvermeidlich geschwächt werden. – Diese Übung in der[4] Kunst, die Zeit zu töten und sich für die Welt unnütz zu machen, hintennach aber doch über die Kürze des Lebens zu kla|gen, ist, abgesehen von der phantastischen Gemütsstimmung, welche sie hervorbringt, einer der feindseligsten Angriffe aufs Gedächtnis.

| B. VON DEM VORHERSEHUNGSVERMÖGEN (PRAEVISIO)

§ 32.[5] Dieses Vermögen zu besitzen interessiert mehr als jedes andere; weil es die Bedingung aller möglichen Praxis und der Zwecke ist, worauf der Mensch den Gebrauch seiner Kräfte bezieht. Alles Begehren enthält ein (zweifelhaftes

[1] A: »wiederzufinden, die Schreibkunst ist doch eine«. – [2] H: »und die Leserin«. – [3] H: »im Lesen [selbst] mehr Abenteuer nach dem Laufe ihrer Einbildungskraft hinzu zu dichten«. – [4] H: »[in] der«. – [5] Zusatz von B; Akad.-Ausg.: »§ 35.«

oder gewisses) Voraussehen dessen, was durch diese möglich ist. Das Zurücksehen aufs Vergangene (Erinnern) geschieht nur in der Absicht, um das Voraussehen des Künftigen dadurch möglich zu machen; indem wir im Standpunkte der Gegenwart überhaupt um uns sehen, um etwas zu beschließen, oder worauf gefaßt zu sein.

Das empirische Voraussehen ist die Erwartung ähnlicher Fälle (exspectatio casuum similium) und bedarf keiner Vernunftkunde von Ursachen und Wirkungen, sondern nur der Erinnerung beobachteter Begebenheiten, wie sie gemeiniglich auf einander folgen[1], und wiederholte Erfahrungen bringen darin eine Fertigkeit hervor. Wie Wind und Wetter stehen werden, interessiert sehr den Schiffer und Ackersmann. Aber wir reichen hierin mit unserer Vorhersagung nicht viel weiter, als der sogenannte Bauerkalender[2], dessen Voraussagungen, wenn sie etwa eintreffen[3], gepriesen, treffen sie nicht ein, ver|gessen werden und so immer in einigem Kredit bleiben. – Man sollte fast glauben, die Vorsehung habe das Spiel ¦ der Witterungen absichtlich so undurchschaulich verflochten, damit es Menschen nicht so leicht wäre, für jede Zeit die dazu erforderlichen Anstalten zu treffen, sondern damit sie Verstand zu brauchen genötigt würden, um auf alle Fälle bereit zu sein.

In den Tag hinein (ohne Vorsicht und Besorgnis) leben macht zwar dem Verstande des Menschen eben nicht viel Ehre; wie dem Karaiben, der des Morgens seine Hangmatte verkauft und des Abends darüber betreten ist, daß er nicht weiß, wie er des Nachts schlafen wird. Wenn aber dabei nur kein Verstoß wider die Moralität vorkommt, so kann man einen, der für alle Eräugnisse abgehärtet[4] ist, wohl für glücklicher halten, als den, der sich immer nur mit trüben Aussichten die Lust am Leben verkümmert. Unter allen Aussichten aber, die der Mensch nur haben kann, ist die wohl die tröstlichste, wenn er nach seinem gegenwärtigen moralischen Zustande Ursache hat, die Fortdauer und das fernere Fortschreiten zum noch Besseren im Prospekt zu haben.

[1] H (Cassirer): »folgten«. – [2] H (Cassirer): »Bauernkalender«. – [3] H: ›etwa einmal eintreffen«. – [4] H: »Eräugnisse [des Glücks] abgehärtet«.

||BA 99

Dagegen wenn er zwar mutig den Vorsatz faßt, von nun an einen neuen und besseren Lebenswandel einzuschlagen, sich aber selbst sagen muß: es wird doch wohl nichts daraus werden; weil du öfters dieses Versprechen (durch Prokrastination) dir gegeben, es aber immer, unter dem Vorwande einer Ausnahme[1] für dieses einzigemal, gebrochen hast: so ist das ein trostloser Zustand der Erwartung ähnlicher Fälle.

| Wo es aber auf das Schicksal, was über uns schweben mag, nicht auf den Gebrauch unserer freien Will|kür, ankommt, da ist die Aussicht in die Zukunft entweder Vorempfindung, d. i. Ahndung (praesensio), oder* Vorhererwartung (praesagitio). Das erstere deutet gleichsam einen verborgenen Sinn für das an, was noch nicht gegenwärtig ist; das zweite ein durch Reflexion über das Gesetz der Folge der Begebenheiten nach einander (das der Kausalität) erzeugtes Bewußtsein[2] des Künftigen.

Man sieht leicht, daß alle Ahndung ein Hirngespenst sei; denn wie kann man empfinden, was noch nicht ist? Sind es aber Urteile aus dunkelen Begriffen eines solchen Kausalverhältnisses, so sind es nicht Vorempfindungen, sondern man kann die Begriffe[3], die dazu führen, entwickeln, und, wie es mit dem gedachten Urteil zustehe[4], erklären. – Ahndungen sind mehrenteils von der ängstlichen Art; die Bangigkeit, welche ihre physische Ursachen hat, geht vorher, unbestimmt was der Gegenstand der Furcht sei. Aber es gibt auch frohe und kühne[5] Ahndungen von Schwärmern, welche die nahe Enthüllung eines Geheimnisses, für das der Mensch doch | keine Empfänglichkeit der Sinne hat, wittern, und die Vorempfindung dessen, was sie, als Epopten, in mysti|scher Anschauung erwarten, so eben entschleiert

* Man hat neuerlich zwischen etwas ahnen und ahnden einen Unterschied machen wollen; allein das erstere ist kein deutsches Wort und es bleibt nur das letztere. – Ahnden bedeutet so viel als gedenken. Es ahndet mir heißt, es schwebt etwas meiner Erinnerung dunkel vor; etwas ahnden bedeutet jemandes Tat ihm im Bösen gedenken (d. i. sie bestrafen). Es ist immer derselbe Begriff, aber anders gewandt[6].

[1] H: »Vorwande der Ausnahme«. – [2] H: »[Vorstellung] Bewußtsein«. – [3] H: »diese Begriffe«. – [4] Cassirer erwägt: »zugehe«. – [5] H: »[mutige] kühne«. – [6] H: »[an]gewandt«.

||BA 100, 101

zu sehen glauben[1]. – Der Bergschotten ihr zweites Gesicht, mit welchem etliche unter ihnen einen am Mastbaum Aufgeknüpften zu sehen glauben, von dessen Tode sie, wenn[2] sie wirklich in den entferneten Hafen eingelaufen sind, die Nachricht erhalten zu haben vorgeben, gehört auch in diese Klasse der Bezauberungen.

C. VON DER WAHRSAGERGABE (FACULTAS DIVINATRIX)

§ 33.[3] Vorhersagen, Wahrsagen und Weissagen sind darin unterschieden: daß das erstere im Vorhersehen[4] nach Erfahrungsgesetzen (mithin natürlich), das zweite den bekannten Erfahrungsgesetzen entgegen (widernatürlich), das dritte aber Eingebung einer von der Natur unterschiedenen Ursache (übernatürlich) ist, oder dafür gehalten wird, *deren Fähigkeit,* weil[5] sie von dem Einflusse eines Gottes herzurühren scheint, auch das eigentliche[6] Divinationsvermögen genannt wird (denn uneigentlich wird jede scharfsinnige Erratung des Künftigen auch Divination genannt).

Wenn es von jemanden heißt: er wahrsagt dieses oder jenes Schicksal, so kann dieses eine ganz natürliche Geschicklichkeit anzeigen. Von dem aber, der hierin eine übernatürliche Einsicht vorgibt, muß es heißen, er || wahrsagert; wie die Zigeuner von hinduischer Abstammung, die das Wahrsagen aus der Hand Planetenlesen nennen; *oder* die[7] Astrologen und Schatzgräber, denen sich auch die Goldmacher anschließen, über welche alle im griechischen Altertum die Pythia, zu unserer Zeit aber der lumpichte sibirische Schaman hervorragt. Die Wahrsagungen der Auspizen und Haruspizen der Römer hatten nicht sowohl die Entdeckung des Verborgenen im Laufe der Begebenheiten der Welt, als vielmehr des Willens der Götter, dem sie sich ihrer Religion gemäß zu fügen *hatten*[8], zur Absicht. – Wie aber gar die Poeten

[1] H: »Anschauung vernehmen werden zu haben glauben«. – [2] H: »sie nachher wenn«. – [3] Zusatz von B; Akad.-Ausg.: »§ 36.« – [4] H (Akad.-Ausg., Cassirer): »ein Vorhersehen«. – [5] A: »wird, *und,* weil«. – [6] H: »[höhere] eigentliche«. – [7] A: »nennen. Die«. – [8] A: »*hätten*«.

||BA 102

dazu *kamen*[1], sich auch für begeistert (oder besessen) und für wahrsagend (vates) zu halten, und in ihren dichterischen Anwandlungen[2] (furor poeticus) Eingebungen zu haben sich berühmen konnten, kann nur dadurch erklärt werden: daß der Dichter, nicht so wie der Prosenredner, bestellte Arbeit mit Muße verfertigt, sondern den günstigen Augenblick seiner ihn anwandelnden inneren Sinnenstimmung haschen muß, in welchem ihm lebendige und kräftige Bilder und Gefühle von selbst zuströmen, und er hiebei sich gleichsam nur leidend verhält; wie es denn auch schon eine alte Bemerkung ist, daß dem Genie eine gewisse Dosis von Tollheit beigemischt sei. Hierauf gründet sich auch der Glaube an Orakelsprüche, die in den blind gewählten Stellen berühmter (gleichsam durch Eingebung getriebener) Dichter vermutet wurden (sortes Virgilianae); ein dem Schatzkästlein der neueren Frömmler ähnliches Mittel, den Willen des Himmels zu entdecken; oder auch die Auslegung Sibyllinischer Bücher, die den Römern das Staatsschicksal vorherverkündigt haben sollen, und deren || sie, leider! durch übelangewandte Knickerei *zum Teil*[3] verlustig geworden sind.[4]

Alle Weissagungen, die ein unablenkbares Schicksal eines Volks vorherverkündigen, was doch von ihm selbst verschuldet, mithin durch seine freie Willkür herbeigeführt sein soll, haben, außer dem, daß das Vorherwissen ihm unnütz ist, weil es ihm doch nicht entgehen kann, das Ungereimte an sich, daß in diesem unbedingten Verhängnis (decretum absolutum) ein Freiheitsmechanismus gedacht wird, wovon[5] der Begriff sich selbst widerspricht.

Das Äußerste der Ungereimtheit, oder des Betrugs, im Wahrsagen[6] *war*[7] wohl dies, daß ein Verrückter für einen Seher (unsichtbarer Dinge) gehalten *wurde; als ob*[8] aus ihm gleichsam ein Geist rede, der die Stelle der Seele, die so lange von der Behausung des Körpers Abschied genommen

[1] So auch H; A: »dazu *gekommen sind*«. – [2] H: »[Feuer] Anwandelungen«. – [3] Zusatz von B. – [4] Am Rand von H: »Astronomie // Unnützlichkeit der Weissagungen«. – [5] H: »entgehen kann sondern es liegt auch in diesem unbedingten Verhängnis (decretum absolutum) ein Widerspruch nämlich der eines Freiheitsmechanisms wovon«. – [6] H (Akad.-Ausg., Cassirer): »Wahrsagern«. – [7] A: »*ist*«. – [8] A: »*wird; daß*«.

||BA 103

habe, *vertrete;*[1] und *daß*[2] der arme Seelenkranke (oder auch nur Epileptische) für einen Energumenen (Besessenen) *galt*[3], und *er*[4], wenn der ihn besitzende Dämon für einen guten Geist gehalten *wurde*[5], bei den Griechen ein Mantis, dessen Ausleger aber Prophet hieß. – Alle Torheit mußte erschöpft werden, um das Künftige, dessen Voraussehung uns so sehr interessiert, mit Überspringung aller Stufen, welche vermittelst des Verstandes durch Erfahrung dahin führen möchten, in unseren Besitz[6] zu bringen. O, curas hominum![7]

Es gibt sonst keine so sichere und doch in so große Weite hinaus erstreckte Wahrsagungswissenschaft, als die || der Astronomie, welche die Umwälzungen der Himmelskörper ins Unendliche vorherverkündigt. Aber das hat doch nicht hindern können, daß sich nicht bald eine Mystik hinzugesellet hat, welche nicht etwa, wie die Vernunft es verlangt, die Zahlen der Weltepochen von den Begebenheiten, sondern umgekehrt die Begebenheiten von gewissen Zahlen[8] abhängig machen *wollte*[9] und so die Chronologie selbst, eine so notwendige Bedingung aller Geschichte, in eine Fabel *verwandelte*[10].

VON DER UNWILLKÜRLICHEN DICHTUNG IM GESUNDEN ZUSTANDE, D. I. VOM TRAUME

§ *34*[11]. Was Schlaf, was Traum, was Somnambulism (wozu auch das laute Sprechen im Schlaf gehört) seiner Naturbeschaffenheit nach sei, zu erforschen, ist außerhalb dem Felde einer pragmatischen Anthropologie gelegen; denn man kann aus diesem Phänomen keine *Regeln*[12] des Verhaltens im Zustande des Träumens ziehen; indem diese nur für den Wachenden gelten, der nicht träumen *oder* gedankenlos[13] schlafen will. Und das Urteil jenes griechischen Kaisers, der einen Menschen, welcher seinen Traum, er habe den Kai-

[1] A: »*vertritt*«. – [2] Zusatz von B. – [3] A: »*gilt*«. – [4] A: »*der*«. – [5] A: »*wird*«. – [6] H: »[unsere Gewal] unseren Besitz«. – [7] Übersetzung des Herausgebers: »O, die Sorgen der Menschen!« – [8] H (Akad.-Ausg., Cassirer): »gewissen heiligen Zahlen«. – [9] A: »*wollen*«. – [10] A: »*verwandlen*«. – [11] A: »§ *27*«; Akad.-Ausg.: »§ 37«. – [12] A: »*Regel*«. – [13] A: »träumen *sondern* gedankenlos«.

||BA 104

ser umgebracht, seinen Freunden erzählte, zum Tode verurteilte, unter dem Vorwand, »es würde ihm nicht geträumt haben, wenn er nicht im Wachen damit umgegangen wäre«, ist der Erfahrung zuwider und grausam. »Wenn wir wachen, so haben wir eine gemeinschaftliche Welt; schlafen wir aber, so hat ein jeder seine eigene.« – Das Träumen scheint zum Schlafen so notwendig zu gehören, daß Schlafen und Sterben einerlei sein würde, || wenn der Traum nicht als eine natürliche, obzwar unwillkürliche Agitation der inneren Lebensorgane durch die Einbildungskraft hinzukäme. So erinnere ich mich sehr wohl, wie ich als Knabe, wenn ich mich, durch Spiele ermüdet, zum Schlafe[1] hinlegte, im Augenblick des Einschlafens durch einen Traum, als ob ich ins Wasser gefallen wäre, und, dem Versinken nahe, im Kreise herumgedreht *würde*[2], schnell erwachte, um aber bald wieder und ruhiger einzuschlafen, vermutlich weil die Tätigkeit der Brustmuskeln im Atemholen, welches von der Willkür gänzlich abhängt, nachläßt, und so, mit der Ausbleibung des Atemholens, die Bewegung des Herzens gehemmt, dadurch aber die[3] Einbildungskraft des Traums wieder ins Spiel versetzt werden muß. – Dahin gehört auch die wohltätige Wirkung des Traums beim sogenannten Alpdrücken (incubus). Denn, ohne diese fürchterliche Einbildung von einem uns drückenden Gespenst und der Anstrengung aller Muskelkraft, sich in eine andere Lage zu bringen, würde der Stillstand des Bluts dem Leben geschwind ein Ende machen. Eben darum scheint die Natur es so eingerichtet zu haben, daß bei weitem die mehresten Träume Beschwerlichkeiten und gefahrvolle Umstände enthalten; weil dergleichen Vorstellungen die Kräfte der Seele mehr aufreizen, als wenn alles nach Wunsch und Willen geht. Man träumt oft[4], sich nicht auf seine Füße erheben zu können, oder sich zu verirren, in einer Predigt stecken zu bleiben, oder aus Vergessenheit statt der Perücke in großer Versammlung eine Nachtmütze auf dem Kopfe zu haben, oder daß[5] man in der Luft nach Belieben

[1] H (Cassirer): »Schlafen«. – [2] So auch H; A: »*wurde*«. – [3] H: »gehemmt [wird] und durch die«. – [4] Cassirer: »öfter«. – [5] A: »haben, oder *als* daß«; H (Cassirer): »haben; als daß«.

||BA 105

hin und her schweben könne, oder im fröhlichen Lachen, ohne zu wissen warum, *aufwache*[1]. – ‖ Wie es zugehe, daß wir oft im Traume in die längst vergangene Zeit versetzt werden, mit längst Verstorbenen sprechen, dieses selbst für einen Traum zu halten versucht werden, aber doch diese Einbildung für Wirklichkeit zu halten uns genötigt sehen, wird wohl immer unerklärt bleiben. Man kann aber wohl für sicher annehmen, daß kein Schlaf ohne Traum sein könne, und wer nicht geträumt zu haben wähnt, seinen Traum nur vergessen habe.

VON DEM BEZEICHNUNGSVERMÖGEN (FACULTAS SIGNATRIX)

§ *35*[2]. Das Vermögen der Erkenntnis des Gegenwärtigen, als Mittel der Verknüpfung der Vorstellung des Vorhergesehenen mit der des Vergangenen, ist das Bezeichnungsvermögen. – Die Handlung des Gemüts, diese Verknüpfung zu bewirken, ist die Bezeichnung (signatio), die auch das Signalieren genannt wird, von der nun der größere Grad die Auszeichnung genannt wird.

Gestalten der Dinge (Anschauungen), so fern sie nur zu Mitteln der Vorstellung durch Begriffe dienen, sind Symbole, und das Erkenntnis durch dieselbe heißt symbolisch oder figürlich (speciosa). – Charaktere sind noch nicht Symbole; denn sie können auch bloß mittelbare (indirekte) Zeichen sein, die an sich nichts bedeuten, sondern nur durch Beigesellung auf Anschauungen und durch diese auf Begriffe führen; daher das symbolische Erkenntnis nicht der intuitiven sondern der diskursiven entgegengesetzt werden muß, ‖ in welcher[3] letzteren das Zeichen (character) den Begriff nur als Wächter (custos) begleitet, um ihn gelegentlich zu reproduzieren. Das symbolische Erkenntnis ist

[1] A: »*aufwachte*«; H (Cassirer): »aufwacht«. – [2] A: »§ *28*«; Akad.-Ausg.: »§ 38«. – [3] H: »führen; wie die Wörter einer Sprache die für das Ohr eines Fremden nichts bedeutende Laute sind aber eben darum auch desto bestimmter auf Begriffe führen, und das symbolische Erkenntnis muß nicht der intuitiven sondern der diskursiven [durch Char] entgegengesetzt werden, in welcher«.

‖BA 106, 107

also nicht der intuitiven (durch sinnliche Anschauung) sondern der intellektuellen (durch Begriffe) entgegengesetzt. Symbole sind bloß Mittel des Verstandes, aber nur indirekt, durch eine Analogie mit gewissen Anschauungen, auf welche der Begriff desselben angewandt werden kann, um ihm durch Darstellung eines Gegenstandes Bedeutung zu verschaffen.

Wer sich immer nur symbolisch ausdrücken kann, hat noch wenig Begriffe des Verstandes, und das so oft Bewunderte der lebhaften Vorstellung[1], welche die Wilden (bisweilen auch die vermeinten Weisen in einem noch rohen Volk) in ihren Reden hören lassen, ist nichts als Armut an Begriffen und daher auch an Wörtern, sie auszudrücken: z.B. wenn der amerikanische Wilde sagt: »Wir wollen die Streitaxt begraben«, so heißt das so viel als: Wir wollen Friede machen, und in der Tat haben die alten Gesänge, vom Homer an bis zum Ossian, oder von einem Orpheus bis zu den Propheten, das Glänzende ihres Vortrags bloß dem Mangel an Mitteln, ihre Begriffe auszudrücken, zu verdanken.

Die wirklichen, den Sinnen vorliegenden Welterscheinungen (mit Schwedenborg[2]) für bloßes Symbol einer im Rückhalt verborgenen intelligibelen Welt ausgeben[3] ist Schwärmerei. Aber in den Darstellungen[4] der zur Moralität, welche das Wesen aller Religion ausmacht, mithin zur reinen Vernunft gehörigen Begriffe ‖ (Ideen genannt) das Symbolische vom Intellektuellen (Gottesdienst von Religion), die zwar einige Zeit hindurch nützliche und nötige Hülle von der Sache selbst zu unterscheiden, ist Aufklärung; weil sonst ein Ideal (der reinen praktischen Vernunft) gegen ein Idol vertauscht und der Endzweck verfehlt wird. – Daß alle Völker der Erde mit dieser Vertauschung angefangen haben, und daß, wenn es darum zu tun ist, was ihre Lehrer selbst, bei Abfassung ihrer heiligen Schriften wirklich gedacht haben, man sie alsdann nicht symbolisch,

[1] H (Akad.-Ausg., Cassirer): »Darstellung«. – [2] H (Akad.-Ausg., Cassirer): »Swedenborg«. – [3] H (Cassirer): »auszugeben«. – [4] H: »[religiösen] Darstellungen«.

‖BA 108

sondern buchstäblich auslegen müsse, ist nicht zu streiten; weil es unredlich gehandelt sein würde, ihre Worte zu verdrehen. Wenn es aber nicht bloß um die Wahrhaftigkeit des Lehrers, sondern auch, und zwar wesentlich, um die Wahrheit der Lehre zu tun ist,[1] so kann und soll man diese, als bloße symbolische Vorstellungsart, durch eingeführte Förmlichkeit und Gebräuche jene praktischen Ideen zu begleiten, auslegen; weil sonst der intellektuelle Sinn, der den Endzweck ausmacht, verloren gehen würde[2].[3]

§ 36[4]. Man kann die Zeichen in willkürliche (Kunst-), in natürliche und in Wunderzeichen[5] einteilen.

A. Zu den ersteren gehören 1. die der Gebärdung (mimische, die zum Teil auch natürliche sind). 2. Schriftzeichen (Buchstaben, welche Zeichen für Laute sind). 3. Tonzeichen (Noten). 4. Zwischen einzelnen verabredete Zeichen, bloß fürs Gesicht (Ziffern[6]). 5. Standeszeichen freier, mit erblichem || Vorrang beehrter Menschen (Wappen). 6. Dienstzeichen, in gesetzlicher Bekleidung (Uniform und Liverei). 7. Ehrenzeichen des Dienstes (Ordensbän-

[1] Am Rand von H: »Vom Aberglauben // Nominal und Realzeichen // Mittelbar – unmittelbar.« – [2] In H steht an dieser Stelle die folgende Anmerkung, für die sich im Text kein Stern findet, die aber nach der Abfolge der Niederschrift an die bezeichnete Stelle zu gehören scheint: »Nach Sonnerat haben die Indier auf der Malabarküste großenteils einen sehr geheim gehaltenen Orden dessen Zeichen (in Gestalt einer runden Blechmünze) an einem Bande am Halse unmittelbar an der Haut hängt welches sie ihr Tali nennen was bei ihrer Einweihung mit einem mystischen Worte das einer dem andern nur beim Sterben ins Ohr sagt begleitet wird. Die Tibetaner aber haben gewisse geweihete Dinge z.B. mit gewissen heiligen Worten beschriebene Fahnen oder auch geweihete Steine womit ein Hügel besteckt oder belegt wird die sie ihr Mani nennen im Gebrauch. Aus der Zusammensetzung beider ist vermutlich das Wort Talisman entsprungen welches mit dem Manitou der amerikanischen Wilden in Wort und Sinn überein zu stimmen scheint.« Am Rand von H: »Arvieux«. – [3] H: »würde. // [Zur Bezeichnung der Gedanken nicht der bloßen Empfindung bedient sich der Mensch anfänglich mimischer, dann der Lautzeichen der Sprache und endlich der allegorischen Zeichen der [sichtbaren Abbildungen] Bilder welche eine Analogie mit [nicht sichtbaren] bloß denkbaren Gegenständen enthalten sollen] //«. – [4] A: »§ 29«; Akad.-Ausg.: »§ 39«. – [5] H (Cassirer): »in willkürliche (Kunst-) natürliche und Wunderzeichen«. – [6] H: »Chiffern«.

||BA 109

der). 8. Schandzeichen (Brandmark u.d.g.). – Dazu gehören in Schriften die Zeichen der Verweilung, der Frage oder des Affekts, der Verwunderung (die Interpunktionen[1]).

Alle Sprache ist Bezeichnung der Gedanken und umgekehrt die vorzüglichste Art der Gedankenbezeichnung ist die durch Sprache, diesem größten Mittel[2], sich selbst und andere zu verstehen. Denken ist Reden mit sich selbst (die Indianer auf Otaheite nennen das Denken: die Sprache im Bauch), folglich sich auch innerlich (durch reproduktive Einbildungskraft) Hören. Dem Taubgebornen ist sein Sprechen ein Gefühl des Spiels seiner Lippen, Zunge und Kinnbackens, und es ist kaum möglich, sich vorzustellen, daß er bei seinem Sprechen etwas mehr tue, als ein Spiel mit körperlichen Gefühlen[3] zu treiben, ohne eigentliche Begriffe zu haben und zu denken. – Aber auch die, so sprechen und hören können, verstehen darum nicht immer sich selbst oder andere, und an dem Mangel des Bezeichnungsvermögens, oder dem fehlerhaften Gebrauch desselben (da Zeichen für Sachen und umgekehrt genommen werden) liegt es, vornehmlich in Sachen der Vernunft, daß Menschen, die der Sprache nach einig sind, in Begriffen himmelweit von einander abstehen; welches nur zufälligerweise, wenn ein jeder nach *dem*[4] seinigen handelt, offenbar wird.

|| B. Zweitens: was die natürlichen Zeichen betrifft, so ist der Zeit nach das Verhältnis der Zeichen zu den bezeichneten Sachen entweder demonstrativ, oder rememorativ, oder prognostisch.

Der Pulsschlag bezeichnet dem Arzt den gegenwärtigen fieberhaften Zustand des Patienten, wie der[5] Rauch das Feuer. Die Reagentien entdecken dem Chymiker die im Wasser befindlichen verborgenen Stoffe, so wie die Wetterfahne den Wind u.s.w. Ob aber das Erröten das Bewußtsein der Schuld, oder vielmehr ein zartes Ehrgefühl, auch nur eine Zumutung von etwas, *dessen*[6] man sich zu schämen

[1] H: »Zeichen der Verweilung oder des Affekts (die Interpunktion)«. – [2] Akad.-Ausg.: »dieses größte Mittel«. – [3] H: »mit Gefühlen«. – [4] A: »*den*«. – [5] H (Cassirer): »Patienten der«. – [6] A: »etwas, *das*«.

||BA 110

hätte, erdulden zu müssen, verrate, ist in vorkommenden Fällen[1] ungewiß.

Grabhügel und Mausoleen sind Zeichen des Andenkens an Verstorbene; eben so, oder auch zum immerwährenden Andenken der vormaligen großen Macht eines Königs, Pyramiden. – Die Muschelschichten in weit von der See gelegenen Landgegenden, oder die Löcher der Pholaden in den hohen Alpen, oder vulkanische Überbleibsel, wo jetzt kein Feuer aus der Erde hervorbricht, bezeichnen uns den alten Zustand der Welt und begründen eine Archäologie der Natur: freilich nicht so anschaulich, als die vernarbten Wunden des Kriegers. – Die Ruinen von Palmyra, Baalbek und Persepolis sind sprechende Denkzeichen des Kunstzustandes alter *Staaten,*[2] und traurige *Merkmale*[3] vom Wechsel aller Dinge.[4]

Die prognostischen Zeichen interessieren unter allen am meisten; weil in der Reihe der Veränderungen die Gegenwart nur ein Augenblick ist, und der Bestim||mungsgrund des Begehrungsvermögens das Gegenwärtige nur um der künftigen Folgen willen (ob futura consequentia) beherzigt, und auf diese vorzüglich aufmerksam macht. – In Ansehung *künftiger* Weltbegebenheiten *findet sich* die sicherste *Prognose* in[5] der Astronomie; sie ist aber kindisch und phantastisch, wenn die Sterngestalten, Verbindungen und veränderte Planetenstellungen als allegorische Schriftzeichen

[1] H (Cassirer): »in vorkommendem Falle«. – [2] Zusatz von B. – [3] A: »*Erinnerung*«; H: »Erinnerungen«. – [4] Am Rand von H: »Zeichen A. Willkürliche 1. Der Gebärdung (mimisch) 2. Schriftzeichen (Buchstaben) 3 Tonzeichen (Noten) 4 Geheime Zunftzeichen (Chiffern) 5 Standeszeichen (Wappen) 6. Dienstzeichen (Uniform oder Liverei) 7. Ehrenzeichen (Ordensbänder) 8 Schandzeichen (Brandmark) 9. Kennzeichen (nota) 10 Merkzeichen Interpunktion 11 Denkzeichen (signum rememorativum) // B. Natürliche Zeichen // C Wunderzeichen. // Zeichen für Sachen an sich halten. Zodiac. // Wirkungen sind Zeichen von ihren Ursachen // Zeichen des Tierkreises – Sternbilder // Sterndeutkunst (astrol: iud) Zeichen am Himmel, Kometen, Finsternisse Nordlicht. Ob die heil: Zahlen den Weltlauf anzeigen. Der Sonne und Mond verfolgende Drache apokalypt. – Zeichendeuterei mystische Zeichen. heil. 7 – etc. etc. Planeten Metalle. Wochentage und Weltepochen. // Aberglaube der Fischer«. – [5] A: »*Die Zeichendeuterei* in Ansehung *der künftigen* Weltbegebenheiten *ist* die sicherste in«.

||BA 111

am Himmel von bevorstehenden Schicksalen *des Menschen*[1] (in der astrologia iudiciaria) vorgestellt werden.

Die natürlichen prognostischen Zeichen einer bevorstehenden Krankheit, oder Genesung, oder (wie die facies Hippocratica) des nahen Todes, sind Erscheinungen, die, auf lange und öftere Erfahrung gegründet, auch nach der[2] Einsicht des Zusammenhanges derselben, als Ursachen und Wirkungen, dem Arzt zur Leitung in seiner Kur dienen; dergleichen die kritischen Tage sind. Aber die[3] von den Römern in staatskluger Absicht veranstalteten Augurien und Haruspizien waren ein durch den Staat geheiligter Aberglaube, um in gefährlichen Zeitläuften das Volk zu lenken.

C. Was die Wunderzeichen (Begebenheiten, in welchen die Natur der Dinge sich umkehre) betrifft, so sind außer denen, aus welchen man sich jetzt nichts macht (den Mißgeburten unter Menschen und Vieh), die Zeichen und Wunder am Himmel, die Kometen, in hoher Luft schießende Luftbälle[4], Nordlichter, ja selbst Sonnen- und Mondfinsternisse, wenn vornehmlich sich mehrere | solcher Zeichen zusammenfinden, und wohl gar von Krieg, ¦ Pest u.d.g. begleitet werden, Dinge, die dem erschrockenen großen Haufen den nicht weit mehr entfernten jüngsten Tag und das Ende der Welt vorher zu verkündigen dünken.

ANHANG

Ein wunderliches Spiel der Einbildungskraft mit dem Menschen, in Verwechselung der Zeichen mit Sachen, in jene eine innere Realität zu setzen, als ob diese sich nach jenen richten müßten, verlohnt sich hier noch zu *bemerken*[5]. – Da der Mondlauf nach den 4 Aspekten (dem Neulicht, ersten Vierteil, Vollicht und letzten Vierteil) in ganzen Zahlen nicht genauer als in 28 Tagen[6] (und der Tierkreis daher von den Arabern in die 28 Häuser des Mondes) eingeteilt

[1] Zusatz von B. – [2] H: »auch vor der«. – [3] A: »Aber *die Nativitätsstellung (der Horoscopus), oder* die«; H: »Aber die Nativitätsstellung (der Horospicus) die«. – [4] H (Akad.-Ausg., Cassirer): »Lichtbälle«. – [5] A: »noch *bemerkt* zu *werden*«. – [6] H (Akad.-Ausg., Cassirer): »Tage«.

¦|BA 112

werden[1], von denen ein Viertel 7 Tage ausmacht, so hat die Zahl Sieben dadurch eine mystische Wichtigkeit bekommen, so, daß auch die Weltschöpfung sich nach derselben hat richten müssen; vornehmlich da es (nach dem Ptolemäischen System) sieben Planeten, *wie*[2] sieben Töne auf der Tonleiter, sieben einfache Farben im Regenbogen und sieben Metalle geben sollte. – Hieraus sind denn auch die Stufenjahre (7 × 7, und, weil 9 bei den Indiern auch eine mystische Zahl ist, 7 × 9, imgleichen 9 × 9) entstanden, bei deren Schluß das menschliche Leben in großer Gefahr sein soll, und die 70 Jahrwochen (490 Jahr) machen auch wirklich in der jüdisch-christlichen Chronologie nicht allein die Abschnitte der wichtigsten Veränderungen (zwischen dem Ruf Gottes an Abraham und der Geburt Christi) aus, sondern || bestimmen auch ganz genau die Grenzen desselben gleichsam a priori, als ob sich nicht die Chronologie nach der Geschichte, sondern, umgekehrt, die Geschichte nach der Chronologie richten müßte.

Aber auch in anderen Fällen wird es Gewohnheit, die Sachen von Zahlen abhängig zu machen. Ein Arzt, dem der Patient durch seinen Diener ein Gratial schickt, wenn er bei *Aufwickelung*[3] des Papiers darin eilf Dukaten findet, wird in den Argwohn geraten, daß dieser wohl einen möchte unterschlagen haben; denn warum nicht ein Dutzend voll? Wer auf einer Auktion Porzellangeschirr von gleicher Fabrikation kauft, wird weniger bieten, wenn es nicht ein volles Dutzend ist, und wären es dreizehn Teller, so wird er auf den dreizehnten nur so fern einen Wert setzen, als er dadurch gesichert wird, wenn auch einer zerbrochen würde, doch jene Zahl voll zu haben. Da man aber seine Gäste nicht zu Dutzenden einladet, was kann es interessieren, dieser geraden Zahl einen Vorzug zu geben? Ein Mann vermachte im Testament seinem Vetter eilf silberne Löffel und setzte hinzu: »warum ich ihm nicht den zwölften vermache, wird er selbst am besten wissen« (der junge lüderliche Mensch hatte an jenes seinem Tisch einen Löffel heimlich in die Tasche ge-

[1] Cassirer erwägt: »werden kann«. – [2] Zusatz von B. – [3] A: *»Auswickelung«*.

||BA 113

steckt, welches jener wohl bemerkte, aber ihn damals nicht beschämen wollte). Bei Eröffnung des Testaments konnte man leicht erraten, was die Meinung des Erblassers war, aber nur aus dem angenommenen Vorurteil, daß nur das Dutzend eine volle Zahl sei. – Auch die zwölf Zeichen des Tierkreises (welcher Zahl analogisch die 12 Richter in England angenommen zu || sein scheinen) haben eine solche mystische Bedeutung erhalten. In Italien, *Deutschland, vielleicht auch anderswo,*[1] wird eine Tischgesellschaft von gerade 13 Gästen für ominös gehalten; weil man wähnt, daß alsdann einer von ihnen, wer es auch sei, das Jahr sterben werde: so wie an einer Tafel von 12 Richtern der 13te, der sich darunter befindet, kein anderer als der Delinquent sein könne, der gerichtet werden soll. (Ich habe mich selbst einmal an einer solchen Tafel befunden, wo die Frau des Hauses beim Niedersetzen diesen vermeinten Übelstand bemerkte, und insgeheim ihren[2] darin[3] befindlichen Sohn aufzustehen und in einem anderen Zimmer zu essen befahl; damit die Fröhlichkeit nicht gestört würde.) – Aber auch die bloße Größe der Zahlen, wenn man der Sachen, die sie bezeichnen, genug hat, erregen bloß dadurch, daß sie im Zählen nicht einen der Dekadik gemäßen (folglich an sich willkürlichen) Abschnitt füllen, Verwunderung. So soll der Kaiser von China eine Flotte von 9999 Schiffen haben, und man frägt sich bei dieser Zahl ingeheim: warum nicht noch eins mehr? obgleich die Antwort sein könnte: weil diese Zahl Schiffe zu seinem Gebrauch hinreichend ist; im Grunde aber ist die Absicht *der Frage* nicht auf den Gebrauch, sondern bloß auf eine Art von Zahlenmystik gestellt[4]. – Ärger, obzwar[5] nicht ungewöhnlich, ist: daß jemand, der durch Kargen und Betrügen es auf einen Reichtum von 90000 Taler bar gebracht hat, nun keine Ruhe hat, als bis er 100000 voll besitze, ohne *sie*[6] zu brauchen, und darüber sich vielleicht den Galgen, wo nicht erwirbt, wenigstens doch verdient.

[1] Zusatz von B. – [2] Akad.-Ausg.: »ihrem«. – [3] H (Akad.-Ausg., Cassirer): »darunter«. – [4] A: »ist, im Grunde aber die Absicht nicht ... gestellt ist«. – [5] H (Cassirer): »Ärger noch, obzwar«. – [6] A: *»es«*.

||BA 114

Zu welchen Kindereien sinkt nicht der Mensch selbst in seinem reifen Alter hinab, wenn er sich am Leitseil der || Sinnlichkeit führen läßt! Wir wollen jetzt sehen, um wie viel oder wenig er es besser mache, wenn er unter der Beleuchtung des Verstandes seinen Weg verfolgt.[1]

VOM ERKENNTNISVERMÖGEN SO FERN ES AUF VERSTAND GEGRÜNDET WIRD

EINTEILUNG

§ *37*[2]. Verstand, als das Vermögen zu denken (durch Begriffe sich etwas vorzustellen), wird auch das obere Erkenntnisvermögen (zum Unterschiede von der Sinnlichkeit, als des unteren[3]) genannt, darum, weil das Vermögen der Anschauungen (reiner oder empirischer) nur das Einzelne in Gegenständen, dagegen das der Begriffe das Allgemeine der Vorstellungen derselben, die Regel, enthält, der das Mannigfaltige der sinnlichen Anschauungen untergeordnet werden muß, um Einheit zur Erkenntnis des Objekts hervorzubringen. – Vornehmer ist also zwar freilich der Verstand als die Sinnlichkeit, mit[4] der sich die verstandlosen Tiere nach eingepflanzten Instinkten schon notdürftig behelfen können; so wie ein Volk ohne Oberhaupt; statt dessen ein Oberhaupt ohne Volk (Verstand ohne Sinnlichkeit) gar nichts vermag. Es ist also zwischen beiden kein Rangstreit, obgleich der eine ein Oberer[5] und der andere als Unterer betitelt wird.

Es wird aber das Wort Verstand auch in besonderer Bedeutung genommen: da er nämlich als ein Glied der Einteilung mit zwei anderen dem Verstande in allgemeiner Bedeutung untergeordnet wird, und da besteht || das obere Erkenntnisvermögen (materialiter, d. i. nicht für sich allein,

[1] Am Rand von H: »Der 13te Tischgast. // Mancher kargt betrügt um 100 000 voll zu hinterlassen«. – [2] A: »§ *30*«; Akad.-Ausg.: »§ 40«. – [3] Akad.-Ausg.: »als dem unteren«. – [4] H (Cassirer): »Sinnlichkeit aber die letztere ist notwendiger und unentbehrlicher ist doch die Sinnlichkeit mit«. – [5] Akad.-Ausg.: »eine als Oberer«.

||BA 115, 116

sondern in Beziehung aufs Erkenntnis der Gegenstände betrachtet) aus Verstand, Urteilskraft und Vernunft. – Laßt uns jetzt Beobachtungen über den Menschen anstellen, wie einer von dem andern in diesen Gemütsgaben, oder deren gewohnten Gebrauch oder Mißbrauch, unterschieden ist, erstlich in einer gesunden Seele; dann aber auch in der Gemütskrankheit.[1]

ANTHROPOLOGISCHE VERGLEICHUNG DER DREI OBEREN ERKENNTNISVERMÖGEN MIT EINANDER

§ *38*[2]. Ein richtiger[3] Verstand ist der: welcher nicht sowohl durch Vielheit der Begriffe schimmernd ist, als vielmehr durch Angemessenheit derselben zur Erkenntnis des Gegenstandes, also zur Auffassung der Wahrheit, das Vermögen und die Fertigkeit enthält. Mancher Mensch hat viel Begriffe im Kopf, die insgesamt auf Ähnlichkeit mit dem, was man von ihm vernehmen will, hinauslaufen, aber mit dem Objekt[4] und der Bestimmung desselben doch nicht zutreffen. Er kann Begriffe von großem Umfange haben, ja auch von behenden Begriffen sein. Der richtige Verstand, welcher für Begriffe der gemeinen Erkenntnis zulangt, heißt der gesunde (fürs Haus hinreichende) Verstand. Er sagt mit dem Wachmeister *bei*[5] Juvenal: Quod sapio satis est mihi, non ego curo – esse quod Arcesilas aerumnosique Solones.[6] Es versteht sich von selber, daß die Naturgabe eines bloß geraden und richtigen Verstandes sich selbst, in Ansehung des Umfanges des ihm || zugemuteten Wissens, einschränken, und der damit Begabte bescheiden verfahren wird.[7]

[1] H: »Gemütskrankheit. // [Erster Teil // Der Verstand] //«. – [2] A: »§ *31*«; Akad.-Ausg.: »§ 41«. – [3] H (Cassirer): »richtiger«. – [4] H: »dem [was er denken will doch] Objekt«. – [5] A: *»beim«*. – [6] Übersetzung des Herausgebers: »Was ich verstehe, ist mir genug; ich sorge mich nicht darum, zu sein, was Arkesilaos und die mühebeladenen Solons ...« – [7] Am Rand von H: »1. Was will ich. 2. worauf kommt's an 3. was gewinne ich. (was kommt heraus // Richtiger Verstand, geübte Urteilskraft und gründliche Vernunft.«

||BA 117

§ *39*[1]. Wenn unter dem Worte Verstand das Vermögen[2] der Erkenntnis der Regeln (und so durch Begriffe) überhaupt gemeint wird, so, daß er das ganze obere Erkenntnisvermögen in sich faßt, so sind darunter nicht diejenigen Regeln zu verstehen, nach welchen die Natur den Menschen in seinem Verfahren leitet, wie es bei den durch Naturinstinkt getriebenen Tieren geschieht, sondern nur solche, die er selbst[3] macht. Was er bloß lernt, und so dem Gedächtnis anvertraut, das verrichtet er nur mechanisch (nach Gesetzen der reproduktiven Einbildungskraft) und ohne Verstand. Ein Bedienter, der bloß ein Kompliment nach einer bestimmten Formel abzustatten hat, braucht keinen Verstand, d. i. er hat nicht nötig, selbst zu denken, aber wohl, wenn er, in Abwesenheit seines Herrn, dessen häusliche Angelegenheit zu besorgen hat; wobei mancherlei nicht buchstäblich vorzuschreibende Verhaltungsregeln nötig werden dürften.

Ein richtiger Verstand, geübte Urteilskraft, und gründliche Vernunft machen den ganzen Umfang des intellektuellen Erkenntnisvermögens aus; vornehmlich sofern dieses auch als Tüchtigkeit zu Beförderung des praktischen[4], d. i. zu Zwecken, beurteilt wird.

Ein richtiger Verstand ist der gesunde Verstand, so fern er Angemessenheit der Begriffe zum Zwecke ihres Gebrauchs enthält. So wie nun Zulänglichkeit (sufficientia) und Abgemessenheit (praecisio), verei||nigt, die Angemessenheit, d. i. die Beschaffenheit des Begriffs ausmacht, nicht mehr auch nicht weniger, als der Gegenstand erfordert, zu enthalten (conceptus rem adaequans): so ist ein richtiger Verstand unter *den*[5] intellektuellen Vermögen das erste und vornehmste; weil er mit den wenigsten Mitteln seinem[6] Zweck ein Gnüge tut.

Arglist, der Kopf zur Intrigue, wird oft für großen, obwohl mißbrauchten Verstand gehalten; aber er ist gerade nur die Denkungsart[7] sehr eingeschränkter Menschen, und

[1] A: »§ *32*«; Akad.-Ausg.: »§ 42«. – [2] H: »[der Inbegriff] das Vermögen«. – [3] H: »er sich selbst«. – [4] Akad.-Ausg.: »Praktischen«. – [5] So auch H; A: »unter *dem*«. – [6] H: »[ohne Künstelei] seinem«. – [7] H: »[das Eigentum] die Denkungsart«.

||BA 118

von der Klugheit, deren Schein sie an sich hat, sehr unterschieden. Man kann nur einmal den Treuherzigen hintergehen; was dann der eigenen Absicht des Listigen in der Folge sehr nachteilig wird.

Der unter gemessenen Befehlen stehende Haus- oder Staatsdiener braucht nur Verstand zu haben; der Offizier, dem für das ihm aufgetragene Geschäfte nur die allgemeine Regel vorgeschrieben und nun überlassen wird, was in vorkommendem Falle zu tun sei, selbst zu bestimmen, bedarf Urteilskraft; der General, der die möglichen Fälle beurteilen und für sie sich die Regel selbst ausdenken soll, muß Vernunft besitzen. – Die zu diesen verschiedenen Vorkehrungen erforderlichen Talente sind sehr verschieden. »*Mancher* glänzt[1] auf der zweiten Stufe, welcher auf der obersten unsichtbar wird« (Tel brille au second rang, qui s'eclipse au premier).

Klügeln ist nicht Verstand haben, und, wie Christina von Schweden, Maximen zur Schau aufstellen, ge||gen welche doch ihre Tat im Widerspruche ist, heißt nicht vernünftig sein. – Es ist hiemit, wie mit der Antwort des Grafen Rochester, die er dem englischen Könige Karl II. gab, bewandt, als dieser ihn in einer tief nachdenkenden Stellung antraf und fragte: Was sinnet Ihr *denn* so[2] tief nach? – Antw.: »Ich mache Ewr. Maj. die Grabschrift.« – Fr.: Wie lautet sie? Antw.: »Hier ruht König Karl II., welcher in seinem Leben viel Kluges gesagt und nie was Kluges getan hat.«[3]

In Gesellschaft stumm sein, und nur dann und wann ein ganz gemeines Urteil fallen lassen, sieht aus wie verständig sein, so wie ein gewisser Grad Grobheit für (alte deutsche) Ehrlichkeit ausgegeben wird.

* * *

Der natürliche Verstand kann nun noch durch Belehrung mit vielen Begriffen bereichert und mit Regeln ausgestattet werden; aber das zweite intellektuelle Vermögen, nämlich

[1] A: »*Der* glänzt«. – [2] A: »Ihr *nun* so«. – [3] Am Rand von H: »Rochester«.

||BA 119

das der Unterscheidung, ob etwas ein Fall der Regel sei oder nicht, die Urteilskraft (iudicium), kann nicht belehrt, sondern nur geübt werden; daher ihr Wachstum Reife, und derjenige Verstand heißt, der nicht vor Jahren kommt. Es ist auch leicht einzusehen, daß dies nicht anders sein könne; denn Belehrung geschieht durch Mitteilung der Regeln. Sollte es also Lehren für die Urteilskraft geben, so müßte es allgemeine Regeln geben, nach welchen man unterscheiden *könnte*[1], ob etwas der Fall der Regel sei oder nicht: welches[2] eine Rückfrage ins Unendliche abgibt. Dies[3] ist || also der Verstand, von dem man sagt, daß er nicht vor den Jahren kömmt; der auf eigener langen Erfahrung gegründet ist und dessen Urteil eine französische Republik[4] bei dem Hause der so genannten Ältesten sucht.

Dieses Vermögen, welches nur auf das geht, was tunlich ist, was sich schickt, und was sich geziemt (für *technische*[5], ästhetische und praktische Urteilskraft), ist nicht so schimmernd, als dasjenige, welches erweiternd ist[6]; denn es geht bloß dem gesunden Verstande zur Seite und macht den Verband[7] zwischen diesem und der Vernunft.

§ *40*[8]. Wenn nun Verstand das Vermögen der Regeln, die Urteilskraft das Vermögen, das Besondere, sofern es ein Fall dieser Regel ist, aufzufinden, ist, so ist die Vernunft das Vermögen, von dem Allgemeinen das Besondere abzuleiten und dieses letztere also nach Prinzipien und als notwendig vorzustellen. – Man kann sie also auch durch das Vermögen, nach Grundsätzen[9] zu urteilen und (in praktischer Rücksicht) zu handeln, erklären[10]. Zu jedem moralischen[11] Urteile (mithin auch der Religion) bedarf der Mensch Vernunft und kann sich nicht auf Satzungen und eingeführte Gebräuche fußen. – Ideen sind Vernunftbegriffe, denen kein Gegenstand in der Erfahrung adäquat gegeben werden kann. Sie sind weder Anschauungen (wie

[1] A: »*könne*«. – [2] H: »nicht [d. i. man müßte das Allgemeine wie etwas] [welche Bedingung ins Unendliche] welches«. – [3] H: »Das«. – [4] H: »Urteil selbst eine Republik«. – [5] A: »*theoretische*«. – [6] H: »als diejenige welche erweiternd sind«. – [7] H: »das Band«. – [8] A: »§ *33*«; Akad.-Ausg.: »§ 43«. – [9] H: »nach Prinzipien«. – [10] H: »benennen«. – [11] H: »moralischen«.

die von Raum und Zeit), noch Gefühle (wie die Glückseligkeitslehre sie sucht), welche beide zur Sinnlichkeit gehören; sondern Begriffe von einer Vollkommenheit, der man sich zwar immer nähern, sie aber nie vollständig erreichen kann.

|| Vernünftelei (ohne gesunde Vernunft) ist ein den Endzweck vorbeigehender Gebrauch der Vernunft, teils aus Unvermögen, teils aus Verfehlung des Gesichtspunkts. Mit Vernunft rasen heißt: der Form seiner *Gedanken*[1] nach zwar nach Prinzipien verfahren, der Materie aber, *oder*[2] dem Zwecke nach, die diesem gerade entgegengesetzten Mittel anwenden.

Subalterne müssen nicht vernünfteln (räsonieren), weil ihnen das Prinzip, wornach gehandelt werden soll, oft[3] verhehlt werden muß, wenigstens unbekannt bleiben darf; der Befehlshaber (General) aber muß Vernunft haben; weil ihm nicht[4] für jeden vorkommenden Fall Instruktion gegeben werden kann. Daß aber der sogenannte Laie (laicus) in Sachen der Religion, da[5] diese als Moral gewürdigt werden muß, sich seiner eigenen Vernunft nicht bedienen, sondern dem bestallten Geistlichen (clericus), mithin fremder Vernunft, folgen *solle*[6], ist ungerecht zu verlangen; da im Moralischen ein jeder sein Tun und Lassen selbst verantworten muß, und der Geistliche die Rechenschaft darüber nicht auf seine eigene Gefahr übernehmen wird, oder es auch nur kann.

In diesen Fällen aber sind die Menschen geneigt, mehr Sicherheit für ihre Person darin zu setzen, daß sie sich alles eigenen Vernunftgebrauchs begeben, und sich passiv und gehorsam unter eingeführte Satzungen heiliger Männer fügen. Dies tun sie aber nicht so wohl aus dem Gefühl ihres Unvermögens in Einsichten (denn das Wesentliche aller Religion ist doch Moral, die jedem Men||schen bald von selbst einleuchtet), sondern aus Arglist, teils um, wenn etwa hiebei gefehlt sein möchte, die Schuld auf andere

[1] A: »*Gedankenrichtung*«. – [2] Zusatz von B. – [3] H: »[unbekannt bleiben] auch oft«. – [4] Am Rand von H: »Vorläufige Urteile«. – [5] H: »[so fern] da«. – [6] A: »*müsse*«.

||BA 121, 122

schieben zu können, teils und vornehmlich um jenem Wesentlichen (der Herzensänderung), welches viel schwerer ist als Kultus, mit guter Art auszuweichen.

Weisheit, als die Idee vom gesetzmäßigvollkommenen[1] praktischen Gebrauch der Vernunft, ist wohl zu viel von Menschen gefordert; aber *auch* selbst dem mindesten Grade nach kann sie ein anderer ihm nicht[2] eingießen, sondern er muß sie aus sich selbst herausbringen. Die Vorschrift, dazu zu gelangen, enthält drei dahin führende Maximen: 1) Selbstdenken, 2) sich (in der Mitteilung mit Menschen) an die Stelle des anderen zu denken, 3) jederzeit mit sich selbst einstimmig zu denken.

Das Zeitalter der Gelangung des Menschen zum vollständigen Gebrauch seiner Vernunft kann in Ansehung seiner Geschicklichkeit (Kunstvermögens zu beliebiger Absicht) etwa ins zwanzigste, das in Ansehung der Klugheit (andere Menschen zu seinen Absichten zu brauchen) ins vierzigste, endlich das der Weisheit etwa im sechzigsten anberaumt werden; in welcher letzteren Epoche aber sie mehr negativ ist, alle Torheiten der beiden ersteren einzusehen; wo man sagen kann: »es ist schade, alsdann sterben zu müssen, wenn man nun allererst gelernt hat, wie man recht gut hätte leben sollen[3]«, und wo selbst dieses Urteil noch selten ist; indem die Anhänglichkeit am Leben desto stärker wird, je weniger es, sowohl im Tun als Genießen, Wert hat.

|| § *41*[4]. So wie das Vermögen, zum Allgemeinen (der Regel) das Besondere auszufinden, Urteilskraft, so ist dasjenige: zum Besondern das Allgemeine auszudenken, der Witz (ingenium). Das erstere geht auf Bemerkung der Unterschiede unter dem Mannigfaltigen zum Teil Identischen[5]; das zweite auf die Identität des Mannigfaltigen *zum Teil*[6] Verschiedenen. – Das vorzüglichste Talent in beiden ist, auch die kleinsten Ähnlichkeiten oder Unähnlichkeiten zu

[1] H: »[gesetzmäßig-größten] gesetzmäßig-vollkommenen«. – [2] A: »aber ein anderer kann sie ihm *doch*, selbst dem mindesten Grade nach, nicht«. – [3] H: »leben [sollen] können«. – [4] A: »| § *34*«; Akad.-Ausg.: »§ 44«. – [5] H: »Mannigfaltigen identischen«. – [6] Zusatz von B.

||BA 123

bemerken. Das Vermögen dazu ist Scharfsinnigkeit[1] (acumen) und Bemerkungen dieser Art heißen Subtilitäten; welche, wenn sie doch die Erkenntnis nicht weiter bringen, leere Spitzfindigkeiten oder eitele Vernünfteleien (vanae argutationes) *heißen*[2], und, obgleich eben nicht unwahre, doch unnütze[3] Verwendung des Verstandes überhaupt sich zu Schulden kommen lassen. – Also ist die Scharfsinnigkeit nicht bloß an die Urteilskraft gebunden, sondern kommt auch dem Witze zu; nur daß sie im erstern Fall mehr der Genauigkeit halber (cognitio exacta), im zweiten des Reichtums des guten Kopfs wegen, als verdienstlich betrachtet wird: weshalb auch der Witz blühend genannt wird, und wie die Natur in ihren Blumen mehr ein Spiel, dagegen in den Früchten ein Geschäfte zu treiben scheint, so wird das Talent, was in diesem angetroffen wird, für geringer im Rang (nach den Zwecken der Vernunft), als das beurteilt, was der ersteren zukommt. – Der gemeine und gesunde Verstand macht weder Anspruch auf Witz noch auf Scharfsinnigkeit[4]: welche eine Art von Luxus der Köpfe abgeben, da hingegen jener sich auf das wahre Bedürfnis einschränkt.

|| VON DEN SCHWÄCHEN UND KRANKHEITEN DER SEELE IN ANSEHUNG IHRES ERKENNTNISVERMÖGENS

A. ALLGEMEINE EINTEILUNG[2]

§ 42[5]. *Die Fehler des Erkenntnisvermögens sind entweder Gemütsschwächen, oder Gemütskrankheiten. Die*

[1] H: »vorzügliche Talent in beiden auch ... zu bemerken ist Scharfsinnigkeit«. – [2] Zusatz von B. – [3] H: »unnütze [Verschwendungen des der Ver]«. – [4] Am Rand von H: »Von der natürl. und bürgerlichen Unmündigkeit. // Wie viel räumt nicht die Vernunft in Ansehung der sein-sollenden Geschichte auf. Sie ist nicht bloß Fabel sondern große Lüge. // Spitzfindigkeit und Mikrologie Mutmaßung, Vorbegriffe zum Erfinden ‹?› Sagazitätsvermögen – Wahrscheinlichkeit für die Urteilskraft. Einsicht für die Vernunft. Begreifung dessen was man selbst machen kann mathematic. Man wundert sich doch darüber daß es so erfolgt«. – [5] Akad.-Ausg.: »§ 45«.

||BA 124

Krankheiten der Seele in Ansehung des Erkenntnisvermögens lassen sich unter zwei Hauptgattungen bringen. Die eine ist die Grillenkrankheit (Hypochondrie) und die *andere das gestörte* Gemüt (*Manie*). Bei[1] der ersteren ist sich der Kranke wohl bewußt, daß es mit dem Laufe seiner Gedanken nicht richtig zugehe; indem den Gang derselben zu richten, ihn aufzuhalten oder anzutreiben, seine Vernunft nicht hinreichende Gewalt über sich selbst hat. Unzeitige Freude und unzeitige Bekümmernisse, mithin Launen, wechseln, wie das Wetter, das man nehmen muß, wie es sich findet, in ihm ab. – Das zweite ist ein willkürlicher Lauf[2] seiner Gedanken, der seine eigene (subjektive) Regel hat, welche aber den (objektiven), mit Erfahrungsgesetzen zusammenstimmenden, zuwider läuft[3].

In Ansehung der Sinnenvorstellung ist die Gemütsstörung entweder *Unsinnigkeit*[4] oder Wahnsinn. Als Verkehrtheit der Urteilskraft und der Vernunft *heißt sie*[5] Wahnwitz oder Aberwitz. Wer bei seinen[6] Einbildungen die Vergleichung mit den Gesetzen der Erfahrung habituell unterläßt (wachend träumet), ist Phantast (Grillenfänger); ist er es mit Affekt, so heißt | er Enthusiast. Unerwartete Anwandlungen des Phantasten heißen Überfälle der Phantasterei (raptus).

Der Einfältige, Unkluge, Dumme, Geck, Tor und Narr unterscheiden sich vom Gestörten nicht bloß in Graden, sondern in der verschiedenen Qualität ihrer Ge|mütsverstimmung, und jene gehören, ihrer Gebrechen wegen, noch nicht ins Narrenhospital, d. i. einen Ort, wo *Menschen*[7], unerachtet der Reife und Stärke ihres Alters, doch in Ansehung[8] der geringsten Lebensangelegenheiten durch fremde Vernunft in Ordnung gehalten werden müssen. – Wahnsinn mit Affekt ist Tollheit; welche oft original dabei aber

[1] A: »§ *35. Die oberste Einteilung* ist *in* die, *welche* Grillenkrankheit (Hypochondrie) und die, *welche gestörtes* Gemüt (*delirium*) *genannt wird.* Bei«. – [2] H: »ein unwillkürlicher Lauf«. – [3] H: »den (objektiven) Erfahrungsgesetzen zuwider läuft«. – [4] A: *»Blödsinnigkeit«.* – [5] Zusatz von B. – [6] H: »Wer zu seinen«. – [7] A: »wo *sie*«. – [8] H: »Alters [doch keinen eigenen Willen haben sondern dem eines andern unterworfen sein müsssen] doch in Ansehung«.

||BA 125

unwillkürlich anwandelnd sein kann und alsdann, wie *die dichterische Begeisterung*[1] (furor poeticus), an das Genie grenzt; ein solcher Anfall aber der leichteren, aber ungeregelten Zuströmung[2] von Ideen, wenn er die Vernunft trifft, heißt Schwärmerei. Das Hinbrüten über einer und derselben Idee[3], die doch keinen möglichen Zweck hat, z.B. über den Verlust eines Gatten, der doch ins Leben nicht zurückzurufen ist, um in dem Schmerz selbst Beruhigung zu suchen, ist stumme Verrücktheit. – Der Aberglaube ist mehr mit dem Wahnsinn, die Schwärmerei mit dem Wahnwitz zu vergleichen. Der letztere Kopfkranke wird oft auch (mit gemildertem Ausdrucke) exaltiert, auch wohl exzentrischer Kopf genannt.

Das Irrereden in Fiebern, oder der mit Epilepsie verwandte Anfall von Raserei, welcher bisweilen durch starke Einbildungskraft beim bloßen starren Anblick eines Rasenden sympathetisch erregt wird (weshalb es auch Leuten von sehr beweglichen Nerven nicht zu raten ist, ihre Kuriosität bis zu den Klausen dieser Unglücklichen | zu erstrecken), ist, als vorübergehend, noch nicht für Verrückung zu halten. – Was man aber einen Wurm nennt (nicht Gemütskrankheit; denn darunter versteht man gewöhnlich schwermütige Verschrobenheit des in|neren Sinnes), ist mehrenteils ein an Wahnsinn grenzender Hochmut des Menschen, *dessen* Ansinnen[4], daß andere sich selbst in Vergleichung mit ihm verachten sollen, seiner[5] eigenen Absicht (wie die eines Verrückten) gerade zuwider ist; indem er diese eben dadurch reizt, seinem Eigendünkel auf alle mögliche Art Abbruch zu tun, ihn zu zwacken, und, seiner beleidigenden Torheit wegen, dem Gelächter bloß zu stellen.[6] – Gelinder ist der Ausdruck von einer Grille (marotte), die jemand bei sich nähret: ein populär sein sollender Grundsatz, der

[1] A: »*der Dichteranfall*«. – [2] H: »der leichten Zuströmung«. – [3] H (Cassirer): »über eine und dieselbe Idee«. – [4] A: »Menschen, *der, weil das* Ansinnen«. – [5] H: »sollen [Beleidigung ist die aber ihrer] seiner«. – [6] Am Rand von H: »Bedlam. Überstudiert // mit sich laut sprechen. Die Linie passiert sein. Sonderling hat einen Sparren. Philantie ‹?› Hochmut ob sie aus der Störung herkommen oder sie erzeugen // Empfindelei ist Krankheit. Einen Wurm haben. Nicht das Schießpulver //

||BA 126

doch nirgend bei Klugen Beifall findet, z. B. von seiner Gabe der Ahndungen, gewissen dem Genius des Sokrates ähnlichen Eingebungen, gewissen in der Erfahrung begründet sein sollenden, obgleich unerklärlichen Einflüssen, als der Sympathie, Antipathie, Idiosynkrasie (qualitates occultae), die ihm gleichsam, wie eine Hausgrille, im Kopfe tschirpt und die doch kein anderer hören kann. – Die gelindeste unter allen Abschweifungen über die Grenzlinie des gesunden Verstandes ist das Steckenpferd; eine Liebhaberei, sich an Gegenständen der Einbildungskraft, mit denen der Verstand zur Unterhaltung bloß spielt, als mit einem Geschäfte geflissentlich zu befassen, gleichsam ein beschäftigter Müßiggang[1]. Für alte, sich in Ruhe setzende und bemittelte Leute ist diese, gleichsam in die sorglose Kindheit sich wieder zurückziehende, Gemütslage nicht allein als eine die Lebenskraft immer rege erhaltende Agitation der Gesundheit zu|träglich, sondern auch liebenswürdig, dabei aber auch belachenswert; so doch daß der Belachte gutmütig[2] mitlachen kann. – Aber auch bei Jüngeren und Beschäftigten dient diese Reiterei zur Erholung, und Klüglinge, *die so* kleine *unschuldige Torheiten mit pedantischem Ernste rügen, verdienen* Sternes Zurechtweisung[3]: »Laß doch einen jeden auf seinem Steckenpferde die Straßen der Stadt auf und nieder reiten: wenn er dich nur nicht nötigt, hinten aufzusitzen«.

B[4]. VON DEN GEMÜTSSCHWÄCHEN IM ERKENNTNISVERMÖGEN

§ *43*[5]. Dem es an Witz mangelt, ist der stumpfe Kopf (obtusum caput). Er kann übrigens, wo es auf Verstand und Vernunft ankommt, ein sehr guter Kopf sein; nur muß man ihm nicht zumuten, den Poeten zu spielen: wie dem

Steckenpferd. Der auf den Nutzen und die Bestätigung seines Gedachten ‹?› in der Nachwelt rechnet wird für einen Phantasten gehalten oder Schwärmer – Kinder sind nicht gestört. circa obiectum«. – [1] H: »eine beschäftigte Müßigkeit«. – [2] H: »[frohen Muts] gutmütig«. – [3] A: »Erholung und *die* kleine | *Torheit verdient wohl* Sternes Zurechtweisung *der* Klüglinge«. – [4] A: »*A*«. – [5] A: »§ *36*«; Akad.-Ausg.: »§ 46«.

||BA 127

Clavius, den sein Schulmeister schon beim Grobschmied in die Lehre geben wollte, weil er keine Verse machen konnte, der aber, als er ein mathematisches Buch in die Hände bekam, ein großer Mathematiker ward. – Ein Kopf von langsamer Begreifung ist darum noch nicht ein schwacher Kopf; so wie der von behenden Begriffen[1] nicht immer auch ein gründlicher, sondern oft sehr seicht ist.

Der Mangel der Urteilskraft ohne Witz ist Dummheit (stupiditas). Derselbe Mangel aber mit Witz ist Albernheit. – Wer Urteilskraft in | Geschäften zeigt, ist gescheut. Hat er dabei zugleich Witz, so heißt er klug. – Der, welcher eine dieser Eigenschaften bloß affektiert, der Witzling sowohl als der Klügling, ist ein ekelhaftes Subjekt. – Durch Schaden wird man gewitzigt; wer es aber in dieser | Schule so weit gebracht hat, daß er andere durch ihren Schaden klug machen kann, ist abgewitzt. – Unwissenheit ist nicht Dummheit: wie eine gewisse Dame auf die Frage eines Akademikers: »Fressen die Pferde auch des Nachts?« erwiderte: »Wie kann doch ein so gelehrter Mann so dumm sein?« Sonst ist es Beweis von gutem Verstande, wenn der Mensch auch nur weiß, wie er gut fragen soll (um entweder von der Natur oder einem anderen Menschen belehrt zu werden).

Einfältig ist der, welcher nicht viel durch seinen Verstand auffassen kann; aber er ist darum nicht dumm, wenn er es nicht verkehrt auffaßt. Ehrlich[2] aber dumm (wie einige ungebührlich den pommerschen Bedienten beschreiben) ist ein falscher und höchsttadelhafter Spruch. Er ist falsch: denn Ehrlichkeit (Pflichtbeobachtung aus Grundsätzen) ist praktische Vernunft. Er ist höchsttadelhaft[3]: weil er voraussetzt, daß ein jeder, wenn er sich nur dazu geschickt fühlte, betrügen würde, und daß er nicht betrügt, bloß von seinem Unvermögen herrühre.[4] – Daher die Sprichwörter: »Er hat das Schießpulver nicht erfunden, er wird das Land nicht verraten, er ist kein Hexenmeister« men-

[1] H: »von behendem Begriffe«. – [2] H (Cassirer): »Ehrlich«. – [3] H: »[schädlich] höchsttadelhaft«. – [4] Am Rand von H: »Schatzgraben, Goldmachen und Lotteriespielen – Aberglauben den alle haben die aufs Glück rechnen. Fischer Jäger«.

schenfeindliche Grundsätze verraten: daß man nämlich, bei Voraussetzung eines guten Willens der Menschen, die wir kennen, doch nicht sicher sein könne, sondern nur beim | Unvermögen derselben. – So, sagt Hume, vertraut der Großsultan seinen Harem nicht der Tugend derjenigen, welche ihn bewachen sollen, sondern ihrem Unvermögen (als schwarzen Verschnittenen) an. – In Ansehung des Umfangs seiner Begriffe sehr beschränkt (borniert) | zu sein, macht die Dummheit noch nicht aus, sondern es kommt auf die Beschaffenheit derselben (die Grundsätze) an. – Daß sich Leute von Schatzgräbern, Goldmachern und Lotteriehändlern hinhalten lassen, ist nicht ihrer Dummheit, sondern ihrem bösen Willen zuzuschreiben: ohne proportionierte eigene Bemühung auf Kosten anderer reich zu werden. Die Verschlagenheit, Verschmitztheit, Schlauigkeit (versutia, astutia) ist die Geschicklichkeit, andere zu betrügen. Die Frage ist nun: Ob der Betrüger klüger sein müsse, als der, welcher leicht betrogen wird, und der letztere der Dumme sei. Der Treuherzige, welcher leicht vertraut (glaubt, Kredit gibt), wird auch wohl bisweilen, weil er ein leichter Fang für Schelme ist, obzwar sehr ungebührlich, Narr genannt; in dem Sprichwort: wenn die Narren zu Markte kommen, so freuen sich die Kaufleute. Es ist wahr und klug, daß ich dem, der mich einmal betrogen hat, niemals mehr traue; denn er ist in seinen Grundsätzen verdorben. Aber darum, weil mich einer betrogen hat, keinem anderen Menschen zu trauen, ist Misanthropie. Der Betrüger ist eigentlich der Narr. – Aber wie, wenn er auf einmal durch einen großen Betrug sich in den Stand zu setzen gewußt hat, keines anderen und seines Zutrauens mehr zu bedürfen? In dem Fall ändert sich wohl der Charakter, unter dem er erscheint, aber nur dahin: daß, anstatt der betrogene | Betrüger ausgelacht, der glückliche angespien wird; wobei doch auch kein dauernder Vorteil ist.*[1]

* Die unter uns lebenden Palästiner sind durch ihren Wuchergeist seit ihrem Exil, auch was die größte Menge be|trifft, in den nicht[2] un-

[1] Am Rand von H: »absentia – lange Weile // Romanles. Zerstreuung // Glauben, Kredit«. – [2] H: »den auch nicht«.

|B 129, 130 |A 129 Anm.: |A 130

|| § *44*[1]. Zerstreuung (distractio) ist der Zustand einer Abkehrung der Aufmerksamkeit (abstractio) von gewissen herrschenden Vorstellungen, durch Verteilung derselben auf andere ungleichartige. Ist sie vorsetzlich[2], so heißt sie Dissipation; die unwillkürliche aber ist Abwesenheit (absentia) von sich selbst.

gegründeten Ruf des Betruges gekommen. Es scheint nun zwar befremdlich, sich eine Nation von Betrügern zu denken; aber eben so befremdlich ist es doch auch, eine Nation von lauter Kaufleuten zu denken, deren bei weitem größter Teil, durch einen alten, von dem Staat, darin sie leben, anerkannten[3] Aberglauben verbunden, keine bürgerliche Ehre sucht, sondern dieser ihren Verlust durch die Vorteile der Überlistung des Volks, unter dem sie Schutz finden, und selbst ihrer untereinander, ersetzen wollen. Nun kann dieses bei einer ganzen Nation von lauter Kaufleuten, als nicht-produzierenden Gliedern der Gesellschaft (z.B. der Juden in Polen), auch nicht anders sein; mithin kann ihre, durch alte Satzungen sanktionierte, von uns (die wir gewisse heilige Bücher mit ihnen gemein haben), unter denen sie leben, selbst anerkannte Verfassung, ob sie zwar den Spruch: »Käufer, tue die Augen auf« zum obersten Grundsatze ihrer Moral im Verkehr mit uns machen, ohne[4] Inkonsequenz nicht aufgehoben werden. – Statt der vergeblichen Plane, dieses Volk, in Rücksicht auf den Punkt des Betrugs und der Ehrlichkeit, zu moralisieren, will ich lieber meine[5] Vermutung vom Ursprunge dieser sonderbaren Verfassung (nämlich eines Volks von lauter Kaufleuten) angeben. – – Der Reichtum ist[6], in den ältesten Zeiten, durch den Handel mit Indien und von da über Land bis zu den westlichen[7] Küsten des Mittelländischen Meeres und den Häfen von Phönizien (wozu auch Palästina gehört) geführt wor|den. – Nun hat er zwar über manche andere Örter, z.B. Palmyra, in älteren Zeiten Tyrus, Sidon oder auch, mit einigem Absprung über Meer, als | Eziongeber und Elat, auch wohl von der arabischen Küste auf Großtheben und so über Ägypten nach jener syrischen Küste seinen Weg nehmen können; aber Palästina, worin Jerusalem die Hauptstadt war, lag für den Karawanenhandel auch sehr vorteilhaft. Vermutlich ist das Phänomen des ehemaligen[8] Salomonischen Reichtums die Wirkung davon und das Land umher selbst bis[9] zur Zeit der Römer voller Kaufleute gewesen, die nach Zerstörung dieser Stadt, weil sie mit anderen Handelsleuten dieser Sprache und Glaubens schon vorher im ausgebreiteten Verkehr gestanden hatten, sich, samt beiden, nach[10] und nach in weit entfernte Länder (in Euro-

[1] A: »|§ *37*«; Akad.-Ausg.: »§ 47«. – [2] H: »[willkürlich] vorsetzlich«. – [3] H: »doch anerkannten«. – [4] H: »doch ohne«. – [5] H: »lieber noch meine«. – [6] H: »Reichtum in Asien ist«. – [7] Akad.-Ausg. erwägt: »östlichen«. – [8] H: »des einmaligen«. – [9] H: »[gewesen] und dieses Land selber bis«. – [10] H: »samt ihrer Sprache und ihrem Glauben sich nach«.

|B 131 |A 130 Anm.: ||BA 131

| Es ist eine von den Gemütsschwächen, durch die reproduktive Einbildungskraft an eine Vorstellung, auf welche man große oder anhaltende[1] Aufmerksamkeit verwandt hat, geheftet zu sein, und von ihr nicht abkommen, d. i. den Lauf der Einbildungskraft wiederum frei | machen zu können. Wenn dieses Übel habituell und auf einen und denselben Gegenstand gerichtet wird, so kann es in Wahnsinn ausschlagen. In Gesellschaft zerstreut zu sein, ist unhöflich, oft auch lächerlich. Das Frauenzimmer ist dieser Anwandlung gewöhnlich nicht | unterworfen; sie müßten denn sich mit Gelehrsamkeit abgeben. Ein Bedienter, der in seiner Aufwartung bei Tische zerstreut ist, hat gemeiniglich etwas Arges, entweder was er vorhat, oder wovon er die Folge besorgt, im Kopfe.

Aber sich zu zerstreuen, d. i.[2] seiner unwillkürlich reproduktiven Einbildungskraft eine Diversion machen, z. B. wenn der Geistliche seine memorierte Predigt gehalten, und das Nachrumoren im Kopf verhindern will, dies ist ein notwendiges, zum Teil auch künstliches Verfahren der Vorsorge für die Gesundheit seines Gemüts. Ein anhaltendes Nachdenken über einen und denselben Gegenstand läßt gleichsam einen Nachklang zurück, der (wie eben dieselbe Musik zu einem Tanze, wenn sie lange fortdauert, dem von der Lustbarkeit Zurückkehrenden noch immer nachsummt, oder *wie* Kinder ein[3] und dasselbe bon mot von ihrer Art,

pa) verbreiten, im Zusammenhange bleiben, und bei den Staaten, dahin sie zogen, wegen der Vorteile ihres Handels Schutz finden konnten; – so, daß ihre Zerstreuung in alle Welt mit ihrer Vereinigung in Religion und Sprache gar nicht auf Rechnung eines über dieses Volk ergangenen Fluchs gebracht, sondern vielmehr als Segnung angesehen werden muß: zumal der Reichtum derselben, als Individuen geschätzt, wahrscheinlich den eines jeden anderen Volks von gleicher Personenzahl jetzt übersteigt.[4]

[1] H: »oder lange anhaltende«. – [2] A: »zerstreuen *(dissipatio)*, d. i.«. – [3] A: »oder *wenn man* Kinder *hört* ein«. – [4] H: »konnten So ward das größte Verderben ihres Staats das größte Glück für die Individuen. Denn es ist zu glauben daß der Geldreichtum dieses so weit verbreiteten Volks den von jedem anderen von derselben Menschenzahl wenn er zusammen flösse (wozu der Morris Cangallerie einen Vorschlag tat) übertreffen würde. – Vorausgesetzt daß Reichtum ein Glück ist.«

vornehmlich wenn es rhythmisch klingt, unaufhörlich wiederholen) – der, sage ich, den Kopf belästigt und nur durch Zerstreuung und Verwendung der Aufmerksamkeit auf andere Gegenstände, z. B. Lesung der Zeitungen, gehoben[1] werden kann. – Das sich Wiedersammeln (collectio animi), um zu jeder neuen Beschäftigung bereit zu sein, ist eine die Gesundheit des Gemüts befördernde Herstellung des Gleichgewichts seiner Seelenkräfte. | Dazu ist gesellschaftliche, mit wechselnden Materien – gleich einem Spiel – angefüllte Unterhaltung das heilsamste Mittel; sie muß aber nicht von einer auf die andere, wider die natürli|che Verwandtschaft der Ideen, abspringend sein; denn sonst geht die Gesellschaft im Zustande eines zerstreuten Gemüts auseinander, *indem* das Hundertste mit dem Tausendsten vermischt, *und* Einheit der Unterredung gänzlich vermißt *wird*, also das Gemüt sich verwirrt findet, und einer neuen Zerstreuung bedarf, um[2] jene los zu werden.

Man sieht hieraus: daß es eine (nicht gemeine) zur Diätetik des Gemüts gehörige Kunst für Beschäftigte gibt, sich zu zerstreuen, um Kräfte zu sammeln. – Wenn man aber seine Gedanken gesammelt, d. i. in Bereitschaft gesetzt hat, sie nach beliebiger Absicht zu benutzen, so kann man doch den, der an einem nicht schicklichen Orte, oder in einem dergleichen Geschäfts-Verhältnis zu anderen seinen Gedanken geflissentlich nachhängt, und darüber jene Verhältnisse nicht in Acht nimmt, nicht den Zerstreuten nennen, sondern ihm nur Geistesabwesenheit vorwerfen, welche freilich in der Gesellschaft etwas Unschickliches ist. – Es ist also eine nicht gemeine Kunst, sich zu zerstreuen, ohne doch jemals zerstreut zu sein; welches letztere, wenn es habituell wird, dem Menschen, der diesem Übel unterworfen ist, das Ansehen eines Träumers gibt, und ihn für die Gesellschaft unnütze macht; indem er seiner, durch keine Vernunft geordneten, Einbildungskraft in ihrem freien Spiel blindlings

[1] A: »Zeitungen, *nach angestrengtem Nachsinnen über einen philosophischen Punkt* gehoben«. – [2] A: »auseinander, *da,* das Hundertste mit dem Tausendsten vermischt, Einheit ... vermißt, und das Gemüt sich verwirrt findet, bedarf also einer neuen Zerstreuung, um«.

||BA 133

folgt. – Das Romanlesen hat, außer manchen anderen Verstimmungen des Gemüts, auch die|ses zur Folge, daß[1] es die Zerstreuung habituell macht. Denn ob es gleich, durch Zeichnung von Charakteren, die sich wirklich unter Menschen auffinden lassen (wenn gleich mit einiger Übertreibung), den Gedanken einen Zusam|menhang als in einer wahren Geschichte gibt, deren Vortrag immer auf gewisse Weise systematisch sein muß, so erlaubt es doch zugleich dem Gemüt, während dem Lesen Abschweifungen (nämlich noch andere Begebenheiten als Erdichtungen) mit einzuschieben, und der Gedankengang wird fragmentarisch, *so daß man* die Vorstellungen eines und desselben Objekts zerstreut (sparsim), nicht verbunden (coniunctim) nach Verstandeseinheit im Gemüte spielen *läßt*[2]. Der Lehrer von der Kanzel, oder im akademischen Hörsaal, oder auch der Gerichtsankläger oder Advokat, wenn er im freien Vortrage (aus dem Stegreif), allenfalls auch im Erzählen, Gemütsfassung beweisen soll, muß drei Aufmerksamkeiten[3] beweisen: erstlich des Sehens auf das, was er jetzt sagt, um es klar vorzustellen; zweitens des Zurücksehens auf das, was er gesagt hat, und dann drittens des Vorhersehens auf das, was er eben nun sagen will. Denn unterläßt er die Aufmerksamkeit auf eines dieser drei Stücke, nämlich sie in dieser Ordnung zusammenzustellen, so bringt er sich selbst und seinen Zuhörer oder Leser in Zerstreuung, und ein sonst guter Kopf kann doch nicht von sich ablehnen, ein konfuser zu heißen.

§ *45*[4]. Ein an sich gesunder Verstand (ohne Gemütsschwäche) kann doch auch mit Schwächen in Ansehung seiner Ausübung begleitet sein, die entweder Aufschub zum Wachstum bis zur gehörigen Reife, oder | auch Stellvertretung seiner Person durch eine andere in Ansehung der Geschäfte, die von bürgerlicher Qualität sind, notwendig machen. *Die (natürliche oder gesetzliche) Unfähigkeit* eines übrigens gesunden Menschen zum eigenen Gebrauch sei-

[1] H: »dieses an sich daß«. – [2] A: »fragmentarisch, die Vorstellungen ... spielen *zu lassen*«. – [3] H: »Achtsamkeiten«. – [4] A: »§ *38*«; Akad.-Ausg.: »§ 48«.

nes Verstandes in bürgerlichen Geschäften *heißt Unmündigkeit; ist diese in der Unreife des Alters gegründet, so heißt sie* Minderjährigkeit *(Minorennität); beruht sie aber auf gesetzlichen Einrichtungen, in Rücksicht auf bürgerliche Geschäfte, so kann sie* die gesetzliche *oder bürgerliche* Unmündigkeit genannt werden.

Kinder[1] sind natürlicherweise unmündig und ihre Eltern ihre natürlichen Vormünder. Das Weib in jedem Alter wird für[2] bürgerlich-unmündig erklärt; der Ehemann ist ihr natürlicher Kurator. Wenn sie aber mit ihm in geteilten Gütern lebt, ist es ein anderer. – Denn ob gleich das Weib, nach der Natur ihres Geschlechts, Mundwerks genug hat, sich und ihren Mann, wenn es aufs Sprechen ankommt, auch vor Gericht (was das Mein und Dein betrifft) zu vertreten, mithin dem Buchstaben nach gar für übermündig erklärt werden könnte, so können die Frauen doch, so wenig es ihrem Geschlecht zusteht, in den Krieg zu ziehen, eben so wenig ihre Rechte persönlich verteidigen, und staatsbürgerliche Geschäfte für sich selbst, sondern[3] nur vermittelst eines Stellvertreters treiben, und diese gesetzliche Unmündigkeit in Ansehung öffentlicher Verhandlungen macht sie in Ansehung der häuslichen Wohlfahrt nur[4] desto vermögender; weil hier das Recht des Schwächeren eintritt, welches zu achten und zu verteidigen sich das ¦ männliche Geschlecht durch seine Natur schon berufen fühlt.

Aber sich selbst unmündig zu machen, so herabwürdigend es auch sein mag, ist doch sehr bequem und | natür-

[1] A: »machen. *Man nennt dieses Unvermögen, oder auch die Unschicklichkeit* eines übri|gens gesunden Menschen zum eigenen Gebrauch seines Verstandes in bürgerlichen Geschäften *die* Minderjährigkeit; *welche, wenn sie bloß der Mangel jener bürgerlichen Qualität ist,* die gesetzliche Unmündigkeit genannt werden *kann. || Das Unvermögen (oder auch die Illegalität) sich seines Verstandes, ohne Leitung eines anderen, zu bedienen ist die Unmündigkeit.* – Kinder«; H: »machen. Man ... Minderjährigkeit. welche wenn sie bloß den Mangel an Jahren zur Ursache hat, die natürliche, liegt sie am Mangel der bürgerlichen Qualität die [bloß] gesetzliche Unmündigkeit genannt werden kann.« Am Rand von H: »fragmentarisch, nicht zurück und vorwärts«. – [2] H: »wird aber für«. – [3] H: »verteidigen eigentliche staatsbürgerliche Geschäfte selbst sondern«. – [4] H: »macht in Ansehung der häuslichen nur«.

¦B 136 |A 135, 136

licherweise kann es nicht an Häuptern fehlen, die diese Lenksamkeit des großen Haufens (weil er von selbst sich schwerlich vereinigt) zu benutzen, und die Gefahr, sich, ohne Leitung eines anderen, seines eigenen Verstandes zu bedienen, als sehr groß, ja als tödlich vorzustellen wissen werden. Staatsoberhäupter[1] nennen sich Landesväter, weil sie es besser als ihre Untertanen verstehen, wie diese glücklich zu machen sind; das Volk aber ist, seines eigenen Besten wegen, zu einer beständigen Unmündigkeit verurteilt, und wenn Adam Smith von jenen ungebührlicherweise sagt: »sie wären selbst, ohne Ausnahme, unter allen die größten Verschwender«, so wird er doch durch die in manchen Ländern ergangenen (weisen!) Aufwandgesetze kräftig widerlegt.

Der Klerus hält den Laiker strenge und beständig in seiner Unmündigkeit. Das Volk hat keine Stimme und kein Urteil in Ansehung des Weges, den es zum Himmelreich zu nehmen hat. Es bedarf nicht eigener Augen des Menschen, um dahin zu gelangen; man wird ihn schon leiten, und wenn ihm gleich heilige Schriften in die Hände gegeben werden, um mit eigenen Augen zu sehen, so wird er doch zugleich von seinen Leitern gewarnet, »nichts anders darin zu finden, als was diese darin zu finden versichern«, und überall ist mechanische Handhabung der Menschen unter dem Regiment anderer ¦ das[2] sicherste Mittel zu Befolgung einer gesetzlichen Ordnung.

Gelehrte lassen[3] sich in Ansehung der häuslichen Anordnungen[4] gemeiniglich gern von ihren Frauen in der | Unmündigkeit erhalten. Ein unter seinen Büchern begrabener Gelehrter antwortete auf das Geschrei eines Bedienten, es sei in einem der Zimmer Feuer: »ihr wißt, daß dergleichen Dinge für meine Frau gehören«. – Endlich kann auch von Staats wegen die schon erworbene Mündigkeit eines Verschwenders einen Rückfall in die bürgerliche Unmündigkeit nach sich ziehen, wenn er *nach dem*[5] gesetzlichen Eintritt in

[1] H: »[Könige als] Staatsoberhäupter«. – [2] H: »Menschen die unter dem Regiment anderer stehen das«. – [3] H: »[sind] [werden] lassen«. – [4] H: »[Einrichtung] Anordnungen«. – [5] A: »er *beim*«.

die Majorennität eine Schwäche des Verstandes in Absicht auf die Verwaltung seines Vermögens zeigt, die ihn als Kind oder Blödsinnigen darstellt; worüber aber das Urteil außer dem Felde der Anthropologie liegt.

§ *46*[1]. Einfältig (hebes), ähnlich einem nicht gestählten Messer oder Beil, ist[2] der, welchem man nichts beibringen kann; der zum Lernen unfähig ist. Der nur zum Nachahmen geschickt[3] ist, heißt ein Pinsel; dagegen *der*[4], welcher selbst Urheber eines Geistes- oder Kunstprodukts sein kann, ein Kopf. (Ganz unterschieden ist davon Einfalt, im Gegensatz der Künstelei, von der man sagt: »vollkommene Kunst wird wieder zur Natur« und zu der man nur spät gelangt.) Ein[5] Vermögen, durch Ersparung der Mittel – d. i. ohne Umschweif – zu eben demselben Zweck zu gelangen. Der diese Gabe besitzt (der Weise), ist, bei seiner Einfalt, gar nicht einfältig.

|| Dumm heißt vornehmlich der, welcher zu Geschäften nicht gebraucht werden kann, weil er keine Urteilskraft besitzt.

Tor ist der, welcher Zwecken, die keinen Wert haben, das aufopfert, was einen Wert hat; z.B. die häusliche Glückseligkeit dem Glanz außer seinem Hause. Die Torheit, wenn sie beleidigend ist, heißt Narrheit. – Man kann jemanden töricht nennen, ohne ihn zu beleidigen: ja er kann es selbst von sich gestehen; aber das Werkzeug der Schelme (nach Pope), Narr, genannt zu heißen, kann niemand gelassen anhören.* Hochmut ist Narrheit, denn erstlich ist es tö-

* Wenn man jemanden auf seine Schwänke erwidert: ihr seid nicht klug, so ist das ein etwas platter Ausdruck für: ihr scherzt, oder ihr seid nicht gescheut. – Ein gescheuter Mensch ist ein richtig und praktisch, aber kunstlos urteilender Mensch. Erfahrung kann zwar einen gescheuten Menschen klug, d. i. zum künstlichen Verstandesgebrauch geschickt, die Natur aber allein ihn gescheut machen.[6]

[1] A: *»B. Von dem Gradunterschiede in der Gemütsschwäche. § 39«*; Akad.-Ausg.: »§ 49«. – [2] H (Cassirer): »Einfältig (hebes, [gleich] ähnlich ... Beil) ist«. – [3] H: »geschicklich«. – [4] Zusatz von B. – [5] Akad.-Ausg.: »Kopf. Ganz ... Einfalt (im Gegensatz der Künstelei), von ... gelangt, ein«. – [6] H: »ihr scherzt mutwillig. – Gelinder ist die Erwiderung wenn der Deutsche sagt: ihr seid nicht gescheut. Ein gescheuter Mensch ist ein richtig aber kunstlos urteilender Mensch (der es ge-

richt, anderen zuzumuten, daß sie sich selbst in Vergleichung mit mir gering schätzen sollen, und so werden mir immer Querstreiche zur Folge. Aber[1] in dieser Zumutung steckt auch Beleidigung, und diese bewirkt verdienten Haß. Das Wort Närrin, gegen ein Frauenzimmer gebraucht, hat nicht *die*[2] harte Bedeutung; weil ein Mann durch die eitle Anmaßung des letzteren nicht glaubt beleidigt werden zu können. Und so scheint Narrheit bloß an den Begriff des Hochmuts eines Mannes gebunden zu sein. – Wenn man den, der sich selbst (zeitlich || oder ewig) schadet, einen Narren nennt, folglich in die Verachtung desselben Haß mischt, ob er zwar uns nicht beleidigt hat, so muß man sie sich als Beleidigung der Menschheit überhaupt, folglich als gegen einen anderen ausgeübt, denken. Wer seinem eigenen rechtmäßigen Vorteil gerade entgegen handelt, wird auch bisweilen Narr genannt, ob er zwar nur sich allein schadet. Arouet, der Vater des Voltaire, sagte zu jemanden, der ihm zu seinen vorteilhaft bekannten Söhnen gratulierte: »ich habe zwei Narren zu Söhnen, der eine ist ein Narr in Prose, der andere in Versen« (der eine hatte sich in den Jansenism geworfen und wurde verfolgt, der andere mußte seine Spottgedichte mit der Bastille büßen). Überhaupt setzt der Tor einen größern Wert in Dinge, der Narr in sich selbst, als er vernünftigerweise tun sollte.

Die Betitelung eines Menschen als Laffen oder Gecken legt auch den Begriff ihrer Unklugheit als Narrheit zum Grunde. Der erste ist ein junger, der andere ein alter Narr; beide von Schelmen oder Schälken verleitet, wo der erstere doch noch Mitleiden, der andere aber bitteres Hohnlachen auf sich zieht. Ein witziger deutscher Philosoph und Dichter machte[3] die Titel fat und sot (unter dem Gemeinnamen fou) durch ein Beispiel begreiflich: »Der erstere, sagt er, ist ein junger Deutsche, der nach Paris zieht; der zweite ist

meiniglich nur durch Erfahrung wird). Um ein Kluger genannt werden zu können dazu wird schon ein künstlicher Verstandesgebrauch erfordert.« – [1] H (Cassirer): »und sie werden mir immer Querstreiche spielen, die meine Absicht vereiteln; das hat aber nur Auslachen zur Folge. Aber«. – [2] A: »*diese*«. – [3] H: »[brachte die Klasse] machte«.

||BA 139

eben derselbe, nachdem er eben *von Paris zurück*gekommen ist[1]«.

* * *

Die gänzliche Gemütsschwäche, die entweder selbst nicht zum tierischen Gebrauch der Lebenskraft (wie bei || den Kretinen des Walliserlandes), oder auch nur eben zur bloß mechanischen Nachahmung äußerer, durch Tiere möglichen Handlungen (Sägen, Graben etc.) zureicht, heißt Blödsinnigkeit und kann nicht wohl Seelenkrankheit, sondern eher Seelenlosigkeit betitelt werden.[2]

B[3]. VON DEN GEMÜTSKRANKHEITEN

§ *47*[4]. Die oberste Einteilung ist, *wie bereits oben bemerkt worden,*[5] die in Grillenkrankheit (Hypochondrie) und das gestörte Gemüt (Manie). Die Benennung der ersteren ist von der Analogie des Aufmerkens auf den tschirpenden Laut einer Heime (Hausgrille) in der Stille der Nacht hergenommen, welcher die Ruhe des Gemüts stört, die zum Schlafen erfordert wird. Die Krankheit des Hypochondristen besteht nun darin: daß gewisse innere körperliche Empfindungen nicht sowohl ein wirklich vorhandenes Übel im Körper entdecken, als vielmehr es nur besorgen lassen und die menschliche Natur von der besonderen Beschaffenheit ist (die das Tier nicht hat), durch[6] Aufmerksamkeit auf gewisse lokale Eindrücke das Gefühl derselben zu verstärken oder auch anhaltend zu machen; da hingegen *eine* entweder[7] vorsetzliche oder *durch*[5] andere zerstreuende Beschäftigungen bewirkte Abstraktion jene nachlassen,[8] und, wenn die letztere habituell wird, gar wegbleiben macht.*

* Ich habe in einer andern Schrift angemerkt: daß Abwendung der Aufmerksamkeit von gewissen schmerzhaften | Empfindungen und An-

[1] A: »nachdem er eben *nach Hause* gekommen ist«; H: »wenn er wieder nach Hause gekommen ist«. – [2] Am Rand von H: »Gemütskrankheiten sind 1. Schwächung 2 Störung und ein Mittel zwischen beiden (Raptus oder Hypochondrie) Grillenkrankheit«. – [3] Zusatz von B; Akad.-Ausg.: »C«. – [4] A: »§ *40*«; Akad.-Ausg.: »§ 50«. – [5] Zusatz von B. – [6] H (Cassirer): »durch die«. – [7] A: »hingegen, *durch* entweder«. – [8] H: »[verschwinden] nachlassen«.

||BA 140 Anm.: |B 141

Auf solche Weise wird die Hypo|chondrie, als ¦ Grillenkrankheit, die Ursache von Einbildungen körperlicher Übel, von denen sich der Patient bewußt ist, daß es Einbildungen sind, von Zeit zu Zeit aber sich nicht entbrechen kann, sie für etwas Wirkliches zu halten, oder, umgekehrt, *aus einem wirklichen körperlichen* Übel[1] (wie das der Beklommenheit aus eingenommenen blähenden Speisen nach der Mahlzeit) sich Einbildungen von allerlei bedenklichen äußeren Begegnissen und Sorgen über sein Geschäfte[2] zu machen, die sobald verschwinden, als, nach vollendeter Verdauung, die Blähung aufgehört hat. – – Der Hypochondrist ist ein Grillenfänger (Phantast) von der kümmerlichsten Art: eigensinnig, sich seine Einbildungen nicht ausreden zu lassen, *und*[3] dem Arzt immer zu Halse gehend, der mit ihm seine liebe Not hat, ihn auch nicht anders als ein Kind (mit Pillen aus Brotkrumen statt Arzneimitteln) beruhigen *kann*[3]; und wenn dieser Patient, der vor immerwährendem Kränkeln nie krank werden kann, medizinische Bücher zu Rate zieht, *so* wird *er* vollends unerträglich[4]; weil er alle die Übel in seinem Körper zu fühlen glaubt, die er im Buche liest. – – Zum Kennzeichen dieser Einbildungskrankheit dient die außerordentliche Lustigkeit, der lebhafte Witz und das fröhliche Lachen, denen sich dieser Kranke bisweilen überlassen fühlt, und so das immer wandelbare Spiel seiner Launen ist. Die auf kindische Art ängstliche[5] Furcht vor dem Gedanken des Todes nährt diese Krankheit. Wer aber über diesen Ge¦|danken nicht[6] mit männlichem Mute wegsieht, wird des Lebens nie recht froh werden.

Noch diesseits der Grenze des gestörten Gemüts ist der plötzliche Wechsel der Launen[7] (raptus). Ein unerwarteter Absprung von einem Thema zu einem ganz ver-

strengung derselben auf irgend einen an|dern willkürlich in Gedanken gefaßten Gegenstand vermögend ist, jene so weit abzuwehren: daß sie nicht in Krankheit ausschlagen können.

[1] A: »umgekehrt, *ein wirkliches körperliches* Übel«. – [2] H: »über seine Geschäfte«. – [3] Zusatz von B. – [4] A: »zieht, vollends unerträglich wird«. – [5] H: »Die ängstliche«. – [6] H: »[nicht gefaßt ist] nicht«. – [7] H (Cassirer): »Launen mit Affekt«.

¦|BA 141, 142 Anm.: |A 141

schiedenen, den sich niemand gewärtigt. Bisweilen geht er vor jener Störung, die er ankündigt, vorher: oft aber ist der Kopf schon so verkehrt gestellt[1], daß diese Überfälle der Regellosigkeit bei ihm zur Regel werden. – Der Selbstmord ist oft bloß die Wirkung von einem Raptus. Denn der, welcher sich in der Heftigkeit des Affekts die Gurgel abschneidet[2], läßt sich bald darauf geduldig sie wieder zunähen.

Die Tiefsinnigkeit (melancholia) kann auch ein bloßer Wahn von Elend sein, den sich der Trübsinnige[3] (zum Grämen geneigte) Selbstquäler schafft. Sie ist selber zwar noch nicht Gemütsstörung, kann aber wohl dahin führen.[4] – Übrigens ist es ein verfehlter, doch oft vorkommender Ausdruck: von einem tiefsinnigen Mathematiker (z.B. Prof. Hausen) zu reden, indessen daß man bloß den tiefdenkenden meint.

§ *48*[5]. Das Irrereden (delirium) des Wachenden im fieberhaften Zustande ist eine körperliche Krankheit und bedarf medizinischer Vorkehrungen. Nur der Irreredende, bei welchem der Arzt keine solche krankhaften Zufälle wahrnimmt, heißt verrückt; wofür das Wort gestört nur ein mildernder Ausdruck ist. Wenn also jemand vorsetzlich ein Unglück angerichtet hat, und nun, ob und welche Schuld deswegen auf *ihm*[6] hafte, die || Frage ist, mithin zuvor ausgemacht werden muß, ob er damals verrückt gewesen sei oder nicht, so kann das Gericht ihn nicht[7] an die medizinische, sondern müßte (der Inkompetenz des Gerichtshofes halber) ihn an[8] die philosophische Fakultät verweisen. Denn die Frage: ob der Angeklagte bei seiner Tat im Besitz seines natürlichen Verstandes- und Beurteilungsvermögens gewesen sei, ist gänzlich psychologisch und, obgleich körperliche

[1] H: »gestellt [und da ist er das Bild eines Narren. Andere die den Übergang der Kette Vorstellungen in der Idee seiner Einbildungskraft nicht wegen seines Verstandes besorgt zu machen]«. – [2] H: »abschnitt«. – [3] Akad.-Ausg.: »trübsinnige«. – [4] Am Rand von H: »Was will ich? etc. etc. – // Selbst denken – An der Stelle des // Die erste ist daß über sich selbst keine Regierung in Ansehung der Aufmerksamkeit auf seine Gefühle ‹?› hat sie also aus lauter Launen besteht«. – [5] A: »§ *41*«; Akad.-Ausg.: »§ 51«. – [6] A: »*ihn*«. – [7] H: »Gericht sie nicht«. – [8] H: »halber [sie] an«.

Verschrobenheit der Seelenorganen vielleicht wohl bisweilen die Ursache einer unnatürlichen Übertretung des (jedem Menschen beiwohnenden) Pflichtgesetzes sein möchte, so sind die Ärzte und Physiologen überhaupt doch nicht so weit, um das Maschinenwesen im Menschen so tief einzusehen, daß sie die Anwandlung zu einer solchen Greueltat daraus erklären, oder (ohne Anatomie des Körpers) sie vorher sehen könnten; und eine gerichtliche Arzneikunde (medicina forensis) ist – wenn es auf die Frage ankommt: ob der Gemütszustand des Täters Verrückung, oder mit gesundem Verstande genommene Entschließung gewesen sei – Einmischung in fremdes Geschäfte, wovon der Richter nichts versteht, wenigstens es, als zu seinem Forum nicht gehörend, an eine andere Fakultät verweisen muß.*

|| § *49*[1]. Es ist schwer, eine systematische Einteilung in das zu bringen, was wesentliche und unheilbare Unordnung ist. Es hat auch wenig Nutzen, sich damit zu befassen; weil, da die Kräfte des Subjekts dahin nicht mitwirken (wie es wohl bei körperlichen Krankheiten der Fall ist), und doch nur durch den eigenen Verstandesgebrauch dieser Zweck erreicht werden kann, alle Heilmethode in dieser Absicht fruchtlos ausfallen muß. Indessen fordert doch die Anthropologie, obgleich sie hiebei nur indirekt pragmatisch sein kann, nämlich nur Unterlassungen zu gebieten, wenigstens einen allgemeinen Abriß dieser tiefsten, aber von der Natur herrührenden Erniedrigung der Menschheit zu versuchen.

* So erklärte ein solcher Richter in dem Falle: da eine Person, die, weil sie zum Zuchthause verurteilt war und aus[2] Verzweiflung ein Kind umbrachte, diese für verrückt, und so für frei von der Todesstrafe. – Denn, sagte er: wer aus falschen Prämissen wahre Schlüsse folgert, ist verrückt. Nun nahm jene Person es als Grundsatz an: daß die Zuchthausstrafe eine unauslöschliche Entehrung sei, die ärger ist als der Tod (welches doch falsch ist), und *kann* | *durch den Schluß* daraus[3] auf den Vorsatz, *sich*[4] den Tod zu verdienen. – Folglich war sie verrückt und, als eine solche, der Todesstrafe zu überheben. – Auf den Fuß dieses Arguments möchte es wohl leicht sein, alle Verbrecher für Verrückte zu erklären, die man bedauren und kurieren, aber nicht bestrafen müßte.

[1] A: »| *Klassifikation der Verrückung.* § *42*«; Akad.-Ausg.: »§ 52«. – [2] Akad.-Ausg.: »Person, weil ... war, aus«. – [3] A: »und *schloß* | daraus«; B_3: »kam | durch den Schluß daraus«. – [4] Zusatz von B.

||BA 144 Anm.: ||BA 144

Man kann die Verrückung überhaupt in die tumultuarische, methodische und systematische einteilen.

1) Unsinnigkeit (amentia) ist das Unvermögen, seine Vorstellungen auch nur in den zur Möglichkeit der Erfahrung nötigen Zusammenhang zu bringen. In den Tollhäusern ist das weibliche Geschlecht, seiner Schwatzhaftigkeit halber, dieser Krankheit am meisten unterworfen; nämlich unter das, was sie erzählen, so viel Einschiebsel ihrer lebhaften Einbildungskraft zu machen, daß niemand begreift, was sie eigentlich sagen wollten. – Diese erste Verrückung ist tumultuarisch.

|| 2) Wahnsinn (dementia) ist diejenige Störung des Gemüts, da alles, was der Verrückte erzählt, zwar den formalen Gesetzen des Denkens zu der Möglichkeit einer Erfahrung gemäß ist, aber durch falsch dichtende[1] Einbildungskraft selbstgemachte Vorstellungen für Wahrnehmungen gehalten werden. Von der Art sind diejenigen, welche allerwärts Feinde um sich zu haben glauben; die alle Mienen, Worte oder sonstige gleichgültige Handlungen andrer als auf sich abgezielt, und als Schlingen betrachten, die ihnen gelegt werden. – Diese sind in ihrem unglücklichen Wahn oft so scharfsinnig in Auslegung dessen, was andere unbefangen tun, um es als auf sich angelegt auszudeuten, daß, wenn die Data nur wahr wären, man ihrem Verstande alle Ehre müßte widerfahren lassen. – Ich habe nie gesehen, daß jemand von dieser Krankheit je geheilt worden ist (denn es ist eine besondere Anlage, mit Vernunft zu rasen). Sie sind aber doch nicht zu den Hospitalnarren zu zählen; weil sie, nur für sich selbst besorgt, ihre vermeinte Schlauigkeit nur auf ihre eigene Erhaltung richten, ohne andere in Gefahr zu setzen, mithin nicht sicherheitshalber eingeschlossen zu werden bedürfen. – Diese zweite Verrückung ist methodisch.

3) Wahnwitz (insania) ist eine gestörte Urteilskraft; wodurch das Gemüt durch Analogien hingehalten wird, die mit Begriffen einander ähnlicher Dinge verwechselt werden, und so die Einbildungskraft ein dem Verstande ähnliches Spiel der Verknüpfung disparater Dinge als das Allgemeine

[1] H: »[verkehrte] falsch dichtende«.

||BA 145

vorgaukelt, worunter die letzteren Vorstellungen enthalten *waren*[1]. Die Seelen||kranken dieser Art sind mehrenteils sehr vergnügt; dichten abgeschmackt, und gefallen sich in dem Reichtum einer so ausgebreiteten Verwandtschaft sich, ihrer Meinung nach, zusammenreimender Begriffe. – Der Wahnsinnige[2] dieser Art ist nicht zu heilen; weil er, wie die Poesie überhaupt, schöpferisch und durch Mannigfaltigkeit unterhaltend ist. – Diese dritte Verrückung ist zwar methodisch, aber nur fragmentarisch.

4) Aberwitz (vesania) ist die Krankheit einer gestörten Vernunft. – Der Seelenkranke überfliegt die ganze Erfahrungsleiter und hascht nach Prinzipien, die des Probiersteins der Erfahrung ganz überhoben sein können, und wähnt das Unbegreifliche zu begreifen. – Die Erfindung der Quadratur des Zirkels, des Perpetuum mobile, die Enthüllung der übersinnlichen Kräfte der Natur, und die Begreifung des Geheimnisses der Dreieinigkeit sind in seiner Gewalt. Er ist der ruhigste unter allen Hospitaliten, und seiner in sich verschlossenen Spekulation wegen am weitesten von der Raserei entfernt; weil er mit voller Selbstgnügsamkeit über alle Schwierigkeiten der Nachforschung wegsieht. – Diese vierte Art der Verrückung könnte man systematisch nennen.[3]

Denn es ist in[4] der letzteren Art der Gemütsstörung nicht bloß Unordnung und Abweichung von der Regel des Gebrauchs der Vernunft, sondern auch positive Unvernunft, d.i. eine andere Regel, ein ganz verschiedener Standpunkt, worein, so zu sagen, die Seele versetzt[5] wird, und aus dem sie alle Gegenstände anders || sieht, und *aus* dem *sensorio communi*[6], das zur Einheit des Lebens (des Tiers) erfordert wird, sich in *einen*[7] davon entfernten *Platz*[8] versetzt findet (daher das Wort Verrückung). Wie eine bergichte Landschaft, aus der Vogelperspektiv gezeichnet,

[1] A: »*wären*«. – [2] H: »[Er] der Wahnsinnige«. – [3] Am Rand von H: »Im Wahnwitz ist ein System // Arouet hatte zwei Narren zu Söhnen // 2) nicht rasende. // Gestört. mente captus«. – [4] H: »[in den zwei letzteren Arten] in«. – [5] H: »worin [das Gemüt] die Seele sozusagen versetzt«. – [6] A: »und *außer* dem *sensorium commune*«. – [7] A: »in *einem*«. – [8] Zusatz von B.

ein ganz anderes Urteil über die Gegend veranlaßt, als wenn sie von der Ebene aus betrachtet wird. Zwar fühlt oder sieht die Seele sich nicht an einer andern Stelle (denn sie kann sich selbst nach ihrem Orte im Raum, ohne einen Widerspruch zu begehen, nicht wahrnehmen, weil sie sich sonst als Objekt[1] ihres äußeren Sinnes anschauen würde, da sie sich selbst nur Objekt des inneren Sinnes sein kann); aber man erklärt sich dadurch, so gut wie man kann, die sogenannte Verrückung. – Es ist aber verwunderungswürdig, daß die Kräfte des zerrütteten Gemüts sich doch in einem System zusammenordnen, und die Natur auch sogar in die Unvernunft ein Prinzip der Verbindung derselben zu bringen strebt[2], damit das Denkungsvermögen, wenn gleich nicht objektiv zum wahren Erkenntnis der Dinge, *doch* bloß[3] subjektiv zum Behuf des tierischen Lebens, nicht unbeschäftigt bleibe.

Dagegen zeigt der Versuch, sich selbst durch physische Mittel in einem Zustande, welcher der Verrückung nahe kommt, und in den man sich willkürlich[4] versetzt, zu beobachten, um durch diese Beobachtung auch den unwillkürlichen besser einzusehen, Vernunft genug, den Ursachen der Erscheinungen nachzuforschen. Aber es ist gefährlich, mit dem Gemüt Experimente, und es in gewissem Grade krank zu machen, um es zu beobachten, und durch Erscheinungen, die sich da vorfinden möchten, seine Natur zu || erforschen. – So will Helmont, nach Einnehmung einer gewissen Dosis Napell (*einer* Giftwurzel[5]), eine Empfindung wahrgenommen haben, als ob er im Magen dächte. Ein anderer Arzt vergrößerte nach und nach die Gabe Kampfer, bis es ihm vorkam, als ob alles auf der Straße in großem Tumult wäre. Mehrere haben mit dem Opium so lange an sich[6] experimentiert, bis sie in Gemütsschwäche fielen, wenn sie nachließen, dieses Hülfsmittel der Gedankenbelebung ferner zu gebrauchen. – Ein gekünstelter Wahnsinn könnte leicht ein wahrer werden.

[1] H: »als [außer sich] Objekt«. – [2] H: »[weiß] strebt«. – [3] A: »Dinge, *sondern* bloß«. – [4] H: »[absichtlich] willkürlich«. – [5] A: »*eine* Giftwurzel«. – [6] H (Cassirer): »sich selbst«.

||BA 148

ZERSTREUTE ANMERKUNGEN

§ *50*[1]. Mit[2] der Entwickelung der Keime zur Fortpflanzung entwickelt sich zugleich der Keim der Verrückung; wie diese[3] dann auch erblich ist. Es ist gefährlich, in Familien zu heuraten, wo auch nur ein einziges solches Subjekt vorgekommen ist. Denn es mögen auch noch so viel Kinder eines Ehepaars sein, die vor dieser schlimmen Erbschaft bewahrt bleiben, weil sie z.B. insgesamt dem Vater, oder seinen Eltern und Voreltern *nachschlagen, sie kömmt*[4] doch, *wenn* die Mutter in ihrer Familie nur ein *verrücktes* Kind gehabt hat (ob sie selbst gleich von diesem Übel frei ist), einmal[5] in dieser Ehe ein Kind zum Vorschein, welches in die mütterliche Familie einschlägt (wie man es auch aus der Gestaltähnlichkeit abmerken kann), und angeerbte Gemütsstörung an sich hat.

Man will öfters die zufällige Ursache dieser Krankheit anzugeben wissen, so daß sie als nicht angeerbt, son||dern zugezogen, vorgestellt werden solle, *als ob* der[6] Unglückliche selbst daran schuld sei. »Er ist aus Liebe toll geworden«, sagt man von dem einen; von dem anderen: »Er wurde aus Hochmut verrückt«; von einem dritten wohl gar: »Er hat sich überstudiert«. – Die Verliebung in eine Person von Stande, der die Ehe zuzumuten die größte Narrheit ist, war nicht die Ursache, sondern die Wirkung der Tollheit, und was den Hochmut anlangt, so setzt die Zumutung eines nichts bedeutenden Menschen an andere, sich vor ihm zu bücken, und der Anstand, sich gegen ihn zu brüsten, eine Tollheit voraus, ohne die er auf ein solches Betragen nicht gefallen sein würde.

Was aber das Überstudieren* anlangt, so hat es damit wohl keine Not, um junge Leute davor zu warnen. Es be-

* Daß sich Kaufleute überhandeln, und über ihre Kräfte in weitläuftigen Planen verlieren, ist eine gewöhnliche Erscheinung. Für die

[1] Akad.-Ausg.: »§ 53«. – [2] A: »§ *43. Es gibt kein gestört Kind.* – Mit«. – [3] H: »wie er«. – [4] B_3: »nachschlagen, so kömmt«. – [5] A: »*nachschlachten,* die Mutter *aber* hat in ... ein *verrückt* Kind gehabt (...), *so kommt* doch einmal«. – [6] A: »*und* der«; H: »so daß der«.

||BA 149

darf hier bei der Jugend eher der Spornen, als des Zügels. *Selbst* die[1] heftigste und anhaltendste Anstrengung in diesem Punkt kann wohl das Gemüt ermüden, so daß der Mensch darüber gar der Wissenschaft gram wird, aber es nicht verstimmen, wo es nicht vorher schon verschroben war, und daher Geschmack an mystischen Büchern und an Offenbarungen fand, die über den gesunden Menschenverstand || hinausgehen. Dahin gehört auch der Hang, sich dem Lesen der Bücher, die eine gewisse heilige Salbung erhalten haben, bloß dieses Buchstabens halber, ohne das Moralische dabei zu beabsichtigen, ganz zu widmen, wofür ein gewisser Autor den Ausdruck: »Er ist schrifttoll« ausgefunden hat.

Ob es einen Unterschied zwischen der allgemeinen Tollheit (delirium generale) und der an einem bestimmten Gegenstande haftenden (delirium circa obiectum) gebe, daran zweifle ich. Die Unvernunft (die etwas Positives, nicht bloßer Vernunftmangel ist) ist, eben sowohl wie die Vernunft, eine bloße Form, der die Objekte können angepaßt werden, und beide sind also aufs Allgemeine gestellt[2]. Was nun aber beim Ausbruche der verrückten Anlage (der gemeiniglich plötzlich geschieht) dem Gemüte zuerst in den Wurf kommt (die zufällig aufstoßende Materie, worüber nachher gefaselt wird), darüber schwärmt nun der Verrückte fortan vorzüglich; weil es durch die Neuigkeit des Eindrucks stärker, als das übrige Nachfolgende, in ihm haftet.

Man sagt auch von jemanden, dem es im Kopfe übergesprungen ist: »er hat die Linie passiert«; gleich als ob ein Mensch, der zum erstenmal die Mittellinie des heißen Weltstrichs überschreite, in Gefahr sei, den Verstand zu verlieren.[3] Aber das ist nur Mißverstand. Es will nur soviel sagen,

Übertreibung des Fleißes junger Leute aber (wenn ihr Kopf nur sonst gesund war) haben besorgte Eltern nichts zu fürchten. Die Natur verhütet solche Überladungen des Wissens schon von selbst dadurch, daß dem Studierenden die Dinge anekeln, über die er kopfbrechend und doch vergeblich gebrütet hat.

[1] A: »*Aber auch* die«. – [2] H: »also allgemein«. – [3] H: »verlieren. [Aber das ist nur ein Spruch des in der Erdkunde ganz unkundigen Pöbels; wovon der der Seefahrt als Geschäftsmann Gewidmete nichts weiß. Allein daß mancher sich auf ein Schiff nach Indien begeben

||BA 150

als: der Geck, der um ohne[1] lange Mühe durch eine Reise nach Indien auf einmal Gold zu fischen hofft, entwirft schon hier als Narr seinen Plan; während dessen Ausführung aber wächst die junge Toll||heit, und bei seiner Zurückkunft, wenn ihm auch das Glück hold gewesen, zeigt sie sich entwickelt, in ihrer Vollkommenheit.

Der Verdacht: daß es mit jemandes Kopf nicht richtig sei, fällt schon auf den, der mit sich selbst laut spricht, oder darüber ertappt wird, daß er für sich im Zimmer gestikuliert. – Mehr noch, wenn er sich mit Eingebungen begnadigt, oder heimgesucht und mit höheren Wesen im Gespräche und Umgange zu sein glaubt; doch dann eben nicht, wenn er zwar andere heilige Männer dieser übersinnlichen Anschauungen vielleicht für fähig einräumt, sich selbst aber dazu nicht auserwählt zu sein wähnt, ja es auch nicht einmal zu wünschen gesteht, und also sich ausnimmt.[2]

Das einzige allgemeine Merkmal der Verrücktheit ist der Verlust des Gemeinsinnes (sensus communis), und der dagegen eintretende logische Eigensinn (sensus privatus), z. B. *ein Mensch* sieht[3] am hellen Tage auf seinem Tisch ein brennendes Licht, was doch ein anderer Dabeistehende nicht sieht, oder hört eine Stimme, die kein anderer hört. Denn es ist ein subjektivnotwendiger Probierstein der Richtigkeit unserer Urteile überhaupt und also auch der Gesundheit unseres Verstandes: daß wir diesen auch an den Verstand anderer halten, nicht aber uns mit dem unsrigen isolieren, und mit unserer Privatvorstellung doch gleichsam[4] öffentlich urteilen[5]. Daher *das* Verbot[6] der Bü-

haben mag, weil er [glaubte] den Wurm hatte, dort würde es ihm an Mitteln reich zu werden nicht fehlen [ist die Ursache dieses] weil es einmal einem damit gelang die Ursache von manchem Aber der Keim der Narrheit auf Gut Glück das Abenteuer des Reichwerdens ohne Arbeit zu bestehen wuchs in der Zeit und kam bei der Rückkehr zur Vollendung.]« – [1] Akad.-Ausg.: »der ohne«. – [2] Am Rand von H: »Natur und Kunst in Produkten des Erkenntnisvermögens // Witz, schlauer Kopf Sagazität und Originalität // 1.) den Stoff (gleichartigen) fertig zu schaffen. // 2) zu wissen wie man ihn suchen und erfinden soll. // 3.) [Original.] Wie man ohne Nachahmung ihn verbinden solle – Von der Brühe«. – [3] A: »z. B. *er* sieht«. – [4] H: »mit einer Privatvorstellung gleichsam«. – [5] A: »urteilen *sollen*«. – [6] A: »Daher *der* Verbot«.

||BA 151

cher, die bloß auf theoretische Meinungen gestellet sind (vornehmlich wenn sie aufs gesetzliche Tun und ‖ Lassen gar nicht Einfluß haben), die[1] Menschheit beleidigt. Denn man nimmt uns ja dadurch, wo nicht das einzige, doch das größte und brauchbarste Mittel, unsere[2] eigene Gedanken zu berichtigen, welches dadurch geschieht, daß wir sie öffentlich aufstellen, um zu sehen, ob sie auch mit anderer ihrem Verstande zusammenpassen[3]; weil sonst etwas bloß Subjektives (z. B. Gewohnheit oder Neigung) leichtlich für objektiv würde gehalten werden: als worin gerade der Schein besteht, von dem man sagt, er betrügt, oder vielmehr, wodurch man verleitet wird, in der Anwendung einer Regel sich selbst zu betrügen. – Der, welcher sich an diesen Probierstein gar nicht kehrt, sondern es sich in den Kopf setzt[4], den Privatsinn, ohne, oder selbst wider den Gemeinsinn, schon für gültig anzuerkennen, ist[5] einem Gedankenspiel hingegeben, wobei er nicht in einer mit anderen gemeinsamen Welt, sondern (wie im Traum) in seiner eigenen sich sieht, verfährt und urteilt. – Bisweilen kann es doch bloß an den Ausdrücken liegen, wodurch ein sonst helldenkender Kopf seine äußern Wahrnehmungen anderen mitteilen will, daß sie nicht mit dem Prinzip des Gemeinsinnes zusammenstimmen wollen, und er auf seinem Sinne beharret. So hatte der geistvolle Verfasser der Oceana, Harrington, die Grille, daß seine Ausdünstungen (effluvia) in Form der Fliegen von seiner Haut absprängen. Es können dieses aber wohl elektrische Wirkungen auf einen mit diesem Stoff überladenen Körper gewesen sein; wovon man auch sonst Erfahrung gehabt haben will, und er hat damit vielleicht nur eine Ähnlichkeit seines Gefühls mit diesem Absprunge, nicht das Sehen dieser Fliegen andeuten wollen.

‖ Die Verrückung mit Wut (rabies), einem Affekte des Zorns (gegen einen wahren oder eingebildeten Gegenstand),

[1] H: »gar nicht [gestellt sind für unbefugt erklärt werde] Einfluß haben die«. – [2] H: »Mittel selbst unsere«. – [3] H: »[Urteile] Verstande zusammen [stimmen] passen«. – [4] H: »sich [gleichsam zur Maxime macht] in den Kopf setzt«. – [5] H: »anzuerkennen [hat das Prinzip eines gestörten Kopfs angenommen und ist gestört wenn er darnach] ist«.

welcher ihn gegen alle Eindrücke von außen unempfindlich macht, ist nur eine Spielart der Störung, die öfters schreckhafter aussieht, als sie in ihren Folgen ist, welche, wie der Paroxysm in einer hitzigen Krankheit, nicht sowohl im Gemüt gewurzelt, als vielmehr durch materielle Ursachen erregt wird, und oft durch den Arzt mit Einer Gabe gehoben werden kann.[1]

VON DEN TALENTEN IM[2] ERKENNTNISVERMÖGEN

§ *51*[3]. Unter Talent (Naturgabe) versteht man diejenige Vorzüglichkeit des Erkenntnisvermögens, welche nicht von der Unterweisung, sondern der natürlichen Anlage des Subjekts abhängt. Sie sind der produktive[4] Witz (ingenium strictius s. materialiter dictum), die Sagazität und die Originalität im Denken (das Genie).

Der Witz ist entweder der vergleichende (ingenium comparans), oder der vernünftelnde Witz (ingenium argutans). Der Witz paart (assimiliert) heterogene Vor-

[1] Anschließend folgt in H: »[Von den Talenten des Erkenntnisvermögens die dem Verstande zu Gebote stehen. // § 39 // Sie sind: der Witz die [Sagazität] Forschergabe [und die Originalität] Eigentümlichkeit des Talents (ein witziger, [schlauer] nachdenkender und eigentümlicher Kopf [oder], ein Genie). Es sind Naturgaben welche die Ausübung dessen was in den Begriffen des Verstandes liegt zu befördern dienen. Die Tauglichkeit dazu (habilitas) läßt sich nicht erwerben: Die Natur muß den Menschen hiemit ausgestattet haben man kann sie aber kultivieren und man versteht hierunter nicht bloß das Vermögen sondern auch ein Hang (Instinkt) dazu sich derselben zu bedienen [so daß gleichsam unwillkürlich dahin streben] [den Verstand hinreichend mit Stoff zum Denken zu versorgen.] Wenn unter dem Wort Ingenium wie es nach dem Buchstaben genommen werden möchte das angeborne Talent überhaupt verstanden wird so würde das erstere die Fertigkeit (promptitudo) das zweite die Sagazität das dritte die Originalität des Kopfs in Anordnung seiner Gedanken bedeuten. – Die Einbildungskraft liefert den Stoff [den der Verstand] und dieser mag in verschiedenen Köpfen einerlei sein; aber das Talent ihn für den Gebrauch des Verstands zu bearbeiten kann hiebei doch große Verschiedenheit. // Das Vermögen der [Assoziation] Vereinbarung fremdartiger Vorstellungen der Begriffe durch den Verstand ist der schöpferische Witz (perspicacia)]«. – [2] H: »[des] im«. – [3] A: »§ *44*«; Akad.-Ausg.: »§ 54«. – [4] H: »[eigentümliche] produktive«.

stellungen, die oft nach dem Gesetze der Einbildungskraft (der Assoziation) weit auseinander liegen, und ist ein eigentümliches Verähnlichungsvermögen, welches dem Verstande (als dem Vermögen der Erkenntnis des Allgemeinen), so fern er die Gegenstände unter Gattungen bringt, angehört. Er[1] bedarf nachher der Urteilskraft, um das Besondere unter dem Allgemeinen zu bestimmen, und das Denkungsvermögen zum Erkennen anzuwenden. – Witzig (im Reden oder || Schreiben) zu sein, kann durch den Mechanism der Schule und ihren Zwang nicht erlernt werden, sondern gehört, als ein besonderes Talent, zur Liberalität der Sinnesart in der wechselseitigen Gedankenmitteilung (veniam damus petimusque vicissim[2]); einer[3] schwer zu erklärenden Eigenschaft des Verstandes überhaupt – gleichsam seiner Gefälligkeit –, die mit der Strenge der Urteilskraft (iudicium discretivum) in der Anwendung des Allgemeinen auf das Besondere (der Gattungsbegriffe auf die der Spezies) kontrastiert, *als welche* das[4] Assimilationsvermögen sowohl, als auch den Hang dazu, einschränkt.[5]

[1] H: »bringt, zu Diensten ist. [und ihm einen bis zu einem Grade der Üppigkeit reichlichen Stoff verschaffen kann] Er«. – [2] Übersetzung des Herausgebers: »wir gewähren und erbitten wechselseitig Wohlwollen«. – [3] H: »Gedankenmitteilung [eine besondere Eigenschaft dieses Talents] (...) [welche schwer zu erklären ist aber leicht gefühlt wird] einer«. – [4] A: »kontrastiert, *und* das«. – [5] H: »einschränkt. [Die Sagazität, oder Erforschungsgabe ist auch ein Naturgeschenk: [zu wissen es zu er] sich darauf zu verstehen wie man gut (mit Glück) suchen (die Natur oder andere Menschen befragen) soll. Ein Talent vorläufig zu urteilen wo die Wahrheit wohl möchte zu finden sein und ihr auf die Spur zu kommen. Baco von Verulam hat an seiner eigenen Person von dieser Kunst vorläufig zu urteilen (iudicii praevii) ein glänzendes Beispiel in seinem Organon gegeben wodurch die Methode der Naturwissenschaft in ihr [wahres] eigentliches Gleis gebracht wurde. // Das Genie aber ist die Originalität in Erzeugung der Produkte des Erkenntnisvermögens; das Vermögen unabhängig von einem anderen Muster und selbst doch musterhaft zu denken und zu handeln.]« Am Rand von H: »Hypothese und Systeme«.

||BA 154

VON DEM SPEZIFISCHEN UNTERSCHIEDE DES VERGLEICHENDEN UND DES VERNÜNFTELNDEN WITZES

A. VON DEM PRODUKTIVEN[1] WITZE

§ *52*[2]. Es ist angenehm, beliebt und aufmunternd, Ähnlichkeiten unter ungleichartigen Dingen aufzufinden und so, was der Witz tut, für den Verstand Stoff zu geben, um seine Begriffe[3] allgemein zu machen. Urteilskraft dagegen, welche die Begriffe einschränkt und mehr zur Berichtigung als zur Erweiterung derselben beiträgt[4], wird zwar in allen Ehren genannt und empfohlen, ist aber ernsthaft, strenge und in Ansehung der Freiheit zu denken einschränkend, eben darum aber unbeliebt. Des vergleichenden Witzes Tun und Lassen ist mehr Spiel; das der Urteilskraft aber mehr Geschäfte. – ¦ Je|ner ist eher eine Blüte der Jugend, diese mehr eine reife Frucht des Alters. – Der im höheren Grade in einem Geistesprodukt beide verbindet, ist sinnreich (perspicax).

Witz hascht nach Einfällen; Urteilskraft strebt nach Einsichten. Bedachtsamkeit ist eine Burgemeistertugend (die Stadt, unter dem Oberbefehl der Burg, nach gegebenen Gesetzen zu schützen und zu verwalten). Dagegen, kühn (hardi), mit Beiseitesetzung der Bedenklichkeiten der Urteilskraft, absprechen, wurde dem großen Verfasser des Natursystems, Buffon, von seinen Landsleuten zum Verdienst angerechnet, ob es zwar als Wagstück ziemlich nach Unbescheidenheit (Frivolität) aussieht. – Der Witz geht mehr nach der Brühe, die Urteilskraft nach der Nahrung. Die Jagd auf Witzwörter (bons mots), wie sie der Abt Trublet reichlich aufstellte, und den Witz dabei auf die Folter spannte, macht seichte Köpfe, oder ekelt den gründlichen nach gerade an. Er ist erfinderisch in Moden, d. i. den angenommenen Verhaltungsregeln, die nur durch die Neuheit gefallen, und, ehe sie Gebrauch werden, ge-

[1] H: »[vergleichenden] produktiven«. – [2] A: »§ *45*«; Akad.-Ausg.: »§ 55«. – [3] H: »[Kenntnisse] Begriffe«. – [4] H: »[abzweckt] beiträgt«.

¦|BA 155

gen[1] andere Formen, die eben so vorübergehend sind, ausgetauscht werden müssen.

Der Witz mit Wortspielen ist schal[2]; leere Grübelei (Mikrologie) der Urteilskraft aber pedantisch. Launichter Witz *heißt* ein[3] solcher, der aus der Stimmung des Kopfs zum Paradoxen hervorgeht, wo hinter dem treuherzigen Ton der Einfalt doch der (*durchtriebne*) Schalk hervorblickt[4], jemanden (oder auch seine || Meinung) zum Gelächter aufzustellen; indem das Gegenteil des Beifallswürdigen mit scheinbaren Lobsprüchen erhoben wird (Persiflage): z.B. »Swifts Kunst, in der Poesie zu kriechen« oder Butlers Hudibras; ein solcher Witz, das Verächtliche durch den Kontrast noch verächtlicher zu machen, ist durch die Überraschung des Unerwarteten sehr aufmunternd; aber doch immer nur ein Spiel und leichter Witz (wie der des Voltaire); dagegen der, welcher wahre und wichtige Grundsätze in der Einkleidung aufstellt (wie Young in seinen Satiren), ein zentnerschwerer Witz genannt werden kann, weil es ein Geschäfte ist und mehr Bewunderung als Belustigung *erregt*[5].

Ein Sprichwort (proverbium) ist kein Witzwort (bon mot)[6]: denn es ist eine gemein gewordene Formel, welche einen Gedanken[7] ausdrückt, der durch Nachahmung fortgepflanzt wird, und im Munde des ersten wohl ein Witzwort gewesen sein kann. Durch Sprichwörter reden ist[8] daher die Sprache des Pöbels, und beweiset den gänzlichen Mangel des Witzes im Umgange[9] mit der feineren Welt.

Gründlichkeit ist zwar nicht eine Sache des Witzes; aber sofern *dieser*[10] durch das Bildliche, was er den Gedanken

[1] H: »[mit andern Manieren wechseln] gegen«. – [2] H: »[läppisch] schal«. – [3] A: »Witz, *d.i.* ein«. – [4] A: »der Schalk (*durchtrieben*) hervorblickt«. – [5] A: »mehr *zur* Bewunderung als Belustigung *bei sich führt*«; am Rand von H: »inanes argutationes. Krasse Begriffe des vernünftelnden Witzes die doch fein sind in Ansehung des Vergleichenden. // Alle diese Talente haben jedes seinen Gegner. // Auch Neigung dazu zu haben wird hier erfordert // Vom Geschmack im Umgange in Schriften nicht in Predigten.« – [6] H: »Witzwort (sententia)«. – [7] H: »[Satz] Gedanken«. – [8] H: »reden (wie der gemeine Jude pflegt) ist«. – [9] H: »des [Witzes im] Umganges«. – [10] A: »*diese*«; H: »er«.

anhängt, ein Vehikel oder Hülle für die Vernunft und deren Handhabung für ihre moralisch-praktischen Ideen sein kann, läßt sich ein gründlicher Witz (zum Unterschiede des seichten) denken. Als eine von den, wie es heißt, bewunderungswürdigen Sentenzen Samuel Johnsons über Weiber wird die in Wallers Leben || angeführt: »er lobte ohne Zweifel viele, die er sich zu heiraten würde gescheut haben, und heiratete vielleicht eine, die er sich geschämt haben würde zu loben«. Das Spielende[1] der Antithese macht hier das ganze Bewundernswürdige aus; die Vernunft gewinnt dadurch nichts. – Wo es aber auf *streitige*[2] Fragen für die Vernunft ankam, da konnte sein Freund Boswell keinen von ihm so unablässig gesuchten Orakelsspruch herauslocken, der den mindesten Witz verraten hätte; sondern alles, was er über die Zweifler im Punkte der Religion, oder des Rechts einer Regierung, oder auch nur die[3] menschliche Freiheit überhaupt herausbrachte, fiel, bei seinem natürlichen und durch Verwöhnung von Schmeichlern eingewurzelten Despotism des Absprechens, auf plumpe Grobheit hinaus, die seine Verehrer Rauhigkeit* zu nennen belieben[4]; die aber sein großes Unvermögen[5] eines in demselben Gedanken mit Gründlichkeit vereinigten Witzes bewies. – Auch scheinen die Männer von Einflusse, die seinen Freunden kein Gehör gaben, welche ihn als ein fürs Parlament ausnehmend taugliches Glied vorschlugen, sein Talent wohl gewürdigt zu haben. – Denn der Witz, der zur Abfassung des Wörterbuchs einer Sprache || zureicht, langt darum noch nicht zu, Vernunftideen, die zur Einsicht in wichtigen Geschäften erforderlich sind, zu erwecken[6] und zu beleben. – – Bescheidenheit tritt von selbst in das Gemüt dessen ein, der sich hiezu berufen sieht[7], und Mißtrauen in seine

* Boswell erzählt, daß, da ein gewisser Lord in seiner Gegenwart sein Bedauern äußerte, daß Johnson nicht eine feinere Erziehung gehabt hätte, Baretti gesagt habe: »Nein, nein, Mylord! Sie hätten mit ihm machen mögen, was sie[8] gewollt, er wäre immer ein Bär geblieben«;

[1] H: »Das [Gewand] Spielende«. – [2] A: »*strittige*«. – [3] H: »Regierung überhaupt oder auch nur für die«. – [4] H (Cassirer): »beliebten«. – [5] H: »sein gänzliches Unvermögen«. – [6] H: »[erhellen] erwecken«. – [7] H: »[aufwirft] berufen sieht«. – [8] Cassirer: »Sie«.

||BA 157, 158

Talente, für sich allein nicht zu entscheiden, sondern anderer Urteile (allenfalls unbemerkt) auch mit in Anschlag zu bringen, war eine Eigenschaft, die Johnson nie anwandelte.

B. VON DER SAGAZITÄT ODER DER NACHFORSCHUNGSGABE

§ *53*[1]. Um etwas zu entdecken (was entweder in uns selbst, oder anderwärts verborgen liegt), dazu gehört in vielen Fällen ein besonderes Talent, Bescheid zu wissen, wie man gut suchen soll: eine Naturgabe, vorläufig zu urteilen (iudicii praevii), wo die Wahrheit wohl möchte zu finden sein; den Dingen auf die Spur zu kommen, und die kleinsten Anlässe der Verwandtschaft zu benutzen, um das Gesuchte zu entdecken oder zu erfinden[2]. Die Logik der Schulen lehrt uns nichts hierüber. Aber ein Baco von Verulam gab ein glänzendes Beispiel an seinem Organon von der Methode, wie durch Experimente die verborgene Beschaffenheit der Naturdinge könne aufgedeckt werden.[3] Aber selbst dieses Beispiel reicht nicht zu, eine Belehrung nach bestimmten Regeln zu geben, wie man mit Glück suchen solle, denn man muß immer hiebei etwas zuerst voraussetzen (von einer Hypothese anfangen), von da man seinen Gang antreten will, und das muß nach Prinzipien, gewissen || Anzeigen zu Folge, geschehen, und daran liegt's eben, wie man diese auswittern soll. Denn blind, auf gut Glück, da man über einen Stein stolpert und eine Erzstufe findet, hiemit auch einen Erzgang entdeckt, es zu wagen, ist wohl eine schlechte Anweisung zum Nachforschen. Dennoch gibt es *Leute* von[4] einem Talent, gleichsam mit der

doch wohl ein Tanzbär? sagte der andere, welches ein dritter, sein Freund, dadurch zu mildern vermeinte, daß er sagte: »Er hat nichts vom Bären als das Fell«.

[1] A: »§ *46*«; Akad.-Ausg.: »§ 56«. – [2] H: »um hinter das Gesuchte zu kommen«. – [3] Am Rand von H: »Von der notwendigen Bescheidenheit in unserer Behandlung der Ideen und durch dieselbe // Einsicht (perspicacia) ist ein Vermögen der Vernunft wo es auf den Witz nicht ankommt sondern dessen Einfluß lieber da zurück zu halten ist. // Vom Erfinden, entdecken.« – [4] A: »es *welche* von«.

||BA 159

Wünschelrute in der Hand den Schätzen der Erkenntnis auf die Spur zu kommen, ohne daß sie es gelernt haben; *was sie denn auch* andere *nicht* lehren[1], sondern es ihnen nur vormachen können; weil es eine Naturgabe ist.

C. VON DER ORIGINALITÄT DES ERKENNTNISVERMÖGENS ODER DEM GENIE

§ *54*[2]. Etwas erfinden ist ganz was anderes als etwas entdecken. Denn die Sache, welche man entdeckt, wird als vorher schon existierend angenommen, nur daß sie noch nicht bekannt war, z.B. Amerika vor dem Kolumbus; was man aber erfindet, z.B. das Schießpulver, war vor dem Künstler,* der es || machte, noch gar nicht bekannt[3]. Beides kann Verdienst sein. Man kann aber etwas finden, was man gar nicht sucht (wie der Goldkoch den Phosphor), und da ist es auch gar kein Verdienst. – Nun heißt das Talent zum Erfinden das Genie. Man legt aber diesen Namen immer nur einem Künstler bei, also dem, der etwas zu machen versteht, nicht dem, der bloß vieles kennt und weiß; aber auch nicht einem bloß nachahmenden, sondern einem *seine*[4] Werke ursprünglich hervorzubringen aufgelegten[5] Künstler; endlich auch diesem nur, wenn sein Produkt musterhaft ist, d.i. wenn es verdient, als Beispiel (exemplar) nachgeahmt[6] zu werden. – Also ist das Genie eines Menschen »die musterhafte Originalität seines Talents« (in Ansehung dieser oder jener Art von Kunstprodukten). Man nennt aber auch einen Kopf, der die Anlage dazu hat, ein Genie; da alsdann dieses Wort nicht bloß

* Das Schießpulver war lange vor des Mönchs Schwarz Zeit schon in der Belagerung von Algeciras gebraucht worden und die Erfindung desselben scheint den Chinesen anzugehören. Es kann aber doch sein, daß jener Deutsche, der dieses Pulver in seine Hände bekam, Versuche zur Zergliederung desselben (z.B. durch Auslaugen des darin befindlichen Salpeters, Abschwemmung der Kohle und Verbrennung des Schwefels) machte, und so es entdeckt, obgleich nicht erfunden hat.

[1] A: »haben *oder* andere lehren«. – [2] A: »§ *47*«; Akad.-Ausg.: »§ 57«. – [3] H (Akad.-Ausg., Cassirer): »gekannt«. – [4] Zusatz von B. – [5] H: »auferlegten«. – [6] H: »Beispiel von anderen nachgeahmt«.

||BA 160

die Naturgabe einer Person, sondern auch die Person selbst bedeuten soll. – In vielen Fächern Genie zu sein, ist ein vastes Genie (wie Leonardo da Vinci).

Das eigentliche Feld für das Genie ist das der Einbildungskraft; weil diese schöpferisch ist, und weniger, *als* andere[1] Vermögen, unter dem Zwange der Regeln steht, dadurch aber der Originalität desto fähiger ist. – Der Mechanism der Unterweisung, weil diese jederzeit den Schüler zur Nachahmung nötigt, ist dem Aufkeimen eines Genies, nämlich was seine Originalität betrifft, zwar allerdings nachteilig. Aber jede Kunst bedarf doch gewisser mechanischer Grundregeln, nämlich der Angemessenheit des Produkts zur untergelegten Idee, || d. i. Wahrheit in der Darstellung des Gegenstandes, der gedacht wird. Das muß nun mit Schulstrenge gelernt werden, und ist allerdings eine Wirkung der Nachahmung. Die Einbildungskraft aber auch von diesem Zwange zu befreien, und das eigentümliche Talent, sogar der Natur zuwider, regellos verfahren und schwärmen zu lassen, würde vielleicht originale Tollheit abgeben; die *aber*[2] freilich nicht musterhaft sein, und also auch nicht zum Genie gezählt werden würde.[3]

Geist ist das belebende Prinzip im Menschen. In der französischen Sprache führen Geist[4] und Witz einerlei Namen, Esprit. Im Deutschen ist es anders. Man sagt: eine Rede, eine Schrift, eine Dame in Gesellschaft, u. s. w. ist schön; aber ohne Geist. Der Vorrat von Witz macht es hier nicht aus; denn man kann sich auch diesen verekeln, weil seine Wirkung nichts Bleibendes hinterläßt. Wenn alle jene obgenannte Sachen und Personen geistvoll heißen sollen, so müssen sie ein Interesse erregen und zwar durch Ideen. Denn das setzt die Einbildungskraft in Bewegung[5], welche für dergleichen Begriffe einen großen Spielraum vor sich sieht. Wie wäre es also: wenn wir das französische Wort Génie mit dem deutschen eigentümlicher Geist ausdrückten; denn unsere Nation läßt sich bereden, die Fran-

[1] A: »weniger, *wie* andere«. – [2] Zusatz von B. – [3] Am Rand von H: »Das Gemeinwesen und die Einbildungskr.« – [4] B_2: »Geist«. – [5] H: »[ins Spiel] in Bewegung«.

||BA 161

zosen hätten ein Wort dafür aus ihrer eigenen Sprache, dergleichen wir in der unsrigen nicht hätten, sondern von ihnen borgen müßten, da sie es doch selbst aus dem Lateinischen (genius) geborgt haben, welches nichts anders als einen eigentümlichen Geist bedeutet.

|| Die Ursache aber, weswegen die musterhafte Originalität des Talents mit diesem mystischen Namen benennt wird, ist, weil der, welcher dieses hat, die Ausbrüche desselben sich nicht erklären, oder auch, wie er zu einer Kunst komme, die er nicht hat erlernen können, sich selbst nicht begreiflich machen kann. Denn Unsichtbarkeit[1] (der Ursache zu einer Wirkung) ist ein Nebenbegriff vom Geiste (einem Genius, der dem Talentvollen schon in seiner Geburt beigesellet worden), dessen Eingebung gleichsam er nur folgt. Die Gemütskräfte aber müssen hiebei vermittelst der Einbildungskraft harmonisch bewegt werden; weil sie sonst nicht beleben, sondern sich einander stören würden, und das muß durch die Natur des Subjekts geschehen[2]: weshalb man Genie auch das Talent nennen kann, »durch welches die Natur der Kunst die Regel gibt«.

§ *55*[3]. Ob der Welt durch große Genies im ganzen sonderlich gedient sei, weil sie doch oft neue Wege einschlagen und neue Aussichten eröffnen, oder ob mechanische Köpfe, wenn sie gleich nicht Epoche machten, mit ihrem alltägigen[4], langsam am Stecken und Stabe der Erfahrung fortschreitenden Verstande, nicht das meiste zum Wachstum der Künste und Wissenschaften beigetragen haben (indem sie, wenn gleich keiner von ihnen Bewunderung erregte, doch auch keine Unordnung stifteten): mag hier[5] unerörtert bleiben. – Aber ein Schlag von ihnen, Geniemänner (besser Genieaffen) genannt, hat sich unter jenem Aushängeschilde mit eingedrängt, welcher die Sprache außerordentlich von der Natur begünstigter Köpfe führt, das mühsame Lernen und Forschen || für stümperhaft erklärt, und den Geist aller Wissenschaft mit einem Griffe gehascht zu haben, ihn aber

[1] H: »Denn die Unsichtbarkeit«. – [2] H: »Natur geschehen«. – [3] A: »§ *48*«; Akad.-Ausg.: »§ 58«. – [4] H: »[Fleiße] alltägigen«. – [5] H: »[zweifelhaft] hier«.

||BA 162, 163

in kleinen Gaben konzentriert und kraftvoll zu reichen, vorgibt. Dieser Schlag ist, wie der der Quacksalber und Marktschreier, den Fortschritten in wissenschaftlicher und sittlicher[1] Bildung sehr nachteilig, wenn er über Religion, Staatsverhältnisse und Moral, gleich dem Eingeweiheten, oder Machthaber, vom Weisheitssitze herab im entscheidenden Tone abspricht und so die Armseligkeit des Geistes[2] zu verdecken weiß. Was ist hiewider anders zu tun, als zu lachen, und seinen Gang mit Fleiß, Ordnung und Klarheit geduldig fortzusetzen, ohne auf jene Gaukler Rücksicht zu nehmen?

§ *56*[3]. Das Genie scheint auch, nach der Verschiedenheit des Nationalschlages und des Bodens, dem es angeboren ist, verschiedene[4] ursprüngliche Keime in sich zu haben, und sie verschiedentlich zu entwickeln. Es schlägt bei den Deutschen mehr in die Wurzel, bei den Italienern in die Krone, bei den Franzosen in die Blüte, und bei den Engländern in die Frucht.

Noch ist der allgemeine Kopf (der alle verschiedenartige Wissenschaften befaßt) vom Genie, als dem erfinderischen, unterschieden. Der erstere kann es in demjenigen sein, was gelernt werden kann; nämlich der die historische Erkenntnis von dem, was in Ansehung aller Wissenschaften bisher getan ist, besitzt (Polyhistor), wie Jul. Cäs. Scaliger. Der letztere ist der Mann, nicht sowohl von großem Umfange des Geistes, als intensiver Größe desselben, in allem Epoche zu machen, || was er unternimmt (wie Newton, Leibniz)[5]. Der architektonische, der den Zusammenhang aller Wissenschaften, und wie sie einander unterstützen, methodisch einsieht, ist ein nur subalternes aber doch nicht gemeines Genie. – Es gibt aber auch gigantische[6] Gelehrsamkeit, die doch oft zyklopisch ist, der nämlich ein Auge fehlt: nämlich das der wahren Philosophie,

[1] H: »[moralischer] sittlicher«. – [2] H: »Armseligkeit ihres Geistes«. – [3] A: »§ *49*«; Akad.-Ausg.: »§ 59«. – [4] H: »verschiedene [Formen]«. – [5] H: »(wie Leibniz)«. – [6] H: »ist jederzeit ein seltenes Genie. – Der aber das Allgemeine bloß historisch-erkannte nur von oben abzuschöpfen versteht ist der Affe des ersteren. – Es gibt also gigantische«.

||BA 164

um diese Menge des historischen Wissens, die Fracht von hundert Kamelen, durch die Vernunft zweckmäßig zu benutzen.

Die bloßen Naturalisten des Kopfs (élèves de la nature, autodidacti) können in manchen Fällen auch für Genies gelten, weil sie, ob sie zwar manches, was sie wissen, von anderen hätten lernen können, für sich selbst ausgedacht haben, und in dem, was an sich keine Sache des Genies ist, doch Genies sind: wie es, was mechanische Künste betrifft, in der Schweiz manche gibt, welche in diesen Künsten Erfinder sind; aber ein früh-kluges Wunderkind (ingenium praecox), wie in[1] Lübeck Heinecke, oder in Halle Baratier, von ephemerischer Existenz, sind Abschweifungen der Natur von ihrer Regel, Raritäten fürs Naturalienkabinett, und lassen ihre überfrühe Zeitigung zwar bewundern, aber oft auch von denen, die sie beförderten, *im* Grund[2] bereuen.

* * *

Weil am Ende der ganze Gebrauch des Erkenntnisvermögens, zu seiner eigenen Beförderung, selbst im[3] theoretischen Erkenntnisse, doch der Vernunft bedarf, welche || die Regel gibt, nach welcher es[4] allein befördert werden kann: so kann man den Anspruch, den die Vernunft an dasselbe macht, in die drei Fragen zusammenfassen, welche nach den drei Fakultäten desselben gestellt sind:

Was will ich? (frägt der Verstand)* ,
Worauf kommt's an? (frägt die Urteilskraft)
Was kommt heraus? (frägt die Vernunft).

Die Köpfe sind in der Fähigkeit der Beantwortung aller dieser drei Fragen sehr verschieden. – Die erste erfordert nur einen klaren Kopf, sich selbst zu verstehen; und diese Naturgabe ist, bei einiger Kultur, ziemlich gemein; vornehmlich wenn man darauf aufmerksam macht. – Die zweite treffend zu beantworten, ist weit seltener; denn es bieten

* Das Wollen wird hier bloß im theoretischen Sinn verstanden: Was will ich als wahr behaupten?

[1] A: »wie *das* in«. – [2] A: »*mit* Grund«. – [3] H: »Erkenntnisvermögen [auch] selbst zu ... Beförderung im«. – [4] H: »er«.

||BA 165

sich vielerlei Arten der Bestimmung des vorliegenden Begriffs und der scheinbaren Auflösung der Aufgabe dar: welche ist nun die einzige, die dieser genau angemessen ist? (Z.B. in Prozessen oder im Beginnen gewisser Handlungsplane zu demselben Zweck.) Hiezu gibt es ein Talent der Auswahl des in einem gewissen Falle gerade Zutreffenden (iudicium discretivum), welches sehr erwünscht, aber auch sehr selten ist. Der Advokat, der mit viel Gründen angezogen kommt, die seine Behauptung bewähren[1] sollen, erschwert dem Richter sehr seine Sentenz, weil er selbst nur herumtappt; weiß er aber, nach der Erklärung dessen, was er will, den Punkt zu treffen (denn der ist nur ein einziger), worauf || es ankommt, so ist es kurz abgemacht und der Spruch der Vernunft folgt von selbst.

Der Verstand ist positiv und vertreibt die Finsternis der Unwissenheit – die Urteilskraft mehr negativ zu Verhütung der Irrtümer aus dem dämmernden Lichte, darin die Gegenstände erscheinen. – Die Vernunft verstopft die Quelle der Irrtümer (die Vorurteile) und sichert[2] hiemit den Verstand durch die Allgemeinheit der Prinzipien. – – Büchergelehrsamkeit vermehrt zwar die Kenntnisse, aber erweitert nicht den Begriff und die Einsicht, wo nicht Vernunft dazu kommt. Diese ist aber noch vom Vernünfteln, dem Spiel mit bloßen Versuchen im Gebrauche der Vernunft, ohne ein Gesetz derselben, unterschieden. Wenn die Frage ist: ob ich Gespenster glauben soll[3]? so kann ich über die Möglichkeit derselben auf allerlei Art vernünfteln; aber die Vernunft verbietet, abergläubisch, d. i. ohne ein Prinzip der Erklärung des Phänomens nach Erfahrungsgesetzen, die Möglichkeit desselben anzunehmen[4].

Durch die große Verschiedenheit der Köpfe, in der Art wie sie eben dieselben Gegenstände, imgleichen sich untereinander ansehen; durch das Reiben derselben an einander und die Verbindung derselben sowohl als ihre Trennung, bewirkt die Natur ein sehenswürdiges Schauspiel auf der

[1] $B_{1,3}$: »bewahren«. – [2] H: »sichert«. – [3] H: »[annehmen kann] glauben soll«. – [4] H: »verbietet abergläubisch [sie irgend einer Erf] zu irgend einem Prinzip der Erklärung der Erfahrungen anzuwenden«.

||BA 166

Bühne der Beobachter und Denker von unendlich verschiedener Art. Für die *Klasse der Denker* können[1] folgende Maximen *(die als zur Weisheit führend bereits oben erwähnt worden)*[2] zu unwandelbaren Geboten gemacht werden:

|| 1) Selbst denken.

2) Sich (in der Mitteilung[3] mit Menschen) in die Stelle jedes anderen zu denken.

3) Jederzeit mit sich selbst einstimmig zu denken.

Das erste Prinzip ist negativ (nullius addictus iurare in verba magistri[4]), das der zwangsfreien, das zweite positiv, der liberalen, sich den Begriffen anderer bequemenden, das dritte[5] der konsequenten (folgerechten) Denkungsart; von deren jeder, noch mehr aber von ihrem Gegenteil, die Anthropologie Beispiele aufstellen kann.

Die wichtigste Revolution in dem Innern des Menschen ist: »der Ausgang desselben aus seiner selbstverschuldeten Unmündigkeit«. Statt dessen, daß bis dahin andere für ihn dachten und er bloß nachahmte, oder am Gängelbande sich leiten ließ, wagt er es jetzt, mit eigenen Füßen auf dem Boden der Erfahrung, wenn gleich[6] noch wackelnd, fortzuschreiten.

|| ZWEITES *BUCH*[7]
DAS GEFÜHL DER LUST UND UNLUST

EINTEILUNG

1) Die sinnliche, 2) die intellektuelle Lust. Die erstere entweder A) durch den Sinn (das Vergnügen), oder B) durch die Einbildungskraft (der Geschmack); die zweite (nämlich intellektuelle) entweder a) durch darstellbare Begriffe oder b) durch Ideen, – – und so wird auch das Gegenteil, die Unlust vorgestellt.

[1] A: »die *letztere Art* können«. – [2] Zusatz von B. – [3] H: »[Gemeinschaft] Mitteilung«. – [4] Übersetzung des Herausgebers: »auf keines Meisters Worte zu schwören verpflichtet«. – [5] H: »Das erste ist Prinzip ist das der zwangsfreien, das zweite der liberalen, das dritte«. – [6] H: »mit seinen Füßen auf dem Boden der Erfahrung allein wenn gleich«. – [7] A: »Zweites *Hauptstück*«.

||BA 167, 168

VON DER SINNLICHEN LUST

A. VOM[1] GEFÜHL FÜR DAS ANGENEHME ODER DER SINNLICHEN LUST[2] IN DER EMPFINDUNG EINES GEGENSTANDES

§ *57*[3]. Vergnügen ist eine Lust durch den Sinn, und was diesen belustigt, heißt angenehm. Schmerz ist die Unlust durch den Sinn, und was jenen hervorbringt, ist unangenehm. – Sie sind einander nicht wie Erwerb und Mangel (+ und 0), sondern wie Erwerb und Verlust (+ und —), d. i. eines dem anderen nicht bloß als Gegenteil (contradictorie, s. logi||ce oppositum), sondern auch als Widerspiel (contrarie s. realiter oppositum) entgegengesetzt. – – Die Ausdrücke von dem, was gefällt oder mißfällt, und dem, was dazwischen ist, dem Gleichgültigen, sind zu weit; denn sie können auch aufs Intellektuelle gehen: wo sie dann mit Vergnügen und Schmerz nicht zusammentreffen würden.

Man kann diese Gefühle auch durch die Wirkung erklären, die die Empfindung[4] unseres Zustandes auf das Gemüt macht. Was unmittelbar (durch den Sinn) mich antreibt, meinen Zustand zu verlassen (aus ihm herauszugehen): ist mir unangenehm – es schmerzt mich; was eben so mich antreibt, ihn zu erhalten (in ihm zu bleiben): ist mir angenehm, es vergnügt mich. Wir sind aber unaufhaltsam im Strome der Zeit und *den*[5] damit verbundenen Wechsel der Empfindungen fortgeführt. Ob nun gleich das Verlassen des einen Zeitpunkts und das Eintreten in den anderen ein und derselbe Akt (des Wechsels) ist, so ist doch in unserem Gedanken und dem Bewußtsein dieses Wechsels eine Zeitfolge; dem Verhältnis der Ursache und Wirkung gemäß. – Es frägt sich nun: ob das Bewußtsein des Verlassens des gegenwärtigen Zustandes, oder ob der Prospekt des Ein-

[1] A: »Lust. *Erster Abschnitt.* Vom«; H: »... Abschnitt [Von der Natur des Vergnügens] Vom«. – [2] H: »[Sinnenlust] sinnlichen Lust«. – [3] A: »§ *50*«; Akad.-Ausg.: »§ 60«. – [4] H: »[Vorstellung] Empfindung«. – [5] A: »und *dem*«.

||BA 169

tretens in einen künftigen in uns die Empfindung des Vergnügens erwecke? Im ersten Fall ist das Vergnügen nichts anders als Aufhebung eines Schmerzes und etwas Negatives; im zweiten würde es Vorempfindung einer Annehmlichkeit, also Vermehrung des Zustandes der Lust, mithin etwas Positives sein. Es läßt sich aber auch schon zum voraus erraten, daß das erstere allein || statt finden werde; denn die Zeit schleppt[1] uns vom Gegenwärtigen zum Künftigen (nicht umgekehrt), und daß wir zuerst genötigt werden, aus dem Gegenwärtigen herauszugehen, unbestimmt in welchen anderen wir treten werden, nur so daß er doch ein anderer ist, das kann allein die Ursache des angenehmen Gefühls sein.

Vergnügen ist das Gefühl der Beförderung, Schmerz das einer Hindernis des Lebens. Leben aber (des Tiers) ist, wie auch schon die Ärzte angemerkt haben, ein kontinuierliches Spiel des Antagonismus von beiden.

Also muß vor jedem Vergnügen der Schmerz vorhergehen; der Schmerz ist immer das erste. Denn was würde aus einer kontinuierlichen Beförderung der Lebenskraft, die über einen gewissen Grad sich doch nicht steigern läßt, anders folgen als ein schneller Tod vor Freude?[2]

Auch kann kein Vergnügen unmittelbar auf das andere folgen; sondern zwischen einem und dem anderen muß sich der Schmerz einfinden. Es sind kleine Hemmungen der Lebenskraft, mit dazwischen gemengten Beförderungen derselben, welche den Zustand der Gesundheit ausmachen, den wir irrigerweise für ein kontinuierlich gefühltes Wohlbefinden[3] halten; da er doch nur aus ruckweise (mit immer dazwischen eintretenden Schmerz) einander folgenden angenehmen Gefühlen besteht. Der Schmerz ist der Stachel der Tätigkeit und in dieser fühlen wir allererst unser Leben; ohne diesen würde Leblosigkeit eintreten.

|| Die Schmerzen, die langsam vergehen (wie das allmähliche Genesen von einer Krankheit oder der lang-

[1] H: »[geht mit] schleppt«. – [2] H: »Freude. [weil ‹?› das Moment der Beschleunigung auch in der kürzesten Zeit eine Bewegung hervorbringt]«. – [3] H: »ein kontinuierliches Wohlbefinden«.

||BA 170, 171

same Wiedererwerb eines verlornen Kapitals), haben kein lebhaftes Vergnügen zur Folge, weil der Übergang unmerklich ist. – Diese Sätze des Grafen Veri unterschreibe ich mit voller Überzeugung.

ERLÄUTERUNG DURCH BEISPIELE

Warum ist das Spiel (vornehmlich um Geld) so anziehend, und, wenn es nicht gar zu eigennützig ist, die beste Zerstreuung und Erholung nach einer langen Anstrengung der Gedanken; denn durch Nichts-Tun erholt man sich nur langsam? Weil es der Zustand eines unablässig wechselnden Fürchtens und Hoffens ist. Die Abendmahlzeit nach demselben schmeckt und bekommt auch besser. – Wodurch sind Schauspiele (es mögen Trauer- oder Lustspiele sein) so anlockend? Weil in allen gewisse Schwierigkeiten – Ängstlichkeit und Verlegenheit, zwischen Hoffnung und Freude – eintreten und so das Spiel einander widriger Affekten beim Schlusse des Stücks dem Zuschauer Beförderung des Lebens ist, indem es ihn innerlich in Motion versetzt hat. – Warum schließt ein Liebesroman mit der Trauung, und weswegen ist ein ihm angehängter Supplement-Band (wie im Fielding), der ihn, von der Hand eines Stümpers, noch in der Ehe fortsetzt, widrig und abgeschmackt? Weil Eifersucht, als Schmerz der Verliebten, zwischen ihre Freuden und Hoffnungen, vor der Ehe Würze für den || Leser, in der Ehe aber Gift ist; denn, um in der Romanensprache zu reden, ist »das Ende der Liebesschmerzen zugleich das Ende der Liebe« (versteht sich mit Affekt). – Warum ist Arbeit die beste Art, sein Leben zu genießen? Weil sie beschwerliche (an sich unangenehme und nur durch den Erfolg ergötzende) Beschäftigung ist, und die Ruhe, durch das bloße Verschwinden einer langen Beschwerde, zur fühlbaren Lust, dem Frohsein, wird; da sie sonst nichts Genießbares sein würde. – – Der Tobak (er werde geraucht oder geschnupft) ist zunächst mit einer unangenehmen Empfindung verbunden. Aber gerade dadurch, daß die Natur (durch Absonderung eines Schleims der Gaumen oder der Nase) diesen

||BA 172

Schmerz augenblicklich aufhebt, wird er[1] (vornehmlich der erstere) zu einer Art von Gesellschaft, durch Unterhaltung und immer neue Erweckung der Empfindungen und selbst der Gedanken; wenn diese gleich hiebei nur herumschweifend sind. – Wen endlich auch kein positiver Schmerz zur Tätigkeit anreizt, den wird allenfalls ein negativer, die lange Weile, als Leere an Empfindung, die der an den Wechsel derselben gewöhnte Mensch in sich wahrnimmt[2], *indem er* den Lebenstrieb[3] *doch*[4] womit auszufüllen bestrebt ist, oft dermaßen affizieren, daß er eher etwas zu seinem Schaden, als gar nichts zu tun sich angetrieben fühlt.[5]

[1] H: »wird es«. – [2] H: »wahrnimmt [zu einem allenfalls [selbst] das Leben selbst wegwerfenden Reiz gebracht]«. – [3] A: »wahrnimmt *und welche* den Lebenstrieb«; H (Cassirer): »... welche der Lebenstrieb«. – [4] Zusatz von B. – [5] Am Rand von H: »Von der Zeitkürzung als einer reinen kontinuierten Aufhebung eines Schmerzens. – Von dem der langen Weile die kein Karaibe fühlt. // Wie wird uns jede Zeit lang und das Leben kurz, oder, umgekehrt. // Sich die Zeit zu passieren (nicht bestellte Arbeit)«; auf der nächsten Seite folgt in H: »Von der langen Weile // §46. // Daß der Stachel der Tätigkeit der den Abscheu am empfindungsleeren Dasein (horror vacui) zur Folge hat den Menschen je mehr seine Lebenskraft rege ist von dem Kindesalter an bis zu Ende des Lebens begleitet der immer antreibt den gegenwärtigen Zustande heraus zu gehen [zwar] eine weise Einrichtung der Natur und ihrer Zwecke sei ist nicht zu streiten. Aber wo bleibt denn da die Zufriedenheit (die Lust an der Beharrlichkeit seines Zustandes und wie hoch kann unter diesen Umständen den Wert seines bloßen Lebens überhaupt anschlagen? – Das Phänomen ist wunderlich aber doch gewöhnlich daß dem nicht mit Zwangsgeschäften belasteten Menschen jeder Tag lang wird das zurückgelegte Leben aber kurz zu sein scheint. – – Die Ursache dieser Erscheinung ist mit der einerlei: daß die deutsche aber nicht gemessene Meilen je weiter von der Hauptstadt (z. B. in Pommern) größer sind als näher zu derselben (z. B. Berlin); [Wo Dorf auf Dorf oder ein Meierhof auf den anderen bald folgt glaubt der Reisende eine große Strecke Land zurückgelegt zu haben [wozu er sich natürlich auch eine] weil er sich eine dazu erforderliche lange Zeit denkt [die dazu erfordert wird würde weil sie] die eine große Menge auf einander folgender Wahrnehmungen enthält und nun nach der vermeinten Zeitlänge den zurückgelegten Weg schätzt der ihm [groß] lang zu sein dünkt. In einem öden Lande dagegen] weil die Menge der auf einander gefolgten [Gegenstände] Wahrnehmungen im ersten Falle folglich auch der Wege nach zurückgelegter Reise eine lange Zeit der Mangel an denselben aber nur eine kurze Zeit bedurft zu haben [hinter her] folglich jener auch als kurz hinten nach geurteilt wird. Daher die Schätzung der Länge seines Lebens am Ende

VON DER LANGEN WEILE UND DEM KURZWEIL

§ *58*[1]. Sein Leben fühlen, sich vergnügen, ist also nichts anders als: sich kontinuierlich getrieben[2] fühlen, aus dem gegenwärtigen Zustande herauszugehen (der also ein || eben so oft wiederkommender Schmerz sein muß). Hieraus erklärt sich auch die drückende, ja ängstliche Beschwerlichkeit der langen Weile, für alle, welche auf ihr Leben und auf die Zeit aufmerksam sind (kultivierte Menschen).* Dieser Druck oder Antrieb, jeden Zeitpunkt, darin wir sind, zu verlassen und in den folgenden überzugehen, ist akzelerierend und kann bis zur Entschließung wachsen, seinem Leben ein Ende zu machen, weil der üppige Mensch den Genuß aller Art versucht hat, und keiner für ihn mehr neu ist; wie man in Paris vom Lord Mordaunt sagte: »die Engländer erhenken sich, um sich die Zeit zu passieren«. – – Die in sich

* Der Karaibe ist durch seine angeborne Leblosigkeit von dieser Beschwerlichkeit frei. Er kann stundenlang mit seiner Angelrute sitzen, ohne etwas zu fangen; die Gedankenlosigkeit ist ein Mangel des Stachels der Tätigkeit, der immer einen Schmerz bei sich führt, und dessen jener überhoben ist. – Unsere Lesewelt von verfeinertem Geschmack wird durch ephemerische Schriften immer im Appetit, selbst im Heißhunger zur Leserei (eine Art von Nichtstun) erhalten, nicht um sich zu kultivieren, sondern zu genießen; so, daß die Köpfe dabei immer leer bleiben und keine Übersättigung zu besorgen ist; indem sie ihrem geschäftigen Müßiggange den Anstrich einer Arbeit geben, und sich in demselben einen würdigen Zeitaufwand vorspiegeln, der doch um nichts besser ist als jener, welchen das Journal des Luxus und der Moden dem Publikum anbietet.

desselben um auf dasselbe mit Zufriedenheit zurück sehen zu können d. i. desselben satt geworden zu sein auf der Menge [und Mann] der Beschäftigungen beruht welche die Zeit ausgefüllet haben (vitam extendere factis). Je mehr Du gedacht je mehr Du getan hast desto länger hast Du, selbst nach Deiner [bloß] eigenen [Zeitschätzung] Einbildung gelebt. // Was aber am meisten [beweist] den obigen Satz bestätigt daß alles Vergnügen in der [Überwindung des] Aufhebung eines Schmerzes bestehe und so nur durch kontinuierlichen Ausgang aus dem gegenwärtigen Zustande erworben werde ist aus der Behaglichkeit ersehen mit der eine Gesellschaft nach einem unterhaltenden Spiel oder einer lebhaften Unterredung, wenn nach der Uhr gesehen wird sagt: wo ist die Zeit geblieben!« – [1] A: »§ *51*«; Akad.-Ausg.: »§ 61«. – [2] H: »[damit beschäftigt] getrieben«.

||BA 173

wahrgenommene Leere an Empfindungen erregt ein Grauen (horror vacui), und gleichsam das Vorgefühl eines langsamen Todes, der für peinlicher gehalten wird, als wenn das Schicksal den[1] Lebensfaden schnell abreißt.[2]

|| Hieraus erklärt sich auch, warum Zeitverkürzungen mit Vergnügen[3] für einerlei genommen werden; weil, je schneller wir über die Zeit wegkommen, wir uns desto erquickter fühlen; *wie* eine[4] Gesellschaft, die sich auf einer Lustreise im Wagen drei Stunden lang mit Gesprächen wohl unterhalten hat, beim Aussteigen, wenn einer von ihnen nach der Uhr sieht, fröhlich sagt: wo ist die Zeit geblieben? oder wie kurz ist uns die Zeit geworden? Da im Gegenteil, wenn die Aufmerksamkeit auf die Zeit nicht Aufmerksamkeit auf einen Schmerz, über den wir wegzusein uns bestreben, sondern auf ein Vergnügen wäre, man wie billig jeden Verlust[5] der Zeit bedauren würde. – Unterredungen, die wenig Wechsel der Vorstellungen enthalten, heißen langweilig, eben hiemit auch beschwerlich[6], und ein kurzweiliger Mann wird, wenn gleich nicht für einen wichtigen, doch für einen angenehmen Mann gehalten, der, sobald er nur ins Zimmer tritt, gleich aller Mitgäste Gesichter erheitert; wie durch ein Frohsein wegen Befreiung von einer Beschwerde.

Wie ist aber das Phänomen zu erklären, daß ein Mensch, der sich den größten Teil seines Lebens hindurch mit langer Weile gequält hat, *so daß* ihm jeder Tag lang *wurde*, doch[7] am Ende des Lebens über die Kürze des Lebens klagt? – Die Ursache hievon ist in der Analogie mit einer ähnlichen

[1] H: »wenn er den«. – [2] Am Rand von H: »Von Affekten // Geschmack ist das Vermögen für das Spiel der Einb.Kraft allgemeingültig zu wählen – also der Bewirkung einer Lust in allen deren ‹?› Einbildungskraft ... Gefühle fähig ist // Ob auch schreckliche Vorstellungen dazu gehören. Ja – aber nicht daß das Objekt sondern die Vorstellung schön ist // Warum freut man sich über die kurz gewordene Zeit // Der Geschmack ist entweder der Unterscheidungs- oder Wohlgeschmack. – Der 1ste gehört bloß zum Sinnen[reiz] als Vorstellungsvermögen der 2te zu demselben als Gefühl d. L. und Unl. Wonach ‹?› und ob es gut oder schlecht schmeckt. – Sapere – Gustare.« – [3] H (Cassirer): »Vergnügungen«. – [4] A: »fühlen *und* eine«. – [5] H: »man den Verlust«. – [6] H: »hiemit aber auch sehr beschwerlich«. – [7] A: »hat *und* ihm ... lang *war*, doch«.

||BA 174

Beobachtung zu suchen: woher die deutschen (nicht gemessenen oder mit Meilenzeiger, wie die russischen Werste, versehenen) Meilen, je näher zur Hauptstadt (z.B. Berlin), immer desto kleiner, je weiter aber davon (in Pommern) desto größer werden; nämlich die Fülle der gesehenen Gegenstände || (Dörfer und Landhäuser) bewirkt[1] in der Erinnerung den täuschenden Schluß[2] auf einen großen zurückgelegten Raum, folglich auch auf eine *längere* dazu erforderlich gewesene Zeit; das[3] Leere[4] aber im letzteren Fall wenig Erinnerung des Gesehenen, und also den Schluß auf einen kürzeren Weg *und folglich kürzere Zeit*,[5] als sich nach der Uhr ergeben würde. -- Eben so wird die Menge der Abschnitte, die den letzten Teil des Lebens mit mannigfaltigen veränderten Arbeiten auszeichnen, dem Alten die Einbildung[6] von einer längeren zurückgelegten Lebenszeit erregen, als er nach der Zahl der Jahre geglaubt hatte[7], und das Ausfüllen der Zeit durch planmäßig fortschreitende Beschäftigungen, die einen großen beabsichtigten[8] Zweck zur Folge haben (vitam extendere factis[9]), ist das einzige sichere Mittel, seines Lebens froh und dabei doch auch lebenssatt zu werden. »Je mehr du gedacht, je mehr du getan hast, desto länger hast du (selbst in deiner eigenen Einbildung) gelebt.« -- Ein solcher Beschluß des Lebens geschieht nun mit Zufriedenheit.

Wie steht es aber mit der Zufriedenheit (acquiescentia) während dem Leben? – Sie ist dem Menschen unerreichbar: weder in moralischer (mit sich selbst, im Wohlverhalten zufrieden zu sein) noch in pragmatischer Hinsicht (mit seinem Wohlbefinden, was er sich durch Geschicklichkeit und Klugheit zu verschaffen denkt). Die Natur hat den Schmerz zum Stachel der Tätigkeit in ihn gelegt, dem er nicht entgehen kann: um immer zum Bessern fortzuschrei-

[1] H: »[hinterläßt] bewirkt«. – [2] H: »[die Einbildung] den täuschenden Schluß«. – [3] A: »Schluß, auf eine *lange* dazu erforderlich gewesene Zeit, folglich auch auf einen großen zurückgelegten Raum; das«. – [4] H (Akad.-Ausg., Cassirer): »Leere«. – [5] Zusatz von B. – [6] H: »[eine Vorstellung] die Einbildung«. – [7] H (Cassirer): »geglaubt hätte«. – [8] H: »[erreichten] beabsichtigten«. – [9] Übersetzung des Herausgebers: »das Leben durch Taten zu verlängern«.

||BA 175

ten, und auch im letzten Augenblicke des Lebens ist die Zufriedenheit mit dem letzten Abschnitte desselben nur komparativ (teils indem wir uns mit || dem Lose anderer, teils auch mit uns selbst vergleichen) so zu nennen; nie aber ist sie rein und vollständig[1]. – Im Leben (absolut) zufrieden zu sein, wäre tatlose Ruhe und Stillstand der Triebfedern, oder Abstumpfung der Empfindungen[2] und der damit verknüpften Tätigkeit. Eine solche aber kann eben so wenig mit dem intellektuellen Leben des Menschen zusammen bestehen, als der Stillstand des Herzens in einem tierischen Körper, auf den, wenn nicht (durch den Schmerz) ein neuer Anreiz ergeht, unvermeidlich der Tod folgt.

Anmerkung. In diesem Abschnitte sollte nun auch von Affekten, als Gefühlen der Lust *und* Unlust, *die* die Schranken der inneren Freiheit im Menschen *überschreiten*, gehandelt[3] werden. Allein da diese mit den Leidenschaften, welche in einem anderen Abschnitte, nämlich dem des Begehrungsvermögens, vorkommen, oft vermengt zu werden pflegen, und doch auch damit in naher Verwandtschaft stehen: so werde ich ihre Erörterung bei Gelegenheit dieses dritten Abschnittes vornehmen.[4]

§ *59*[5]. Habituell zur Fröhlichkeit gestimmt zu sein, ist zwar mehrenteils eine Temperamentseigenschaft, kann aber auch oft eine Wirkung von Grundsätzen sein; wie Epikurs, von anderen so genanntes und darum verschrieenes Wohllustsprinzip, was eigentlich das stets fröhliche Herz des Weisen bedeuten sollte. – Gleichmütig ist der, welcher sich weder erfreut noch betrübt, und von dem, der gegen die Zufälle des Lebens gleichgültig, mithin von stumpfem Gefühl ist, || sehr unterschieden. – Von der Gleichmütigkeit unterscheidet sich die launische Sinnesart[6] (vermutlich hat sie anfänglich lunatisch geheißen), welche eine Disposition zu Anwandlungen eines Subjekts zur

[1] H: »rein oder vollständig«. – [2] H: »Triebfedern der Empfindungen«. – [3] A: »Affekten, als die Schranken der inneren Freiheit im Menschen *überschreitenden* Gefühlen der Lust *oder* Unlust, gehandelt«. – [4] Am Rand von H: »Karaibe«. – [5] A: »§ *52*«; Akad.-Ausg.: »§ 62«. – [6] H: »[Temperamentsart] Sinnesart«.

||BA 176, 177

Freude oder Traurigkeit ist, von denen dieses sich selbst keinen Grund angeben kann, und die vornehmlich den Hypochondristen anhängt. Sie ist von dem launichten Talent (eines Butler oder Sterne) ganz unterschieden; welches durch die absichtlich-verkehrte Stellung, in die der witzige Kopf die Gegenstände setzt (gleichsam sie auf den Kopf stellt), mit schalkhafter Einfalt dem Zuhörer oder Leser das Vergnügen macht, sie selbst zurecht zu stellen. – Empfindsamkeit ist jener Gleichmütigkeit nicht entgegen. Denn sie ist ein Vermögen und eine Stärke, den Zustand sowohl der Lust als Unlust zuzulassen, oder auch vom Gemüt abzuhalten, und hat also eine Wahl. Dagegen ist Empfindelei eine Schwäche, durch Teilnehmung an anderer ihrem Zustande, die gleichsam auf dem Organ des Empfindelnden nach Belieben spielen können, sich auch wider Willen affizieren zu lassen. Die erstere ist männlich; denn der Mann, welcher einem Weibe oder Kinde Beschwerlichkeiten oder Schmerz ersparen will, muß so viel feines Gefühl haben, als nötig ist, um anderer ihre Empfindung nicht nach seiner Stärke, sondern ihrer Schwäche zu beurteilen, und die Zartheit seiner Empfindung ist zur Großmut notwendig. Dagegen ist die tatleere Teilnehmung seines Gefühls, sympathetisch zu anderer ihren Gefühlen das seine mittönen, und sich so bloß leidend affizieren zu lassen, läppisch und kindisch. – So kann und sollte es Frömmigkeit in guter Laune geben; *so kann* ⁞ *und soll man* beschwerliche, aber | notwendige, Arbeit *in guter Laune verrichten; ja* selbst *sterben* in guter Laune: denn[1] alles dieses verliert seinen Wert dadurch, daß es in *übler Laune* und[2] mürrischer Stimmung begangen oder erlitten wird[3].

Von dem Schmerz, über dem man vorsetzlich als einem, der nie anders als mit dem Leben aufhören soll, brütet, sagt man, daß jemand sich etwas (ein Übel[4]) zu Gemüte ziehe. – Man muß sich aber nichts zu[5] Gemüte ziehen;

[1] A: »Laune, beschwerliche aber | notwendige Arbeit, selbst *das Sterben* in guter Laune, geben; denn«. – [2] A: »in *schlimmer* und«. – [3] H: »begangen wird«. – [4] H: »Übel oder Böses«. – [5] A: »nichts *dergleichen* zu«.

denn was sich nicht ändern läßt, muß aus dem Sinn geschlagen werden: weil es Unsinn wäre, das Geschehene ungeschehen machen zu wollen. Sich *selbst*[1] bessern geht wohl an, und ist auch Pflicht; an dem aber, was schon außer meiner Gewalt ist, noch bessern zu wollen, ist ungereimt. Aber etwas zu Herzen nehmen, worunter jeder gute Rat, oder Lehre verstanden wird, die man sich angelegen zu sein den festen Vorsatz faßt, ist eine überlegte Gedankenrichtung, seinen Willen mit genugsam starkem Gefühl zur Ausübung desselben zu verknüpfen. – Die Buße des Selbstpeinigers[2], statt der schnellen Verwendung seiner Gesinnung auf einen besseren Lebenswandel, ist rein verlorene Mühe, und hat noch wohl die schlimme Folge, bloß dadurch (*durch*[3] die Reue) sein Schuldregister für getilgt zu halten, und so sich die, vernünftigerweise jetzt noch zu verdoppelnde, Bestrebung zum Besseren zu ersparen.[4]

§ 60[5]. Eine Art, sich zu vergnügen, ist zugleich Kultur: nämlich Vergrößerung der Fähigkeit, noch mehr Vergnügen dieser Art zu genießen; dergleichen das mit | Wissenschaften und schönen Künsten ist[6]. Eine andere | Art aber ist Abnutzung: welche uns des ferneren Genusses immer weniger fähig macht. Auf welchem Wege man aber auch immer Vergnügen suchen mag: so ist es, *wie bereits oben gesagt*,[1] eine Hauptmaxime, es sich so zuzumessen, daß man noch immer damit steigen kann; denn damit gesättigt zu sein, bewirkt denjenigen ekelnden Zustand, der dem verwöhnten Menschen das Leben selbst zur Last macht und Weiber, unter dem Namen der Vapeurs, verzehrt. – – Junger Mensch! *(ich wiederhole es)*[1] gewinne die Arbeit lieb; versage dir Vergnügen, nicht um ihnen zu entsagen, sondern, so viel als möglich, immer nur im Prospekt zu behalten. Stumpfe die Empfänglichkeit für dieselbe nicht durch Genuß frühzeitig ab. Die Reife des Alters, welche die Ent-

[1] Zusatz von B. – [2] H: »Die [tatlose] Buße des [Selbstquälers] Selbstpeinigers«. – [3] Zusatz von B_2. – [4] Am Rand von H: »Unsere Zufriedenheit setzen wir immer in Vergleichung mit anderen die absolute findet nicht statt. Als beim Lebensende«. – [5] A: »§ *53* «; Akad.-Ausg.: »§ 63«. – [6] A: »mit schönen Künsten und Wissenschaften ist«.

behrung eines jeden physischen Genusses nie bedauren läßt, wird selbst in dieser Aufopferung dir ein Kapital von Zufriedenheit zusichern, welches vom Zufall oder dem Naturgesetz unabhängig ist.

§ *61*[1]. Wir urteilen aber auch über Vergnügen und Schmerz durch ein höheres Wohlgefallen oder Mißfallen an uns selbst (nämlich das moralische): ob wir uns demselben weigern oder überlassen sollen.

1) Der Gegenstand kann angenehm sein, aber das Vergnügen[2] an demselben mißfallen. Daher der Ausdruck von einer bitteren Freude. – Der, welcher in mißlichen Glücksumständen ist und nun seine Eltern, oder einen würdigen und wohltätigen Anverwandten beerbt, kann nicht vermeiden, sich über ihr Ab¦sterben zu freuen; aber auch nicht, sich diese Freude zu verweisen. Eben das geschieht im Gemüte eines Ad|junkts, der einem von ihm verehrten Vorgänger mit ungeheuchelter Traurigkeit im Leichenbegängnisse folgt.

2) Der Gegenstand kann unangenehm sein; aber der Schmerz über ihn gefällt. Daher der Ausdruck süßer Schmerz: z.B. einer sonst wohlhabend hinterlassenen Witwe, die sich nicht will trösten lassen; welches oft ungebührlicherweise für Affektation ausgelegt wird.

Dagegen kann das Vergnügen überdem noch gefallen, nämlich dadurch, daß der Mensch an solchen Gegenständen, mit denen sich zu beschäftigen ihm Ehre macht, ein Vergnügen findet: z.B. die Unterhaltung mit schönen Künsten, statt des bloßen Sinnengenusses, und dazu noch das Wohlgefallen daran, daß er (als ein feiner Mann) eines solchen Vergnügens fähig ist. – Eben so kann der Schmerz eines Menschen obenein ihm noch mißfallen. Jeder Haß eines Beleidigten ist Schmerz; aber der Wohldenkende kann doch nicht umhin, es sich zu verweisen, daß, selbst nach der Genugtuung, er noch immer einen Groll gegen ihn übrig behält.

§ *62*[3]. Vergnügen, was man selbst[4] (gesetzmäßig) er-

[1] A: »§ *54*«; Akad.-Ausg.: »§ 64«. – [2] H (Cassirer): »Vergnügen«. – [3] A: »§ *55*«; Akad.-Ausg.: »§ 65«. – [4] H: »sich selbst«.

¦|BA 180

wirbt, wird verdoppelt gefühlt; einmal als Gewinn und dann noch obenein als Verdienst (die innere Zurechnung, selbst Urheber desselben zu sein). – Erarbeitetes Geld vergnügt, wenigstens dauerhafter, als im Glücksspiel gewonnenes, und, wenn man auch über | das Allgemeinschädliche der Lotterie wegsieht, so liegt doch im Gewinn durch dieselbe etwas, dessen sich ein | wohldenkender Mensch schämen muß. – Ein Übel, daran eine fremde Ursache schuld ist, schmerzt; aber woran man selbst schuld ist, betrübt und schlägt nieder.

Wie ist es aber zu erklären oder zu vereinigen: daß bei einem Übel, was jemanden von anderen widerfährt, zweierlei Sprache geführt wird? – So sagt z. B. einer der Leidenden: »ich wollte mich zufrieden geben, wenn ich nur die mindeste Schuld daran hätte«; ein *zweiter*[1] aber: »es ist mein Trost, daß ich daran ganz[2] unschuldig bin«. – Unschuldig leiden entrüstet; weil es Beleidigung von einem anderen ist. – Schuldig leiden schlägt nieder; weil es innerer Vorwurf ist. – Man sieht leicht, daß von jenen beiden der *zweite*[3] der bessere Mensch sei.

§ 63[4]. Es ist eben nicht die lieblichste Bemerkung an Menschen: daß ihr Vergnügen durch Vergleichung mit anderer ihrem Schmerz erhöhet, der eigene Schmerz aber durch die Vergleichung mit anderer ähnlichen, oder noch größeren Leiden vermindert wird. Diese Wirkung ist aber bloß psychologisch (nach dem Satze des Kontrastes: opposita iuxta se posita magis elucescunt[5]) und hat keine Beziehung aufs Moralische: etwa anderen Leiden zu wünschen, damit man die Behaglichkeit seines eigenen Zustandes desto inniglicher fühlen möge. Man leidet vermittelst der[6] Einbildungskraft mit dem anderen mit (so wie, wenn man jemanden, aus dem Gleichge|wicht gekommen, dem Fallen nahe sieht, man unwillkürlich und vergeblich sich auf die Gegenseite hinbeugt, um | ihn gleichsam gerade zu stellen) und

[1] A: »ein *anderer*«. – [2] H: »ich ganz«. – [3] A: »der *letztere*«. – [4] A: »§ *56*«; Akad.-Ausg.: »§ 66«. – [5] Übersetzung des Herausgebers: »Entgegengesetztes, nebeneinander gestellt, tritt klarer zutage«. – [6] H: »leidet in der«.

||BA 181, 182

ist nur froh, in dasselbe Schicksal nicht auch verflochten zu sein.* Daher läuft das Volk mit heftiger Begierde[3], die Hinführung eines Delinquenten und dessen Hinrichtung anzusehen, als zu einem Schauspiel. Denn die Gemütsbewegungen und Gefühle, die sich an seinem Gesicht und Betragen äußern, wirken sympathetisch auf den Zuschauer und hinterlassen, nach der Beängstigung desselben durch die Einbildungskraft (deren Stärke durch die Feierlichkeit noch erhöhet wird), das sanfte, aber doch ernste Gefühl einer Abspannung, welche den darauf folgenden Lebensgenuß desto fühlbarer macht.

Auch wenn man seinen Schmerz mit andern möglichen an seiner eigenen Person vergleicht, wird er dadurch doch erträglicher. Dem, welcher ein Bein gebrochen hat, kann man dadurch sein Unglück doch[4] erträglicher machen, wenn man ihm zeigt, daß es leicht hätte das Genick treffen können.

Das gründlichste und leichteste Besänftigungsmittel aller Schmerzen ist der Gedanke, den man einem vernünftigen Menschen wohl anmuten kann: daß das Le|ben überhaupt, was den Genuß desselben betrifft, der von Glücksumständen abhängt, gar keinen[5] eigenen Wert, | und[6] nur, was den Gebrauch desselben anlangt, zu welchen Zwecken *es* gerichtet[7] ist, einen Wert habe, den nicht das Glück, sondern allein die Weisheit dem Menschen verschaffen kann; der also in seiner Gewalt ist. Wer ängstlich wegen des Verlustes desselben bekümmert ist[8], wird des Lebens nie froh werden.

* *Suave*, mari[1] magno, turbantibus aequora ventis,
E terra alterius magnum spectare laborem.
Non quia vexari quenquam est iucunda voluptas,
Sed quibus ipse malis careas, quia cernere suave est.[2]
Lucret.

[1] A: »*Dulce*, mari«. – [2] Übersetzung des Herausgebers: »Es ist angenehm, bei hochgehender See, wenn die Winde das Meer aufwühlen, vom Land aus die große Mühsal eines anderen mitanzusehen. Nicht weil es ein Vergnügen ist, daß jemand sich abquält, sondern weil es angenehm ist zu sehen, von welchen Übeln man selbst frei ist.« – [3] H (Cassirer): »heftigerer Begierde«. – [4] H: »dadurch ihn doch«. – [5] H: »[beinahe] gar keinen«. – [6] A: »Wert | *habe* und«. – [7] A: »Zwecken *er* gerichtet«. – [8] Am Rand von H: »Warum sterben für Freude. Affekt«.

|| *B.* VOM[1] GEFÜHL FÜR DAS SCHÖNE *D. I.* DER[2] TEILS SINNLICHEN TEILS INTELLEKTUELLEN LUST IN DER REFLEKTIERTEN ANSCHAUUNG ODER DEM GESCHMACK

§ *64*[3]. Geschmack, in der eigentlichen Bedeutung des Worts, ist, *wie schon oben gesagt,*[4] die Eigenschaft eines Organs (der Zunge, des Gaumens[5] und des Schlundes), von gewissen aufgelöseten Materien im Essen oder Trinken spezifisch affiziert zu werden. Er ist in seinem Gebrauche entweder bloß als Unterscheidungs- oder auch zugleich als Wohlgeschmack zu verstehen (z. B. ob etwas süß oder bitter sei, oder ob das Gekostete (Süße oder Bittere) angenehm sei). Der erstere kann allgemeine Übereinstimmung in der Art, wie gewisse Materien zu benennen sind, der letztere aber kann niemals ein allgemeingültiges Urteil abgeben: daß nämlich (z. B. das Bittere), was mir angenehm ist, auch jedermann angenehm sein werde. Der Grund davon ist klar; weil Lust oder Unlust nicht zum Erkenntnisvermögen in Ansehung der Objekte gehören, sondern Bestimmungen des Subjekts sind, also äußeren[6] Gegenständen nicht beigelegt werden können. – | Der Wohlgeschmack enthält also zugleich[7] den Begriff von | einer Unterscheidung durch Wohlgefallen oder Mißfallen, welche ich mit der Vorstellung des Gegenstandes[8] in der Wahrnehmung oder Einbildung verbinde.

Nun wird aber auch das Wort Geschmack für ein sinnliches Beurteilungsvermögen genommen, nicht bloß[9], nach der Sinnesempfindung, für mich selbst, sondern auch nach einer gewissen Regel zu wählen, die als für jedermann geltend vorgestellt wird.[10] Diese Regel kann empirisch sein;

[1] A: » | *Zweiter Abschnitt.* Vom«. – [2] A: »Schöne *oder* der«. – [3] A: »§ *57*«; Akad.-Ausg.: »§ 67«. – [4] Zusatz von B. – [5] H: »der Gaumen«. – [6] H: »nicht [Verhältnis des Erkenntnisvermögen zum Objekt sondern Beziehung] nicht zum Erkenntnisvermögen der Objekte sondern Bestimmungen des Subjekts sind die äußeren«. – [7] H: »also [nicht bloß die Vorstellung des Unterschiedes der Ge] zugleich«. – [8] H: »Gegenstandes [oder auch seiner Anschauung]«. – [9] H: »nicht [durch den bloßen Sinn] bloß«. – [10] H: »vorgestellt wird. [Denn sonst würde die Lust Appetit nach einem Gegenstande sein den man nicht jedermann

wo sie aber alsdann auf keine wahre Allgemeinheit, folglich auch nicht auf Notwendigkeit (es müsse im[1] Wohlgeschmack jedes anderen Urteil mit dem meinigen übereinstimmen) – Anspruch machen kann. So gilt nämlich die Geschmacksregel in Ansehung der Mahlzeiten für die Deutschen, mit einer Suppe, für Engländer aber, mit derber Kost anzufangen; weil eine durch Nachahmung allmählich verbreitete Gewohnheit es zur Regel der Anordnung einer Tafel gemacht hat.

Aber es gibt auch einen Wohlgeschmack, dessen Regel a priori begründet sein muß, weil sie Notwendigkeit, folglich auch Gültigkeit für jedermann, ankündigt, wie die Vorstellung eines Gegenstandes in Beziehung auf das Gefühl der Lust oder Unlust zu beurteilen sei (wo also die Vernunft ingeheim mit im Spiel ist, ob man zwar das Urteil *derselben*[2] nicht aus Vernunftprinzipien ableiten und es darnach beweisen *kann*[3]); und diesen Geschmack könnte man den vernünftelnden, zum Unterschiede vom empirischen als dem Sinnengeschmack (jenen gustus reflectens[4], diesen reflexus) nennen.[5]

|| Alle Darstellung seiner eigenen Person oder seiner

ansinnen kann [und] sondern den ein jeder [für sich durch Erfahrung] für sich erproben muß nicht Geschmack sein den man a priori als [eine Lust] notwendig und als eine Lust [die jedermann daran haben muß] die man jedermann ansinnen kann vor[stellig machen] stellt. Diese Lust kann [aber] nun eben deswegen keine Sinnenlust, aber auch keine intellektuelle [sein] also muß sie zwar sinnlich. Das Vermögen der Vorstellungen aber die sinnlich sind ohne doch Vorstellungen der Sinne zu sein. Also ist der Wohlgeschmack welcher für jeden zur Regel dient für die Einbildungskraft. Hieraus folgt die Erklärung: // Geschmack ist das Vermögen für das Spiel der Einbildungskraft allgemeingültig zu wählen]«. – [1] H: »müsse [in dem Urteil ob etwas angenehm sei oder] im«. – [2] A: *»desselben«*. – [3] A: *»könne«*. – [4] H: »reflectens [apprehendens]«. – [5] Am Rand von H: »nicht Mittel sondern den Gegenstand der Anschauung selbst unmittelbar // Natürlich muß dieses Spiel alsdann frei und doch gesetzmäßig sein wenn es eine Lust am Objekt hervorbringen soll. // Geschmack bezieht sich auf Gesellschaft und Mitteilung mit andern ohne dieses wäre es bloß Wahl für den Appetit – // Für sich allein wird keiner seine Wahl der Form wegen einschränken. – Die gesellschaftliche feierliche Mahlzeit fordert Mannigfaltigkeit der Freiheit der Wahl wegen aber doch auch Ordnung und Einheit.«

||BA 186

Kunst mit Geschmack setzt einen gesellschaftlichen Zustand (sich mitzuteilen) voraus, der nicht immer gesellig (teilnehmend an der Lust anderer), sondern im Anfange gemeiniglich barbarisch, ungesellig und bloß wetteifernd ist. – In völliger Einsamkeit wird niemand sich sein[1] Haus schmücken oder ausputzen; er wird es auch nicht *gegen die* Seinigen (Weib und *Kinder*)[2], sondern nur gegen Fremde tun; um sich vorteilhaft zu zeigen. Im Geschmack (der Auswahl) aber, d. i. in der ästhetischen Urteilskraft, ist es nicht unmittelbar die Empfindung (das Materiale der Vorstellung des Gegenstandes), sondern wie es die freie (produktive) Einbildungskraft durch Dichtung zusammenpaart, d. i. die Form, was das Wohlgefallen an demselben[3] hervorbringt: denn nur die Form ist es, was des Ausspruchs[4] auf eine allgemeine Regel für das Gefühl der Lust fähig ist. Von der Sinnenempfindung, die, nach Verschiedenheit der Sinnesfähigkeit der Subjekte, sehr verschieden sein kann, darf man eine solche allgemeine Regel nicht erwarten. – Man kann also den Geschmack so erklären:[5] »Geschmack ist das Vermögen der ästhetischen Urteilskraft, allgemeingültig zu wählen«.

Er ist also ein Vermögen der gesellschaftlichen Beurteilung äußerer Gegenstände in der Einbildungskraft. – Hier fühlt das Gemüt seine Freiheit im Spiele der Einbildungen (also der Sinnlichkeit); denn die Sozialität[6] mit andern Menschen setzt Freiheit voraus, – und dieses Gefühl ist Lust[7]. – Aber die Allgemeingültigkeit dieser Lust für jedermann, durch welche die[8] || Wahl mit Geschmack (des Schönen) sich von der Wahl durch bloße Sinnenempfindung (des bloß subjektiv Gefallenden), d. i. des Angenehmen[9], unterscheidet, führt den Begriff eines Gesetzes bei

[1] H (Cassirer): »sich oder sein«. – [2] A: »*mit den* Seinigen (Weib und *Kindern*)«. – [3] H: »demselben [als einem Schönen]«. – [4] H (Akad.-Ausg., Cassirer): »Anspruchs«. – [5] H: »erklären. [Geschmack ist [die Urteilskraft] das Vermögen das freie Spiel der Einbildungskraft mit der Gesetzmäßigkeit des Verstandes zu [verbinden] vereinigen. Er ist also das Vermögen der ästhetischen Urteilskraft allgemeingültig zu wählen.]« – [6] H: »Soziabilität«. – [7] H: »Lust«. – [8] H: »[das Geschmacksurteil] die«. – [9] Cassirer: »(des bloß subjektiv Gefallenden, d. i. des Angenehmen)«.

||BA 187

sich; denn nur nach diesem kann die Gültigkeit des Wohlgefallens für den Beurteilenden allgemein sein. Das Vermögen der Vorstellung des Allgemeinen aber ist der Verstand. Also ist das Geschmacksurteil so wohl ein ästhetisches, als ein Verstandesurteil, aber in beider Vereinigung (mithin das letztere nicht als rein) gedacht. – Die Beurteilung eines Gegenstandes durch Geschmack ist ein[1] Urteil über die Einstimmung oder den Widerstreit der Freiheit im Spiele der Einbildungskraft und der Gesetzmäßigkeit des Verstandes und geht also nur die Form (diese Vereinbarkeit der Sinnenvorstellungen) ästhetisch zu beurteilen, nicht Produkte, in welchen jene wahrgenommen wird, hervorzubringen, an; denn[2] das wäre Genie, dessen aufbrausende Lebhaftigkeit durch die Sittsamkeit des Geschmacks gemäßigt und eingeschränkt zu werden oft bedarf.[3]

Schönheit ist allein das, was für den Geschmack gehört; das Erhabene gehört zwar auch zur ästhetischen Beur-

[1] H: »Also ist die ... Geschmack ein«. – [2] H (Cassirer): »Sinnenvorstellungen) nicht die Materie (die Sinnenlust) an, welche vielmehr, vornehmlich wenn das Gefühl derselben (der Reiz) stark ist das Geschmacksurteil überschreit. – Der Geschmack ist also nur ein Vermögen [den Gegenstand] diese Einhelligkeit oder Mißhelligkeit im Zusammensein der Vorstellungen ästhetisch zu beurteilen, nicht ... hervorzubringen denn«. – [3] Am Rand von H: »Was man für die Lust anderer wählt daran ‹?› kann die Wahl doch ohne Interesse sein. // Woher – Sapor? // Wählen heißt etwas durchs Gefühl der Lust an einem Gegenstand unterscheiden. Es ist noch nicht Begehren denn es ist noch problematisch. Noch kein Interesse etc. etc. // Schönheit – Erhabenheit // In einer Predigt nicht Geist und Geschmack 1. Die kalte und helle Theorie des Textes für den Verstand // 2. Das wirkliche Leben in Beziehung auf den Text ob es mit diesem übereinstimme oder nicht. // 3. Die belebende Anwendung desselben auf das Leben. // Der Geschmack geht auf Mitteilung der Lust in der Vorstellung eines Gegenstandes hinaus und also sofern ‹?› sie gesellschaftlich ist. Für sich selbst wird sich niemand geschmackvoll kleiden oder ausputzen. // Woher aber Sapor und Sapientia. – Der Unterscheidungsgeschmack der fein ist. Sancho eiserner kleiner Schlüssel etc. etc. // Geschmack ist das Vermögen der ästhetischen Urteilskraft allgemeingültig zu wählen. // Dadurch wird 1) das empirische ‹?› Interesse denn das gibt keine Allgemeingültigkeit. 2) das intellektuelle Interesse abgehalten dann aber auch 3) die Beziehung eines Gegenstandes aufs Gefühl der Lust und Unlust welches also bloß die Form des Gegenstandes betrifft 4) die Freiheit der Einbildungskraft da die anschauliche Vorstellung eigenes Produkt ist, angezeigt ‹?›.«

teilung, aber nicht für den Geschmack. Aber es kann und soll die Vorstellung des Erhabenen doch an sich schön sein; sonst ist sie rauh, barbarisch und geschmackwidrig. Selbst die Darstellung des Bösen oder Häßlichen (z.B. der Gestalt des personifizierten Todes bei Milton) kann und muß[1] schön sein, wenn einmal ein Gegenstand ästhetisch vorgestellt[2] werden soll, und wenn es auch ein Thersites wäre; denn sonst bewirkt sie entweder Unschmackhaftigkeit[3] oder Ekel: welche beide || *das Bestreben enthalten*, eine[4] Vorstellung, die zum Genuß dargeboten wird, von sich zu stoßen, da hingegen Schönheit den Begriff der Einladung zur innigsten Vereinigung mit dem Gegenstande, d. i. zum unmittelbaren Genuß, bei[5] sich führt. – Mit dem Ausdruck einer schönen Seele sagt man alles, was sich, sie zum Zweck der innersten Vereinigung mit ihr zu machen, sagen läßt; denn Seelengröße und Seelenstärke betreffen die Materie (die Werkzeuge zu gewissen Zwecken); aber die Seelengüte[6], die reine Form, unter der alle Zwecke sich müssen vereinigen lassen und die daher, wo sie angetroffen wird, gleich dem Eros der Fabelwelt, urschöpferisch aber auch überirdisch ist, – diese Seelengüte ist doch der Mittelpunkt, um welchen das Geschmacksurteil alle seine Urteile der mit der Freiheit des Verstandes vereinbaren sinnlichen Lust versammelt.

Anmerkung. Wie mag es doch gekommen sein, daß vornehmlich die neueren Sprachen das ästhetische Beurteilungsvermögen mit einem Ausdruck (gustus, sapor), der bloß auf ein gewisses Sinnenwerkzeug (das Innere des Mundes) und die Unterscheidung sowohl als die Wahl genießbarer Dinge durch dasselbe hinweiset, bezeichnet haben? – Es ist keine Lage, wo Sinnlichkeit und Verstand in einem Genusse vereinigt so lange fortgesetzt, und so oft mit Wohlgefallen wiederholt werden können, – als eine gute Mahlzeit

[1] H: »[soll] muß«. – [2] H: »dargestellt«. – [3] H: »[Gleichgültigkeit] entweder Unschmackhaftigkeit«. – [4] A: »beide | *Bestrebungen* eine«; H: »beide Bestrebungen enthalten eine«. – [5] H: »Gegenstande der Wahl bei«. – [6] H (Cassirer): »Seelenschönheit«.

||BA 188

in guter Gesellschaft. – Die erstere wird aber hierbei nur als Vehikel der Unterhaltung der letzteren angesehen. Der ästhetische Geschmack des Wirts zeigt sich nun in der Geschicklichkeit, allgemeingültig zu wählen; welches er aber durch seinen eigenen || Sinn nicht bewerkstelligen kann: weil *seine Gäste* sich *vielleicht* andere Speisen oder Getränke, jeder nach seinem Privatsinn, auswählen *würden*[1]. Er setzt also seine Veranstaltung[2] in der Mannigfaltigkeit: daß nämlich für jeden nach seinem Sinn einiges angetroffen werde; welches eine komparative Allgemeingültigkeit abgibt. Von seiner Geschicklichkeit, die Gäste selbst zur wechselseitigen allgemeinen Unterhaltung zu wählen (welche auch wohl Geschmack genannt wird, eigentlich aber Vernunft in ihrer Anwendung auf den Geschmack, und von diesem noch verschieden ist[3]), kann in der gegenwärtigen Frage nicht die Rede sein. Und so hat das Organgefühl durch einen besondern Sinn den Namen für ein ideales, nämlich einer sinnlich-allgemeingültigen Wahl überhaupt, hergeben können. – Noch sonderbarer ist es: daß die Geschicklichkeit der Erprobung durch den Sinn, ob etwas ein Gegenstand des Genusses eines und desselben Subjekts (nicht ob dessen Wahl allgemeingültig) sei, (sapor) sogar zur Benennung der Weisheit (sapientia) hinaufgeschroben worden; vermutlich deswegen, weil ein unbedingt notwendiger Zweck keines Überlegens und Versuchens bedarf, sondern unmittelbar gleichsam durch Schmecken[4] des Zuträglichen in die Seele kommt.

§ *65*[5]. Das Erhabene (sublime) ist die ehrfurchterregende Großheit (magnitudo reverenda), dem Umfange oder dem Grade nach, zu dem die Annäherung (um ihm mit[6] seinen Kräften angemessen zu sein) einladend, die Furcht aber, in der Vergleichung mit demselben in seiner eigenen Schätzung zu verschwinden, zugleich abschreckend ist (z.B. der Donner über unserem || Haupte, oder ein hohes wildes

[1] A: »weil *anderer ihrer* sich andere ... auswählen *würde*«. – [2] H: »[Wahl Anordnung] Veranstaltung«. – [3] H: »Geschmack verschiedener ist«. – [4] H: »[Gefühl] Schmecken«. – [5] A: »§ *58*«; Akad.-Ausg.: »§ 68«; H stellt dem § als Überschrift voran: »Vom Geschmack in Ansehung des Erhabenen«. – [6] H: »ihm [gleichzukommen anlockend] mit«.

Gebirge); wobei, wenn man selbst in Sicherheit ist, Sammlung seiner Kräfte, um die Erscheinung zu fassen, und dabei Besorgnis, ihre Größe nicht erreichen zu können, Verwunderung (ein angenehmes Gefühl durch kontinuierliche Überwindung des *Schmerzens*[1]) erregt wird.

Das Erhabene ist zwar das[2] Gegengewicht, aber nicht das Widerspiel vom Schönen; weil die Bestrebung und der Versuch, sich zu der Fassung (apprehensio) des Gegenstandes zu erheben, dem Subjekt ein Gefühl seiner eigenen Größe und Kraft erweckt; aber die Gedankenvorstellung desselben in der Beschreibung oder Darstellung kann und muß immer schön sein. Denn sonst wird die Verwunderung Abschreckung, welche von Bewunderung, als einer Beurteilung, wobei man des Verwunderns nicht satt wird, sehr unterschieden ist.

Die Großheit, die zweckwidrig ist (magnitudo monstrosa), ist das Ungeheuere. Daher haben die Schriftsteller, welche die weitläuftige Größe des russischen Reichs erheben wollten, es schlecht getroffen, daß sie es als ungeheuer betitelten; denn hierin liegt ein Tadel: als ob es, für einen einzigen Beherrscher, zu groß sei. – Abenteuerlich ist ein Mensch, der den Hang hat, sich in Begebenheiten zu verflechten, deren wahre Erzählung einem Roman ähnlich ist.

Das Erhabene ist also zwar nicht ein Gegenstand für den Geschmack, sondern für das Gefühl der Rührung; aber die künstliche Darstellung desselben in der Beschrei||bung und Bekleidung (bei Nebenwerken[3], parerga) kann und soll schön sein; weil es sonst wild, rauh und abstoßend und so dem Geschmack zuwider ist.

DER GESCHMACK ENTHÄLT EINE TENDENZ ZUR ÄUSSEREN BEFÖRDERUNG DER MORALITÄT

§ *66*[4]. Der Geschmack (gleichsam als formaler Sinn) geht auf Mitteilung seines Gefühls der Lust oder Unlust an andere und enthält eine Empfänglichkeit, durch diese Mit-

[1] A: »*Schmerzes*«. – [2] H: »[gleichsam] das«. – [3] H: »(Beiwerken«. – [4] A: »§ *59*«; Akad.-Ausg.: »§ 69«.

||BA 191

teilung selbst mit Lust affiziert, ein[1] Wohlgefallen (complacentia) daran gemeinschaftlich mit anderen (gesellschaftlich) zu empfinden. Nun ist das Wohlgefallen, was nicht bloß als für das empfindende Subjekt, sondern auch für jeden anderen, d. i. als allgemeingültig betrachtet werden kann, weil es Notwendigkeit (dieses Wohlgefallens), mithin ein Prinzip desselben a priori enthalten muß, um als ein solches gedacht werden zu können, ein Wohlgefallen an der Übereinstimmung der Lust des Subjekts mit dem Gefühl jedes anderen, nach einem allgemeinen Gesetz, welches aus der allgemeinen Gesetzgebung des Fühlenden, mithin aus der Vernunft, entspringen muß: d. i. die[2] Wahl nach diesem Wohlgefallen steht der Form nach unter dem Prinzip der Pflicht. Also hat der ideale Geschmack eine Tendenz zur äußeren Beförderung der Moralität. – Den Menschen für seine gesellschaftliche Lage gesittet zu machen, will zwar nicht ganz so viel sagen, als ihn sittlich-gut (moralisch) zu bilden, aber bereitet doch, durch die Bestrebung, in dieser Lage anderen[3] wohlzugefallen (beliebt oder bewundert zu werden), dazu vor. – Auf diese Weise könnte man || den Geschmack Moralität in der äußeren Erscheinung nennen; obzwar dieser Ausdruck, nach *dem* Buchstaben[4] genommen, einen Widerspruch enthält; denn Gesittetsein enthält doch den Anschein oder Anstand vom Sittlichguten und selbst einen Grad davon, nämlich *die Neigung*[5], auch schon in dem Schein desselben einen Wert zu setzen.

§ 67[6]. Gesittet, wohlanständig, manierlich, geschliffen (mit Abstoßung der Rauhigkeit) zu sein[7], ist doch nur die negative Bedingung des Geschmacks. Die Vorstellung dieser Eigenschaften in der Einbildungskraft kann eine äußerlich intuitive Vorstellungsart eines Gegenstandes oder seiner eigenen Person mit Geschmack sein, aber nur[8] für

[1] H: »Mitteilung [unmittelbar mit Lust (Wohlgefallen) affiziert zu sein] selbst mit Lust affiziert zu werden ein«. – [2] H: »d. i. [dieses Wohlgefallen] die«. – [3] H: »[allen] anderen«. – [4] So auch H; A: »nach *den* Buchstaben«. – [5] Zusatz von B. – [6] A: »§ *60*«; Akad.-Ausg.: »§ 70«. – [7] H: »[sich zu verhalten sind] zu sein«. – [8] H (Cassirer): »äußerlich intuitive oder eine diskursive und nur innerlich intuitive Vorstellung sein. – Die intuitive Vorstellungsart … mit Geschmack ist nur«.

||BA 192

zwei Sinne, für das Gehör und Gesicht. Musik und bildende Kunst (Malerei, Bildhauer-, Bau- und Gartenkunst) machen Ansprüche auf Geschmack, als Empfänglichkeit eines Gefühls der Lust für die bloßen Formen äußerer Anschauung, erstere in Ansehung des Gehörs, die andere des Gesichts. Dagegen enthält die diskursive Vorstellungsart, durch laute Sprache oder durch Schrift, zwei Künste, darin der Geschmack sich zeigen kann: die Beredsamkeit und Dichtkunst.[1]

ANTHROPOLOGISCHE BEMERKUNGEN ÜBER DEN GESCHMACK[2]

A. VOM MODEGESCHMACK

§ *68*[3]. Es ist ein natürlicher Hang des Menschen[4], in seinem Betragen sich mit einem *bedeutendern*[5] (des || Kindes mit den Erwachsenen, des Geringeren mit den Vornehmeren) in Vergleichung zu stellen und seine Weise nachzuahmen[6]. Ein Gesetz dieser Nachahmung, um bloß nicht geringer zu erscheinen als andere, und zwar in dem, wobei

[1] Am Rand von H: »§ 51 // Von der Dichtkunst und Beredsamkeit Geist und Geschmack, // Das Übermaß des Wohllebens mit Geschmack ist Luxus // Der Sinnengeschmack geht nur auf zwei Sinne Gehör und Gesicht Der Reflexionsgeschmack geht auch auf Manieren (mores). Der letztere der die Schönheit genannt wird ist gleichsam die Sittlichkeit in der Erscheinung (die Tugend wenn sie sichtbarlich erschiene (venus orania) – Daher geschliffen ‹?›, poli – Er ist die mittlere Stufe zwischen Sinnenreiz und Moralität. Die Individualität des ersteren wird weggelassen und es bleibt Wohlgefallen, die Allgemeinheit und Notwendigkeit führt zum Guten // Vom Modegeschmack // Nur 2 Sinne gehören zum idealischen Geist und Geschmack // Von der Pracht und dem Pomp – Abenteuerlichkeiten // Manche von ihnen sind süßlich wie die Liebesromanen // Prahlerisch ist nicht geschmacksvoll sondern abgeschmackt – Modisch ist nicht geschmackvoll sondern eitel.« – [2] H: »[Kunst] Geschmack. [Der populäre Geschmack (zum Unterschiede vom ausgewählten) ist die Mode. Die Frage: was ist jetzt Mode? geht nicht bloß auf den durch Gewohnheit gleichsam zum Gesetz gewordenen den eleganten Gebrauch]«. – [3] A: »§ *61*«; Akad.-Ausg.: »§ 71«. – [4] H: »[Schwächeren] Menschen«. – [5] A: »*bedeutenden*«; H: »Bedeuternden«. – [6] H: »nachzumachen«.

||BA 193

übrigens auf keinen Nutzen Rücksicht genommen wird, heißt Mode. Diese gehört also unter den Titel der Eitelkeit, weil in der Absicht kein innerer Wert ist; imgleichen der Torheit, weil dabei doch ein Zwang ist, sich durch bloßes Beispiel[1], das uns viele in der Gesellschaft geben, knechtisch leiten zu lassen. In der Mode sein ist eine Sache des Geschmacks; der außer der Mode einem vorigen Gebrauch anhängt, heißt altväterisch; der gar einen Wert darin setzt, außer der Mode zu sein, ist ein Sonderling. Besser ist es aber doch immer, ein Narr in der Mode als ein Narr außer der Mode zu sein; wenn man jene Eitelkeit überhaupt mit diesem harten Namen belegen will: welchen Titel doch die Modesucht[2] wirklich verdient, wenn sie jener Eitelkeit wahren Nutzen oder gar[3] Pflichten aufopfert. – Alle Moden sind schon ihrem Begriffe nach veränderliche Lebensweisen. Denn, wenn das Spiel der Nachahmung fixiert wird, so wird diese zum Gebrauch; wobei dann auf den Geschmack gar nicht mehr gesehen wird[4]. Die Neuigkeit ist es also, was die Mode beliebt macht, und erfinderisch in allerlei äußeren Formen zu sein, wenn diese auch öfters ins Abenteuerliche und zum Teil Häßliche ausarten[5], gehört zum Ton der Hofleute, vornehmlich der Damen, denen dann andere begierig nachfolgen, und sich in *niedrigen*[6] Ständen noch lange damit schleppen, wenn jene sie schon abgelegt haben. – Also ist die Mode eigentlich nicht eine Sache || des Geschmacks (denn sie kann äußerst geschmackwidrig sein), sondern der bloßen Eitelkeit vornehm zu tun, und des Wetteifers, einander dadurch zu übertreffen. (Die élégants de la cour, sonst petits maîtres genannt, sind Windbeutel.)

Mit dem wahren, idealen Geschmack läßt sich Pracht, mithin etwas Erhabenes, was zugleich schön ist, verbinden (wie ein prachtvoller bestirnter Himmel, oder, wenn es nicht zu widrig[7] klingt, eine St. Peterskirche in Rom). Aber

[1] H: »durchs bloße Beispiel«. – [2] H: »[Nachahmungssucht] Modensucht«. – [3] H: »oder wohl gar«. – [4] A: »wobei *es* dann ... mehr *an*gesehen wird«; H: »[welcher] wobei [es] auf den Geschmack gar nicht [angelegt ist] abgesehen wird«. – [5] H: »ausarteten«. – [6] A: »*niedrigern*«. – [7] H (Akad.-Ausg., Cassirer): »niedrig«.

||BA 194

Pomp, eine prahlerische Ausstellung zur Schau, kann zwar auch mit Geschmack verbunden werden, aber nicht ohne Weigerung des letzteren; weil der Pomp für den großen Haufen, der viel Pöbel in sich faßt, berechnet ist, dessen Geschmack, als stumpf, mehr Sinnenempfindung als Beurteilungsfähigkeit erfordert.

B. VOM KUNSTGESCHMACK

Ich ziehe hier nur die redenden Künste: Beredsamkeit und Dichtkunst, in Betrachtung, weil diese auf eine Stimmung des Gemüts angelegt sind, wodurch dieses unmittelbar zur Tätigkeit aufgeweckt wird, und so in einer pragmatischen Anthropologie, wo man den Menschen nach dem zu kennen sucht, was aus ihm zu machen ist, ihren Platz hat.

Man nennt das durch Ideen belebende Prinzip des Gemüts Geist. – Geschmack ist ein bloßes regulatives Beurteilungsvermögen der Form in der Ver||bindung des Mannigfaltigen in der Einbildungskraft; Geist aber das produktive Vermögen der Vernunft, ein Muster für jene Form a priori der Einbildungskraft unterzulegen. Geist und Geschmack: der erste, um Ideen zu schaffen, der zweite, um sie für die den Gesetzen der produktiven Einbildungskraft angemessene Form zu beschränken[1], und so ursprünglich (nicht nachahmend) zu bilden (fingendi). Ein mit Geist und Geschmack abgefaßtes Produkt kann überhaupt Poesie genannt werden und ist ein Werk der schönen Kunst: es mag den Sinnen vermittelst der Augen, oder der Ohren unmittelbar vorgelegt werden, welche auch Dichtkunst (poetica in sensu lato) genannt werden kann: sie mag Maler-, Garten-, Baukunst oder Ton- und Versmacherkunst (poetica in sensu stricto) sein. Dichtkunst aber, im Gegensatz mit der Beredsamkeit, ist von dieser nur der wechselseitigen Unterordnung des Verstandes und der Sinnlichkeit nach unterschieden, so: daß

[1] H: »um [ihnen eine] sie für die ... Form [unterzulegen] zu beschränken«.

||BA 195

die erstere ein Spiel der Sinnlichkeit durch den Verstand geordnet, die zweite aber ein Geschäfte des Verstandes durch Sinnlichkeit belebt, beide aber, der Redner sowohl als der Poet, (in weitem Sinn) Dichter sind, und aus sich selbst neue Gestalten (Zusammenstellungen des Sinnlichen) in ihrer Einbildungskraft hervorbringen.*

|| Weil die Dichtergabe ein Kunstgeschick, und, mit Geschmack verbunden, ein Talent für schöne Kunst ist, die zum Teil auf (obzwar süße, oft auch indirekt heilsame) Täuschung ausgeht, so kann es nicht fehlen, daß von ihr nicht großer (oft auch nachteiliger) Gebrauch im Leben gemacht

* Die Neuigkeit der Darstellung eines Begriffs[1] ist eine Hauptforderung der schönen Kunst an den Dichter, wenn gleich der Begriff selbst auch nicht neu sein sollte. – Für den Verstand aber (abgesehen vom Geschmack) hat man folgende Ausdrücke für die Vermehrung unserer Kenntnisse || durch neue Wahrnehmung. – Etwas entdecken, zuerst wahrnehmen, was schon da war, z.B. Amerika, die magnetische nach den Polen[2] sich richtende Kraft, die Luftelektrizität. – Etwas erfinden (was noch nicht da war, zur Wirklichkeit bringen), z.B. den Kompaß, den Aerostat.[3] – Etwas ausfindig machen, das Verlorne durch Nachsuchen wiederfinden. – Ersinnen und ausdenken (z.B. von Werkzeugen für Künstler, oder Maschinen). – Erdichten, mit dem Bewußtsein das Unwahre[4] als wahr vorstellig machen, wie in Romanen, wenn es nur zur Unterhaltung geschieht. – Eine für Wahrheit ausgegebene Erdichtung aber ist Lüge.

(Turpiter atrum desinit in piscem mulier formosa superne[5])

Horat.

[1] H: »[Gegenstandes] Begriffs«. – [2] H: »Erdpolen«. – [3] A: »Aerostat. *Der Mönch Schwarz mag wohl die Natur des Schießpulvers zuerst entdeckt haben, wenn er etwa die Bestandteile desselben durch Auslaugen, Glühen u.d.g. herausbrachte; denn erfunden hat er es nicht, weil es lange vor ihm schon in der Belagerung von Algeciras gebraucht worden war.*« – [4] H (Cassirer): »Erdichten das mit Bewußtsein Unwahre«. – [5] Übersetzung des Herausgebers: »Die oben wohlgebildete Frau läuft häßlich in einen schwarzen Fisch aus«; am Rand von H: » Man nennt das durch Ideen mit Vernunft belebende Prinzip im Menschen – Geist. // Der Maler von Originalen der Redner der Poet – ein jeder originale ‹?› Autor muß Dichter. sein und in seinem Produkt liegt Geist. // Skansion // tollgewordene Prose // Ein im Reime gebrachter witziger (auch wohl spitziger) Gedanke ist darum nicht Poesie – fehlt Geist. Die alten Gedichte hatten mehr Geist als Witz. Rauhe Größe und Einfalt. // Reime sind Endtöne // Poeten sind selten gute Geschäftsmänner Musiker gleichfalls nicht außer als Liebhaber nicht Künstler // Poesie und Versmacherei // Die Singbarkeit der Verse ist eine nicht natürliche Sprache«.

||BA 196 Anm.: ||BA 196

werde. – *Über* den Charakter des Dichters also, oder auch *über den* Einfluß, *den* sein Geschäft auf ihn und andere *hat*, und *die Würdigung desselben*, verlohnt es wohl, einige Fragen und Bemerkungen aufzustellen.[1]

Warum gewinnt unter den schönen (redenden) Künsten die Poesie den Preis über die Beredsamkeit, bei | eben denselben Zwecken? – Weil sie zugleich Musik (singbar) und Ton, ein für sich allein angenehmer Laut ist, dergleichen die bloße Sprache nicht ist. Selbst die ¦ Beredsamkeit borgt von der Poesie einen dem Ton nahe kommenden Laut, den Akzent, ohne welchen die Rede der nötigen dazwischen kommenden Augenblicke der Ruhe und der Belebung entbehrte. Die Poesie gewinnt aber nicht bloß den Preis über[2] die Beredsamkeit, sondern auch über jede andere schöne Kunst: über die Malerei (wozu die Bildhauerkunst gehört) und selbst über die Musik. Denn die letztere ist nur darum[3] schöne (nicht bloß angenehme) Kunst, weil sie der Poesie zum Vehikel dient. Auch gibt es unter den Poeten nicht so viel seichte (zu Geschäften untaugliche) Köpfe, als unter den Tonkünstlern; weil jene doch auch zum Verstande, diese aber bloß zu den Sinnen reden. – Ein gutes Gedicht ist das eindringendste Mittel der Belebung des Gemüts. – – Es gilt aber nicht bloß vom Poeten, sondern von jedem Besitzer der schönen Kunst: man müsse dazu geboren sein und könne nicht durch Fleiß und Nachahmung dazu gelangen; imgleichen, daß der Künstler, zum Gelingen seiner Arbeit, noch einer ihm[4] anwandelnden glücklichen Laune[5], gleich als dem Augenblicke einer Eingebung, bedürfe (daher er auch Vates genannt wird), weil, was nach Vorschrift und Regeln gemacht wird, geistlos (sklavisch) ausfällt, ein Produkt der schönen Kunst aber nicht bloß Geschmack, der auf Nachahmung gegründet sein kann, sondern auch Originalität des Gedanken erfordert, die, als aus sich selbst

[1] A: »Den Charakter des Dichters also, oder auch, *was* sein Geschäft auf ihn und andere *für* Einfluß *habe* und *wie es zu würdigen sei*, verlohnt es wohl einige Fragen und Bemerkungen aufzustellen, *die seine eigentümliche Lage betreffen.*« – [2] H: »aber den Preis nicht bloß über«. – [3] H: »nur [gleichsam] darum«. – [4] H (Cassirer): »ihn«. – [5] H: »Laune«.

|| BA 197

belebend, Geist genannt wird. – Der Naturmaler mit dem Pinsel oder der Feder (das letztere sei in Prose oder in Versen) ist nicht der | schöne Geist, weil er nur nachahmt; der Ideenmaler ist allein der Meister der schönen Kunst.

¦ Warum versteht man unter dem Poeten gewöhnlich einen Dichter in Versen, d. i. in einer Rede[1], die skandiert (der Musik ähnlich[2], taktmäßig gesprochen) wird? Weil er[3], ein Werk der schönen Kunst ankündigend, mit einer Feierlichkeit auftritt, die dem feinsten Geschmack (der Form nach) genügen muß; denn sonst wäre es nicht schön. – Weil diese Feierlichkeit aber am meisten zur schönen Vorstellung des Erhabenen erfordert wird, so wird dergleichen affektierte Feierlichkeit ohne Vers (von Hugo Blair) »tollgewordene Prose« genannt. – Versmacherei ist anderseits auch nicht Poesie, wenn sie ohne Geist ist.

Warum ist der Reim in den Versen der Dichter neuerer Zeiten, wenn er glücklich den Gedanken schließt, ein großes Erfordernis des Geschmacks in unserem Weltteil? dagegen[4] ein widriger Verstoß gegen den Vers in Gedichten der alten Zeiten, so daß z. B. im Deutschen reimfreie Verse wenig gefallen, ein in Reim[5] gebrachter lateinischer Virgil aber noch weniger behagen kann? Vermutlich weil bei den alten klassischen Dichtern die Prosodie bestimmt war, den neuern Sprachen aber großenteils mangelt, und dann doch das Ohr, durch den Reim, der den Vers gleichtönend mit dem vorigen schließt, dafür schadlos gehalten wird. In einer prosaischen feierlichen Rede wird ein von ohngefähr zwischen andre Sätze einfallender Reim[6] lächerlich.

| Woher schreibt sich die poetische Freiheit, die doch dem Redner nicht zusteht, dann und wann wider die Sprachgesetze zu verstoßen? Vermutlich davon, daß ¦ er durch das Gesetz der Form nicht gar zu sehr beenget werde, einen großen Gedanken auszudrücken.

Warum ist ein mittelmäßiges[7] Gedicht unleidlich, eine

[1] H: »[Sprache] Rede«. – [2] H: »[analogisch] ähnlich«. – [3] H: »[sein Produkt sich als] er«. – [4] H: »in den neuen dagegen«. – [5] H: »in Reime«. – [6] H: »[zufällig] von ohngefähr sich zwischen Sätze einstellender Reim«. – [7] H (Cassirer): »mittelmäßig«.

mittelmäßige Rede aber noch wohl erträglich? Die Ursache scheint darin zu liegen, daß die Feierlichkeit des Tons in jedem poetischen Produkt große Erwartung erregt und eben dadurch, daß diese nicht befriedigt wird, wie gewöhnlich, noch tiefer sinkt, als der prosaische Wert desselben es etwa noch verdienen würde. – Die Endigung eines Gedichts mit einem Verse, der als Sentenz aufbehalten werden kann, wirkt ein Vergnügen im Nachschmacke, und macht dadurch manches Schale wieder gut; gehört also auch zur Kunst des Dichters.

Daß im Alter die poetische Ader vertrocknet, zu einer Zeit, da Wissenschaften dem guten Kopf noch immer gute[1] Gesundheit und Tätigkeit in Geschäften ankündigen, kommt wohl daher: daß Schönheit eine Blüte, Wissenschaft aber Frucht ist, d. i. die Poesie eine freie Kunst sein muß, welche, der Mannigfaltigkeit halber, Leichtigkeit erfordert, im Alter aber dieser leichte Sinn (und das mit Recht) schwindet; weil ferner Gewohnheit, in derselben Bahn der Wissenschaften nur fortzuschreiten, zugleich Leichtigkeit bei sich führt, Poesie also, welche zu jedem ihrer Produkte Originalität und Neuigkeit (und hiezu Gewandtheit) erfordert, mit dem Alter nicht wohl zusammenstimmt; außer etwa in | Sachen des kaustischen Witzes, in Epigrammen und Xenien, wo sie aber auch mehr Ernst als Spiel ist.[2]

|| Daß Poeten kein solches Glück machen, als Advokaten und andere Professionsgelehrte, liegt schon in der Anlage des Temperaments[3], welches überhaupt zum gebornen Poeten erforderlich ist: nämlich die Sorgen durch das gesellige Spiel mit Gedanken zu verjagen. – *Eine Eigenheit* aber, *die* den Charakter betrifft, nämlich *die*, keinen *Charakter* zu[4] haben, sondern wetterwendisch, launisch und (ohne Bosheit) unzuverlässig zu sein, sich mutwillig Feinde zu

[1] H: »immer [zur gedeihlichen Nahrung dienen und blühende] in gute«. – [2] H: »weil was eine durch Gewohnheit erlangte Fertigkeit zugleich ein Zwang ist ferner auf demselben Wege fortzuschreiten und dabei die Neuigkeit der«. – [3] H: »Temperaments«. – [4] A: »*Daß* aber, *was* den Charakter betrifft, nämlich *den*, keinen zu«.

||BA 200

machen, ohne doch eben jemand zu hassen, und seinen Freund beißend zu bespötteln, ohne ihm wehe tun zu wollen, liegt[1] in einer über die praktische Urteilskraft herrschenden, zum Teil angebornen, Anlage des verschrobenen Witzes.

VON DER ÜPPIGKEIT

§ 69[2]. Üppigkeit (luxus) ist das Übermaß des gesellschaftlichen Wohllebens mit Geschmack in einem gemeinen Wesen (der also der Wohlfahrt desselben zuwider ist). Jenes Übermaß, aber ohne Geschmack, ist die öffentliche Schwelgerei (luxuries). – Wenn man beiderlei Wirkungen auf die Wohlfahrt in Betrachtung zieht, so ist Üppigkeit ein entbehrlicher Aufwand, der arm macht, Schwelgerei aber ein solcher, der krank macht. Die erste ist doch noch mit der fortschreitenden Kultur des Volks (in Kunst und Wissenschaft) verein|bar[3]; die zweite aber überfüllt mit Genuß und bewirkt endlich Ekel. Beide sind mehr prahlerisch (von außen zu glänzen), als selbstgenießend; die erstere durch Ele¦ganz (wie auf Bällen und in Schauspielen) für den idealen Geschmack; die zweite durch Überfluß und Mannigfaltigkeit für den Sinn des Schmeckens (den physischen, wie z. B. ein Lordmaireschmaus). – Ob die Regierung befugt sei, beide durch Aufwandsgesetze einzuschränken, ist eine Frage, deren Beantwortung hieher nicht gehört. Die schönen aber sowohl, als die angenehmen Künste, welche das Volk zum Teil schwächen, um es besser regieren zu können, würden[4] mit Eintretung eines rauhen Lakonizisms[5] der Absicht der Regierung gerade zuwider wirken.

Gute Lebensart ist die Angemessenheit des Wohllebens zur Geselligkeit (also mit Geschmack). Man sieht hieraus, daß der Luxus der guten Lebensart Abbruch tut, und der Ausdruck »er weiß zu leben«, der von einem begüterten oder vornehmen Mann gebraucht wird, bedeutet die Ge-

[1] So auch H; A: »wollen, *das* liegt«. – [2] A: »§ *62*«; Akad.-Ausg.: »§ 72«. – [3] H: »verbunden«. – [4] Cassirer erwägt: »schwächen, ganz zu unterdrücken, um ... können, würde«. – [5] H: »Lakonisms«.

||BA 201

schicklichkeit seiner Wahl im geselligen Genuß, der Nüchternheit (Sobrietät) enthält, beiderseitig den Genuß gedeihlich macht, und für die Dauer berechnet ist[1].

Man sieht hieraus, daß, da Üppigkeit eigentlich nicht dem häuslichen, sondern nur dem öffentlichen Leben vorgerückt werden kann, das Verhältnis des Staatsbürgers zum gemeinen Wesen, was die Freiheit im Wetteifer *betrifft*, um, in Verschönerung seiner Person oder | Sachen (in Festen, Hochzeiten und Leichenbegängnissen und so herab bis zu dem guten Ton des gemeinen Umgangs), dem Nutzen allenfalls vorzugreifen, schwerlich[2] mit Aufwandsverboten belästigt werden dürfe; weil sie ¦ doch[3] den Vorteil schafft, die Künste zu beleben, und so dem gemeinen Wesen die Kosten wieder erstattet, welche ihm ein solcher Aufwand verursacht haben möchte.

| DRITTES *BUCH*[4]
VOM BEGEHRUNGSVERMÖGEN

§ 70[5]. Begierde (appetitio) ist die Selbstbestimmung der Kraft eines Subjekts durch die Vorstellung von etwas Künftigen, als einer Wirkung derselben. Die habituelle sinnliche Begierde heißt Neigung. Das Begehren ohne Kraftanwendung zu Hervorbringung des Objekts ist der Wunsch. Dieser kann auf Gegenstände gerichtet sein, zu deren Herbeischaffung das Subjekt sich selbst unvermögend fühlt, und ist dann ein leerer (müßiger) Wunsch. Der leere[6] Wunsch, die Zeit zwischen dem Begehren und Erwerben des Begehrten vernichten zu können, ist Sehnsucht. Die in Ansehung des Objekts unbestimmte Begierde (appetitio vaga), welche das Subjekt nur antreibt, aus seinem gegen-

[1] H: »berechnet hat«. – [2] A: »Wesen, *in dem* was ... Wetteifer, um in ... | Sachen dem Nutzen allenfalls vorzugreifen (...), *sich zu erweitern*, schwerlich«. – [3] H (Cassirer): »Man sieht hieraus, daß Üppigkeit ... vorgerückt werden könne und das Verhältnis ... Wesen in dem was die Freiheit seiner Wahl nach Geschmack angeht betreffe. Sie ist bloß eine Torheit im Wetteifer um in ... Sachen dem Nutzen allenfalls vorzugreifen (...) welcher doch«. – [4] A: »|Drittes *Hauptstück*«. – [5] A: »§ *63*«; Akad.-Ausg.: »§ 73«. – [6] H: »[starke] leere«.

wärtigen Zustande herauszugehen, ohne zu wissen, in welchen es denn eintreten will, kann der launische Wunsch genannt werden (den nichts befriedigt).

Die durch die Vernunft des Subjekts schwer oder gar nicht bezwingliche Neigung ist Leidenschaft. Dagegen ist das Gefühl einer Lust[1] oder Unlust im gegenwär|tigen Zustande, welches im[2] Subjekt die Überlegung (die Vernunftvorstellung, ob man sich ihm überlassen oder weigern solle) nicht aufkommen läßt, der Affekt.

Affekten und Leidenschaften unterworfen zu sein, ist wohl immer Krankheit des Gemüts; weil beides | die Herrschaft der Vernunft ausschließt. Beide sind auch gleich heftig dem Grade nach; was aber ihre Qualität betrifft: so sind sie wesentlich von einander unterschieden, sowohl in der Vorbeugungs- als in der Heilmethode, die der Seelenarzt dabei anzuwenden hätte.

VON DEN AFFEKTEN IN GEGENEINANDERSTELLUNG DERSELBEN MIT DER LEIDENSCHAFT

§ 71[3]. Der Affekt ist Überraschung[4] durch Empfindung, wodurch die Fassung des Gemüts (animus sui compos) aufgehoben wird. Er ist also übereilt, d. i. er wächst geschwinde zu einem Grade des Gefühls, der die Überlegung unmöglich macht (ist unbesonnen). – Die Affektlosigkeit, ohne Verminderung der Stärke der Triebfedern zum Handeln, ist[5] das Phlegma im guten Verstande: eine Eigenschaft des wackeren Mannes (animi strenui), sich durch jener ihre Stärke nicht aus der ruhigen Überlegung bringen zu lassen. Was der Affekt des Zorns nicht in der Geschwindigkeit tut, das tut er gar nicht; und er vergißt leicht. Die Leidenschaft des

[1] H: »Gefühl der Lust«. – [2] H: »welches [die Vernunft mit ihrem Begriffe vom Guten und Bösen Ub] im«. – [3] A: »§ *64*«; Akad.-Ausg.: »§ 74«. – [4] H: »ist [gleichsam [der Ausbruch] Überschwemmung durch den Ausbruch [des] eines Dammes [von einem Strom]; Leidenschaft dagegen ein Strom durch die Abschüssigkeit des Bodens veranlaßt der sich immer tiefer eingräbt und und beharrlich macht.] Überraschung«. – [5] H: »Affektlosigkeit ohne die Stärke der Triebfedern zum Handeln zu vermindern ist«.

|B 203 |A 204

Hasses aber nimmt sich Zeit, um sich tief einzuwurzeln und es seinem Gegner zu denken. – Ein Vater, ein Schulmeister können nicht strafen, wenn sie die Abbitte (nicht die Rechtfertigung) anzuhören nur die Geduld gehabt ¦ haben. – Nötigt einen, der im Zorn zu euch ins Zimmer tritt, um euch in heftiger Entrüstung harte Worte zu sagen, höflich, sich zu setzen; wenn es euch hiemit gelingt, so wird sein Schelten schon gelinder; weil die Gemächlichkeit des Sitzens eine Abspannung ist, welche mit den drohenden Gebärdungen und dem Schreien im | Stehen sich nicht wohl vereinigen läßt. Die Leidenschaft hingegen (als zum Begehrungsvermögen gehörige Gemütsstimmung) läßt sich Zeit, und ist überlegend, so heftig sie auch sein mag, um ihren Zweck zu erreichen. – Der Affekt wirkt wie ein Wasser, was den Damm durchbricht; die Leidenschaft wie ein Strom, der sich in seinem Bette immer tiefer eingräbt. Der Affekt wirkt auf die Gesundheit wie ein Schlagfluß; die Leidenschaft wie eine Schwindsucht, oder Abzehrung. – Er ist wie ein Rausch, den man ausschläft, obgleich Kopfweh darauf folgt, die Leidenschaft aber wie eine Krankheit aus verschlucktem Gift oder Verkrüppelung anzusehen, die einen innern oder äußern Seelenarzt bedarf, der doch mehrenteils keine *radikale*[1], sondern fast immer nur palliativ-heilende Mittel zu verschreiben weiß.[2]

Wo viel Affekt ist, da ist gemeiniglich wenig Leidenschaft; wie bei den Franzosen, welche durch ihre Lebhaftigkeit veränderlich sind, in Vergleichung mit Italienern und Spaniern (auch Indiern und Chinesen), die in ihrem Groll über Rache brüten, oder in ihrer Liebe bis zum Wahnsinn beharrlich sind. – Affekten sind ehrlich und offen, Leidenschaften dagegen hinterlistig und versteckt. Die Chinesen werfen den Engländern vor, daß sie ungestüm und hitzig wären »wie die Tatarn«, diese aber je¦nen, daß sie ausgemachte (aber

[1] A: »*radikal-*«. – [2] Am Rand von H: »Er ist unbesonnen aber trägt nichts nach. Er wird sogar wenn man ihm Platz läßt erheitert und liebt dann den der ihn beleidigte. // Der Haß nicht (Leidenschaft). // Lieben kann durch einen augenblicklichen Eindruck eines freundlichen Lächelns bewirkt werden aber schnell verschwinden Aber sich verlieben ist eine Leidenschaft die man nicht los wird.«

gelassene) Betrüger sind, die sich durch diesen Vorwurf in ihrer Leidenschaft gar nicht irre machen lassen. – – Affekt ist wie ein Rausch, der sich ausschläft, Leidenschaft als ein Wahnsinn anzusehen, der über einer Vorstellung brütet, die sich immer tiefer einnistelt. – Wer liebt, kann dabei | doch wohl noch sehend bleiben; der sich aber verliebt, wird gegen die Fehler des geliebten Gegenstandes unvermeidlich blind; wiewohl der letztere acht Tage nach der Hochzeit sein Gesicht wieder zu erlangen pflegt.[1] – *Wem*[2] der Affekt wie ein Raptus anzuwandeln pflegt, der ist, so gutartig jener auch sein mag, doch einem Gestörten ähnlich; weil es ihn aber schnell darauf reuet, so ist es nur ein Paroxysm, den man Unbesonnenheit[3] betitelt. Mancher wünscht wohl sogar, daß er zürnen könne, und Sokrates war im Zweifel, ob es nicht auch *manchmal*[4] gut wäre zu zürnen; aber den Affekt so in seiner Gewalt zu haben, daß man kaltblütig überlegen kann, ob man zürnen solle oder nicht, scheint etwas Widersprechendes zu sein. – Leidenschaft dagegen wünscht sich kein Mensch[5]. Denn wer will sich in Ketten legen lassen, wenn er frei sein kann?

VON DEN AFFEKTEN INSBESONDERE

A. VON DER REGIERUNG DES GEMÜTS IN ANSEHUNG DER AFFEKTEN

§ 72[6]. Das Prinzip der Apathie: daß nämlich der Weise niemals im Affekt, selbst nicht in dem des | Mitleids mit den Übeln seines besten Freundes, sein müsse, ist ein ganz richtiger und erhabener moralischer Grundsatz der stoischen Schule; denn der Affekt macht (mehr oder weniger) blind. – Daß gleichwohl die Natur in uns die Anlage dazu eingepflanzt hat, war Weis|heit der Natur, um provisorisch, ehe die Vernunft noch zu der gehörigen Stärke ge-

[1] H: »pflegt. – [Der Affekt ist ehrlich und läßt sich nicht verhehlen; die Leidenschaft gemeiniglich versteckt]«. – [2] A: »*Wen*«. – [3] A: »man *mit* Unbesonnenheit«. – [4] A: »*mannigmal*«. – [5] H: »kein [vernünftiger] Mensch«. – [6] A: »§ *65*«; Akad.-Ausg.: »§ 75«.

|B 206 |A 206, 207

langt ist, den Zügel zu führen, nämlich den[1] moralischen Triebfedern zum Guten noch die des pathologischen (sinnlichen) Anreizes[2], als einstweiliges Surrogat der Vernunft, zur Belebung beizufügen. Denn übrigens ist Affekt für sich allein betrachtet jederzeit unklug; er macht sich selbst unfähig, seinen eigenen Zweck zu verfolgen, und es ist also *unweise*[3], ihn in sich vorsetzlich entstehen[4] zu lassen. – Gleichwohl kann die Vernunft in Vorstellung des Moralisch-Guten durch Verknüpfung ihrer Ideen mit Anschauungen (Beispielen), die ihnen untergelegt werden, eine Belebung des Willens hervorbringen (in geistlichen oder auch politischen Reden ans Volk, oder auch einsam an sich selbst), und also nicht als Wirkung, sondern als Ursache eines Affekts in Ansehung des Guten seelenbelebend sein, wobei diese Vernunft[5] doch immer noch den Zügel führt, und ein Enthusiasm des guten Vorsatzes bewirkt wird, der aber eigentlich zum Begehrungsvermögen und nicht zum Affekt, als einem stärkeren sinnlichen Gefühl, gerechnet werden muß. –

Die Naturgabe einer Apathie, bei hinreichender Seelenstärke, ist, *wie gesagt,*[6] das glückliche Phlegma (im moralischen[7] Sinne). Wer damit begabt ist, der ist zwar darum eben noch nicht ein Weiser, | hat aber doch die Begünstigung[8] von der Natur, daß es ihm leichter wird, als anderen, es zu werden.

Überhaupt ist es nicht die Stärke eines gewissen Gefühls, welche den Zustand des Affekts ausmacht, son|dern der Mangel der Überlegung, dieses Gefühl mit der Summe aller Gefühle (der Lust oder Unlust) in seinem Zustande zu vergleichen. Der Reiche, welchem sein Bedienter bei einem Feste einen schönen und seltenen gläsernen Pokal im Herumtragen ungeschickterweise zerbricht, würde diesen Zufall für nichts halten, wenn er in demselben Augenblicke diesen Verlust eines Vergnügens mit der Menge aller Ver-

[1] H: »führen den«. – [2] H: »des mechanischen (sinnlichen) Anreizes«. – [3] A: *»unweislich«*. – [4] H: »in sich von selbst entstehen«. – [5] H: »wobei die Vernunft«. – [6] Zusatz von B. – [7] H (Cassirer): »in moralischem«. – [8] H: »[Naturanlage] Begünstigung«.

|B 207 |A 208

gnügen, die ihm sein glücklicher Zustand als eines reichen Mannes darbietet, vergliche. Nun überläßt er sich aber ganz allein diesem einen Gefühl des Schmerzes (ohne jene Berechnung in Gedanken schnell zu machen); kein Wunder also, daß ihm dabei so zu Mute wird, als ob seine ganze Glückseligkeit verloren wäre.

B. VON DEN VERSCHIEDENEN AFFEKTEN SELBST

§ *73*[1]. Das Gefühl, welches das Subjekt antreibt, in[2] dem Zustande, darin es ist, zu bleiben, ist angenehm; das aber, was antreibt, ihn zu verlassen, unangenehm. Mit Bewußtsein verbunden heißt das erstere Vergnügen (voluptas), das zweite Mißvergnügen (taedium). Als Affekt heißt jenes Freude, dieses Traurigkeit. – Die ausgelassene ¦ Freude (die durch keine Besorgnis eines Schmerzes gemäßigt wird) und die versinkende Traurigkeit (die durch keine Hoffnung gelindert wird), der Gram, sind Affekten, die dem Leben drohen. Doch hat man aus den Sterbelisten ersehen, daß doch mehr Menschen durch | die erstere als durch die letztere das Leben plötzlich verloren haben; weil der Hoffnung, als Affekt, durch die unerwartete Eröffnung der Aussicht in ein nicht auszumessendes Glück, das[3] Gemüt sich ganz überläßt und so der Affekt, bis zum Ersticken, steigend ist; dagegen dem immer fürchtenden Grame[4] doch natürlicherweise vom Gemüt auch immer noch widerstritten[5] wird und er also nur langsam tötend ist.

Der Schreck ist die plötzlich erregte Furcht, welche das[6] Gemüt außer Fassung bringt. Einem Schreck ähnlich ist das Auffallende, was stutzig (noch nicht bestürzt) macht und was das Gemüt erweckt, sich zur Überlegung zu sammeln; es ist der Anreiz zur Verwunderung (welche

[1] A: »§ *66*«; Akad.-Ausg.: »§ 76«. – [2] H: »[seinen Zustand zu erhalten] in«. – [3] H: »[von dem Subjekt keine Schranken gesetzt werden] das«. – [4] H: »Gram der Traurigkeit«. – [5] H: »Gemüt [ein innerer Widerstand entgegengesetzt wird, wenn diese nur nicht plötzlich überfällt] doch immer noch widerstrebt«. – [6] H: »[die Fassung des Gemüts untunlich macht] das«.

¦B 208 |A 209

schon Überlegung in sich enthält). Erfahrenen widerfährt das nicht so leicht; aber zur Kunst gehört es, das Gewöhnliche von einer Seite, da es auffallend wird, vorzustellen. Der Zorn ist ein Schreck, der zugleich die Kräfte zum Widerstand gegen das Übel schnell rege macht. Furcht über einen *unbestimmtes*[1] Übel drohenden Gegenstand[2] ist Bangigkeit. Es kann einem Bangigkeit anhängen, ohne ein besonderes Objekt dazu zu wissen: eine Beklommenheit[3] aus bloß subjektiven Ursachen (einem krankhaften Zustande). Scham[4] ist Angst aus der besorgten Verachtung einer gegenwärtigen Person und, als solche, | ein Affekt. Sonst kann einer sich auch empfindlich schämen ohne Gegenwart dessen, vor dem er sich schämt; aber dann ist es kein Affekt, sondern, wie der Gram, eine Leidenschaft, sich selbst mit Verachtung anhaltend, aber vergeblich zu quälen; die Scham dagegen, als Affekt, muß plötzlich eintreten.

| Affekten sind[5] überhaupt krankhafte Zufälle (Symptomen), und können (nach einer Analogie *mit* Browns[6] System) in sthenische, aus Stärke, und asthenische[7], aus Schwäche, eingeteilt werden. Jene sind von der erregenden, dadurch aber oft auch erschöpfenden, diese von einer die Lebenskraft abspannenden, aber oft dadurch auch Erholung vorbereitenden Beschaffenheit. – Lachen mit Affekt ist eine konvulsivische Fröhlichkeit. Weinen *begleitet* die[8] schmelzende Empfindung[9] eines ohnmächtigen Zürnens mit dem Schicksal, oder mit andern Menschen, gleich einer von ihnen erlittenen Beleidigung; *und diese* Empfindung[10] ist Wehmut. Beide aber, *das Lachen und das Weinen,*[11] heitern auf; denn es sind Befreiungen von einem Hindernis der Lebenskraft durch Ergießungen (man kann nämlich auch bis zu Tränen lachen, wenn man bis zur Erschöpfung lacht). Lachen ist männlich, Weinen dagegen weiblich (beim Manne weibisch), und nur die Anwand-

[1] A: »*unbestimmt*«. – [2] H: »einen unbestimmten Gegenstand«. – [3] H: »[Beklemmung des Herzens] Beklommenheit«. – [4] H: »[Beschämtwerden] Scham«. – [5] B_2: »können«. – [6] So auch H; A: »Analogie *und* Browns«. – [7] So auch H; A: »Stärke, *mit* asthenische«. – [8] A: »Weinen *ist* die«. – [9] H: »[Traurigkeit] Empfindung«. – [10] A: »*die letztere* Empfindung«. – [11] Zusatz von B.

|B 209 |A 210

lung zu Tränen, und zwar aus großmütiger, aber ohnmächtiger Teilnehmung am Leiden anderer, kann dem Mann verziehen werden, dem die Träne im Auge glänzt, ohne sie in Tropfen fallen zu lassen, noch weniger sie mit Schluchzen zu begleiten und so eine widerwärtige Musik zu machen.

| VON DER FURCHTSAMKEIT UND DER TAPFERKEIT[1]

§ 74[2]. Bangigkeit, Angst, Grauen und Entsetzen sind Grade der Furcht, d. i. des Abscheues vor Gefahr. Die Fassung des Gemüts, die letztere mit Überlegung zu übernehmen, ist der Mut; die Stärke[3] des inneren Sinnes (ataraxia), nicht leicht wodurch in Furcht gesetzt | zu werden, ist Unerschrockenheit. Der Mangel des ersteren ist Feigheit*, des zweiten Schüchternheit.[4]

Herzhaft ist der, welcher nicht erschrickt; Mut hat der, welcher mit Überlegung der Gefahr nicht weicht; tapfer ist der, dessen Mut in Gefahren anhaltend ist. Wagehalsig[5] ist der Leichtsinnige, der sich in Gefahren wagt, weil er sie nicht kennt. Kühn, der sie wagt, ob er sie gleich kennt; tollkühn, der, bei sichtbarer Unmöglichkeit, seinen Zweck zu erreichen, sich in die größte Gefahr setzt (wie Karl XII. bei Bender). Die Türken nennen ihre Braven (vielleicht durch Opium) Tolle. – Feigheit ist also ehrlose[6] Verzagtheit.

Erschrockenheit ist nicht eine habituelle Beschaffen-

* Das Wort Poltron (von pollex truncatus hergenommen) wurde im späteren Lateinischen mit murcus gegeben, und bedeutete einen Menschen, der sich den Daumen abhackt, um nicht in den Krieg ziehen zu dürfen.

[1] H: »[Herzhaftigkeit] der Tapferkeit«. – [2] A: »§ 67«; Akad.-Ausg.: »§ 77«. – [3] H: »[festi] Stärke«. – [4] Am Rand von H: »Von rüstigen und schmelzenden Affekten (die Tränen jene Lachen erregen) – Von der Scham und der Dreustigkeit // Das Gefühl durch ‹?› welches die Natur sich in eben demselben Zustande zu erhalten strebt ist angenehm; das aber was ‹?› welches antreibt aus ihm hinaus zu gehen ist unangenehm. Was zu keinem von ‹?› beiden ist gleichgültig. // Zorn gehört zum Begehr. Vermögen // Zorn bei der hallucinatio // Affekten reizen die Blutbewegung.« – [5] H (Cassirer): »Waghälsich«. – [6] H: »ist ehrlose«.

|B 210 |A 211

heit, leicht in Furcht zu geraten; denn diese heißt Schüchternheit; sondern bloß ein Zustand und zufällige Disposition, mehrenteils bloß von körperlichen Ursachen | abhängend, sich gegen eine plötzlich aufstoßende Gefahr nicht gefaßt genug zu fühlen. Einem Feldherrn, der im Schlafrock ist, indem ihm die unerwartete Annäherung des Feindes angekündigt wird, kann wohl das Blut einen Augenblick in den Herzkammern stocken und an einem gewissen General bemerkte sein Arzt, daß, wenn er Säure im Magen hatte, er kleinmütig und schüchtern | war. Herzhaftigkeit aber ist bloß Temperamentseigenschaft[1]. Der Mut dagegen beruht auf Grundsätzen, und ist eine Tugend. Die Vernunft reicht[2] dem entschlossenen Mann alsdann Stärke, die ihm die Natur bisweilen versagt. Das Erschrecken in Gefechten bringt sogar wohltätige Ausleerungen hervor, welche einen Spott (das Herz nicht[3] am rechten Ort zu haben) sprichwörtlich gemacht haben; man[4] will aber bemerkt haben, daß diejenigen Matrosen, welche, bei dem Aufrufe zum Schlagen, zum Ort ihrer Entledigung eilen, hernach die mutigsten im Gefechte sind. Eben das bemerkt man doch auch an dem Reiher, wenn der Stoßfalk über ihm schwebt und jener sich zum Gefecht gegen ihn anschickt.[5]

Geduld ist demnach nicht Mut. Sie ist eine weibliche Tugend; weil sie nicht Kraft zum Widerstande aufbietet, sondern das Leiden (Dulden) durch Gewohnheit unmerklich zu machen hofft. Der unter dem chirurgischen Messer, oder bei Gicht- und Steinschmerzen schreit, ist darum in diesem Zustande nicht feig oder weichlich; es ist so wie das Fluchen, wenn man im Gehen an *einen*[6] frei liegenden Straßenstein (mit dem großen Zeh, davon das Wort hallucinari hergenommen) stößt, vielmehr ein Ausbruch des Zorns, in welchem die | Natur durch Geschrei das Stocken des Bluts am Herzen zu zerstreuen bestrebt ist. – Geduld aber von besonderer Art beweisen die Indianer in Amerika, welche, wenn sie umzingelt sind, ihre Waffen wegwerfen, und, ohne

[1] H: »war, und die Herzhaftigkeit ist eine Temperamentseigenschaft«. – [2] H: »leiht«. – [3] H: »Herz [in den –] nicht«. – [4] H: »und man«. – [5] Am Rand von H: »NB Poltron«. – [6] A: »an *einem*«.

um Pardon zu bitten, sich ruhig[1] niedermachen lassen. Ist nun hiebei mehr Mut, als die Europäer zeigen, die sich in diesem Fall bis auf den letzten Mann wehren? | Mir scheint es bloß eine barbarische Eitelkeit zu sein: ihrem Stamm dadurch die Ehre zu erhalten, daß ihr Feind sie zu Klagen und Seufzern, als Beweistümern ihrer Unterwerfung, nicht sollte zwingen können.

Der Mut, als Affekt (mithin einerseits zur Sinnlichkeit gehörend), kann aber auch durch Vernunft erweckt und so wahre Tapferkeit (Tugendstärke) sein. Sich durch Sticheleien und mit Witz geschärfte, eben dadurch aber nur desto gefährlichere, spöttische[2] Verhöhnungen dessen, was ehrwürdig ist, nicht abschrecken zu lassen, sondern seinen Gang standhaft zu verfolgen, ist ein moralischer Mut, den mancher nicht besitzt, welcher in der Feldschlacht, oder dem Duell, sich als einen Braven beweiset. *Es* gehört *nämlich zur* Entschlossenheit, etwas, was die Pflicht gebietet, selbst auf die Gefahr der Verspottung von anderen, zu wagen, *so gar* ein hoher Grad von Mut, weil Ehrliebe die beständige Begleiterin der Tugend ist, und der, welcher sonst wider Gewalt hinreichend gefaßt ist, doch der Verhöhnung sich selten gewachsen fühlt, wenn man ihm diesen Anspruch auf Ehre mit Hohnlachen verweigert.[3]

Der Anstand, der einen äußeren Anschein von Mut gibt, sich in Vergleichung mit anderen in der | Achtung nichts zu vergeben, heißt Dreistigkeit[4]; im Gegensatz der Blödigkeit, einer Art von Schüchternheit und Besorgnis[5], anderen nicht vorteilhaft in die Augen zu fallen. – Jene kann, als billiges Vertrauen zu sich selbst, nicht getadelt werden. Diejenige Dreistigkeit[6]* aber im Anstande, welche jeman-

* Dieses Wort sollte eigentlich Dräustigkeit (von Dräuen oder Drohen), nicht Dreistigkeit geschrieben werden; weil der Ton, oder auch die Miene eines solchen Menschen andere besorgen läßt, er könne auch wohl grob sein[7]. Eben so schreibt man liederlich für lüderlich,

[1] H: »[gelassen] ruhig«. – [2] H (Cassirer): »gespöttige«. – [3] Der voranstehende Satz fehlt in A an dieser Stelle; ein ähnlich lautender Text findet sich dort nach dem folgenden Absatz (A 214). – [4] H: »Dreustigkeit«. – [5] H: »[Furcht] Besorgnis«. – [6] H: »Dreustigkeit«. – [7] H (Cassirer): »grob werden«.

||BA 213

den den | Anschein gibt, sich aus dem Urteil anderer über ihn nichts zu machen, ist Dummdreistigkeit[1], Unverschämtheit; im gemilderten Ausdruck aber Unbescheidenheit; diese gehört also nicht zum Mute, in der sittlichen Bedeutung des Worts.[2]

Ob Selbstmord auch Mut, oder immer nur Verzagtheit voraussetze, ist nicht eine moralische, sondern bloß psychologische Frage. Wenn er verübt wird, bloß um seine Ehre nicht zu überleben, also aus Zorn, so scheint er Mut; ist es aber die Erschöpfung der Geduld im Leiden durch Traurigkeit, welche alle Geduld langsam erschöpft, so ist es ein Verzagen. Es scheint dem Menschen eine Art von Heroism zu sein, dem Tode gerade ins Auge zu sehen und ihn nicht zu fürchten, wenn er[3] das Leben nicht länger lieben kann. Wenn er aber, ob er gleich den Tod fürchtet, doch das Leben auf ¦ jede Bedingung zu lieben immer nicht aufhören kann, und so[4] eine Gemütsverwirrung aus Angst vorhergehen muß, um zum Selbstmorde zu schreiten, *so* stirbt[5] er aus Feigheit, weil er die Qualen[6] des Lebens nicht länger er|tragen kann. – Die Art der Vollführung des Selbstmordes

da doch das erste einen leichtfertigen, mutwilligen, sonst nicht unbrauchbaren und gutmütigen, das zweite aber einen Verworfenen[7], jeden anderen anekelnden Menschen (vom Wort Luder) bedeutet.[8]

[1] H: »Dummdreustigkeit«. – [2] Anschließend folgt als neuer Absatz in A: »*Endlich* gehört *auch zum Mut, der rein moralisch ist, die* Entschlossenheit etwas, was die Pflicht gebietet, selbst auf die Gefahr der Verspottung von anderen, zu wagen. – *Hiezu gehört* ein hoher Grad von Mut, weil Ehrliebe die beständige Begleiterin der Tugend ist, und der, welcher sonst wider Gewalt hinreichend gefaßt ist, doch der Verhöhnung sich selten gewachsen fühlt, wenn man ihm diesen Anspruch auf Ehre mit Hohnlachen verweigert.« (Vgl. S. 588, Anm. 3 des vorliegenden Bandes). – [3] H: »da er«. – [4] H: »und also«. – [5] A: »schreiten, *da* stirbt«. – [6] H: »die Übel«. – [7] Akad.-Ausg.: »verworfenen«. – [8] Am Rand von H: »Das Groteske, der gout baroc das a la Grec, die arabesque sind alle ein falscher Geschmack // schiefe // In allen Affekten wird das Gemüt bewegt durch futura consequentia. Furcht ist also in allen. Die Affekten aber Zorn oder Scham. // Der Mut welcher zur Tugend (der Tapferkeit) gehört findet nicht bloß in leiblichen Gefahren oder auch denen so für die äußere Ehre starben auch darin statt auf die Verspottung anderer etwas zu wagen und dieses ist der reine moralische Mut. // Ritter Bayard Murcus«.

¦B 214 |A 214, 215

gibt diesen Unterschied der Gemütsstimmung gewissermaßen zu erkennen. Wenn das dazu gewählte Mittel plötzlich und ohne mögliche Rettung tötend ist; wie z. B. der Pistolenschuß oder (wie es ein großer Monarch, auf den Fall, daß er in Gefangenschaft geriete, im Kriege bei sich führte) ein geschärftes Sublimat, oder tiefes Wasser und mit Steinen angefüllete Taschen: so kann man dem Selbstmörder den Mut nicht streiten. Ist es aber der Strang, der noch von anderen abgeschnitten, oder gemeines Gift, das durch den Arzt noch aus dem Körper geschafft, oder ein *Schnitt in den Hals, der wieder* zugenäht[1] und geheilt werden kann; bei welchen Attentaten der Selbstmörder, wenn er noch gerettet wird, gemeiniglich selbst froh wird und es nie mehr versucht: so ist es feige Verzweiflung aus Schwäche, nicht rüstige, welche noch Stärke der Gemütsfassung zu einer solchen Tat erfordert.

Es sind nicht immer bloß verworfene, nichtswürdige Seelen, die auf solche Weise der Last des Lebens loszuwerden beschließen; vielmehr hat man von solchen, die für[2] wahre Ehre kein Gefühl haben, dergleichen Tat nicht leicht zu besorgen. – Indessen, da sie doch immer gräßlich bleibt, und der Mensch sich selbst dadurch zum Scheusal macht, ist es doch merkwürdig, daß, in Zeitläuften der öffentlichen und für gesetzmäßig erklärten Ungerechtigkeit | eines revolutionären Zustandes (z. B. des Wohlfahrtsausschusses der französischen Republik), ehrliebende Männer (z. B. Roland) der Hinrichtung nach dem Gesetz durch Selbstmord zuvorzukommen gesucht haben, den sie in ei|ner konstitutionellen selbst[3] würden für verwerflich erklärt haben. Der Grund davon ist dieser. Es liegt in jeder Hinrichtung nach einem Gesetz etwas Beschimpfendes, weil sie Strafe ist, und wenn jene ungerecht ist, so kann der, welcher das Opfer des Gesetzes wird, diese nicht für eine verdiente[4] anerkennen. Dieses aber beweiset er dadurch: daß, wenn er dem Tode einmal geweihet worden, er ihn nun lieber wie ein freier

[1] A: »ein *Halsabschneiden, das noch* zugenäht«. – [2] H: »[auf Ehre Verzicht tun] für«. – [3] Akad.-Ausg.: »constitutionellen Verfassung selbst«. – [4] H: »eine solche«.

|B 215 |A 216

Mensch wählt und ihn sich selbst antut. Daher auch Tyrannen (wie Nero) es für eine Gunstbezeigung ausgaben, zu erlauben, daß der Verurteilte sich selbst umbrächte; weil es dann mit mehr Ehre geschah.[1] – – Die Moralität aber hievon verlange ich nicht zu verteidigen.

Der Mut des Kriegers aber ist von dem des Duellanten noch sehr verschieden, wenn gleich der Duell von der Regierung Nachsicht erhält, und gewissermaßen Selbsthülfe[2] wider Beleidigung zur Ehrensache in der Armee gemacht wird, in die sich das Oberhaupt derselben nicht mischt; ohne sie doch durchs Gesetz öffentlich erlaubt zu machen. – Dem Duell durch die Finger zu sehen, ist ein vom Staatsoberhaupt nicht wohl überdachtes schreckliches Prinzip, denn es gibt auch Nichtswürdige, die ihr Leben aufs Spiel setzen, um etwas zu gelten, und die, für die Erhaltung des Staats etwas mit ihrer eigenen Gefahr zu tun, gar nicht gemeint sind.

| Tapferkeit ist gesetzmäßiger Mut, in dem, was Pflicht gebietet, selbst den Verlust des Lebens nicht zu scheuen. Die Furchtlosigkeit macht's allein nicht aus, sondern die moralische Untadelhaftigkeit (mens conscia | recti[3]) muß damit verbunden sein, wie beim Ritter Bayard (chevalier sans peur et sans reproche[4]).

VON AFFEKTEN, DIE SICH SELBST IN ANSEHUNG IHRES ZWECKS SCHWÄCHEN (IMPOTENTES ANIMI MOTUS)

§ 75[5]. *Die Affekten des Zorns* und *der* Scham *haben das Eigne, daß sie sich selbst in Ansehung ihres Zweckes schwä-*

[1] Am Rand von H: »Rachgier (Begehrungsvermögen) ist eine Schwäche // Wer vor ‹?› Zorn blaß wird oder errötet ist gefährlicher? // Man kann auch eine moralische Liebe des Genusses so wie des Wohlwollens haben. Die erstere kann aber schwärmerisch werden. (Liebe des Wohlgefallens.) Affekt der Moralität // Von der Größe des Enthusiasms in der Rel. ‹?› die desto höher steigt je mehr sie vom Sinnlichen gereinigt ... im Moralischen.« – [2] H (Cassirer): »als Selbsthülfe«. – [3] Übersetzung des Herausgebers: »ein Geist, der sich des Rechten bewußt ist«. – [4] H (Cassirer): »sans reproche«; Übersetzung des Herausgebers: »Ritter ohne Furcht und Tadel«. – [5] A: »§ *68*«; Akad.-Ausg.: »§ 78«.

|B 216 |A 217

chen. Es sind plötzlich[1] erregte Gefühle eines[2] Übels als Beleidigung, die aber durch ihre Heftigkeit zugleich unvermögend machen, es abzuwehren.

Wer ist mehr zu fürchten: der, welcher im heftigen Zorn erblaßt, oder der hiebei errötet? Der erstere ist auf der Stelle zu fürchten; der zweite desto mehr hinter her (der Rachgier halber). Im ersteren Zustande erschrickt der aus der Fassung gebrachte Mensch vor sich selbst, zu einer Heftigkeit im Gebrauche seiner Gewalt hingerissen zu werden, die ihn nachher reuen möchte. Im zweiten geht der Schreck plötzlich in die Furcht über, daß das Bewußtsein seines Unvermögens der Selbstverteidigung sichtbar werden möchte. – Beide, wenn sie sich durch die behende Fassung des Gemüts Luft machen können, sind der Gesundheit nicht nachteilig; wo aber nicht, so sind sie teils dem Leben selbst gefährlich, | teils, wenn ihr Ausbruch zurückgehalten wird, hinterlassen sie einen Groll, d. i. eine Kränkung darüber, sich gegen Beleidigung nicht mit Anstand genommen zu haben; welche aber vermieden wird, wenn sie nur zu Worten kommen können. So aber sind beide Affekten von der | Art, daß sie stumm machen, und sich dadurch in einem unvorteilhaften Lichte darstellen.

Der Jachzorn kann durch innere Disziplin des Gemüts noch wohl abgewöhnt werden; aber die Schwäche eines überzarten Ehrgefühls in der Scham läßt sich nicht so leicht wegkünsteln. Denn wie Hume sagt (der selbst mit dieser Schwäche – der Blödigkeit, öffentlich zu reden – behaftet war), macht der erste Versuch zur Dreistigkeit[3], wenn er fehlschlägt, nur noch schüchterner, und es ist kein anderes Mittel, als, von seinem Umgange mit Personen, aus deren Urteil über den Anstand man sich wenig macht, anhebend, allmählich von[4] der vermeinten Wichtigkeit des Urteils anderer über uns abzukommen und sie hierin[5] inner-

[1] A: »*Sie sind Zorn* und Scham. Plötzlich«. – [2] H: »Gefühle [aus einer erlittenen] eines«. – [3] H: »Dreustigkeit«. – [4] H: »allmählich [zu im Umgange mit denen deren Urteil bedeutender ist und so ferner bis zu dem der wichtigsten Personen der freimütigeren Darstellung seiner selbst fortzuschreiten, welches zur vollendeten Erziehung gehört. zur] von«. – [5] Akad.-Ausg.: »und sich hierin«.

lich auf den Fuß der Gleichheit mit ihnen zu[1] schätzen. Die Gewohnheit hierin bewirkt die Freimütigkeit, welche von der *Blödigkeit*[2] und beleidigenden Dreistigkeit[3], gleichweit entfernt ist.

Wir sympathisieren zwar mit der Scham des anderen, als einem Schmerz, aber nicht mit dem Zorn desselben, wenn er uns die Anreizung zu demselben in diesem Affekt gegenwärtig erzählt; denn vor dem, der in diesem Zustand ist, ist der, welcher seine Erzählung (von einer erlittenen Beleidigung) anhört, selbst nicht sicher.[4]

| Verwunderung (Verlegenheit, sich in das Unerwartete zu finden) ist eine das natürliche Gedankenspiel zuerst hemmende, mithin unangenehme, dann aber das | Zuströmen der Gedanken zu der unerwarteten Vorstellung desto mehr befördernde und daher angenehme Erregung[5] des Gefühls; *Erstaunen heißt* aber *dieser* Affekt eigentlich alsdann nur, wenn man dabei gar ungewiß wird, ob die Wahrnehmung wachend oder träumend geschehe. Ein[6] Neuling in der Welt verwundert sich über alles; *wer aber* mit dem Lauf der Dinge durch vielfältige Erfahrung bekannt *geworden*, macht[7] es sich zum Grundsatze, sich über nichts zu verwundern (nihil admirari). Wer *hingegen*[8] mit forschendem Blicke die Ordnung der Natur, in der großen Mannigfaltigkeit derselben, nachdenkend verfolgt, gerät über eine Weisheit, deren er sich nicht gewärtig war, in Erstaunen: eine Bewunderung, von der man sich nicht losreißen (sich nicht genug verwundern) kann; welcher Affekt aber alsdann nur durch die Vernunft angeregt wird[9], und eine Art von heiligem Schauer ist, den[10] Abgrund des Übersinnlichen sich vor seinen Füßen eröffnen zu sehen.

[1] H: »Gleichheit zu«. – [2] A: »der *Verschämtheit*«. – [3] H: »Dreustigkeit«. – [4] Am Rand von H: »ob futura consequentia«. – [5] H: »[plötzliche Err] Erregung«. – [6] A: »Gefühls; *sie ist* aber eigentlich ... geschehe, *der* Affekt *des Erstaunens*. Ein«. – [7] A: »alles; *der* mit ... bekannt *gewordene* macht«. – [8] A: »Wer *aber*«. – [9] H: »alsdann durch die Vernunft aufgeregt wird«. – [10] H: »heiligem Schreck ist [die Pforte zum Üb] den«.

VON DEN AFFEKTEN, DURCH WELCHE DIE NATUR DIE GESUNDHEIT MECHANISCH BEFÖRDERT

§ 76[1]. *Durch einige Affekten wird die Gesundheit von der Natur mechanisch befördert. Dahin gehört vornehmlich das Lachen und das Weinen.*[2] Der Zorn[3], wenn man (doch ohne Widerstand zu besorgen) brav schelten darf, ist zwar auch ein ziemlich sicheres Mittel zur | Verdauung, und manche Hausfrau hat keine andere innigliche Motion, als das Ausschelten *der Kinder und*[2] des Gesindes, wie dann auch, wenn sich Kinder und Gesinde nur hiebei geduldig betragen[4], eine angenehme Müdigkeit[5] die Lebenskraft[6] durch die Maschine sich | gleichförmig[7] verbreitet; aber ohne Gefahr ist dieses Mittel doch auch nicht wegen des besorglichen Widerstandes jener Hausgenossen.

Das gutmütige (nicht hämische, mit Bitterkeit verbundene) Lachen ist dagegen beliebter und gedeihlicher: nämlich das, was man jenem persischen König hätte empfehlen sollen, der einen Preis für den aussetzte, »welcher ein neues Vergnügen erfinden würde«. – Die *dabei*[2] stoßweise (gleichsam konvulsivisch) geschehende Ausatmung der Luft (von welcher *das* Niesen nur ein kleiner, doch auch belebender Effekt ist, wenn ihr Schall *unverhalten* ertönen[8] darf) stärkt durch die heilsame Bewegung des Zwerchfells das Gefühl der Lebenskraft. Es mag *nun* ein gedungener Possenreißer (Harlekin) sein, *der uns zu lachen macht*, oder ein zur Gesellschaft der Freunde gehörender durchtriebener Schalk, der[9] nichts Arges im Sinn zu haben scheint, »der es hinter den Ohren hat« und nicht mitlacht, sondern mit scheinbarer Einfalt eine gespannte Erwartung (wie eine gespannte

[1] A: »befördert. *Sie sind das Lachen und das Weinen.* § 69«; Akad.-Ausg.: »§ 79«. – [2] Zusatz von B. – [3] A, B_2: »Zorn«. – [4] H: »geduldig doch auch demütig betragen haben«. – [5] H: »[Erholung] Müdigkeit«. – [6] B_3: »Müdigkeit der Lebenskraft«. – [7] H (Cassirer): »Müdigkeit die Lebenskraft [über] durch die Maschine gleichförmig«. – [8] A: »Luft, von welcher *durch die Nase* (*im* Niesen) nur ... ist (wenn ihr Schall *unverbissen* ertönen«; H (Cassirer): »Luft von welcher die durch ... « – [9] A: »Lebenskraft, *und* es mag ein ... (Harlekin), oder ... Schalk sein, der«.

Saite) plötzlich losläßt: so ist *das Lachen immer* Schwingung[1] der Muskeln, die zur Verdauung gehören, welche *dieses* weit besser *befördert*[2], als es die Weisheit des Arztes tun würde. Auch[3] eine große Albernheit einer fehlgreifenden Urteilskraft[4] kann – freilich aber auf | Kosten des vermeintlich Klügern – eben dieselbe Wirkung tun.*

| Das Weinen, ein mit Schluchzen geschehenes[5] (konvulsivisches) Einatmen, wenn es mit Tränenguß[6] verbunden ist, ist, als ein schmerzlinderndes Mittel, gleichfalls eine Vorsorge der Natur für die Gesundheit, und eine Witwe, die, wie man sagt, sich nicht will trösten lassen, d. i.[7] die Ergießung der Tränen nicht gehindert wissen will, sorgt, ohne es zu wissen oder eigentlich zu wollen, für ihre Gesundheit. Ein Zorn, der in diesem Zustande einträte, würde diesen Erguß, aber zu ih|rem Schaden, bald hemmen; obzwar nicht immer Wehmut, sondern auch Zorn Weiber und Kinder in Tränen versetzen kann. – Denn das Gefühl seiner Ohnmacht gegen ein Übel, bei einem starken Affekt (es sei des

* Beispiele vom letzteren kann man in Menge geben. Ich will aber nur eines anführen, was ich aus dem Munde der verstorbenen Frau Gräfin von K–g habe; einer Dame, die die Zierde ihres Geschlechts war. Bei ihr hatte der | Graf Sagramoso, der damals die Einrichtung des Malteserritterordens in Polen (aus der Ordination Ostrog) zu besorgen den Auftrag hatte, den Besuch gemacht und zufälligerweise war ein aus Königsberg gebürtiger, aber in Hamburg für die Liebhaberei einiger reichen Kaufleute zum Naturaliensammler und Aufseher dieser ihrer Kabinetter angenommener Magister, der seine Verwandten in Preußen besuchte, hinzugekommen, zu welchem der Graf, um doch etwas mit ihm zu reden, im gebrochenen Deutsch sprach: »ick abe in Amburg eine Ant geabt (ich habe in Hamburg eine Tante gehabt); aber die ist mir gestorben«. Flugs ergriff der Magister das Wort und fragte: »warum ließen Sie sie nicht abziehen und ausstopfen?« Er nahm das englische Wort Ant, welches Tante bedeutet, für Ente, und weil er gleich darauf fiel, sie müsse sehr rar gewesen sein, bedauerte er den großen Schaden. Man kann sich vorstellen, welches Lachen dieses Mißverstehen erregen mußte.[8]

[1] A: »ist *es* Schwingung«. – [2] A: »welche *diese* weit besser *befördern*«. – [3] A: »*Aber* auch«. – [4] H: »eine[s]r fehlgreifenden [Witzes] Urteilskraft«. – [5] H (Cassirer): »geschehendes«. – [6] H (Cassirer): »Tränenerguß«. – [7] H: »trösten [lassen] d.i.«. – [8] Am Rand von H: »Ich enthalte mich hier der Beispiele, aber etc. etc. // Stoßseufzer // Sagramoso // 3. das hieroglyphische geheimnisvolle hindeutende (a la Grecque) // 4. das im Traum gesehene (arabesque) // beides zu Einfassungen.«

|B 220, 221 |A 221 Anm.: |A 221

Zorns oder der Traurigkeit), ruft die äußern natürlichen Zeichen[1] zum Beistande auf, die dann auch (nach dem Recht des Schwächern), eine männliche Seele | wenigstens, entwaffnen. Dieser Ausdruck der Zärtlichkeit als Schwäche des Geschlechts aber darf den teilnehmenden Mann nicht bis zum Weinen, aber doch wohl bis zur Träne im Auge rühren; weil er im ersteren Falle sich an seinem eigenen Geschlecht vergreifen und so mit seiner Weiblichkeit dem schwächern Teil nicht zum Schutz dienen, im zweiten aber gegen das andere Geschlecht nicht die Teilnehmung beweisen würde, welche ihm seine Männlichkeit zur Pflicht macht, nämlich dieses in Schutz zu nehmen: wie es der Charakter, den die Ritterbücher dem tapfern Mann zueignen, mit sich bringt, der gerade in dieser Beschützung gesetzt wird.

Warum aber lieben junge Leute mehr das tragische Schauspiel und führen dieses auch lieber auf, wenn sie ihren Eltern etwa ein Fest geben wollen; alte aber lieber das komische, bis zum Burlesken? Die Ursache des ersteren ist zum Teil eben dieselbe, als die, welche die Kinder treibt, das Gefährliche zu wagen[2]: vermutlich durch einen Instinkt der Natur, um ihre Kräfte zu versuchen; zum Teil aber auch, weil, bei dem Leichtsinn der Jugend, von den herzbeklemmenden oder schreckenden Eindrücken, sobald das Stück geendigt ist, keine Schwermut übrig bleibt, sondern nur eine ange¦nehme Müdigkeit, nach einer starken inneren Motion, welche aufs neue zur Fröhlichkeit stimmt. Dagegen verwischt sich bei Alten dieser Eindruck nicht so leicht und sie können die Stimmung zum Frohsinn nicht so leicht wieder in[3] sich hervorbringen. Ein Harlekin, der behenden Witz hat, bewirkt durch seine Einfälle eine wohltätige Erschütterung ihres Zwerchfelles und der Eingeweide: | wodurch der Appetit für die darauf folgende gesellschaftliche Abendmahlzeit geschärft und durch Gesprächigkeit gedeihlich wird.[4]

[1] H: »ruft durch äußere natürliche Zeichen«. – [2] H: »[versuchen] wagen«. – [3] H: »leicht in«. – [4] Am Rand von H: »Frappant, das Auffallende, was stutzig macht, was als unerwartet die Aufmerksamkeit erregt und worin man sich nicht so gleich finden kann ist eine Hemmung mit darauf folgender Ergießung«.

¦B 222 |A 222, 223

ALLGEMEINE ANMERKUNG

Gewisse innere körperliche Gefühle sind mit Affekten verwandt, sind es aber doch nicht selbst: weil sie nur[1] augenblicklich, vorübergehend, sind und von sich keine Spur hinterlassen; dergleichen das Gräuseln ist, welches die Kinder anwandelt, wenn sie von Ammen des Abends Gespenstererzählungen anhören. – Das Schauern, gleichsam mit kaltem Wasser übergossen werden (wie beim Regenschauer), gehört auch dahin. Nicht die Wahrnehmung der Gefahr, sondern der bloße Gedanke von Gefahr – obgleich man weiß daß keine da ist – bringt diese Empfindung hervor, die, wenn sie bloße Anwandlung, nicht Ausbruch des Schrecks[2] ist, eben nicht unangenehm zu sein scheint.

Der Schwindel und selbst die Seekrankheit scheint ihrer Ursache nach in die Klasse solcher idealen Gefahren zu gehören. – Auf einem Brett, was auf der Erde liegt, kann man ohne Wanken fort¦schreiten; liegt es aber über einen Abgrund, oder, für den der nervenschwach ist, auch nur über einen Graben: so wird oft die leere Besorgnis der Gefahr wirklich gefährlich. Das Schwanken eines Schiffs selbst bei gelindem Winde ist ein wechselndes Sinken und Gehobenwerden. Bei dem Sinken ist die Bestrebung der Natur, sich zu heben (weil alles Sinken überhaupt Vorstellung | von Gefahr bei sich führt), mithin die Bewegung des Magens und der Eingeweide von unten nach oben zu mit einem Anreiz zum Erbrechen mechanisch verbunden, welcher alsdann noch vergrößert wird, wenn der Patient in der Kajüte zum Fenster derselben hinausschaut und wechselsweise bald den Himmel bald die See in die Augen bekommt, wodurch die Täuschung eines unter ihm weichenden Sitzes noch mehr gehoben wird.

Ein Akteur, der selbst kalt ist, übrigens aber nur Verstand und starkes Vermögen der Einbildungskraft besitzt, kann durch einen affektierten (gekünstelten) Affekt oft mehr rühren als durch den wahren. Ein ernstlich[3] Verliebter

[1] H: »sie [auf einen erdichteten Zustand bezogene Empfindungen] nur«. – [2] H: »[Gefühls] Schrecks«. – [3] H: »[wirklich] ernstlich«.

¦B 223 |A 224

ist in Gegenwart seiner Geliebten verlegen, ungeschickt und wenig einnehmend. Einer aber, der bloß den Verliebten macht[1] und sonst Talent hat, kann seine Rolle so natürlich spielen, daß er die arme Betrogene ganz in seine Schlingen bringt; gerade darum, weil sein Herz unbefangen, sein Kopf klar und er also im ganzen Besitz des freien Gebrauchs seiner Geschicklichkeit und Kräfte ist, den Schein des Liebenden sehr natürlich[2] nachzumachen.

Das gutmütige (offenherzige) Lachen ist (als zum Affekt der Fröhlichkeit gehörend) gesellig; das hämi|sche (Grinsen) feindselig. Der Zerstreuete (wie Terrasson mit der Nachtmütze statt der Perücke auf dem Kopf und dem Hute unter dem Arm, voll von dem Streit über den Vorzug der Alten und der Neuen in Ansehung der Wissenschaften, gravitätisch einhertretend) gibt oft zum ersteren Anlaß; er wird belacht, darum aber[3] doch | nicht ausgelacht. Der nicht unverständige Sonderling wird belächelt, ohne daß es ihm was kostet; er lacht mit. – Ein mechanischer (geistloser) Lacher ist schal und macht die Gesellschaft schmacklos. Der[4] darin gar nicht lacht, ist entweder grämlich oder pedantisch. Kinder, vornehmlich Mädchen, müssen früh zum freimütigen ungezwungenen Lächeln gewöhnt werden; denn die Erheiterung der Gesichtszüge hiebei drückt sich nach und nach auch im Inneren ab und begründet eine Disposition zur Fröhlichkeit, Freundlichkeit und Geselligkeit, welche diese Annäherung zur Tugend des Wohlwollens frühzeitig vorbereitet.[5]

Einen in der Gesellschaft zum Stichblatt des Witzes (zum besten) zu[6] haben, ohne doch stachlicht zu sein (Spott ohne Anzüglichkeit), gegen den der andere mit dem seinigen zu ähnlicher Erwiderung gerüstet, und so ein fröhliches Lachen in sie zu bringen bereit ist, ist eine gutmütige und zugleich kultivierende Belebung derselben. Geschieht dieses aber auf Kosten eines Einfaltspinsels, den man, wie einen Ball, dem anderen zuschlägt, so ist das Lachen, als schadenfroh, we-

[1] H: »[spielt] macht«. – [2] H: »[ganz nat] sehr natürlich«. – [3] H: »darum eben aber«. – [4] H: »Der [Gravitätische]«. – [5] Am Rand von H: »Gravität«. – [6] H: »[(zum Narren)] zu«.

nigstens unfein, und geschieht es an einem Schmarotzer, der sich schwelgenshalber[1] zum mutwilligen Spiel hingibt *oder* zum Narren machen *läßt*, ein[2] Beweis vom schlechten Geschmack | sowohl, als stumpfen moralischen Gefühl derer, die *darüber aus* vollem[3] Halse lachen können. Die Stelle eines Hofnarren aber, der zur wohltätigen Erschütterung des Zwerchfells der höchsten Person durch Anstichelung ihrer vornehmen Diener die Mahlzeit durch Lachen | würzen soll, ist, wie man es nimmt, über oder unter aller Kritik.

VON DEN LEIDENSCHAFTEN[4]

§ 77[5]. Die subjektive Möglichkeit der Entstehung einer gewissen Begierde, die vor der Vorstellung ihres Gegenstandes vorhergeht, ist der Hang (propensio). – Die innere Nötigung des Begehrungsvermögens zur Besitznehmung dieses Gegenstandes, ehe man ihn noch kennt, der[6] Instinkt (wie der Begattungstrieb[7], oder der Elterntrieb des Tiers, seine Junge zu schützen u.d.g.). – Die dem[8] Subjekt zur Regel (Gewohnheit) dienende sinnliche Begierde heißt Neigung (inclinatio). – Die Neigung, durch welche die Vernunft verhindert wird, sie, in Ansehung einer gewissen Wahl, mit der Summe aller Neigungen zu vergleichen, ist die Leidenschaft (passio animi).

Man sieht leicht ein, daß Leidenschaften, weil sie sich mit der ruhigsten Überlegung zusammenpaaren lassen, mithin nicht[9] unbesonnen sein dürfen, wie der Affekt, daher auch nicht stürmisch und vorübergehend, sondern sich einwurzelnd, selbst mit dem Vernünfteln zusammen bestehen können, – der Freiheit den größten Abbruch tun, und wenn der Affekt ein Rausch ist, die Leidenschaft | eine Krankheit sei, welche alle Arzeneimittel verabscheut und daher weit

[1] H: »sich anderen Schwelgens halber«. – [2] A: »hingibt *(sich* zum Narren machen *zu lassen)*, ein«; H: »hingibt (sich zum Narren machen [zu lassen] läßt) [ekelhaft] ein«. – [3] A: »die *hiezu mit* vollem«. – [4] A: »*Vom Begehrungsvermögen*«. – [5] A: »§ *70*«; Akad.-Ausg.: »§ 80«. – [6] Cassirer: »ist der«. – [7] H: »[Geschlechts] Begattungstrieb«. – [8] H: »Die [Fertigkeit in Ansehung einer gewissen sinnlichen] dem«. – [9] H: »daß Leidenschaften sich ... zusammenpaaren lassen nicht«.

|B 225, 226 |A 226

schlimmer ist, als alle jene vorübergehende Gemütsbewegungen, die doch wenigstens den Vorsatz rege machen, sich zu bessern; statt dessen die letztere eine Bezauberung ist, die auch die Besserung ausschlägt.

| Man benennt die Leidenschaft mit dem Worte Sucht (Ehrsucht, Rachsucht, Herrschsucht u.d.g.), außer die der Liebe nicht, in dem Verliebtsein. Die Ursache ist, weil, wenn die letztere Begierde (durch den Genuß) befriedigt worden, die Begierde, wenigstens in Ansehung eben derselben Person, zugleich aufhört, mithin man wohl ein leidenschaftliches Verliebtsein (so lange der andere Teil in der Weigerung beharrt), aber keine physische Liebe, als Leidenschaft, aufführen kann; weil sie in Ansehung des Objekts nicht ein beharrliches Prinzip enthält. Leidenschaft setzt immer eine Maxime des Subjekts voraus, nach einem, von der Neigung ihm vorgeschriebenen, Zwecke zu handeln. Sie ist also[1] jederzeit mit der Vernunft desselben verbunden und bloßen Tieren kann man keine Leidenschaften beilegen; so wenig wie reinen Vernunftwesen. Ehrsucht, Rachsucht u.s.w., weil sie nie vollkommen befriedigt sind[2], werden eben darum unter die Leidenschaften gezählt, als Krankheiten, wider die es nur Palliativmittel gibt.

§ 78[3]. Leidenschaften sind Krebsschäden für die reine praktische Vernunft und mehrenteils unheilbar; weil der Kranke nicht will geheilt sein und sich der Herrschaft des Grundsatzes entzieht, durch den dieses allein geschehen könnte. Die Vernunft geht auch im Sinnlich¦praktischen vom Allgemeinen zum Besonderen nach dem Grundsatze: nicht Einer Neigung zu gefallen[4] die übrigen alle in Schatten oder in den Winkel zu stellen, sondern darauf zu sehen, daß jene mit der Summe aller Neigungen zusammen bestehen könne.– Die Ehrbegierde eines Menschen mag immer eine durch die Ver|nunft gebilligte Richtung seiner Neigung sein; aber der Ehrbegierige will[5] doch auch von andern geliebt sein, er bedarf gefälligen Umgang mit anderen, Erhaltung

[1] H: »sie sind also«. – [2] H: »vollkommen zu befriedigen sind«. – [3] A: »§ *71*«; Akad.-Ausg.: »§ 81«. – [4] Akad.-Ausg.: »zu Gefallen«. – [5] H: »aber er will«.

¦B 227 |A 227, 228

seines Vermögenzustandes u.d.g. mehr. Ist er nun aber leidenschaftlich-ehrbegierig, so ist er blind für diese Zwecke, dazu ihn doch seine Neigungen gleichfalls einladen, und daß er von andern gehaßt, oder im Umgange geflohen zu werden, oder durch Aufwand zu verarmen Gefahr läuft – das übersieht er alles. Es ist Torheit (den Teil seines Zwecks[1] zum Ganzen zu machen), die der Vernunft, selbst in ihrem formalen Prinzip, gerade widerspricht.

Daher sind Leidenschaften nicht bloß, wie die Affekten, unglückliche Gemütsstimmungen, die mit viel Übeln schwanger gehen, sondern auch ohne Ausnahme böse und die gutartigste Begierde, wenn sie auch auf das geht, was (der Materie nach) zur Tugend, z.B. der Wohltätigkeit gehörte[2], ist doch (der Form nach), so bald sie in Leidenschaft ausschlägt, nicht bloß pragmatisch verderblich, sondern auch moralisch verwerflich[3].

Der Affekt tut einen augenblicklichen Abbruch an der Freiheit und der Herrschaft über sich selbst. Die Leidenschaft gibt sie auf und findet ihre Lust und Befrie|digung am Sklavensinn. Weil indessen die Vernunft mit ihrem Aufruf zur innern Freiheit doch nicht nachläßt, so seufzt der Unglückliche unter seinen Ketten, von denen er sich gleichwohl nicht losreißen kann: weil sie gleichsam schon mit seinen Gliedmaßen verwachsen sind.[4]

| Gleichwohl haben die Leidenschaften auch ihre Lobredner gefunden (denn wo finden die sich nicht, wenn einmal Bösartigkeit in Grundsätzen Platz genommen hat?) und es heißt: »daß nie etwas Großes in der Welt ohne heftige Leidenschaften ausgerichtet worden, und die Vorsehung selbst habe sie weislich gleich als Springfedern in die menschliche Natur gepflanzt«. – Von den mancherlei Neigungen mag man wohl dieses zugestehen[5], derer[6], als eines natürlichen und tierischen Bedürfnisses, die lebende Natur (selbst die des Menschen) nicht entbehren kann. Aber daß sie Leiden-

[1] H: »[eines Endzwecks] seines Zwecks«. – [2] H: »gehört«. – [3] H: »nicht bloß verwerflich sondern auch moralisch verderblich«. – [4] H: »[Fleisch] Gliedmaßen verwachsen sind. – [Der Verliebte]«. – [5] H (Cassirer): »dieses wohl zugestehen«. – [6] Akad.-Ausg.: »deren«.

schaften werden dürften, ja wohl gar sollten, hat die Vorsehung nicht gewollt und sie in diesem Gesichtspunkt vorstellig zu machen, mag einem Dichter verziehen werden (nämlich mit Pope zu sagen: »ist die Vernunft nun ein Magnet, so sind die Leidenschaften Winde«); aber der Philosoph darf diesen[1] Grundsatz nicht an sich kommen lassen, selbst nicht um sie als eine provisorische Veranstaltung der Vorsehung zu preisen, welche absichtlich, ehe das menschliche Geschlecht zum gehörigen Grade der Kultur gelangt wäre, sie in die menschliche Natur gelegt hätte.

EINTEILUNG DER LEIDENSCHAFTEN

Sie[2] werden in die Leidenschaften der natürlichen (angebornen) und die der aus der Kultur der | Menschen hervorgehenden (erworbenen) Neigung eingeteilt.

Die Leidenschaften der ersteren Gattung sind die Freiheits- und Geschlechtsneigung, beide | mit Affekt verbunden. Die der zweiten Gattung sind Ehrsucht, Herrschsucht und Habsucht, welche nicht mit dem Ungestüm eines Affekts, sondern mit der Beharrlichkeit einer auf gewisse Zwecke angelegten Maxime verbunden sind. Jene können erhitzte (passiones ardentes), diese, wie der Geiz, kalte Leidenschaften (frigidae) genannt werden. Alle Leidenschaften aber sind immer nur von Menschen auf Menschen, nicht auf Sachen, gerichtete Begierden und man kann zu einem fruchtbaren Acker, oder dergleichen Kuh, zwar zur Benutzung derselben viel Neigung, aber keine Affektion (welche in der Neigung zur Gemeinschaft mit anderen besteht) haben; viel weniger eine Leidenschaft.

[1] H: »darf [sich dessen nicht bedienen] diesen«. – [2] H: »Leidenschaften. [Sie sind der Obereinteilung nach A.) die der äußeren Freiheit mithin eine Leidenschaft des negativen Genusses, B.) die des Vermögens mithin Leidenschaft des positiven Genusses entweder a.) des [physischen] realen der Sinne oder b.) des idealen im bloßen Besitz der Mittel zu jedem beliebigen Genusse.] Sie«.

|B 229 |A 230

A. VON DER FREIHEITSNEIGUNG ALS LEIDENSCHAFT

§ 79[1]. Sie ist die heftigste unter allen am Naturmenschen[2], in einem Zustande, da er es nicht vermeiden kann, mit anderen in wechselseitige Ansprüche zu kommen.

Wer nur nach eines anderen Wahl glücklich sein kann (dieser mag nun so wohlwollend sein, als man immer will), fühlt sich mit Recht unglücklich. Denn welche Gewährleistung hat er, daß sein mächtiger Nebenmensch | in dem Urteile über das Wohl mit dem seinen zusammenstimmen werde? – Der Wilde (noch nicht an Unterwürfigkeit gewöhnte) kennt kein größeres Unglück als in diese zu geraten und das mit Recht, so lange noch kein öffentlich Gesetz ihn sichert: bis ihn Disziplin all|mählich dazu geduldig gemacht hat. Daher sein Zustand des beständigen Krieges, in der Absicht, andere so weit wie möglich von sich entfernt zu halten und in Wüsteneien zerstreut zu leben. Ja das Kind, welches sich nur eben dem mütterlichen Schoße entwunden hat, scheint, zum Unterschiede von allen andern Tieren, bloß deswegen mit lautem Geschrei in die Welt zu treten; weil es sein Unvermögen, sich seiner Gliedmaßen zu bedienen, für Zwang ansieht und so seinen Anspruch auf Freiheit (wovon kein anderes Tier eine Vorstellung hat) so fort ankündigt.* –

* Lukrez, als Dichter, wendet dieses in der Tat merkwürdige Phänomen im Tierreiche anders:

Vagituque locum lugubri complet, ut aequom'st
Cui tantum in vita restet transire malorum![3]

Diesen Prospekt kann das neugeborne Kind nun wohl nicht haben; aber daß das Gefühl der Unbehaglichkeit in ihm nicht vom körperlichen Schmerz, sondern von einer dunkeln Idee (oder dieser analogen Vorstellung) von Freiheit und der Hindernis derselben, dem Unrecht, herrühre, entdeckt sich durch die, ein paar Monate nach der Geburt, sich mit seinem Geschrei verbindende Tränen: welches eine Art von Erbitterung[4] anzeigt, wenn es sich gewissen Gegenständen zu näheren, oder

[1] A: »§ *72*«; Akad.-Ausg.: »§ 82«. – [2] H (Cassirer): »im Naturmenschen«. – [3] Übersetzung des Herausgebers: »Und erfüllt mit kläglichem Geschrei die Gegend, wie es für einen billig ist, dem noch bevorsteht, so viele Übel im Leben durchzumachen!« Am Rand von H: »Leidenschaft geht auf den Gebrauch der Menschen zu unserer Absicht«. – [4] H: »eine gewisse Erbitterung«.

|B 230 |A 231

Nomadische Völker, die, indem[1] sie ¦ (als Hirtenvölker) an keinen Boden geheftet sind, z. B. die Araber, hängen so stark an ihrer, obgleich nicht völlig zwangsfreien Lebensart und haben dabei einen so hohen Geist, mit Verachtung auf die sich anbauende Völker herabzusehen, daß die davon unzertrennliche Mühseligkeit in Jahrtausenden sie davon nicht hat abwendig | machen können. Bloße Jagdvölker (wie die Olenni-Tungusi) haben sich sogar durch dieses Freiheitsgefühl (von den andern mit ihnen verwandten Stämmen getrennt) wirklich[2] veredelt. – So erweckt nicht allein der Freiheitsbegriff unter moralischen Gesetzen einen Affekt, der Enthusiasm genannt wird, sondern die bloß sinnliche Vorstellung der äußeren Freiheit erhebt die Neigung[3], darin zu beharren oder sie zu erweitern, durch die Analogie mit dem Rechtsbegriffe bis[4] zur heftigen Leidenschaft.[5]

Man nennt bei bloßen Tieren auch die heftigste Neigung (z. B. der Geschlechtsvermischung) nicht Leidenschaft; weil

überhaupt nur seinen Zustand zu verändern bestrebt ist und daran sich ge¦hindert fühlt. – Die|ser Trieb, seinen Willen zu haben und die Verhinderung daran als eine Beleidigung aufzunehmen, zeichnet sich durch seinen Ton auch besonders aus und läßt eine Bösartigkeit hervorscheinen, welche die Mutter zu bestrafen sich genötiget sieht, aber gewöhnlich durch noch heftigeres Schreien[6] erwidert wird. Eben dasselbe geschieht, wenn es durch seine eigene Schuld fällt. Die Jungen anderer Tiere spielen, die des Menschen zanken frühzeitig unter einander und es ist, als ob ein gewisser Rechtsbegriff (der sich auf die äußere Freiheit bezieht) sich mit der Tierheit zugleich entwickele und nicht etwa allmählich erlernt[7] werde.

[1] Akad.-Ausg.: »Völker, indem«. – [2] H: »Freiheitsgefühl vor den anderen ... Stämmen wirklich«. – [3] H: »[macht die Begierde] erhebt die Neigung«. – [4] H: »durch Gewohnheit bis«. – [5] Anschließend folgt als neuer Abschnitt in H: »B // Die Neigung zum Besitz des Vermögens überhaupt ist auch ohne den Gebrauch desselben Leidenschaft // [Man kann etwas leidenschaftlich lieben oder hassen aber bloß durch Instinkt wo der Verstand nichts hinzutut wie bei der physischen Liebe des Geschlechts aber alsdann ist die Neigung nicht auf die Gattung des Objekts sondern bloß auf Individuen gerichtet und kann nicht Leidenschaft der Art nach und objektiv als eine solche betrachtet heißen sondern ist bloß subjektive Neigung. – Dagegen wenn die Neigung bloß auf die Mittel und den Besitz derselben zur Befriedigung aller Neigungen überhaupt mithin aufs bloße Vermögen gerichtet ist sie nur eine Leidenschaft heißen kann]«. – [6] H (Cassirer): »heftiger Schreien«. – [7] H: »etwa erlernet«.

sie keine Vernunft haben: die allein den Begriff der Freiheit begründet und[1] womit die Leidenschaft in ¦ Kollision kommt; deren Ausbruch also dem Menschen zugerechnet werden kann. – Man sagt zwar von Menschen, daß sie gewisse Dinge leidenschaftlich lieben (den Trunk, das Spiel, die Jagd) oder hassen (z.B. den Bisam, den Branntwein): aber man nennt diese verschiedene Neigungen oder Abneigungen nicht eben so | viel Leidenschaften, weil es nur so viel verschiedene Instinkte, d. i. so vielerlei Bloß-Leidendes im Begehrungsvermögen sind und[2] daher nicht nach den Objekten des Begehrungsvermögens als Sachen (deren es unzählige gibt), sondern nach dem Prinzip des Gebrauchs oder Mißbrauchs, den[3] Menschen von ihrer Person und Freiheit unter einander machen, da ein Mensch den anderen bloß zum Mittel seiner Zwecke macht, klassifiziert zu werden verdienen. – Leidenschaften gehen eigentlich nur auf Menschen und können auch nur durch sie befriedigt werden.

Diese Leidenschaften sind Ehrsucht, Herrschsucht, Habsucht[4].

Da sie Neigungen sind, welche bloß auf den Besitz der Mittel gehen, um alle Neigungen, welche unmittelbar den Zweck betreffen, zu befriedigen, so haben sie in so fern den Anstrich der Vernunft: nämlich der Idee eines[5] mit der Freiheit verbundenen Vermögens, durch welches allein Zwecke überhaupt erreicht werden können, nachzustreben[6]. Der Besitz der Mittel zu beliebigen Absichten reicht allerdings viel weiter, als die auf eine einzelne Neigung und deren Befriedigung gerichtete Neigung. – Sie können auch daher Neigungen[7] des Wah¦nes genannt werden; welcher darin be-

[1] H: »und [wo die Ohnmacht ihr zu widerstehen nicht der Natur sondern]«. – [2] H: »sind [und nur das Gefühl der Lust und Unlust unmittelbar angehen da hingegen unter Leidenschaft wo die Nötig] und«. – [3] H: »Mißbrauchs [der Freiheit in Ansehung seines Zwecks klassifiziert werden müssen] den«. – [4] H: »und Habsucht«. – [5] H: »nämlich einer Idee [nachzustreben nämlich der] eines«. – [6] H (Cassirer): »Vermögen nachzustreben durch welches alle [seine] Zwecke erreicht werden können«. – [7] H (Cassirer): »können daher auch [Leidenschaften] Neigungen«.

¦B 232, 233 |A 233

steht: die bloße Meinung anderer vom Werte der Dinge dem wirklichen Werte gleich zu schätzen.[1]

| B. VON DER *RACHBEGIERDE*[2] ALS LEIDENSCHAFT

§ *80*[3]. Da Leidenschaften nur von Menschen auf Menschen gerichtete Neigungen sein können, so fern diese auf, mit einander zusammenstimmende oder einander widerstreitende, Zwecke gerichtet, d. i. Liebe oder Haß sind; der Rechtsbegriff aber, weil er unmittelbar aus dem Begriff der äußern Freiheit hervorgeht, weit wichtiger und den Willen weit stärker bewegender Antrieb ist, als der des Wohlwollens: so ist der Haß aus dem erlittenen Unrecht, d. i. die Rachbegierde, eine Leidenschaft, welche aus der Natur des Menschen unwiderstehlich hervorgeht, und, so bösartig sie auch ist, doch die Maxime der Vernunft, vermöge der erlaubten Rechtsbegierde, deren Analogon jene ist, mit der Neigung verflochten und eben dadurch[4] eine der heftigsten und am tiefsten sich einwurzelnden Leidenschaften; die, wenn sie erloschen zu sein scheint, doch immer noch ingeheim einen Haß, Groll genannt, als ein unter der Asche glimmendes Feuer, überbleiben läßt.[5]

[1] Am Rand von H: »Das Vermögen die Kräfte anderer zu seinen Absichten zu brauchen.« Anschließend folgt als neuer Abschnitt in H: »Einteilung der Leidenschaften // § 30 // Leidenschaften sind von Menschen nur auf Menschen nicht auf Sachen gerichtete Neigungen und selbst wenn die Neigung auf Menschen aber nicht so fern sie Personen sondern bloß als tierische Wesen von der nämlichen Spezies betrachtet werden verfällt in der Neigung zum Geschlecht kann die Liebe zwar leidenschaftlich aber eigentlich nicht eine Leidenschaft genannt werden weil die letztere Maximen (nicht bloße Instinkte) in dem Verfahren mit anderen Menschen voraussetzt. // Freiheit, Gesetz (des Rechts) und Vermögen (zur Ausführung) sind nicht bloß Bedingungen sondern auch Gegenstände eines bis zur Leidenschaft gespannten Begehrungsvermögens des Menschen, wobei die praktische Vernunft der Neigung unterliegt indem sie zwar nach Maximen verfährt // § 31. // A // Von der Freiheitsneigung als Leidenschaft vid. S. 1.« (Vgl. S. 602 Anm. 2 des vorliegenden Bandes). – [2] A: »*Rechtsbegierde*«; H: »Rechts-[neigung] Begierde«. – [3] A: »§ *73*«; Akad.-Ausg.: »§ 83«. – [4] H: »und ist dadurch«. – [5] Am Rand von H: »Leidenschaft ist die Empfänglichkeit des inneren Zwangs eines Menschen durch seine eigene Neigung in Befolgung

|A 234

Die Begierde, in einem Zustande[1] mit seinen Mitmenschen und in Verhältnis zu ihnen zu sein, da jedem das zu Teil werden kann, was das Recht will, ist freilich keine Leidenschaft, sondern ein Bestimmungsgrund der freien Willkür durch reine praktische Vernunft. | Aber die Erregbarkeit[2] derselben durch bloße Selbstliebe, d. i. nur zu seinem Vorteil, nicht zum Behuf einer Gesetzgebung für jedermann, ist sinnlicher Antrieb[3] des Hasses nicht der Ungerechtigkeit, sondern des gegen uns | Ungerechten: welche Neigung (zu verfolgen und zu zerstören), da ihr eine Idee, obzwar freilich selbstsüchtig angewandt, zum Grund liegt, die Rechtsbegierde gegen den Beleidiger in Leidenschaft der Wiedervergeltung verwandelt, die oft bis zum Wahnsinn heftig ist, sich selbst dem Verderben auszusetzen, wenn nur der Feind demselben nicht entrinnt, und (in der Blutrache) diesen Haß gar selbst zwischen Völkerschaften erblich zu machen; weil, wie es heißt, das Blut des Beleidigten, aber noch nicht Gerächeten, schreie, bis das unschuldig vergossene Blut wieder durch Blut – sollte es auch das eines seiner unschuldigen Nachkommen sein – abgewaschen wird.

C. VON DER NEIGUNG ZUM VERMÖGEN, EINFLUSS ÜBERHAUPT AUF ANDERE MENSCHEN ZU[4] HABEN[5]

§ *81*[6]. Diese Neigung nähert sich am meisten der technisch-praktischen Vernunft, d. i. der Klugheitsmaxime. – Denn anderer Menschen Neigungen in seine Gewalt zu be-

seiner Zwecke. // Leidenschaften setzen also zwar ein sinnliches aber doch auch ein diesem entgegenwirkendes vernünftiges Begehrungsvermögen voraus (sind also nicht auf bloße Tiere anwendbar) nur daß die Neigung in dem ersteren der reinen praktischen Vernunft in dem letzteren die Herrschaft benimmt in Nehmung der Maximen entweder in Ansehung seines Zwecks oder des Gebrauchs der Mittel dazu zu gelangen. Leidenschaftlich lieben oder hassen. Unnatürlichkeit ‹?› Verliebtheit ‹?› und Rachgier // Alle Leidenschaften sind vom Menschen nur auf Menschen gerichtet sie zu seinen Absichten zu benutzen oder sie auch in den ... ‹?›«. – [1] H: »einem solchen Zustande«. – [2] H: »[Erregung] Erregbarkeit«. – [3] H: »sinnlich[e]er [Neigung] Antrieb«. – [4] H: »Menschen [nach seinem Belieben] zu«. – [5] H (Cassirer): »haben als Leidenschaft«. – [6] A: »§ *74*«; Akad.-Ausg.: »§ 84«.

|B 234 |A 235

kommen, um sie nach seinen Absichten lenken und bestimmen zu können, ist beinahe eben so viel als im Besitz anderer, als bloßer Werkzeuge seines Willens, zu sein. Kein Wunder, daß das Streben nach einem solchen Vermögen, auf andere Einfluß zu haben, Leidenschaft wird.

Dieses Vermögen enthält gleichsam eine dreifache Macht in sich: Ehre, Gewalt und Geld; durch die, wenn man im Besitz derselben ist, man jedem Menschen, wenn nicht durch einen dieser Einflüsse, doch durch den | andern beikommen und ihn zu seinen Absichten brauchen kann. – Die Neigungen hiezu, wenn sie Leidenschaften werden, sind Ehrsucht, Herrschsucht und Habsucht. Freilich daß hier der Mensch der Geck (Betrogene) seiner eigenen Neigungen wird und im Gebrauch solcher Mittel seinen Endzweck verfehlt; aber wir reden hier auch nicht von Weisheit, welche gar keine Leidenschaften verstattet, sondern nur von der Klugheit, mit welcher man die Narren handhaben kann.

Die Leidenschaften überhaupt aber, so heftig sie auch immer, als sinnliche[1] Triebfedern, sein mögen, sind doch in Ansehung dessen, was die Vernunft dem Menschen vorschreibt, lauter Schwächen. Daher das Vermögen des gescheuten Mannes, jene zu seinen Absichten zu gebrauchen, verhältnismäßig desto kleiner sein darf, je größer die Leidenschaft ist, die den andern Menschen beherrscht.[2]

Ehrsucht[3] ist die Schwäche der Menschen, wegen der man auf sie durch ihre Meinung, Herrschsucht durch ihre Furcht und Habsucht durch ihr eigenes Interesse Einfluß haben kann. – Allerwärts ein Sklavensinn, durch den, wenn sich ein anderer desselben bemächtigt, er das Vermögen hat, ihn durch seine eigenen Neigungen zu seinen Absichten zu gebrauchen. – Das Bewußtsein aber dieses Vermögens an sich und des Besitzes der Mittel, seine Neigungen zu befriedigen, erregt die Leidenschaft mehr noch, als der Gebrauch derselben.

[1] H: »immer [sein als Maschinen] sinnliche«. – [2] Am Rand von H: »Das Vermögen an sich selbst, der Besitz der Mittel steigert mehr die Leidenschaft als der Gebrauch derselben: ist für sich selbst angenehm«. – [3] H: »Ehrsucht«.

|| a. EHRSUCHT

§ *82*[1]. Sie ist nicht Ehrliebe, eine Hochschätzung, die der Mensch von anderen, wegen seines inneren (moralischen) Werts, erwarten darf, sondern Bestreben[2] nach Ehrenruf, wo es am Schein genug ist. Man darf dem Hochmut (einem Ansinnen an andere, sich selbst, in Vergleichung mit uns selbst, gering zu schätzen, eine Torheit[3], die ihrem eigenen Zweck zuwider handelt) – diesem Hochmut, sage ich, darf man nur schmeicheln, so hat man durch diese Leidenschaft des Toren über ihn Gewalt. Schmeichler*, Jaherren, die einem bedeutenden Mann gern das große Wort einräumen, nähren diese ihn schwachmachende Leidenschaft und sind die Verderber der Großen und Mächtigen, die sich diesem Zauber hingeben.

Hochmut ist eine verfehlte, ihrem eigenen Zweck entgegen handelnde, Ehrbegierde, und kann nicht als ein absichtliches Mittel, andere Menschen (die er von sich abstößt) zu seinen Zwecken zu gebrauchen, angesehen werden; vielmehr ist der Hochmütige das Instrument der Schelme, Narr genannt. Einsmals fragte mich ein sehr || vernünftiger, rechtschaffener Kaufmann: »warum der Hochmütige jederzeit auch niederträchtig sei« (jener hatte nämlich die Erfahrung gemacht: daß der mit seinem Reichtum, als überlegener Handelsmacht, Großtuende, beim nachher eingetretenen Verfall seines Vermögens, sich auch kein Bedenken machte, zu kriechen). Meine Meinung war diese: daß, da

* Das Wort Schmeichler hat wohl uranfänglich Schmiegler heißen sollen (einen der sich schmiegt und biegt), um einen einbilderischen Mächtigen[4], selbst durch seinen Hochmut, nach Belieben zu leiten[5]; so wie das Wort Heuchler (eigentlich sollte es Häuchler geschrieben werden) einen seine fromme Demut vor einem vielvermögenden Geistlichen durch in seine Rede gemischte Stoßseufzer vorspiegelnden Betrüger – hat bedeuten sollen[6].

[1] A: »§ *75*«; Akad.-Ausg.: »§ 85«. – [2] H: »[Verlangen] Bestreben«. – [3] H (Cassirer): »– einer Torheit«. – [4] H: »einen eingebildeten Gecken«. – [5] H: »zu lenken«; Cassirer: »biegt, um ... leiten)«. – [6] H: »wie Heuchler (Häuchler) durch Stoßseufzer der Frömmelei dem machthabenden Geistlichen die Gunst abzugewinnen sucht«; am Rand von H: »Hochmut ist niederträchtig // Schmiegeln. Wackere Leidenschaften«.

der Hochmut das Ansinnen an einen anderen ist, sich selbst, in Vergleichung mit jenem, zu verachten; ein solcher Gedanke aber niemand in den Sinn kommen kann als nur dem, welcher sich selbst zu Niederträchtigkeit[1] bereit fühlt, der Hochmut an sich schon von der Niederträchtigkeit solcher Menschen ein nie trügendes vorbedeutendes Kennzeichen abgebe.

b. HERRSCHSUCHT

Diese Leidenschaft ist an sich ungerecht und ihre Äußerung bringt alles wider sich auf. Sie fängt aber von der Furcht an, von andern beherrscht zu werden, und ist darauf bedacht, sich bei Zeiten in den Vorteil der Gewalt über sie zu setzen; welches doch ein mißliches und ungerechtes Mittel dazu ist, andere Menschen zu seinen Absichten zu gebrauchen; weil es teils den Widerstand aufruft und unklug, teils der Freiheit unter Gesetzen, worauf jedermann Anspruch machen kann, zuwider und ungerecht ist. – Was die mittelbare Beherrschungskunst betrifft, z.B. die des weiblichen Geschlechts durch Liebe, die es dem männlichen gegen sich einflößt, diesen zu ihren Absichten[2] zu brauchen, so ist sie unter jenem Titel nicht mit begriffen; weil sie keine Ge||walt bei sich führt, sondern den Untertänigen durch seine eigene Neigung zu beherrschen und zu fesseln weiß. – Nicht als ob der weibliche Teil unsrer Gattung von der Neigung, über den männlichen zu herrschen, frei wäre (wovon gerade das Gegenteil wahr ist), sondern weil es sich nicht desselben Mittels zu dieser Absicht als das männliche bedient, nämlich nicht des Vorzugs der Stärke (als welche hier unter dem Worte herrschen gemeint ist), sondern der Reize, welche eine Neigung des andern Teils, beherrscht zu werden, in sich enthält.

c. HABSUCHT

Geld ist die Losung und, wen Plutus begünstigt, vor dem öffnen sich alle Pforten, die vor dem minder Reichen ver-

[1] H (Cassirer), B_3: »zur Niederträchtigkeit«. – [2] Akad.-Ausg.: »dieses zu seinen Absichten«; H: »diesen zu seinen Absichten«.

|B 238 |A 239

schlossen sind. Die Erfindung dieses Mittels, welches sonst keine Brauchbarkeit hat (wenigstens nicht haben darf), als bloß zum Verkehr des Fleißes der Menschen, hiemit aber auch alles Physisch-guten unter ihnen zu dienen, vornehmlich nachdem es durch Metalle repräsentiert wird, hat eine Habsucht hervorgebracht, die zuletzt, auch ohne Genuß, in dem bloßen Besitze, selbst mit Verzichttuung (des Geizigen) auf allen Gebrauch, eine Macht enthält, von der man glaubt, daß sie den Mangel jeder anderen zu ersetzen hinreichend sei. Diese ganz geistlose, wenn gleich nicht immer moralisch verwerfliche[1], doch bloß mechanisch geleitete Leidenschaft, welche vornehmlich[2] dem Alter (zum Ersatz seines natürlichen Unvermögens) anhängt und die jenem allgemeinen Mittel, seines großen Einflusses halber, auch schlechthin den Na||men eines Vermögens verschafft hat, ist eine solche, die, wenn sie eingetreten ist, keine Abänderung verstattet und, wenn die erste der dreien gehaßt, die zweite gefürchtet, sie, als die[3] dritte verachtet macht.*[4]

* Hier ist die Verachtung im moralischen Sinne zu verstehen; denn im bürgerlichen, wenn es sich zutrifft, daß, wie Pope sagt, »der Teufel in einem goldenen Regen von funfzig auf hundert dem Wucherer in den Schoß fällt und sich seiner Seele bemächtigt«, bewundert vielmehr der große Haufe den Mann, der so große Handelsweisheit beweiset.

[1] H: »moralisch-widrige«. – [2] H: »welche [den Besitz aller Mittel zum Wohlleben] vornehmlich«. – [3] H (Cassirer): »verstattet und die wenn ... gefürchtet als die«. – [4] Anschließend folgt als neuer Abschnitt in H: »[Abteilung // Von den [formalen] natürlichen Neigungen (des Hanges) in Vergleichung mit de[n]r [materialen (des Antriebes)] sich zugezogenen (der Angewöhnung und Nachahmung)] // Abteilung // Von der formalen Neigung im [Gebrauch] Spiele der Lebenskraft überhaupt. // Sie sind 1. Neigung des Genießens überhaupt, 2 der Beschäftigung überhaupt, 3 der Gemächlichkeit. // a.) Weil ich hier vom Gegenstande des Begehrens (der Materie) abstrahiere so ist [die Ausfüllung des] der Abscheu der Natur vor dem Leeren im Gefühl seines Daseins d. i. die lange Weile für jeden kultivierten Menschen für sich allein schon ein Antrieb zur Ausfüllung desselben. – Das immer genießen Wollen es geschehe physisch oder auch ästhetisch (wo es Üppigkeit genannt wird) ist ein Wohlleben welches zugleich Abnutzung des Lebens ist und wo man desto hungriger wird je mehr man genießt* // Das gilt auch von der zwecklosen Lesesucht. // b.) Die Beschäftigung in der Muße welche darum nicht Geschäfte sondern Spiel heißt und auf den Sieg im Streit mit anderen angelegt ist enthält eine Triebfeder der größten Belebung der Neigun-

|B 239 |A 240

VON DER NEIGUNG DES WAHNES ALS LEIDENSCHAFT

§ *83*[1]. Unter dem Wahne, als einer Triebfeder der Begierden, verstehe ich die innere praktische Täuschung, das Subjektive in der Bewegursache für objektiv zu halten. – Die Natur will von Zeit zu Zeit stärkere Erregungen der Lebenskraft, um die Tätigkeit des Menschen aufzufrischen, damit er nicht im bloßen Genießen das Gefühl des Lebens gar einbüße. Zu diesem Zwecke hat sie sehr weise und wohltätig dem von Natur faulen Menschen Gegenstände, seiner Einbildung nach, als wirkliche Zwecke (Erwerbungsarten von Ehre, Gewalt und Geld) vorgespiegelt, die ihm, der ungern ein Geschäfte unternimmt, doch genug zu schaffen machen und mit Nichtstun viel zu tun geben; wobei das Interesse, was er daran nimmt, ein Interesse des bloßen Wahnes ist und die Natur also wirklich mit dem Menschen spielt und ihn (das Subjekt) zu seinem Zwecke[2] spornt[3]: | indessen daß dieser in der Überredung steht (objektiv), sich selbst einen eigenen Zweck gesetzt zu haben. – Diese Nei-|gungen des Wahnes sind, gerade darum, weil die Phantasie dabei Selbstschöpferin ist, dazu geeignet, um im höchsten Grade leidenschaftlich zu werden, vornehmlich wenn sie auf einen Wettstreit der Menschen angelegt sind[4].

Die Spiele des Knaben im Ballschlagen, Ringen, Wett-

gen wenn diese gleich auf keine Erwerbung (ohne interessierte Absicht) angelegt wäre aber im Geldspiel oft bis zur heftigsten Leidenschaft gesteigert wird; indessen daß [die Verfeinerung in Umgangseigenschaften scheinbare Kaltblütigkeit und so gar höfliches Benehmen die innerlich tobende Wut geschickt zu verbergen weiß und der zu Grunde gerichtete zu einem schlimmen Spiel eine gute Miene zu machen versucht. // Es ist nicht so leicht zu erklären warum das Glücksspiel bei gesitteten und ungesitteten Völkern (Chinesen und amerikanischen Wilden) einen so heftigen Reiz bei sich führt noch mehr aber daß es als Unterhaltung des geselligen Umgangs noch wohl gar dafür gepriesen wird der Humanität beförderlich zu sein [scheint]. – Leute von nicht hellen Begriffen Jäger, Fischer, auch wohl Seefahrer vornehmlich gemeine Lotteriespieler sind insgesamt abergläubisch]«; am Rand von H: »*Brama«. – [1] A: »§ *76*«; Akad.-Ausg.: »§ 86«. – [2] H (Cassirer): »zu ihrem Zwecke«. – [3] H: »[antreibt] spornet«. – [4] H: »angelegt ist«.

rennen, Soldatenspielen; – weiterhin des Mannes im Schach- und Kartenspiel (wo in der einen Beschäftigung der[1] bloße Vorzug des Verstandes, in der zweiten zugleich der bare Gewinn beabsichtigt wird); endlich des Bürgers, der in öffentlichen Gesellschaften mit Faro oder Würfeln sein Glück versucht, – werden insgesamt unwissentlich von der weiseren Natur zu Wagstücken, ihre Kräfte im Streit mit anderen zu versuchen, angespornt: eigentlich damit die Lebenskraft überhaupt vor dem Ermatten bewahrt und rege erhalten werde. Zwei solche Streiter glauben, sie spielen unter sich; in der Tat aber spielt die Natur mit beiden, wovon sie die Vernunft klar überzeugen kann, wenn sie bedenken, wie schlecht die von ihnen gewählten Mittel zu ihrem Zwecke passen. – Aber das Wohlbefinden während dieser Erregung, weil es sich mit (obgleich übelgedeuteten) Ideen[2] des Wahnes verschwistert, ist eben darum die Ursache eines Hanges zur heftigsten und lange daurenden Leidenschaft.*

|| Neigungen des Wahnes machen den schwachen Menschen abergläubisch und den Abergläubigen schwach, d. i. geneigt, von Umständen, die keine Natururſachen (etwas zu fürchten oder zu hoffen) sein können, dennoch interessante Wirkungen zu erwarten. Jäger, Fischer, auch Spieler (vornehmlich in Lotterien) sind abergläubisch und der Wahn, der zu der Täuschung: das Subjektive für objektiv, die Stimmung des inneren Sinnes für Erkenntnis der Sache selbst zu nehmen, verleitet, macht zugleich den Hang zum Aberglauben begreiflich.

VON DEM HÖCHSTEN PHYSISCHEN GUT

§ 84[3]. Der größte Sinnengenuß, der gar keine Beimischung von Ekel bei sich führt, ist, im gesunden Zustande, Ruhe nach der Arbeit. – Der Hang zur Ruhe ohne vor-

* Ein Mann in Hamburg, der ein ansehnliches Vermögen daselbst verspielt hatte, brachte nun seine Zeit mit Zusehen der Spielenden zu. Ihn fragte ein anderer, wie ihm zu | Mute wäre, wenn er daran dächte,

[1] H: »[die Ehre des] der«. – [2] H: »Ideen«. – [3] A: »§ 77«; Akad.-Ausg.: »§ 87«.

|B 241 |A 242 Anm.: |A 242

hergehende Arbeit in jenem Zustande ist Faulheit. – Doch ist eine etwas lange Weigerung, wiederum an seine Geschäfte zu gehen, und das süße far niente zur Kräftensammlung, darum noch nicht Faulheit; weil man (auch im Spiel) angenehm und doch zugleich nützlich beschäftigt sein kann, und auch der Wechsel der Arbeiten, ihrer spezifischen Beschaffenheit nach, zugleich so vielfältige Erholung ist: da hingegen an eine schwere unvollendet gelassene Arbeit wieder zu gehen ziemliche Entschlossenheit erfordert.

| Unter den drei Lastern: Faulheit, Feigheit und Falschheit, scheint das erstere das verächtlichste zu sein. Allein in dieser Beurteilung kann man dem Menschen oft sehr unrecht tun. Denn die Natur hat auch den Abscheu für anhaltende Arbeit manchem Subjekt | weislich in seinen für ihn sowohl als andere heilsamen Instinkt gelegt[1]; weil dieses etwa keinen langen oder oft wiederholten Kräftenaufwand ohne Erschöpfung vertrug, sondern gewisser Pausen der Erholung bedurfte. Demetrius hätte daher nicht ohne Grund immer auch dieser Unholdin (der Faulheit) einen[2] Altar bestimmen können[3]; indem, wenn nicht Faulheit noch dazwischen träte, die rastlose Bosheit weit mehr Übels, als jetzt noch ist, in der Welt *verüben würde*[4]; wenn nicht Feigheit sich der Menschen erbarmte, der[5] kriegerische Blutdurst die Menschen bald *aufreiben würde*, und[6], wäre nicht Falschheit (da nämlich unter vielen sich zum Komplott vereinigenden Bösewichtern in großer Zahl (z. B. in einem Regiment) immer einer sein wird, der es verrät), bei der angebornen Bösartigkeit der menschlichen Natur ganze Staaten bald gestürzt sein würden.

Die stärksten Antriebe der Natur, welche die Stelle der

ein solches Vermögen einmal gehabt zu haben. Der erstere antwortete: »wenn ich es noch einmal besäße, so wüßte ich doch nicht, es auf angenehmere Art anzuwenden«.

[1] H: »in seine Natur gelegt«. – [2] A: »Grund auch dieser Unholdin (der Faulheit) immer *auch* einen«. – [3] H (Cassirer): »bedurfte so daß Demetrius nicht ohne [allen] Grund auch diesen Unholden einen Altar bestimmen konnte«. – [4] A: *»verübt«*. – [5] H: »[die Kriegssucht] der«. – [6] A: »bald *aufgerieben* und«.

unsichtbar das menschliche Geschlecht durch eine höhere, das physische Weltbeste allgemein besorgende Vernunft (des Weltregierers) vertreten, ohne daß menschliche Vernunft dazu hinwirken darf, sind Liebe zum Leben, und Liebe zum Geschlecht; die erstere um das Individuum, die zweite um die Spezies zu erhalten, da dann durch Vermischung *der Geschlechter* im[1] ganzen das Leben unserer mit Vernunft begabten Gattung fortschreitend | erhalten wird, unerachtet[2] diese absichtlich an ihrer eigenen Zerstörung (durch Kriege) arbeitet; welche doch die immer an Kultur wachsenden vernünftigen Geschöpfe, selbst mitten in Kriegen, nicht hindert, dem[3] Menschengeschlecht in kommenden Jahrhunderten einen Glückseligkeitszustand, der nicht mehr rückgängig sein wird, im Prospekt unzweideutig vorzustellen.[4]

| VON DEM HÖCHSTEN MORALISCH-PHYSISCHEN GUT

§ *59*[5]. *Die beiden Arten des Gutes, das physische und moralische* können[6] nicht zusammen gemischt werden; denn so würden sie sich neutralisieren und zum Zweck der wahren Glückseligkeit gar nicht hinwirken; sondern Nei-

[1] A: »Vermischung *des letzteren* im«. – [2] H: »Leben, Liebe zum Geschlecht und Liebe der durch Vermischung des letzteren erzeugten Jungen und so im ganzen Leben unserer mit Vernunft begabten Gattung fortschreitend erhalten unerachtet«. – [3] H: »welche doch an uns als [der] im Ganzen ihrer Art immer an Kultur wachsenden Geschöpfen selbst [durch den Krieg] mitten in Kriegen nicht [ge]hindert [wird einen sich die kontinuierliche Annäherung] dem«. – [4] Am Rand von H: »Zwar nicht eine höhere Stufe der Menschheit so wie die Amerikaner auch nicht zu einer spezifisch verschiedenen – sondern einer größeren Vermenschlichung // humanisatio // Ist die Menschheit im immerwährenden Fortschritt zur Vollkommenheit begriffen. Wird das menschliche Geschlecht immer besser oder schlechter oder bleibt es von demselben moralischen Gehalt? // Von dem Kinde in den Armen der Amme bis zum Greisesalter ist immer das Verhältnis der List des Betrugs ‹?› der Bosheit dasselbe // Die Antwort auf die Frage ob Krieg sein soll oder nicht bestimmt weiter ‹?› der oberste Gewalthaber // Die höchste Stufe der Kultur ist der Kriegszustand der Völker im Gleichgewicht und das Mittel ist die Frage wer von ihnen fragen soll ob Krieg sein soll oder nicht«. – [5] A: »§ *78*«; Akad.-Ausg.: »§ 88«. – [6] A: »*Beide* können«.

gung zum Wohlleben und Tugend im Kampfe mit einander, und Einschränkung des Prinzips der ersteren durch das der letzteren machen zusammenstoßend den[1] ganzen Zweck des wohlgearteten, einem Teil nach sinnlichen, dem anderen aber moralisch intellektuellen[2] Menschen aus; der aber, weil im Gebrauch die Vermischung schwerlich abzuhalten ist, einer Zersetzung durch gegenwirkende Mittel (reagentia) bedarf, um zu wissen, welches die Elemente und die Proportion ihrer Verbindung ist[3], die, mit einander vereinigt, den Genuß einer gesitteten Glückseligkeit verschaffen können.

Die Denkungsart der Vereinigung des Wohllebens mit der Tugend im Umgange ist die Humanität. Es kommt hier nicht auf den Grad des ersteren an; denn da fordert einer viel, der andere wenig, was ihm dazu erforderlich[4] zu sein dünkt; sondern nur auf die Art des | Verhältnisses, wie die Neigung zum ersteren durch das Gesetz des letzteren[5] eingeschränkt werden soll.

Die Umgänglichkeit ist auch eine Tugend, aber die Umgangsneigung wird oft zur Leidenschaft. Wenn aber gar der gesellschaftliche Genuß, prahlerisch, durch Verschwendung erhöhet wird, so hört diese falsche Umgänglichkeit auf, Tugend zu sein und ist ein Wohlleben, was der[6] Humanität Abbruch tut.

* * *

| Musik, Tanz und Spiel machen eine sprachlose Gesellschaft aus (denn die wenigen Worte, die zum letzteren nötig sind, begründen keine Konversation, welche wechselseitige Mitteilung der Gedanken fodert). Das Spiel, welches, *wie man vorgibt*, nur zur Ausfüllung des Leeren der Konversation nach der Tafel dienen *soll*, ist[7] doch gemeiniglich die Hauptsache: als Erwerbmittel, wobei Affekten stark be-

[1] H: »Tugend [sind zwei gegenwirkende Prinzipien (reagentia)] machen vereinigt den«. – [2] H (Cassirer): »moralischen (intellektuellen)«. – [3] H: »Proportion [in] ihrer Mischung ist«. – [4] H: »[gehöre] erforderlich«. – [5] Akad.-Ausg.: »Gesetz der letzteren«. – [6] H: »was [mit der Tugend zusammenbestehen kann also auch] der«. – [7] A: »welches nur ... Tafel *zu* dienen *vorgegeben wird*, ist«.

wegt werden, wo eine gewisse Konvention des Eigennutzes, einander mit der größten Höflichkeit zu plündern, errichtet, und ein völliger Egoism, so lange das Spiel dauert, zum Grundsatze gelegt wird, den keiner verleugnet; von welcher Konversation, bei aller Kultur, die sie in *seinen* Manieren[1] bewirken mag, die Vereinigung des geselligen Wohllebens mit der Tugend, und hiemit die wahre Humanität schwerlich sich wahre Beförderung versprechen dürfte.

Das Wohlleben, was zu der letzteren noch am besten zusammen zu stimmen scheint, ist eine gute | Mahlzeit in guter (und wenn es sein kann auch abwechselnder) Gesellschaft; von der Chesterfield sagt: daß sie nicht unter der Zahl der Grazien und auch nicht über die[2] der Musen sein müsse.*[3]

Wenn ich eine Tischgesellschaft aus lauter Männern von Geschmack (ästhetisch vereinigt) nehme,**[4] so wie sie |

* Zehn an einem Tische; weil der Wirt, der die Gäste bedient, sich nicht mitzählt.

** In einer festlichen Tafel, an welcher die Anwesenheit der Dame[5] die Freiheit der Chapeaus von selbst aufs Gesittete einschränkt, ist eine bisweilen sich eräugnende plötzliche Stil|le ein schlimmer, lange Weile drohender Zufall, bei dem keiner sich getraut, etwas Neues, zur Fortsetzung des Gesprächs schickliches, hinein zu spielen; weil er es nicht aus der Luft greifen, sondern es aus der Neuigkeit des Tages, die aber interessant sein muß, hernehmen soll. Eine einzige Person, vornehmlich wenn es die Wirtin des Hauses ist, kann diese Stockung oft allein verhüten und die Konversation im beständigen Gange erhalten, daß sie nämlich, wie in einem Konzert, mit allgemeiner und lauter Fröhlichkeit beschließt, und eben dadurch desto gedeihlicher ist; gleich dem Gastmahle des Plato, von dem der Gast sagte: »Deine Mahlzeiten gefallen nicht allein, wenn man sie genießt, sondern auch so oft man an sie denkt«.

[1] A: »in *feinen* Manieren«. – [2] H: »über [der] die«. – [3] H: »müsse* [und [nicht] weder (wie an einer Table d'hote) die Freimütigkeit der Konversation ängstlich einschränken noch wie bei einem Lordmaireschmaus (weil jede übergroße Gesellschaft Pöbel ist) ins Gelag hinein ohne Auswahl und Zusammenhang geredet werde**.]« Am Rand von H: »So viel zur Kritik des physischen Geschmacks.« – [4] Cassirer bezieht die vorliegende Anmerkung nicht auf diese Stelle, sondern acht Zeilen später auf »stocken«; in H findet sich nur in dem durchstrichenen Text (Anm. 3) ein Verweis auf die Anmerkung. – [5] H (Akad.-Ausg., Cassirer): »Damen«.

nicht bloß gemeinschaftlich eine Mahlzeit, sondern einander selbst zu genießen die Absicht haben (da dann ihre Zahl nicht viel über die Zahl der Grazien betragen kann): so muß diese kleine Tischgesellschaft nicht sowohl die leibliche Befriedigung[1] – die ein jeder auch für sich allein[2] haben kann –, sondern das gesellige Vergnügen, wozu jene nur das Vehikel zu sein scheinen muß, zur Absicht | haben: wo dann jene Zahl eben hinreichend ist, um die Unterredung nicht stokken, oder auch in abgesonderten kleinen[3] Gesellschaften mit[4] dem nächsten Beisitzer sich teilen zu lassen, befürchtet werden darf. Das[5] letztere ist gar kein Konversationsgeschmack; der immer Kultur bei sich führen muß, wo immer Einer mit allen (nicht bloß mit seinem Nachbar) spricht: da hingegen die sogenannten festlichen Traktamente (Gelag und Abfütterung) ganz geschmacklos sind. Es versteht sich hiebei von selbst, daß in allen Tischgesellschaften, selbst denen an einer Wirtstafel, das, was daselbst von einem indiskreten Tischgenossen zum Nachteil eines Abwesenden öffentlich gespro|chen wird, dennoch nicht zum Gebrauch außer dieser Gesellschaft gehöre und nachgeplaudert[6] werden dürfe. Denn ein jedes Symposium hat, auch ohne einen besonderen dazu getroffenen Vertrag, eine gewisse Heiligkeit und Pflicht[7] zur Verschwiegenheit bei sich, in Ansehung dessen, was dem Mitgenossen der Tischgesellschaft nachher Ungelegenheit außer derselben verursachen könnte; weil, ohne dieses Vertrauen, das der[8] moralischen Kultur selbst so zuträgliche Vergnügen in Gesellschaft, und selbst diese Gesellschaft zu genießen, vernichtet werden würde. – Daher würde ich, wenn von meinem besten Freunde in einer so genannten öffentlichen Gesellschaft (denn eigentlich ist eine noch so große Tischgesellschaft immer nur Privatgesellschaft, und nur die staatsbürgerliche[9] überhaupt in der Idee ist öffentlich) – ich würde, sage ich, wenn von ihm et-

[1] H: »[Sättigung] Befriedigung«. – [2] H: »allein [und isoliert genießen könnte]«. – [3] H (Cassirer): »abgesonderte kleine«. – [4] H: »[fragmentarisch sich in] mit«. – [5] H (Akad.-Ausg., Cassirer): »lassen. Das«. – [6] H (Cassirer): »ausgeplaudert«. – [7] H: »[Verbindlichkeit] Pflicht«. – [8] H: »das [gesellschaftliche] der«. – [9] H: »bürgerliche«.

|B 246 |A 247

was Nachteiliges gesprochen würde, ihn zwar verteidigen, und allenfalls auf meine eigene Gefahr mit *Härte*[1] und Bitterkeit des Ausdrucks mich seiner annehmen, mich aber nicht zum Werkzeuge | brauchen lassen, diese übele Nachrede zu verbreiten und an den Mann zu tragen, den sie angeht. – Es ist nicht bloß ein geselliger Geschmack, der die Konversation leiten muß, sondern es sind auch Grundsätze, die dem offenen Verkehr der Menschen mit ihren Gedanken im Umgange zur einschränkenden Bedingung ihrer Freiheit dienen sollen.

Hier ist etwas Analogisches im Vertrauen zwischen Menschen, die mit einander an einem Tische speisen, *mit* alten[2] Gebräuchen, z.B. des Arabers, bei dem der Fremde, sobald er jenem nur einen Genuß (einen Trunk Was|ser) in seinem Zelt hat ablocken können, auch auf seine Sicherheit[3] rechnen kann; oder wenn der russischen Kaiserin Salz und Brot von den aus Moskau ihr entgegenkommenden Deputierten gereicht wurde, und sie durch den Genuß desselben sich auch vor aller Nachstellung durchs Gastrecht gesichert halten konnte. – Das Zusammenspeisen an einem Tische wird aber als die Förmlichkeit eines solchen Vertrags der Sicherheit angesehen.[4]

Allein zu essen (solipsismus convictorii) ist für einen philosophierenden Gelehrten ungesund;* || nicht Re-

* Denn der philosophierende muß seine Gedanken fortdauernd bei sich herumtragen, um durch vielfältige Versuche ausfindig zu machen, an welche Prinzipien er sie systematisch anknüpfen solle, und die Ideen, weil sie nicht Anschauungen sind, schweben gleichsam in der Luft ihm vor. Der historisch- oder mathematischgelehrte kann sie dagegen vor sich hinstellen, und so sie, mit der Feder in der Hand, | allgemeinen Regeln der Vernunft gemäß, doch gleich als Facta, empirisch ordnen, und so, weil das Vorige in gewissen Punkten ausgemacht ist, den folgenden Tag die Arbeit von da fortsetzen, wo er sie gelassen hatte. – Was den Philosophen betrifft, so kann man ihn gar nicht als Arbeiter am Gebäude der Wissenschaften, d. i. nicht als Gelehrten[5], sondern muß ihn als Weisheitsforscher betrachten. *Es* ist[6] die bloße Idee von einer Person, die den Endzweck alles Wissens sich praktisch

[1] A: »*Härtigkeit*«. – [2] A: »speisen *und* alten«. – [3] H: »Sicherheit bei ihm«. – [4] Am Rand von H: »für sich allein zu essen // Refectorium ‹?› Restauration ‹?›«. – [5] H: »Gelehrten«. – [6] A: »*Er* ist«.

|B 247, 248 |A 248, 249 Anm.: |A 249

stauration, sondern (vornehmlich wenn es gar einsames Schwelgen wird) *Exhaustion*[1]; erschöpfende Arbeit, nicht belebendes Spiel der Gedanken. Der genießende Mensch, der im Denken während der einsamen Mahlzeit an sich selbst zehrt, verliert allmählich die Munterkeit[2], die er dagegen gewinnt, wenn ein Tischgenosse ihm durch seine abwechselnde Einfälle neuen Stoff zur Belebung darbietet; welchen er selbst nicht hat ausspüren dürfen.

Bei einer vollen Tafel, wo die Vielheit der Gerichte nur auf das lange Zusammenhalten der Gäste (coenam ducere) abgezweckt ist, geht die Unterredung[3] gewöhnlich durch drei Stufen: 1) Erzählen, 2) Räsonieren und 3) Scherzen. – A. Die Neuigkeiten des Tages, zuerst einheimische, dann auch auswärtige, durch Privatbriefe und Zeitungen eingelaufene. – | B. Wenn dieser erste Appetit befriedigt ist, so wird die Gesellschaft schon lebhafter; denn weil beim Vernünfteln Verschiedenheit der Beurteilung über ein und dasselbe auf die Bahn gebrachte Objekt schwerlich zu vermeiden ist, und jeder doch von der seinigen eben nicht die geringste Meinung hat, so erhebt sich ein Streit, der den Appetit für Schüssel und Bouteille rege, und nach dem Maße der Lebhaftigkeit dieses Streits und der Teilnahme an demselben, auch gedeihlich macht. – C. Weil aber das Vernünfteln immer eine Art von Arbeit und Kraftanstrengung ist, diese aber durch einen *während* desselben[4] ziemlich reichlichen Genuß endlich beschwerlich wird: so fällt die Unterredung natürlicherweise auf das bloße Spiel des Witzes, zum Teil auch dem anwesenden Frauenzimmer zu gefallen, auf welches die kleinen mutwilligen, aber | nicht beschämenden Angriffe auf ihr Geschlecht die Wirkung tun, sich in ihrem Witz selbst vorteilhaft zu zeigen, und so endigt die Mahlzeit

und (zum Behuf desselben) auch theoretisch zum Gegenstande macht, und man kann diesen Namen nicht im Plural, sondern nur im Singular brauchen (der Philosoph urteilt so oder so); weil er eine bloße Idee bezeichnet, Philosophen aber zu nennen eine Vielheit von dem andeuten würde, was doch absolute Einheit ist.

[1] So auch H; A: »*Exhaustation*«. – [2] H: »Munterkeit [der Belebung]«. – [3] H: »[Konversation] Unterredung«. – [4] A: »einen, *binnen* desselben«.

|B 249 |A 250

mit Lachen; welches, wenn es laut und gutmütig ist, die Natur durch Bewegung des Zwerchfells und der Eingeweide ganz eigentlich für den Magen zur Verdauung, als zum[1] körperlichen Wohlbefinden, bestimmt hat; indessen, daß die Teilnehmer am Gastmahl, Wunder wie viel! Geisteskultur in einer Absicht der Natur zu finden wähnen. – Eine Tafelmusik *bei* einem[2] festlichen Schmause großer Herren ist das geschmackloseste Unding, was die Schwelgerei immer ausgesonnen haben mag.

Die Regeln eines geschmackvollen Gastmahls, das die Gesellschaft animiert, sind: a) Wahl eines Stoffs zur Unterredung, der alle interessiert und immer jemanden Anlaß gibt, etwas schicklich hinzuzusetzen. b) Keine | tödliche Stille, sondern nur augenblickliche Pause in der Unterredung entstehen zu lassen. c) Den Gegenstand nicht ohne Not zu variieren[3] und von einer Materie zu einer andern abzuspringen[4]; weil das Gemüt am Ende des Gastmahls wie am Ende eines Drama (dergleichen auch das zurückgelegte ganze Leben des vernünftigen Menschen ist) sich unvermeidlich mit der Rückerinnerung der mancherlei Akte des Gesprächs beschäftigt: wo denn, wenn es keinen Faden des Zusammenhangs herausfinden kann, es sich verwirrt fühlt und in der Kultur nicht fortgeschritten, sondern eher rückgängig geworden zu sein mit Unwillen inne wird. – Man muß einen Gegenstand, der unterhaltend ist[5], beinahe erschöpfen, ehe man zu einem anderen übergeht, und beim Stocken | des Gesprächs etwas anderes damit Verwandtes zum Versuch in die Gesellschaft unbemerkt zu spielen verstehen: so kann ein einziger in der Gesellschaft unbemerkt und unbeneidet diese Leitung[6] der Gespräche übernehmen. d) Keine Rechthaberei, weder für sich noch für die Mitgenossen der Gesellschaft entstehen oder dauren zu lassen: *vielmehr*, da[7] diese Unterhaltung kein Geschäft sondern nur Spiel sein soll, jene Ernsthaftigkeit durch einen geschickt angebrach-

[1] H (Cassirer): »Verdauung [be] also zum«. – [2] A: »*in* einem«; H: »[zu] in einem«. – [3] H: »variieren zu lassen«. – [4] H: »[über]abzuspringen«. – [5] H: »[interessiert] unterhaltend ist«. – [6] H: »[Direktion] Leitung«. – [7] A: »*sondern*, da«.

|B 250 |A 251

ten Scherz abwenden. e) In dem ernstlichen Streit, der gleichwohl nicht zu vermeiden ist, sich selbst und seinen Affekt sorgfältig so in Disziplin zu erhalten, daß wechselseitige Achtung und Wohlwollen immer hervorleuchte; *wobei es* mehr[1] auf den Ton (der nicht schreihälsig oder arrogant sein muß), als auf den Inhalt des Gesprächs ankommt; damit keiner der Mitgäste mit dem anderen entzweiet aus der Gesellschaft in die Häuslichkeit zurückkehre.

| So unbedeutend diese Gesetze der verfeinerten Menschheit auch scheinen mögen, vornehmlich wenn man sie mit dem reinmoralischen[2] vergleicht, so ist doch alles, was Geselligkeit befördert, wenn es auch nur in gefallenden Maximen oder Manieren bestände, ein die Tugend vorteilhaft kleidendes Gewand, welches der letzteren auch in ernsthafter Rücksicht[3] *zu empfehlen*[4] ist. – Der Purism des Zynikers und die Fleischestötung des Anachoreten, ohne gesellschaftliches Wohlleben, sind verzerrte Gestalten der Tugend und für diese nicht einladend; sondern, von den Grazien verlassen, können sie auf Humanität nicht Anspruch machen.

[1] A: »*welches* mehr«. – [2] H (Cassirer): »mit den reinmoralischen«. – [3] H (Cassirer): »in ernsthafterer Rücksicht«. – [4] A: »*empfehlend*«.

|A 252

|| DER ANTHROPOLOGIE
ZWEITER TEIL

DIE ANTHROPOLOGISCHE CHARAKTERISTIK[1]

VON DER ART, DAS INNERE DES MENSCHEN AUS DEM ÄUSSEREN ZU ERKENNEN[2]

[1] H: »Die Charakteristik«. – [2] Am Rand von H: »Anthropologie // 1ster Teil // Anthropologische // Didaktik // Was ist der Mensch? // 2ter Teil // Anthropologische // Charakteristik // [Wie] Woran ist die Eigentümlichkeit jedes Menschen zu erkennen. // Der erstere ist gleichsam die Elementarlehre die zweite die Methodenlehre der Menschenkunde.«

|B 251 |A 253

|| EINTEILUNG

1) Der Charakter der Person, 2) der Charakter des Geschlechts, 3) der Charakter des Volks, 4) der Charakter der Gattung.

A
DER CHARAKTER DER PERSON

§ *86*[1]. In pragmatischer Rücksicht bedient sich die allgemeine, natürliche (nicht bürgerliche) Zeichenlehre (semiotica universalis) des Worts Charakter in zwiefacher Bedeutung, da man teils sagt: ein gewisser Mensch hat diesen oder jenen (physischen) Charakter; teils: er hat überhaupt einen Charakter (einen moralischen), der nur ein einziger, oder gar keiner sein kann. Das erste ist das Unterscheidungszeichen des Menschen als eines sinnlichen, oder Naturwesens; das zweite desselben als eines vernünftigen, mit Freiheit begabten We||sens. Der Mann von Grundsätzen, von dem man sicher weiß, wessen man sich, nicht etwa von seinem Instinkt, sondern von seinem Willen zu versehen hat, hat einen Charakter. – Daher kann man in der Charakteristik, ohne Tautologie, in dem, was zu seinem Begehrungsvermögen gehört (praktisch ist), das Charakteristische in a) Naturell oder Naturanlage, b) Temperament, oder Sinnesart und c) Charakter schlechthin, oder Denkungsart, einteilen. – Die beiden ersteren Anlagen zeigen an, was sich aus dem Menschen machen läßt; die zweite (moralische), was er aus sich selbst zu machen bereit ist.

I
VON DEM NATURELL

Der[2] Mensch hat ein gut Gemüt, bedeutet: er ist nicht störrisch sondern nachgebend; er wird zwar aufgebracht, aber leicht besänftigt und hegt keinen Groll (ist negativgut). – Dagegen, um von ihm sagen zu können: »er hat ein

[1] A: »§ *79*«; Cassirer: »§ 89«. – [2] Von hier an fehlen in den Drucken die Paragraphenangaben; Cassirer: »§ 90. Der«.

|B 253, 254 |A 255, 256

gut *Herz*«, ob dieses zwar auch zur Sinnesart gehört, will schon mehr sagen. Es ist ein Antrieb zum Praktisch-guten, wenn es gleich nicht nach Grundsätzen verübt wird, so: daß der Gutmütige und Gutherzige beides Leute sind, die ein schlauer Gast brauchen kann, wie er will. – Und so geht das Naturell mehr (subjektiv) aufs *Gefühl* der Lust oder Unlust, wie ein Mensch vom andern affiziert wird (und jenes kann hierin etwas Charakteristisches haben), als (objektiv) aufs *Begehrungsvermögen*; wo das Leben sich || nicht bloß im Gefühl, *innerlich*, sondern auch in der Tätigkeit, *äußerlich*, obgleich bloß nach Triebfedern der Sinnlichkeit offenbaret. In dieser Beziehung besteht nun das *Temperament*, welches von einer habituellen (durch Gewohnheit zugezogenen) Disposition noch unterschieden werden muß; weil dieser keine Naturanlage, sondern bloße Gelegenheitsursachen zum Grunde liegen.

II
VOM TEMPERAMENT

Physiologisch[1] betrachtet versteht man, wenn vom Temperament die Rede ist, die *körperliche Konstitution* (den starken oder schwachen Bau) und *Komplexion*[2] (das Flüssige, durch die Lebenskraft gesetzmäßig bewegliche im Körper; worin die Wärme oder Kälte in Bearbeitung dieser Säfte mit begriffen ist).

Psychologisch aber erwogen, d. i. als Temperament der *Seele* (Gefühls- und Begehrungsvermögens) werden jene, von der Blutbeschaffenheit entlehnte Ausdrücke nur als nach der Analogie des Spiels der Gefühle und Begierden mit körperlichen bewegenden Ursachen (worunter das Blut die vornehmste ist) vorgestellt.

Da ergibt sich nun: daß die Temperamente, die wir bloß der Seele beilegen, doch wohl in geheim das Körperliche im Menschen auch zur mitwirkenden Ursache haben mögen; – ferner daß, da sie *erstlich* die Obereinteilung[3] derselben in

[1] Cassirer: »§ 91. *Physiologisch*«. – [2] H: »*körperliche* Konstitution ... und Komplexion«. – [3] H: »[Einteilung] Obereinteilung«.

|B 255 |A 257

Temperamente des Gefühls und der Tätigkeit zulassen, zweitens jede derselben mit Erregbarkeit der Lebenskraft (intensio), || oder Abspannung (remissio) derselben, verbunden werden *kann*, – gerade[1] nur vier einfache Temperamente (wie in den 4 syllogistischen Figuren durch den medius terminus) aufgestellt werden können: das sanguinische, das melancholische, das cholerische und das phlegmatische; wodurch dann die alten Formen beibehalten[2] werden können, und nur eine, dem Geist dieser Temperamentenlehre angepaßte, bequemere Deutung erhalten.

Hiebei dient der Ausdruck der Blutbeschaffenheit nicht dazu: die Ursache der Phänomene des sinnlich affizierten Menschen anzugeben, – *es sei* nach[3] der Humoral- oder der Nervenpathologie; sondern sie nur den beobachteten Wirkungen nach zu klassifizieren; denn man verlangt nicht vorher zu wissen, welche chemische Blutmischung[4] es sei, die zur Benennung einer gewissen Temperamentseigenschaft berechtige, sondern welche Gefühle und Neigungen man bei[5] der Beobachtung des Menschen zusammenstellt, um für ihn den Titel einer besonderen Klasse schicklich[6] anzugeben.

Die Obereinteilung der Temperamentenlehre kann also die sein: in Temperamente *des Gefühls*[7] und Temperamente der Tätigkeit, und diese kann durch[8] Untereinteilung wiederum in zwei Arten zerfallen, die zusammen die 4 Temperamente geben.[9] – Zu den Temperamenten *des Gefühls*[7] zähle ich nun das sanguinische, A, und sein Gegenstück, das melancholische, B. – Das erstere hat nun die Eigentümlichkeit, daß die Empfindung schnell und stark affiziert

[1] A: »*können – es* gerade«. – [2] A: »*fein* beibehalten«. – [3] A: »*ob* nach«. – [4] H: »[körperliche] chemische [Bescha] Blutmischung«. – [5] H: »[in Gedanken] bei«. – [6] H: »Klasse [dieser Naturanlagen anzugeben. So wird man z. B.] schicklich«. – [7] A: »*der Empfindung*«. – [8] H: »diese dann [in der] durch«. – [9] Am Rand von H: »Wenn ein Temperament die Beimischung des andern sein soll so widerstehen beide einander, sie neutralisieren sich – soll aber eines mit dem andern zu Zeiten wechseln so ist es bloße Laune und kein bestimmt Temperament. Man weiß nicht was man aus den Menschen machen soll // Der Frohsinn und Leichtsinn // der Tiefsinn und Wahnsinn // der Hochsinn und Starrsinn // der Kaltsinn und die Beharrlichkeit«.

|B 256 |A 258

wird, aber[1] nicht tief eindringt (nicht dauerhaft ist); da-||gegen in dem zweiten die Empfindung weniger auffallend ist, aber sich tief einwurzelt. Hierin muß man diesen Unterschied der Temperamente des Gefühls, und nicht in den Hang zur Fröhlichkeit oder Traurigkeit setzen. Denn der Leichtsinn *der* Sanguinischen[2] disponiert zur Lustigkeit, der Tiefsinn dagegen, der über einer Empfindung brütet, benimmt dem Frohsinn seine leichte Veränderlichkeit, ohne[3] darum eben Traurigkeit zu bewirken. – Weil aber alle Abwechselung, die man in seiner Gewalt hat, das Gemüt überhaupt belebt und stärkt, so ist der, welcher alles, was ihm begegnet, auf die leichte Achsel nimmt, wenn gleich nicht weiser, doch gewiß glücklicher, als der an Empfindungen klebt, die seine Lebenskraft starren *macht*[4].

I. TEMPERAMENTE DES GEFÜHLS

A. DAS SANGUINISCHE TEMPERAMENT DES LEICHTBLÜTIGEN

Der[5] Sanguinische gibt seine Sinnesart an folgenden Äußerungen zu erkennen. Er ist sorglos und von guter[6] Hoffnung; gibt jedem Dinge für den Augenblick eine große Wichtigkeit, und den folgenden mag er daran nicht weiter denken. Er verspricht ehrlicherweise, aber hält nicht Wort: weil er nicht vorher tief genug nachgedacht hat, ob er es auch zu halten vermögend sein wer||de. Er ist gutmütig genug, anderen Hülfe zu leisten, ist aber ein schlimmer Schuldner, und verlangt immer Fristen. Er ist ein guter Gesellschafter, scherzhaft, aufgeräumt, mag keinem Dinge gerne große Wichtigkeit geben (Vive la bagatelle!) und hat alle Menschen zu Freunden. Er ist gewöhnlich kein böser Mensch, aber ein schlimm zu bekehrender Sünder, den etwas zwar sehr reuet, der aber diese Reue (die nie ein Gram wird) bald vergißt. Er ermüdet unter Geschäften

[1] H: »affiziert aber«. – [2] A: »*des* Sanguinischen«. – [3] H: »brütet benimmt den Frohsinn ohne«. – [4] A: »starren *machen*«. – [5] Cassirer: »§ 92. Der«. – [6] H (Cassirer): »voll guter«.

und ist doch rastlos[1] beschäftigt, in dem was bloß Spiel ist; weil dieses Abwechselung bei sich führt und das Beharren seine Sache nicht ist.

B. DAS MELANCHOLISCHE TEMPERAMENT DES SCHWERBLÜTIGEN

Der zur Melancholie Gestimmte (nicht der Melancholische; denn das bedeutet einen Zustand, nicht den bloßen Hang zu einem Zustande) gibt allen Dingen, die ihn selbst angehen, eine große Wichtigkeit; findet allerwärts Ursache zu Besorgnissen und richtet seine Aufmerksamkeit zuerst auf die Schwierigkeiten: so wie dagegen der Sanguinische von der Hoffnung des Gelingens anhebt, daher jener auch tief, so wie dieser nur oberflächlich denkt. Er verspricht schwerlich; weil ihm das Worthalten teuer, aber das Vermögen dazu bedenklich ist. Nicht, daß dieses alles aus moralischen Ursachen geschähe (denn es ist hier von sinnlichen Triebfedern die Rede), son||dern weil ihm das Widerspiel Ungelegenheit, und *ihn*[2] eben darum besorgt[3], mißtrauisch und bedenklich, dadurch aber auch für den Frohsinn[4] unempfänglich macht. – Übrigens ist diese Gemütsstimmung, wenn sie habituell ist, doch der des Menschenfreundes, welche mehr ein Erbteil des Sanguinischen ist, wenigstens dem Anreize nach, entgegen; weil der, welcher selbst die Freude[5] entbehren muß, sie schwerlich anderen gönnen wird.

II. TEMPERAMENTE DER TÄTIGKEIT

C. DAS CHOLERISCHE TEMPERAMENT DES WARMBLÜTIGEN

Man[6] sagt von ihm: er ist hitzig; brennt schnell auf, wie Strohfeuer; läßt sich durch Nachgeben des anderen bald

[1] H: »ist rastlos«. – [2] Zusatz von B. – [3] H: »Ungelegenheit macht und ihn dieses Widerspiel eben besorgt«. – [4] H: »[Freude] den Frohsinn«. – [5] H (Cassirer): »der Freude«. – [6] Cassirer: »§ 93. Man«.

|B 259 |A 261

besänftigen, zürnt alsdann, ohne zu hassen, und liebt wohl gar den noch desto mehr, der ihm bald nachgegeben hat. – Seine Tätigkeit ist rasch, aber nicht anhaltend. – Er ist geschäftig, aber unterzieht sich selbst ungern den Geschäften, eben darum weil er es nicht anhaltend ist, und macht also gern den bloßen Befehlshaber, der sie leitet, aber selbst nicht ausführen will. Daher ist seine herrschende Leidenschaft Ehrbegierde; er hat gern mit öffentlichen Geschäften zu tun und will laut gepriesen sein. Er liebt daher den Schein und den Pomp ¦¦ der Formalitäten; nimmt gerne in Schutz und ist dem Scheine nach großmütig, aber nicht aus Liebe, sondern aus Stolz; denn er liebt sich mehr selbst[1]. – Er hält auf Ordnung und scheint deshalb klüger als er ist. Er ist habsüchtig, um nicht filzig zu sein; ist höflich, aber mit Zeremonie, steif und geschroben im Umgange und hat gerne irgend einen Schmeichler, der das Stichblatt seines Witzes ist, leidet mehr Kränkungen durch den Widerstand anderer gegen seine stolzen Anmaßungen, als je der Geizige durch seine habsüchtigen, weil ein bißchen kaustischen Witzes ihm den Nimbus seiner Wichtigkeit ganz wegbläst; indessen daß der Geizige[2] doch durch den Gewinn dafür schadlos gehalten wird. – – Mit einem Wort, das cholerische Temperament ist unter allem[3] am wenigsten glücklich, weil es am meisten den Widerstand gegen sich aufruft.

D. DAS PHLEGMATISCHE TEMPERAMENT DES KALTBLÜTIGEN

Phlegma[4] bedeutet Affektlosigkeit, nicht Trägheit (Leblosigkeit), und man darf den Mann, der viel Phlegma hat, darum so fort nicht einen[5] Phlegmatiker, oder ihn phlegmatisch, nennen, und ihn unter diesem Titel in die Klasse der Faulenzer setzen.

Phlegma, als Schwäche, ist Hang zur Untätigkeit, sich

[1] H: »sich nur selbst«. – [2] H: »indessen der Habsüchtige«. – [3] H (Cassirer): »unter allen«. – [4] H: »[Es ist seiner intellektuellen Bedeutung nach verstanden, das glücklichste unter allen:] // Phlegma«. – [5] H (Cassirer): »darum nicht so fort einen«.

¦B 260 |A 262

durch selbst starke Triebfedern zu Geschäften nicht || bewegen zu lassen. Die Unempfindlichkeit dafür ist willkürliche[1] Unnützlichkeit und die Neigungen gehen nur auf Sättigung und Schlaf.

Phlegma, als Stärke, ist dagegen die Eigenschaft: nicht leicht oder rasch, aber, wenn gleich langsam doch anhaltend bewegt zu werden. – Der, welcher eine gute Dosis von Phlegma in seiner Mischung hat, wird langsam warm, aber er behält die Wärme länger. Er gerät nicht leicht in Zorn, sondern bedenkt sich erst, ob er nicht zürnen solle; wenn andrerseits der Cholerische rasend werden möchte, daß er den festen Mann nicht aus seiner Kaltblütigkeit bringen kann.

Mit einer ganz gewöhnlichen Dosis der Vernunft, aber zugleich diesem Phlegma, von der Natur ausgestattet, ohne zu glänzen und doch von Grundsätzen, nicht vom Instinkt, ausgehend, hat der Kaltblütige nichts zu bereuen. Sein glückliches Temperament vertritt bei ihm die Stelle der Weisheit und man nennt ihn, selbst im gemeinen Leben oft den Philosophen. Durch dieses ist er anderen überlegen, ohne ihre Eitelkeit zu kränken. Man nennt ihn auch oft durchtrieben; denn alle auf ihn losgeschnellete Ballisten und Katapulten prallen von ihm als einem Wollsack ab. Er ist ein verträglicher Ehemann, und weiß sich die Herrschaft über Frau und Verwandte zu verschaffen, indessen daß er scheint allen zu Willen zu sein, weil er durch seinen unbiegsamen aber überlegten Willen den ihrigen zu dem seinen umzustimmen versteht: wie Körper, welche mit kleiner Masse und großer Geschwindigkeit den Stoß ausüben, durch||bohren; mit weniger Geschwindigkeit aber und größerer Masse das ihnen entgegenstehende Hindernis mit sich fortführen, ohne es zu zertrümmern.

Wenn ein Temperament die Beigesellung[2] eines andern sein soll – wie das gemeiniglich[3] geglaubt wird –, z. B.

[1] H: »[Niederträchtigkeit] [völlige] willkürliche«. – [2] H: »Bei[mischung]gesellung«. – [3] H: »[gemeiniglich] gemeinhin«.

|B 261, 262 |A 263, 264

A — — — — — B
Das sanguinische Das melancholische

| |
| |
| |

C — — — — — D
Das cholerische Das phlegmatische

so widerstehen sie entweder einander, oder sie neutralisieren sich. Das erstere geschieht, wenn das sanguinische mit dem melancholischen, imgleichen wenn das cholerische mit dem phlegmatischen in einem und demselben Subjekt als vereinigt gedacht werden will: denn sie (A und B, imgleichen C und D) stehen gegen einander im Widerspruch. – Das zweite, nämlich die Neutralisierung würde in der (gleichsam chemischen) Mischung des sanguinischen mit dem cholerischen, und des melancholischen mit dem phlegmatischen (A und C, imgleichen B und D) geschehen. Denn die gutmütige Fröhlichkeit kann nicht in demselben Akt mit dem abschreckenden Zorn zusammenschmelzend gedacht werden, eben so wenig wie die Pein des Selbstquälers mit der zufriedenen Ruhe des || sich selbst gnugsamen Gemüts. – Soll aber einer dieser zwei Zustände in demselben Subjekt mit dem andern wechseln: so gibt das bloße Launen, aber kein bestimmtes Temperament ab.

Also gibt es keine zusammengesetzte Temperamente, z. B. ein sanguinisch-cholerisches (welches die Windbeutel alle haben wollen, indem sie alsdann gnädige, aber doch auch strenge Herren zu sein vorgaukeln), sondern es sind in allem deren nur vier[1], und jede[2] derselben einfach, und man weiß nicht, was aus dem Menschen gemacht werden soll[3], der sich ein gemischtes zueignet.

Frohsinn und Leichtsinn, Tiefsinn und Wahnsinn, Hochsinn und Starrsinn, endlich Kaltsinn und Schwachsinn sind

[1] H: »allem nur deren vier«. – [2] Akad.-Ausg.: »jedes«. – [3] H (Cassirer): »was man aus dem Menschen machen soll«.

nur als Wirkungen des Temperaments in Beziehung auf ihre Ursache unterschieden.*

|| III

VOM CHARAKTER ALS DER DENKUNGSART

Von[1] einem Menschen schlechthin sagen zu können: »er hat einen Charakter«, heißt sehr viel von ihm nicht allein gesagt, sondern auch gerühmt; denn das ist eine Seltenheit, die Hochachtung gegen ihn und Bewunderung erregt.

Wenn man unter dieser Benennung überhaupt das versteht, wessen man sich zu ihm sicher zu versehen hat, es mag Gutes oder Schlimmes sein, so pflegt man dazu zu setzen: er hat diesen oder jenen Charakter, und dann bezeichnet der Ausdruck die Sinnesart. – Einen Charakter aber schlechthin zu haben, bedeutet diejenige Eigenschaft des Willens, nach welcher das Subjekt sich selbst an bestimmte praktische Prinzipien bindet, die er sich durch seine eigene Vernunft unabänderlich vorgeschrieben hat. Ob nun zwar diese Grundsätze auch bisweilen falsch und fehlerhaft sein dürften, so hat doch das Formelle des Wollens überhaupt, nach festen Grundsätzen zu handeln (nicht

* Welchen Einfluß[2] die Verschiedenheit des Temperaments auf die öffentlichen Geschäfte, oder umgekehrt diese (durch die Wirkung, den die gewohnte Übung in diesem auf jenen) hat, will[3] man dann auch, teils durch Erfahrung, teils auch mit Beihülfe der mutmaßlichen Gelegenheitsursachen erklügelt haben. So heißt es z. B.:

In der Religion ist der Choleriker orthodox
der Sanguinische Freigeist
der Melanch. Schwärmer
der Phleg. Indifferentist. –

Allein[4] das sind so hingeworfene Urteile, die für die Charakteristik so viel gelten, als skurrilischer Witz ihnen einräumt (*valent*[5] quantum possunt[6])[7].

[1] Cassirer: »§ 94. Von«. – [2] H: »[Welche Fehler oder Vorteile] Welchen Einfluß«. – [3] Akad.-Ausg.: »(durch die Wirkung, die die gewohnte Übung in diesen auf jenes hat) haben, will«; H: »durch [den Einfluß] die Wirkung den die gewohnte Übung in diesen auf jenes [hat] habe will«. – [4] H: »[Im öffentlichen Amt der Chol. – ordnunghaltend // Sangu. – nachlässig // Mel. – peinlich // Phleg. – // – Allein«. – [5] A: »*valeant*«. – [6] Übersetzung des Herausgebers: »sie sind so viel wert wie sie vermögen«. – [7] H: »possunt) und man kann den Juristen auf ähnliche Weise parodieren«.

wie in einem Mückenschwarm bald hiehin bald dahin abzuspringen), etwas Schätzbares und Bewundernswürdiges[1] in sich; wie es denn auch etwas Seltenes ist.

|| Es kommt hiebei nicht auf das an, was die Natur aus dem Menschen, sondern was dieser aus sich selbst macht; denn das erstere gehört zum Temperament (wobei das Subjekt großenteils passiv ist) und nur das letztere gibt zu erkennen, daß er einen Charakter habe.

Alle andere gute und nutzbare Eigenschaften desselben haben einen Preis, sich gegen andere, die eben so viel Nutzen schaffen, austauschen zu lassen; das Talent einen Marktpreis, denn der Landes- oder Gutsherr kann einen solchen Menschen auf allerlei Art brauchen; – das Temperament einen Affektionspreis; man kann sich mit ihm gut unterhalten, er ist ein angenehmer Gesellschafter; – aber – der Charakter hat einen inneren Wert* und ist über allen Preis erhaben.

* Ein Seefahrer hörte in einer Gesellschaft dem Streite zu, den Gelehrte über den Rang unter sich, nach ihren Fakultäten, führten. Er entschied ihn auf seine Art, nämlich: wie viel ihm wohl ein Mensch, den er gekapert hätte, beim Verkauf auf dem Markt in Algier einbringen würde. Den Theologen und Juristen kann dort kein Mensch brauchen; aber der Arzt versteht ein Handwerk und kann für bar gelten. – König Jakob I. von England wurde von der Amme, die ihn gesäugt hatte, gebeten: er möchte doch ihren Sohn zum Gentleman (*feinem* Mann[2]) machen. Jakob antwortete: das kann ich nicht; ich kann ihn wohl zum Grafen, aber zum Gentleman muß er sich selbst machen. – Diogenes (der Zyniker) ward (wie die vorgebliche Geschichte lautet) auf einer Seereise bei der Insel Kreta weggeka||pert und auf dem Markte bei einem öffentlichen Sklavenverkauf ausgeboten. Was kannst du, was verstehst du? fragte ihn der Mäkler, der ihn auf eine Erhöhung gestellt hatte. »Ich verstehe zu regieren, antwortete der Philosoph, und du suche mir einen Käufer, der einen Herren nötig hat.« Der Kaufmann, über dieses seltsame Ansinnen in sich selbst gekehrt, schlug zu in *diesem*[3] seltsamen Handel; indem er seinen Sohn dem letzteren zur Bildung übergab, aus ihm zu machen was er wollte, selbst aber einige Jahre in Asien Handlung trieb und dann seinen vorher ungeschlachten Sohn, in einen geschickten, wohlgesitteten, tugendhaften[4] Menschen umgebildet, zurück erhielt. – – So ohngefähr kann man die Gradation des Menschenwerts schätzen.

[1] H (Cassirer): »und selbst Bewundernswürdiges«. – [2] A: »*feinen* Mann«. – [3] So auch H; A: »in *diesen*«. – [4] H: »und tugendhaften«.

|| VON DEN EIGENSCHAFTEN, DIE BLOSS DARAUS FOLGEN, DASS DER MENSCH EINEN CHARAKTER HAT ODER OHNE CHARAKTER IST

1)[1] Der Nachahmer (im Sittlichen) ist ohne Charakter: denn dieser besteht eben in der Originalität der Denkungsart. Er schöpft aus einer von ihm selbst geöffneten Quelle seines Verhaltens. Darum aber darf der Vernunftmensch doch auch nicht Sonderling sein; ja er wird es niemals sein, weil er sich auf Prinzipien fußt, die für jedermann gelten. Jener ist der Nachäffer des Mannes, der einen Charakter hat. Die Gutartigkeit aus Temperament ist ein Gemälde aus Wasserfarben und kein Charakterzug; dieser aber, in Karikatur gezeichnet, ist ein frevelhafter Spott über den Mann von wahrem Charakter getrieben; weil er das Böse, was einmal zum öffentlichen Gebrauch (zur Mode) geworden, || nicht mitmacht und so als ein Sonderling *dargestellt*[2] wird.

2) Die Bösartigkeit, als Temperamentsanlage, ist doch weniger schlimm[3], als die Gutartigkeit der letzteren ohne Charakter; denn durch den letzteren kann man über die erstere die Oberhand gewinnen. – Selbst ein Mensch von bösem Charakter (wie Sylla), wenn er gleich durch die Gewalttätigkeit[4] seiner festen Maximen Abscheu erregt, ist doch zugleich ein Gegenstand der Bewunderung: wie Seelenstärke überhaupt in Vergleichung mit Seelengüte, welche freilich beide in dem Subjekt vereinigt angetroffen werden müssen, um das herauszubringen, was mehr Ideal, als in der Wirklichkeit ist, nämlich: zum Titel der Seelengröße berechtigt zu sein.

3) Der steife unbiegsame Sinn[5] bei einem gefaßten Vorsatz (wie etwa an Karl XII.) ist zwar eine dem Charakter sehr günstige Naturanlage, aber noch nicht ein bestimmter Charakter überhaupt. Denn dazu werden Maximen erfordert, die aus der Vernunft und moralisch-praktischen Prin-

[1] Cassirer: »§ 95. 1.« – [2] A: »*vorgestellt*«. – [3] H: »[besser] weniger schlimm«. – [4] H: »[Abscheulichkeit] Gewalttätigkeit«. – [5] H: »steife unbesiegsame Sinn«.

zipien hervorgehen. Daher kann man nicht füglich sagen: die Bosheit dieses Menschen ist eine Charaktereigenschaft desselben; denn alsdann wäre sie teuflisch; der Mensch aber billigt das Böse in sich nie und so gibt es eigentlich keine Bosheit aus Grundsätzen, sondern nur aus Verlassung derselben. – – Man tut also am besten, wenn man die Grundsätze, welche den Charakter betreffen, negativ vorträgt. Sie sind:

|| a. Nicht vorsetzlich unwahr zu reden; daher auch behutsam zu sprechen, damit man nicht den Schimpf des Widerrufens auf sich ziehe.

b. Nicht heucheln: vor den Augen gut gesinnt scheinen, hinter dem Rücken aber feindselig sein.

c. Sein (erlaubtes) Versprechen nicht brechen; wozu auch gehört: selbst das Andenken einer Freundschaft, die nun gebrochen ist, noch zu ehren, und die ehemalige Vertraulichkeit und Offenherzigkeit des anderen nicht nachher zu mißbrauchen.

d. Sich nicht mit schlechtdenkenden Menschen in einen Geschmacksumgang einzulassen und, des noscitur ex socio etc.[1] eingedenk, den Umgang nur auf Geschäfte einzuschränken.

e. Sich an die Nachrede aus dem seichten und boshaften[2] Urteil anderer nicht zu kehren; denn das Gegenteil verrät schon Schwäche; wie auch, die Furcht des Verstoßes wider die Mode, welche ein flüchtiges, veränderliches Ding ist, *zu mäßigen,*[3] und, wenn sie denn schon einige Wichtigkeit des Einflusses bekommen hat, ihr Gebot wenigstens nicht auf die Sittlichkeit auszudehnen[4].

Der Mensch, der sich eines Charakters in seiner Denkungsart bewußt ist, hat ihn nicht von der Natur, sondern muß ihn jederzeit erworben haben. Man kann auch annehmen: daß die Gründung desselben, gleich einer Art der

[1] Übersetzung des Herausgebers: »an seinem Umgang erkennt man usw.« – [2] H: »seichten oder boshaften«. – [3] Zusatz von B. – [4] H: »veränderliches Ding obgleich wenn sie ... bekommen hat es doch besser ist wie man sagt ein Narr in der Mode als ein Narr außer der Mode zu sein«.

Wiedergeburt, eine gewisse Feierlichkeit || der Angelobung, die er sich selbst tut, sie und den Zeitpunkt, da diese Umwandlung in ihm vorging, gleich einer neuen Epoche, ihm unvergeßlich mache. – Erziehung, Beispiele und Belehrung können diese Festigkeit und Beharrlichkeit in Grundsätzen überhaupt nicht nach und nach, sondern nur gleichsam durch eine Explosion, die auf den Überdruß am schwankenden Zustande des Instinkts auf einmal erfolgt, *bewirken*[1]. Vielleicht werden nur wenige sein, die diese Revolution vor dem 30sten Jahre versucht, und noch wenigere, die sie vor dem 40sten fest gegründet haben. – Fragmentarisch ein besserer Mensch werden zu wollen, ist ein vergeblicher Versuch; denn der eine Eindruck erlischt, während dessen man an einem anderen arbeitet; die Gründung eines Charakters aber ist absolute Einheit des innern Prinzips des Lebenswandels überhaupt. – Auch sagt man: daß Poeten keinen Charakter haben, z. B. ihre besten Freunde zu beleidigen, ehe sie einen witzigen Einfall aufgäben; oder daß er bei Hofleuten, die sich in alle Formen fügen müssen, gar nicht zu suchen *sei, und daß es*[2] bei Geistlichen, die dem Herrn des Himmels, zugleich aber auch den Herren der Erde in einerlei Stimmung den Hof machen, mit der Festigkeit des Charakters nur mißlich bestellt sei, daß also einen[3] inneren (moralischen) Charakter zu haben wohl nur ein frommer Wunsch sei und bleiben werde. Vielleicht aber sind wohl gar die Philosophen[4] daran schuld: dadurch daß sie diesen Begriff noch nie abgesondert in ein gnugsam helles Licht gesetzt und die Tugend nur in[5] Bruchstücken, aber nie ganz in ihrer schönen Gestalt vorstellig und für alle Menschen interessant zu machen gesucht haben.

|| Mit einem Worte: Wahrhaftigkeit im Inneren des Geständnisses vor sich selbst und zugleich im Betragen gegen jeden anderen, sich zur obersten Maxime gemacht, ist der einzige Beweis des Bewußtseins eines Menschen, daß er einen Charakter hat; und, da diesen zu haben das Minimum

[1] A: *»bewirkt werden«*; H: »bewirkt werde«. – [2] Zusatz von B. – [3] A: »sei, *und* daß also einen«; H: »sei und daß einen«. – [4] H (Cassirer): »Philosophen selbst«. – [5] H: »Tugend[pflicht] in«.

ist, was man von einem vernünftigen Menschen fordern kann, zugleich aber auch das Maximum des inneren Werts (der Menschenwürde): so muß, ein Mann von Grundsätzen zu sein (einen bestimmten Charakter zu haben), der gemeinsten Menschenvernunft möglich und dadurch dem[1] größten Talent, der Würde nach, überlegen sein.[2]

VON DER PHYSIOGNOMIK

Sie[3] ist die *Kunst*[4], aus der sichtbaren Gestalt eines Menschen, folglich aus dem Äußeren, das Innere desselben zu beurteilen; es sei seiner Sinnesart oder Denkungsart nach. – Man beurteilt ihn hier nicht in seinem krankhaften, sondern gesunden Zustande; nicht wenn sein Gemüt in Bewegung, sondern wenn es in Ruhe ist. – Es versteht sich von selbst, daß: wenn der, welchen man in dieser Absicht beurteilt, inne wird, daß man ihn beobachte und sein Inneres ausspähe, sein Gemüt nicht in Ruhe, sondern im Zustande des Zwanges und der inneren Bewegung, ja selbst des Unwillens sei, sich eines anderen Zensur ausgesetzt zu sehen.

Wenn eine Uhr ein gefälliges Gehäuse hat, so kann man daraus (sagt ein berühmter Uhrmacher) nicht mit Sicherheit urteilen, daß auch das Innere gut sei; ist || das Gehäuse aber schlecht gearbeitet, so kann man mit ziemlicher Gewißheit schließen, daß auch das Innere nicht viel tauge; denn der Künstler wird doch ein fleißig und gut gearbeitetes Werk dadurch nicht in Mißkredit bringen, daß er das Äußere desselben, welches die wenigste Arbeit kostet, vernachlässigt. – Aber nach der Analogie eines menschlichen Künstlers mit dem unerforschlichen Schöpfer der Natur wäre es ungereimt, auch hier zu schließen: daß er etwa einer guten Seele auch einen schönen Leib werde beigegeben haben, um den Menschen, den er schuf, bei andern Menschen zu empfehlen und in Aufnahme zu bringen, oder auch, umgekehrt, einen von dem andern (durch das hic

[1] H (Cassirer): »und doch auch dem«. – [2] Am Rand von H: »Geschnittene Steine in Cameo und Intaglio«. – [3] Cassirer: »§ 96. Sie«. – [4] A: »die *Lehre*«.

niger est, hunc tu Romane caveto[1]) abgeschreckt haben werde. Denn der Geschmack, der einen bloß subjektiven Grund des Wohlgefallens oder Mißfallens eines Menschen an dem andern (nach ihrer Schönheit oder Häßlichkeit) enthält, kann der Weisheit, welche objektiv das Dasein derselben mit gewissen Naturbeschaffenheiten zum Zweck hat (den wir schlechterdings nicht einsehen können), nicht zur Richtschnur dienen, um diese zwei heterogenen Dinge, als in einem und demselben Zweck vereinigt, im Menschen anzunehmen.

VON DER LEITUNG DER NATUR ZUR PHYSIOGNOMIK

Daß wir dem, welchem wir uns anvertrauen sollen, er mag uns auch noch so gut empfohlen sein, vorher ins Gesicht, vornehmlich in die Augen, sehen, um zu erforschen, wessen wir uns gegen ihn zu versehen || haben, ist ein Naturantrieb, und das Abstoßende oder Anziehende in seiner Gebärdung entscheidet über unsere Wahl, oder macht uns auch bedenklich[2], ehe wir noch seine Sitten erkundigt haben, und so ist nicht zu streiten, daß es eine physiognomische Charakteristik gebe, die aber nie eine Wissenschaft werden kann; weil die Eigentümlichkeit einer menschlichen Gestalt, die auf gewisse Neigungen oder Vermögen des angeschauten Subjekts hindeutet, nicht durch Beschreibung nach Begriffen, sondern durch Abbildung und Darstellung (in der Anschauung) oder ihrer Nachahmung[3] verstanden werden kann: wo die Menschengestalt im allgemeinen, nach ihren Varietäten, deren jede auf eine besondere innere Eigenschaft des Menschen im Inneren hindeuten soll, der Beurteilung ausgesetzt wird.

Nachdem die Karikaturzeichnungen menschlicher Köpfe von Baptista Porta, welche Tierköpfe, nach der Ana-

[1] Übersetzung des Herausgebers: »der ist schwarz, vor dem hüte dich, Römer«. – [2] H: »uns bedenklich«. – [3] So B_3; in B_1 steht nur die zweite Klammer, in B_2 fehlen beide; A, H: »Darstellung in der Anschauung (oder ihrer Nachahmung)«.

|B 272 |A 274

logie mit gewissen charakteristischen Menschengesichtern verglichen, darstellen, und daraus auf eine Ähnlichkeit der Naturanlagen in beiden schließen sollten[1], längst vergessen, Lavaters weitläuftige, durch Silhouetten zu einer eine Zeitlang allgemein beliebten und wohlfeilen Ware gewordene, Verbreitung dieses Geschmacks aber neuerdings ganz verlassen worden; – nachdem fast nichts mehr, als etwa die, doch zweideutige, Bemerkung (des Hrn. v. Archenholz) übrig geblieben ist: daß das Gesicht[2] eines Menschen, das man durch eine Grimasse für sich allein nachahmt, auch zugleich gewisse Gedanken oder Empfindungen rege mache, die mit dem Charakter desselben übereinstimmen – so ist die Physiognomik, als || Ausspähungskunst des Inneren im Menschen vermittelst gewisser äußerer unwillkürlich gegebener Zeichen, ganz aus der Nachfrage gekommen, und nichts von ihr übrig geblieben, als die Kunst der Kultur des Geschmacks und zwar nicht an Sachen, sondern an Sitten[3], Manieren und Gebräuchen, um durch eine Kritik, welche dem Umgange mit Menschen und der Menschenkenntnis überhaupt beförderlich wäre, dieser zu Hülfe zu kommen[4].

EINTEILUNG DER PHYSIOGNOMIK

Von[5] dem Charakteristischen 1. In der Gesichtsbildung. 2. In den Gesichtszügen. 3. In der habituellen Gesichtsgebärdung (den Mienen).

A. VON DER GESICHTSBILDUNG

Es ist merkwürdig: daß die griechischen Künstler auch ein Ideal der Gesichtsbildung (für Götter und Heroen) im Kopfe hatten; welches immerwährende Jugend und zugleich von allen Affekten freie Ruhe – in *Statüen,*[6] Kameen und Intaglios –, ohne einen Reiz hineinzulegen, ausdrükken sollte. – Das griechische perpendikuläre Profil

[1] Cassirer: »schließen lassen sollten«. – [2] H: »[die Gestalt] das Gesicht«. – [3] H: »in Sitten«. – [4] H: »Gebräuchen durch eine ... beförderlich ist«. – [5] Cassirer: »§ 97. Von«. – [6] Zusatz von B.

|B 273 |A 275

macht die Augen tiefer liegend, als es nach unserem Geschmack (der auf den Reiz angelegt ist) sein sollte und selbst eine mediceische Venus entbehrt desselben. – Die Ursache davon mag sein: daß, da das Ideal eine bestimmte unabänderliche Norm sein soll, || eine aus dem Gesicht von der Stirn in einem Winkel abspringende Nase (wo dann der Winkel größer oder kleiner sein kann) keine bestimmte Regel der Gestalt[1], wie es doch das, was zur Norm gehört, erfordert – abgeben würde. Auch haben die neueren Griechen, unerachtet ihrer, sonst dem übrigen Körperbau nach, schönen Bildung, doch jene ernste Perpendikularität des Profils in ihrem[2] Gesichte nicht, welches jene Idealität in Ansehung der *Kunstwerke*[3] als Urbilder zu beweisen scheint[4]. – Nach diesen mythologischen Mustern kommen die Augen tiefer zu liegen, und werden an der Nasenwurzel etwas in Schatten gestellt; dagegen man die für schön gehaltenen Gesichter der Menschen jetziger Zeiten mit einem kleinen Absprung der Nase von der Richtung der Stirn (Einbucht an der Nasenwurzel) schöner findet.

Wenn wir über Menschen, so wie sie wirklich sind, unseren Beobachtungen nachgehen, so zeigt sich: daß eine genau abgemessene Regelmäßigkeit gemeiniglich einen sehr ordinären Menschen, der ohne Geist ist, anzeige. Das Mittelmaß scheint das Grundmaß und die Basis der Schönheit, aber lange noch nicht die Schönheit selbst zu sein; weil zu dieser etwas Charakteristisches erfordert wird. – Man kann aber dieses Charakteristische, auch ohne Schönheit, in einem Gesichte antreffen, worin der Ausdruck ihm doch, obgleich in anderer (vielleicht moralischen oder ästhetischen) Beziehung, sehr zum Vorteil spricht; d. i. an einem Gesichte bald hier, bald da an Stirn, Nase, Kinn oder Farbe des Haares u.s.w. tadeln, dennoch aber gestehen[5], daß für die Individualität der Person[6] es doch empfehlender

[1] H: »bestimmte [Gestalt] Regel der Gestalt«. – [2] B_1: »Profils ihrem«. – [3] A: »der *Gemmen*«. – [4] H: »[beweiset] zu beweisen scheint«. – [5] H: »Man kann daher an einem schönen Gesicht bald hier die etwas zu schmale Stirn oder das breitere Kinn oder die Farbe des Haares u.s.w. tadeln und dennoch zugestehen«. – [6] H: »[dieser] einer Person«.

|B 274 |A 276

sei, || als wenn die Regelmäßigkeit vollkommen wäre; weil diese gemeinhin auch Charakterlosigkeit bei sich führt.

Häßlichkeit aber soll[1] man keinem Gesichte vorrücken, wenn es nur in seinen Zügen nicht den Ausdruck eines durch Laster verdorbenen Gemüts, oder auch einen natürlichen, aber unglücklichen Hang[2] dazu verrät: z.B. einen gewissen Zug des Hämischlächlenden, so bald er spricht, oder auch der Dummdreustigkeit ohne mildernde Sanftheit, im Anblick dem anderen ins Gesicht zu schauen und dadurch zu äußeren, daß man sich aus jenes seinem Urteile nichts mache. – Es gibt Männer, deren Gesicht (wie der Franzose spricht) rebarbaratif ist, mit[3] denen man, wie man sagt, Kinder zu Bett jagen kann, *oder die ein* von Pocken *zerrissenes* und groteskes[4], oder, wie der Holländer es nennt, wanschapenes (gleichsam im Wahn, im Traume, gedachtes) Gesicht haben; aber doch zugleich so viel Gutmütigkeit und Frohsinn zeigen, daß sie über ihr eigenes Gesicht ihren Spaß treiben, das daher keineswegs häßlich genannt werden darf, ob sie es *wohl*[5] gar nicht übel nehmen, wenn eine Dame von ihnen (wie von dem Pellisson bei der Académie Française) sagt: »Pellisson mißbraucht *die* Erlaubnis[6], die die Männer haben, häßlich zu sein«. Noch ärger und dummer[7] ist es: wenn ein Mensch, von dem man Sitten erwarten darf, *einem* Gebrechlichen[8], wie der Pöbel, seine körperliche Verbrechen[9] sogar, welche[10] oft nur die geistigen Vorzüge zu erhöhen dienen, gar vorrückt; welches, wenn es gegen in früher Jugend Verunglückte geschieht (durch: du blinder, du lahmer Hund), sie wirk|lich bösartig, und | sie gegen Wohlgebildete, die sich darum besser dünken, nach und nach erbittert macht.

Sonst sind die einheimischen ungewohnten[11] Gesichter der Fremden für Völker, die aus ihrem Lande nie heraus kommen, gemeiniglich ein Gegenstand des Spottes für diese. So

[1] H: »[aber kann] aber soll«. – [2] H: »auch einer ... Disposition«. – [3] So auch H; A: »ist rebarbaratif, mit«. – [4] A: »kann, von Pocken *zerrissene* und *ein* groteskes«. – [5] Zusatz von B. – [6] A: »*der* Erlaubnis«. – [7] A: »und *zugleich* dummer«. – [8] A: »*einen* Gebrechlichen«. – [9] H (Akad.-Ausg., Cassirer): »Gebrechen«. – [10] H: »Gebrechen welche«. – [11] H: »sind den Einheimischen ungewohnte«.

rufen die kleinen Jungen in Japan, indem sie den dorthin handelnden Holländern nachlaufen: »O welche große Augen, welche große Augen!« und den Chinesen kommen die roten Haare mancher Europäer, die ihr Land besuchen, widrig, die blauen Augen derselben aber lächerlich vor.

Was die bloßen Hirnschädel betrifft und ihre Figur, welche die Basis ihrer Gestalt ausmacht, z.B. die der Negern, der Kalmücken, der Südsee-Indianer u.a., so wie sie von Camper und vorzüglich von Blumenbach beschrieben werden[1]: so gehören die Bemerkungen darüber mehr zur physischen Geographie, als zur pragmatischen Anthropologie. Ein Mittleres zwischen beiden kann die Bemerkung sein: daß die Stirn des männlichen Geschlechts auch bei uns flach, die des weiblichen aber mehr kuglig zu sein pflegt.

Ob ein *Hügel*[2] auf der Nase einen Spötter anzeige, – ob die Eigenheit der Gesichtsbildung der Chinesen, von denen man sagt, daß der untere Kinnbacken etwas über die obere[3] hervorrage, eine[4] Anzeige ihres Starrsinnes, oder der Amerikaner ihre, deren Stirn von beiden Seiten mit Haaren verwachsen ist, *ein Zeichen eines* ange|bornen | *Schwachsinns* sei[5] u.s.w., sind Konjekturen, die eine nur unsichere[6] Auslegung verstatten.[7]

B. VON DEM CHARAKTERISTISCHEN IN DEN GESICHTSZÜGEN

Einem[8] Manne schadet es, selbst im Urteile des weiblichen Geschlechts, nicht, in seinem Gesicht durch Hautfarbe, oder Pockennarben verunstaltet und unlieblich geworden zu sein; denn wenn Gutmütigkeit in seinen Augen und zugleich der Ausdruck des Wackeren im Bewußtsein seiner

[1] H (Cassirer): »beschrieben worden«. – [2] A: *»Hübel«*. – [3] Akad.-Ausg.: »den oberen«. – [4] H: »hervorrage [auch auf ihr Temperament einen Einfluß habe u.d.g. diese Fragen gehören zur vergleichenden Tierphysiognomie] eine«. – [5] A: »*von ihrem* angebornen | *Schwachsinn* sei«. – [6] H (Cassirer): »nur sehr unsichere«. – [7] Am Rand von H: »Hume im Gedanken und Rousseau // Von den Schädeln nach Camper und Blumenbach // Kuglichter Kopf nicht flache Stirn // Heidegger«. – [8] Cassirer: »§ 98. Einem«.

|B 277 |A 279

Kraft mit Ruhe verbunden aus seinen Blicken hervorleuchtet, so kann er immer beliebt und liebenswürdig sein, und dafür allgemein gelten. – Man scherzt mit solchen und ihrer Liebenswürdigkeit (per antiphrasin) und eine Frau kann auf den Besitz eines solchen Ehemannes stolz sein. *Ein solches Gesicht ist* nicht Karikatur[1], denn diese ist vorsetzlich-übertriebene Zeichnung (Verzerrung) des Gesichts im Affekt, zum Auslachen ersonnen, und gehört zur Mimik; *es* muß *vielmehr* zu[2] einer Varietät gezählt werden, die in der Natur liegt, und ist kein Fratzengesicht *zu nennen* (welches abschreckend wäre), sondern kann *Liebe erwecken*, ob[3] es gleich nicht lieblich und, ohne schön zu sein, doch nicht häßlich ist.*

|| C. *VON DEM CHARAKTERISTISCHEN DER MIENEN*[4]

Mienen[5] sind ins Spiel gesetzte Gesichtszüge und in dieses wird man durch mehr oder weniger starken Affekt gesetzt; zu welchem der Hang ein Charakterzug des Menschen ist.

Es ist schwer, den Eindruck eines Affekts durch keine

* Heidegger, ein deutscher Musikus in London, war ein abenteuerlich gestalteter, aber aufgeweckter und gescheuter Mann, mit dem auch Vornehme, der Konversation halber, gerne in Gesellschaft waren. – Einsmals fiel es ihm ein, in einer Punschgesellschaft gegen einen Lord zu behaupten: || daß er das häßlichste Gesicht in London sei. Der Lord sann nach und schlug eine Wette vor, daß er ihm ein noch häßlicheres aufstellen wollte, und nun ließ er ein versoffenes Weib rufen, bei deren Anblick die ganze Gesellschaft in ein helles Lachen geriet und aufrief[6]: Heidegger! ihr habt die Wette verloren! – Das geht so geschwind nicht, antwortete dieser; denn nun laßt das Weib meine Perücke und ich will ihre Cornette aufsetzen; dann wollen wir sehen. Wie das geschah, so fiel alles ins Lachen, bis zum Sticken: denn das Weib sah wie ein ganz manierlicher Mann, der Kerl aber wie eine Hexe aus. Dies beweist, daß, um *jemanden*[4] schön, wenigstens erträglich hübsch, zu heißen, man sein Urteil nicht schlecht hin, sondern immer nur relativ fällen muß und daß für einen Kerl jemand *darum noch* gar[7] nicht häßlich *heißen* dürfe[8], weil er etwa nicht hübsch ist. – Nur ekelhafte Leibesschäden im Gesicht können zu diesem *Ausspruch*[9] berechtigen.

[1] A: »*Das sind* nicht *Zeichnungen in* Karikatur«. – [2] A: »Mimik. *Jene Zeichnung* muß zu«. – [3] A: »und kein Fratzengesicht ist (...), sondern *was geliebt werden* kann, ob«. – [4] Zusatz von B. – [5] Cassirer: »§ 99. Mienen«. – [6] H (Akad.-Ausg.): »ausrief«. – [7] A: »jemand *für* gar«. – [8] A: »häßlich *gelten* dürfe«. – [9] So auch H; A: »*Anspruch*«.

|B 278 |A 280 Anm.: |B 278 |A 280

Miene zu verraten; sie verrät[1] sich durch die peinliche Zurückhaltung in der Gebärde, oder im Ton, *von*[2] selbst, und, wer zu schwach ist, seine Affekten zu beherrschen, bei dem wird auch das Mienenspiel (wider den Dank seiner Vernunft) das Innere bloßstellen, was[3] er gern verbergen und den Augen anderer entziehen möchte. ¦ Aber die, welche in dieser Kunst Meister sind, werden, | wenn man sie doch errät, nicht eben für die besten Menschen, mit denen man im Vertrauen handeln kann, gehalten; vornehmlich, wenn sie Mienen zu künsteln geübt sind, die dem, was sie tun, widersprechen.

Die Auslegungskunst der Mienen, welche unvorsetzlich das Innere verraten, aber doch hiebei[4] vorsetzlich lügen, kann zu vielen artigen Bemerkungen Anlaß geben, wovon ich nur Einer Erwägung tun will[5]. – Wenn jemand, der sonst nicht schielt, indem er erzählt, sich auf die Spitze seiner Nase sieht, und so schielt, so ist das, was er erzählt, jederzeit gelogen. – Man muß aber ja nicht den gebrechlichen Augenzustand eines Schielenden dahin zählen, der von diesem Laster ganz frei sein kann.

Sonst gibt es von der Natur konstituierte Gebärdungen, durch welche sich Menschen von allen Gattungen und Klimaten einander, auch ohne Abrede, verstehen. Dahin gehört das Kopfnicken (im Bejahen), das Kopfschütteln (im Verneinen), das Kopfaufwerfen (im Trotzen), das Kopfwackeln (in der Verwunderung), das Naserümpfen (im Spott), das Spöttisch-Lächeln (Grinsen), ein langes Gesicht[6] machen (bei Abweisung des Verlangten), das Stirnrunzeln (im Verdruß), das schnelle Maulaufsperren und -zuschließen (Bah), das zu sich hin und von sich weg winken mit Händen, das Hände über den Kopf zusammen schlagen (im Erstaunen), das Faustballen (im Drohen), das Verbeugen, das Fingerlegen auf den Mund ¦| (compescere labella[7]), um Verschwiegenheit zu gebieten, das Auszischen u.d.g.

[1] Akad.-Ausg.: »er verräth«. – [2] Zusatz von B. – [3] A: »bloßstellen *machen*, was«. – [4] H: »hiemit«. – [5] H: »Einer will Erwähnung tun«. – [6] H (Cassirer): »ein lang Gesicht«. – [7] Übersetzung des Herausgebers: »(mit dem Finger) die Lippen verschließen«.

ZERSTREUTE ANMERKUNGEN

Oft[1] wiederholte, die Gemütsbewegung auch unwillkürlich begleitende, Mienen werden nach und nach stehende Gesichtszüge; welche aber im Sterben verschwinden; daher, wie Lavater anmerkt, das im Leben den Bösewicht verratende abschreckende Gesicht sich im Tode (negativ) gleichsam veredelt: weil nun, da alle Muskeln nachlassen, gleichsam der Ausdruck der Ruhe, welche unschuldig ist, übrig bleibt. – So kann es auch kommen, daß *ein* Mann, der seine Jugend unverführt zurückgelegt *hatte*, in[2] spätern Jahren, bei aller Gesundheit, doch durch Lüderlichkeit ein[3] ander Gesicht bekommt; aus welchem aber auf seine Naturanlage nicht zu schließen ist.

Man spricht auch von gemeinem[4] Gesicht im Gegensatz mit dem vornehmen. *Das letzte* bedeutet[5] nichts weiter als eine angemaßte Wichtigkeit, mit höfischer Manier der Einschmeichelung verbunden: welche nur in großen Städten gedeiht, da sich Menschen an einander reiben und ihre Rauhigkeit[6] abschleifen. Daher Beamte, auf dem Lande geboren und erzogen, wenn sie, mit ihrer Familie, zu städtischen ansehnlichen Bedienungen erhoben werden, oder auch standesmäßig sich dazu nur qualifizieren, nicht bloß in ihren Manieren, sondern auch in dem Ausdruck des Gesichts etwas Gemeines zeigen. || Denn da sie in ihrem Wirkungskreise sich ungeniert fühlten, indem sie es fast nur allein mit ihren Untergebenen zu tun hatten, so bekamen die Gesichtsmuskeln nicht die Biegsamkeit, in allen Verhältnissen, gegen Höhere, Geringere und Gleiche, das ihrem Umgange und den damit verbundenen Affekten angemessene Mienenspiel zu kultivieren, welches[7], ohne sich etwas zu vergeben, zur guten Aufnahme in der Gesellschaft erfordert wird. Dagegen die in städtischen Manieren geübten

[1] Cassirer: »§ 100. Oft«. – [2] A: »daß der seine Jugend *bis dahin* unverführt zurückgelegt *habende* Mann in«; H: »daß der seine Jugend noch unverführt zurücklegende Mann in«. – [3] H: »gleichsam ein«. – [4] H (Cassirer): »vom gemeinen«. – [5] A: »*Es* bedeutet«. – [6] H: »[Rohigkeit] Rauheit«. – [7] H: »zu treiben welches«.

|B 281 |A 283

Menschen[1] von gleichem Rang, indem sie sich bewußt sind, hierin[2] über andere eine Überlegenheit zu haben, dieses Bewußtsein, wenn es durch lange Übung habituell wird, mit bleibenden Zügen in ihrem Gesichte abdrucken[3].

Devote, wenn sie lange in den mechanischen Andachtsübungen diszipliniert und gleichsam darin erstarrt sind, bringen, bei einer machthabenden Religion oder Kultus, in ein ganzes Volk Nationalzüge innerhalb der Grenzen derselben hinein, welche sie selbst physiognomisch charakterisieren. So spricht Herr Fr. Nicolai von fatalen gebenedeieten Gesichtern in Bayern; dagegen John Bull von Altengland die Freiheit unhöflich zu sein, wohin er kommen[4] mag, in der Fremde oder gegen den Fremden in seinem eignen Lande, schon in seinem Gesichte bei sich führt. Es gibt also auch eine Nationalphysiognomie, ohne daß diese eben für angeboren gelten darf. – Es gibt charakteristische Auszeichnungen in Gesellschaften, die das Gesetz zur Strafe zusammengebracht hat. Von den Gefangenen *in*[5] Rasphuis in Amsterdam, in Bicêtre in Paris und in Newgate in London merkt ein geschickter reisender deutscher Arzt an: daß es ‖ doch mehrenteils knochichte und sich ihrer Überlegenheit bewußte Kerle waren; von keinem aber wird es erlaubt sein, mit dem Schauspieler Quin zu sagen: »Wenn dieser Kerl nicht ein Schelm ist, so schreibt der Schöpfer keine leserliche Hand«. Denn um so gewaltsam abzusprechen, dazu würde mehr Unterscheidungsvermögen des Spiels, welches die Natur mit den Formen ihrer Bildung treibt, um bloß Mannigfaltigkeit der Temperamente hervorzubringen, von dem was sie hierin für die Moral tut oder nicht tut, gehören, als wohl irgend ein Sterblicher zu besitzen sich anmaßen darf.

[1] Zusatz von B. – [2] H: »hiedurch«. – [3] H: »haben und dieses Bewußtsein ... sich [in] mit bleibenden Zügen ... abdruckt«. – [4] H (Cassirer): »er auch kommen«. – [5] A: *»im«*.

|B 282 |A 284

B
DER CHARAKTER DES GESCHLECHTS

In[1] alle Maschinen, durch die mit kleiner Kraft[2] eben so viel ausgerichtet werden soll, als durch andere mit großer, muß Kunst gelegt sein. Daher kann man schon zum voraus annehmen: daß die Vorsorge der Natur in die Organisierung des weiblichen Teils mehr Kunst gelegt haben wird, als in die des männlichen, weil sie den Mann mit größerer Kraft ausstattete als das Weib, um beide[3] zur innigsten leiblichen Vereinigung, doch auch als vernünftige Wesen, zu dem ihr am meisten angelegenen Zwecke, nämlich der Erhaltung der Art *zusammenzubringen,* und überdem *sie* in[4] jener Qualität (als *vernünftige*[5] Tiere) mit[6] gesellschaftlichen Neigungen versah, ihre Geschlechtsgemeinschaft in einer häuslichen Verbindung fortdaurend zu machen.

¦| Zur Einheit und Unauflöslichkeit einer Verbindung ist das beliebige Zusammentreten zweier Personen nicht hinreichend; ein Teil mußte dem andern unterworfen und wechselseitig einer dem andern irgendworin überlegen sein, um ihn beherrschen oder regieren zu können. Denn in der Gleichheit der Ansprüche zweier, die einander nicht entbehren können, bewirkt die Selbstliebe lauter Zank. Ein Teil muß im Fortgange der Kultur auf heterogene Art überlegen sein: der Mann dem Weibe durch sein körperliches Vermögen und seinen Mut, das Weib aber dem Manne durch ihre Naturgabe, sich der Neigung des Mannes zu ihr zu bemeistern; da hingegen im noch unzivilisierten Zustande die Überlegenheit bloß auf der Seite des *Mannes*[7] ist. – Daher ist in der Anthropologie die weibliche Eigentümlichkeit mehr als die des männlichen Geschlechts ein Studium für den Philosophen. Im rohen Naturzustande kann man sie eben so wenig erkennen, als die der Holzäpfel und Holzbirnen, deren Mannigfaltigkeit sich nur durch

[1] Cassirer: »§ 101. In«. – [2] H: »mit kleinerer Kraft«. – [3] H: »ausstattete da sie beide«. – [4] A: »Art und überdem in«; H: »Art [bestimmte] und [sie] überdem in«. – [5] A: »*vernünftiger*«. – [6] H: »[[sie] auf ein lebenswieriges Zusammensein zur Er] mit«. – [7] A: »des *letzteren*«.

¦B 283 |A 285

Pfropfen oder Inokulieren entdeckt; denn die Kultur bringt diese weiblichen Beschaffenheiten nicht hinein, sondern veranlaßt sie nur, sich zu entwickeln, und unter[1] begünstigenden Umständen kennbar zu werden.

Die Weiblichkeiten[2] heißen Schwächen. Man spaßt darüber; Toren treiben damit ihren Spott, Vernünftige aber sehen sehr gut, daß sie gerade die Hebezeuge sind, die Männlichkeit zu lenken und sie[3] zu jener ihrer Absicht zu gebrauchen. Der Mann ist leicht zu erforschen, die Frau verrät ihr Geheimnis nicht; obgleich anderer ihres (wegen ihrer Redseligkeit) schlecht bei ihr || verwahrt ist. Er liebt den Hausfrieden und unterwirft sich gern ihrem Regiment, um sich nur in seinen Geschäften nicht behindert zu sehen; sie scheut den Hauskrieg nicht, den sie mit der Zunge führt und zu welchem Behuf die Natur ihr Redseligkeit und affektvolle Beredtheit gab, die den Mann entwaffnet. Er fußt sich auf das Recht des Stärkeren, im Hause zu befehlen, weil er es gegen äußere Feinde schützen soll; sie auf das Recht des Schwächeren: vom männlichen Teile gegen Männer geschützt zu werden, und macht durch Tränen der Erbitterung den Mann wehrlos, indem sie ihm seine Ungroßmütigkeit vorrückt.[4]

Im rohen Naturzustande ist das freilich anders. Das Weib ist da ein Haustier. Der Mann geht mit Waffen in der Hand voran, und das Weib folgt ihm mit dem Gepäck seines Hausrats beladen. Aber selbst da, wo eine barbarische bürgerliche Verfassung Vielweiberei gesetzlich macht, weiß das am meisten begünstigte Weib in ihrem Zwinger (Harem genannt) über den Mann die Herrschaft zu erringen, und dieser hat seine liebe Not, sich in dem Zank vieler um Eine[5] (welche ihn beherrschen soll) erträglicher Weise Ruhe zu schaffen.

[1] H: »veranlaßt nur [sich] sie zu entwickeln und [sich bei] unter«. – [2] A: »*Diese* Weiblichkeiten«. – [3] H: »[ihr eine Richtung zu geben] sie«. – [4] Am Rand von H: »Warum eine Frau Venus auch den häßlichsten Mann (Vulkan) heuratet und darüber nicht verlacht wird // Bei rohen Völkerschaften ist das Weib ein Lasttier // Hearne von der Hudsonsbay. – Von der letzten Gunst der Cicisbeen . . Den Schlägen der Russen aus Liebe und Eifersucht«. – [5] H: »um Einen«.

Im bürgerlichen Zustande gibt sich das Weib dem Gelüsten des Mannes nicht ohne Ehe weg und zwar die der Monogamie: wo, wenn die Zivilisierung noch nicht bis zur weiblichen Freiheit in der Galanterie (auch andere Männer als den einen öffentlich zu Liebhabern zu haben) gestiegen ist, der Mann sein Weib be||straft, das ihn mit einem Nebenbuhler bedroht.* Wenn diese aber zur Mode und die Eifersucht lächerlich geworden ist (wie das dann im Zeitpunkt des Luxus nicht ausbleibt), so entdeckt sich der weibliche Charakter: mit ihrer Gunst gegen Männer auf Freiheit und dabei zugleich auf Eroberung dieses ganzen Geschlechts Anspruch zu machen. – Diese Neigung, ob sie zwar, unter dem Namen der Koketterie, in übelem Ruf steht, ist doch nicht ohne einen wirklichen Grund zur Rechtfertigung. Denn eine junge Frau ist doch immer in Gefahr, Witwe zu werden, und das macht, daß sie ihre Reize über alle, den Glücksumständen nach ehefähige, Männer ausbreitet: damit, wenn jener Fall sich ereignete, es ihr nicht an Bewerbern fehlen möge.

|| Pope glaubt, man könne das weibliche Geschlecht (versteht sich *den* kultivierten[1] Teil desselben) durch zwei Stücke charakterisieren: die Neigung zu herrschen und die Neigung zum Vergnügen. – Von dem letzteren aber

* Die alte Sage von den Russen: daß die Weiber ihre Ehemänner im Verdacht hielten, es mit anderen Weibern zu halten, wenn sie nicht dann und wann von diesen Schläge bekämen, wird gewöhnlich für Fabel gehalten. Allein in Cooks Reisen findet man: daß, als ein engl. Matrose einen Indier auf Otaheite sein Weib mit Schlägen züchtigen sah, jener den Galanten machen wollte und mit Drohungen auf diesen losging. Das Weib kehrte sich auf der Stelle wider den Engländer; fragte, was ihm das angehe: der Mann müsse[2] das tun! – – Eben so wird man auch finden, daß, wenn das verehlichte Weib sichtbarlich Galanterie treibt, und ihr Mann gar nicht mehr darauf achtet, sondern sich dafür durch Punsch- und Spielgesellschaft, oder andere Buhlerei schadlos hält, nicht bloß Verachtung sondern auch Haß in den weiblichen Teil übergeht: weil das Weib daran erkennt, daß er nun gar keinen Wert mehr in sie *setzt*[3], und seine Frau anderen, an demselben Knochen zu nagen, gleichgültig überläßt.[4]

[1] A: »*im* kultivierten«; H: »im kultivierteren«. – [2] H: »müsse«. – [3] A: »*setze*«. – [4] Am Rand von H: »Das Weib sucht allen Männern zu gefallen weil wenn der ihre stirbt sie auf einen andern dem sie gefiel Hoffnung hat«.

muß man nicht das häusliche, sondern das öffentliche Vergnügen verstehen, wobei es sich zu[1] ihrem Vorteil zeigen und auszeichnen könne; da dann die zweite sich auch in die erstere auflöst, nämlich: ihren Nebenbuhlerinnen im Gefallen nicht nachzugeben, sondern über sie alle durch ihren Geschmack und ihre Reize, wo möglich, zu siegen. – – Aber auch die erst genannte Neigung, so wie Neigung überhaupt, taugt nicht zum Charakterisieren einer Menschenklasse[2] überhaupt, in ihrem Verhalten gegen andere. Denn Neigung zu[3] dem, was uns vorteilhaft ist, ist allen Menschen gemein, mithin auch die, so viel uns möglich, zu herrschen; daher charakterisiert sie nicht. – Daß aber dieses Geschlecht mit sich selbst in beständiger Fehde, dagegen mit dem anderen in recht gutem Vernehmen ist, möchte eher zum Charakter desselben gerechnet werden können, wenn es nicht die bloße natürliche Folge des Wetteifers wäre, eine der anderen in der Gunst und Ergebenheit der Männer den Vorteil abzugewinnen. Da dann die Neigung zu herrschen das wirkliche Ziel, das öffentliche Vergnügen aber, als durch welches der Spielraum ihrer Reize erweitert wird, nur das Mittel ist, jener Neigung Effekt zu verschaffen.

Man kann nur dadurch, daß *man*, nicht was wir[4] uns zum Zweck machen, sondern was Zweck der Natur bei Einrichtung der Weiblichkeit war, als Prin||zip *braucht*[5], zu der Charakteristik dieses Geschlechts gelangen, und da dieser Zweck, selbst vermittelst der Torheit der Menschen, doch, der Naturabsicht nach, Weisheit sein muß: so werden diese[6] ihre mutmaßlichen Zwecke auch das Prinzip derselben anzugeben dienen können; welches nicht von unserer Wahl, sondern von einer höheren Absicht mit dem menschlichen Geschlecht abhängt. Sie sind 1. die Erhaltung der Art, 2. die Kultur der Gesellschaft und Verfeinerung derselben durch die Weiblichkeit.

[1] H: »[sie] es sich [öffentlich] zu«. – [2] H: »eine[s]r [Geschlechts] Menschenklasse«. – [3] H: »Neigung [zu irgend einem Objekt welches es auch sei hat einen gewissen Grad der, subjektiv, größer oder kleiner sein kann, objektiv aber] zu«. – [4] B_2: »wir«. – [5] A: »daß *wir*, ..., als Prin|zip *brauchen*«. – [6] H: »[diese] dieser«.

|B 287 |A 289

I. Als die Natur dem weiblichen Schoße ihr teurestes Unterpfand, nämlich die Spezies, in der Leibesfrucht anvertrauete, durch die sich die Gattung fortpflanzen und verewigen sollte, so fürchtete[1] sie gleichsam wegen Erhaltung derselben und pflanzte diese Furcht, nämlich vor körperlichen Verletzungen und Schüchternheit vor dergleichen Gefahren, in ihre Natur; durch welche Schwäche dieses Geschlecht das männliche rechtmäßig zum Schutze für sich auffordert.

II. Da sie auch die feineren Empfindungen, die zur Kultur gehören, nämlich die der Geselligkeit und Wohlanständigkeit, einflößen wollte, machte sie dieses Geschlecht zum Beherrscher des männlichen, durch seine Sittsamkeit, Beredtheit in Sprache und Mienen, früh gescheut, mit Ansprüchen auf sanfte höfliche Begegnung des männlichen gegen dasselbe, *so daß sich* das[2] letztere, durch seine eigene Großmut, von einem Kinde unsichtbar gefesselt, *und* wenn gleich[3] dadurch eben nicht zur Moralität selbst, doch zu dem, was ihr Kleid ist, dem[4] gesitteten Anstande, der || zu jener die Vorbereitung und Empfehlung ist, gebracht *sah*[5].

ZERSTREUTE ANMERKUNGEN

Die[6] Frau will herrschen, der Mann beherrscht sein (vornehmlich vor der Ehe). Daher die Galanterie der alten Ritterschaft. – Sie setzt früh in sich selbst Zuversicht zu gefallen. Der Jüngling besorgt immer zu mißfallen und ist daher in Gesellschaft der Damen verlegen (geniert). – Diesen Stolz des Weibes, durch den Respekt, den es einflößt, alle Zudringlichkeit des Mannes abzuhalten, und das Recht, Achtung vor sich, auch ohne Verdienste, zu fordern, behauptet sie schon aus dem Titel ihres Geschlechts. – Das Weib ist weigernd, der Mann bewerbend; ihre Unterwerfung ist Gunst. – Die Natur will, daß das Weib gesucht werde; daher

[1] H (Cassirer): »furchte«. – [2] A: »dasselbe *und* das«; H: »dasselbe und [dadurch] das«. – [3] A: »gefesselt, – wenn gleich«; H: »gefesselt [und so] wenn gleich«. – [4] H: »[der sittlichen Schönheit] dem«. – [5] Zusatz von B. – [6] Cassirer: »§ 102. Die«.

mußte[1] sie selbst nicht so delikat in der Wahl (nach Geschmack) sein, als der Mann, den die Natur auch gröber gebaut hat, und der dem Weibe schon gefällt, wenn er nur Kraft und Tüchtigkeit zu ihrer Verteidigung in seiner Gestalt zeigt; denn wäre sie in Ansehung der Schönheit seiner Gestalt ekel und fein in der Wahl, um sich verlieben zu können, so müßte sie sich bewerbend, er aber sich weigernd zeigen; welches den Wert ihres Geschlechts, selbst in den Augen des Mannes, gänzlich herabsetzen würde. – Sie muß kalt, der Mann dagegen in der Liebe affektenvoll[2] zu sein scheinen. Einer verliebten Ausforderung nicht zu gehorchen, scheint dem Manne, ihr aber leicht Gehör zu geben, dem Weibe schimpflich zu sein. – Die Begierde der[3] letzteren, ihre || Reize auf[4] alle feine Männer spielen[5] zu lassen, ist Koketterie; die Affektation, in alle Weiber verliebt zu scheinen, Galanterie; beides kann ein bloßes zur Mode gewordenes Geziere, ohne alle ernstliche Folge sein:[6] so wie das Cicisbeat, eine[7] affektierte Freiheit des Weibes in der Ehe, oder das gleichfalls ehedem in Italien gewesene Courtisanenwesen (in der historia concilii Tridentini heißt es unter andern: erant ibi etiam 300 honestae meretrices, quas cortegianas vocant[8]); von dem man erzählt, daß es mehr geläuterte Kultur des gesitteten öffentlichen Umgangs enthalten habe, als die der gemischten Gesellschaften in Privathäusern. – Der Mann bewirbt sich in der Ehe nur um seines Weibes, die Frau aber um aller Männer Neigung; sie putzt sich nur für die Augen ihres Geschlechts[9] aus Eifersucht *andre Weiber* in[10] Reizen oder im Vornehmtun zu übertreffen; der Mann hingegen für das weibliche; wenn man das Putz nennen kann, was nur so weit geht, um

[1] H: »muß«. – [2] H, B_3: »affektvoll«. – [3] B_2: »des«. – [4] H: »[gegen] auf«. – [5] H: »[sichtbarlich] spielen«. – [6] Am Rand von H: »Es wird dazu keine von allen weiblichen Tugenden erfordert als bloß daß sie wider die Versuche <?> auf ihre weibliche Ehre (sich nicht ohne Ehe wegzugeben) fest bestehe.« – [7] H: »Cicisbeat [und] eine«. – [8] Übersetzung des Herausgebers: »es gab dort auch 300 vornehme Dirnen, die man Kurtisanen nennt«. – [9] H: »ihres eigenen Geschlechts«. – [10] A: »Eifersucht *einander* in«; H: »ihres eigenen Geschlechts [damit] aus Eifersucht einander in«.

|B 289 |A 291

seiner Frau durch seinen Anzug nicht Schande zu machen. – Der Mann beurteilt weibliche Fehler gelind, die Frau aber (öffentlich) sehr strenge, und junge Frauen, wenn sie die Wahl hätten, ob ihr Vergehen von einem männlichen oder weiblichen Gerichtshofe abgeurteilt werden solle, würden sicher *den ersten*[1] zu ihrem Richter wählen. – Wenn der verfeinerte Luxus hoch gestiegen ist, so zeigt sich die Frau nur aus Zwang sittsam und hat kein Hehl zu wünschen, daß sie lieber Mann sein möchte, wo sie ihren Neigungen einen größern und freieren Spielraum geben könnte; kein Mann aber wird ein Weib sein wollen.

|| Sie frägt nicht nach der Enthaltsamkeit des Mannes vor der Ehe; ihm aber ist an derselben auf seiten der Frauen unendlich viel gelegen. – In der Ehe spotten Weiber über Intoleranz (Eifersucht) der Männer überhaupt: es ist aber nur ihr Scherz; das unverehlichte Frauenzimmer richtet hierüber mit großer Strenge. – Was die[2] gelehrten Frauen betrifft: so brauchen sie ihre Bücher etwa so wie ihre Uhr, nämlich sie zu tragen, damit gesehen werde, daß sie eine haben; ob sie zwar gemeiniglich still steht oder nicht nach der Sonne gestellt ist.

Weibliche Tugend oder Untugend ist von der männlichen, nicht sowohl der Art als der Triebfeder nach, sehr unterschieden. – Sie soll geduldig, er muß duldend sein. Sie ist empfindlich, er empfindsam. – Des Mannes Wirtschaft ist Erwerben, die des Weibes Sparen. – Der Mann ist eifersüchtig wenn er liebt; die Frau auch ohne daß sie liebt; weil so viel Liebhaber, als von andern Frauen gewonnen worden, doch ihrem Kreise der Anbeter verloren sind. – Der Mann hat Geschmack für sich, die Frau macht sich selbst zum Gegenstande des Geschmacks für jedermann. – »Was die Welt sagt, ist wahr, und was sie tut, gut«, ist ein weiblicher Grundsatz, der sich schwer mit einem Charakter, in der engen Bedeutung des Worts, vereinigen läßt. Es gab aber doch wackere Weiber, die in Beziehung auf ihr Hauswesen einen dieser ihrer Bestimmung angemessenen Charakter mit Ruhm behaupteten. – Dem Milton wurde

[1] A: »*das erste*«; H: »das erstere«. – [2] H: »[Wissenschaft] die«.

|B 290 |A 292

von seiner Frau zugeredet, er solle doch die ihm nach Cromwells Tode an||getragene Stelle eines lateinischen Sekretärs annehmen, ob es zwar seinen Grundsätzen zuwider war, jetzt eine Regierung für rechtlich zu erklären, die er vorher als widerrechtlich vorgestellt hatte; »Ach«, antwortete er ihr: »meine Liebe: Sie und *andere*[1] Ihres Geschlechts wollen in Kutschen fahren, ich aber – muß ein ehrlicher Mann sein«. – Die Frau des Sokrates (vielleicht auch die Hiobs) wurden durch ihre wackern Männer eben so[2] in die Enge getrieben, aber männliche[3] Tugend behauptete sich in ihrem Charakter[4], ohne doch der weiblichen das Verdienst des ihrigen, in dem Verhältnis worein sie gesetzt waren[5], zu schmälern.

PRAGMATISCHE FOLGERUNGEN

Das[6] weibliche Geschlecht muß sich im Praktischen selbst ausbilden und disziplinieren; das männliche versteht sich darauf nicht.

Der junge Ehemann herrscht über seine ältere Ehefrau. Dieses gründet sich auf Eifersucht, nach welcher der Teil, welcher dem anderen im Geschlechtsvermögen unterlegen ist, vor Eingriffen des anderen Teils in seine Rechte besorgt ist und dadurch sich zur willfährigen Begegnung und Aufmerksamkeit gegen ihn zu bequemen genötigt sieht. – Daher wird jede erfahrene Ehefrau die Heirat mit einem jungen Manne, auch nur von gleichem Alter, widerraten; denn im Fortgange der Jahre ältert doch der weibliche Teil früher als der männliche, und wenn man auch von dieser Ungleichheit absieht, so ist auf die Eintracht, welche sich auf || Gleichheit gründet, nicht mit Sicherheit zu rechnen und ein junges verständiges Weib wird mit einem gesunden aber doch merklich älteren Manne das Glück der Ehe doch besser machen. – Ein Mann aber, der sein Ge-

[1] A: »und *die Ihrige*«; H: »und die übrige«. – [2] H: »[rechtschaffene Frauen] wackere Weiber eben so«. – [3] H (Cassirer): »aber die männliche«. – [4] H: »ihrem [rein moralis] Charakter«. – [5] H: »gesetzt war«. – [6] Cassirer: »§ 103. Das«.

schlechtsvermögen vielleicht schon vor der Ehe lüderlich durchgebracht hat, wird der Geck in seinem eigenen Hause sein; denn er kann diese häusliche Herrschaft nur haben, sofern er keine billigen Ansprüche schuldig bleibt.

Hume bemerkt, daß den Weibern (selbst alten Jungfern) Satiren auf den Ehestand mehr verdrießen als die Sticheleien auf ihr Geschlecht. – Denn mit diesen kann es niemals Ernst sein, da aus jenen allerdings wohl Ernst werden könnte, wenn man die Beschwerden jenes Standes recht ins Licht stellt, deren der Unverheuratete[1] überhoben ist. *Eine* Freigeisterei in diesem Fache *müßte* aber von schlimmen Folgen für das ganze weibliche Geschlecht sein; weil[2] dieses zu einem bloßen Mittel der Befriedigung der Neigung des anderen Geschlechts herabsinken würde, welche aber leicht in Überdruß und Flatterhaftigkeit ausschlagen kann. – Das Weib wird durch die Ehe frei; der Mann verliert dadurch seine Freiheit.

Die moralischen Eigenschaften an einem, vornehmlich jungen, Manne vor der Ehelichung desselben auszuspähen, ist nie die Sache einer Frau. Sie glaubt ihn bessern zu können; eine vernünftige Frau, sagt sie, kann einen verunarteten Mann schon zurechte bringen; in ¦| welchem Urteile sie mehrenteils sich auf die kläglichste Art betrogen findet. Dahin gehört auch die Meinung jener Treuherzigen: daß die Ausschweifungen[3] dieses Menschen vor der Ehe übersehen werden können, weil er nun an seiner Frau, wenn er sich nur noch nicht erschöpft hat, hinreichend für diesen Instinkt versorgt sein werde. – Die guten Kinder bedenken nicht: daß die Lüderlichkeit in diesem Fache gerade im Wechsel des Genusses besteht, und das Einerlei in der Ehe ihn bald zur obigen Lebensart zurückführen werde.*

* Die Folge davon ist, wie in Voltairens Reise des Scarmentado: »Endlich, sagt er, reisete ich in mein Vaterland Candia zurück, nahm daselbst ein Weib, wurde bald Hahnrei: und fand, daß dies die gemächlichste Lebensart unter allen sei«.

[1] H: »Ungeheuratete«. – [2] A: »ist: *wodurch* aber *die* Freigeisterei in diesem Fache von ... sein *würde*; weil«. – [3] H: »wohltätige Ausschweifungen«.

¦B 293 |A 295

Wer soll dann den oberen Befehl im Hause haben? denn nur Einer kann es doch sein, der alle Geschäfte in einen, mit dieses seinen Zwecken übereinstimmenden, Zusammenhang bringt. – Ich würde in der Sprache der Galanterie (doch nicht ohne Wahrheit) sagen: die Frau soll herrschen und der Mann regieren; denn die Neigung herrscht und der Verstand regiert. – Das Betragen des Ehemanns muß zeigen: daß ihm das Wohl seiner Frau vor allem anderen am Herzen liege. Weil aber der Mann am besten wissen muß, wie er stehe und wie weit er gehen könne: so wird er, wie ein Minister seinem bloß auf Vergnügen bedachten Monarchen, der etwa ein Fest oder den Bau eines Palais beginnt, auf dieses seinen Befehl zuerst seine schuldige Willfährigkeit dazu erklären; nur daß z. B. für jetzt nicht Geld im || Schatze sei, daß gewisse dringendere Notwendigkeiten zuvor abgemacht werden müssen u. s. w., so daß der höchstgebietende Herr alles tun kann was er will, doch mit dem Umstande, daß diesen Willen ihm sein Minister an die Hand gibt.

Da sie gesucht werden soll (denn das will die dem Geschlecht notwendige Weigerung), so wird sie doch in der Ehe selbst allgemein zu gefallen suchen müssen, damit, wenn sie etwa junge Witwe würde, sich Liebhaber für sie finden. – Der Mann legt alle solche Ansprüche mit der Eheverbindung ab. – Daher ist die Eifersucht, aus *dem* Grunde *dieser Gefallsucht* der[1] Frauen, ungerecht.

Die eheliche Liebe aber ist ihrer Natur nach intolerant. Frauen spotten darüber *zuweilen, oder, wie*[2] *bereits oben bemerkt worden,*[3] im Scherz; denn bei dem Eingriffe Fremder in diese Rechte duldend und nachsichtlich zu sein, müßte Verachtung des weiblichen Teils und hiemit auch Haß gegen einen solchen Ehemann zur Folge haben.

Daß gemeiniglich Väter ihre Töchter und Mütter ihre Söhne verziehen, und unter den letzteren der wildeste Junge, wenn er nur kühn ist, gemeiniglich von der Mutter verzogen wird: das scheint seinen Grund in dem Prospekt

[1] A: »aus *diesem* Grunde *der Galanterie* der«. – [2] B_3: »*zuweilen, aber, wie*«. – [3] Zusatz von B.

auf die Bedürfnisse beider Eltern in ihrem Sterbefall zu haben; *denn* wenn[1] dem Manne seine Frau stirbt, so hat er doch an seiner ältesten Tochter eine ihn pflegende Stütze; stirbt der Mutter ihr Mann ab, so hat der erwach||sene wohlgeartete Sohn die Pflicht auf sich, und auch die natürliche Neigung in sich, sie zu verehren, zu unterstützen und ihr das Leben als Witwe angenehm zu machen.

* * *

Ich habe mich bei diesem Titel der Charakteristik länger aufgehalten, als es für die übrigen Abschnitte der Anthropologie proportionierlich[2] scheinen mag; aber die Natur hat auch in diese[3] ihre Ökonomie einen so reichen Schatz von Veranstaltungen zu ihrem Zweck, der nichts Geringeres ist als die Erhaltung der Art, hinein gelegt, daß, bei Gelegenheit näherer Nachforschungen, es noch lange Stoff gnug zu Problemen geben wird, die[4] Weisheit der sich[5] nach und nach entwickelnden Naturanlagen zu bewundern und praktisch zu gebrauchen.

C
DER CHARAKTER DES VOLKS

Unter[6] dem Wort Volk (populus) versteht man die in einem Landstrich vereinigte Menge Menschen, in so fern sie ein Ganzes ausmacht. Diejenige Menge oder auch der Teil derselben, welcher sich durch gemeinschaftliche Abstammung für vereinigt zu einem bürgerlichen Ganzen[7] erkennt, heißt Nation (gens); der Teil, der sich von diesen Gesetzen ausnimmt (die wilde Menge in diesem Volk), heißt Pöbel (vul||gus),* dessen gesetzwidrige Vereinigung das

* Der Schimpfname la canaille du peuple hat wahrscheinlicher Weise seine Abstammung von canalicola, einem am Kanal im alten Rom hin und her gehenden und beschäftigte Leute foppenden Haufen Müßiggänger[8] (cavillator et ridicularius[9], vid. Plautus; Curcul.).

[1] A: »*weil*, wenn«. – [2] H: »proportionier[lich]t«. – [3] H: »in [diesem Verhältnisse] diese«. – [4] H: »wird und die«. – [5] H: »der [hierin befindlichen] sich«. – [6] Cassirer: »§ 104. Unter«. – [7] H: »Ganzen [der Gesellschaft]«. – [8] H (Cassirer): »foppenden Müßiggänger«. – [9] Übersetzung des Herausgebers: »Stichler und Possenreißer«.

|B 295, 296 |A 297, 298

Rottieren (agere per turbas) ist; ein Verhalten, welches ihn von der Qualität eines Staatsbürgers ausschließt.

Hume meint: daß, wenn in einer Nation jeder einzelne seinen besonderen Charakter anzunehmen beflissen ist (wie unter den Engländern), die Nation selbst keinen Charakter habe. Mich dünkt, darin irre er sich; denn die Affektation eines Charakters ist gerade der allgemeine Charakter des Volks, wozu er selbst gehörte, und ist Verachtung aller Auswärtigen, besonders darum, weil es sich allein einer echten, staatsbürgerlichen Freiheit[1] im Innern mit Macht gegen Außen verbindenden Verfassung rühmen zu können glaubt. – Ein solcher Charakter ist stolze Grobheit im Gegensatz der sich leicht familär machenden Höflichkeit: ein trotziges Betragen gegen jeden anderen, aus vermeinter Selbständigkeit, *wo man* keines anderen zu bedürfen, *also auch der Gefälligkeit* gegen *andere sich überheben zu können glaubt*[2].

Auf *diese* Weise[3] werden die zwei zivilisiertesten Völker auf Erden,* die gegen einander im Kontrast des || Charakters und vielleicht hauptsächlich darum mit einander in beständiger Fehde sind, England und Frankreich, auch ihrem angebornen Charakter nach, von dem der erworbene und künstliche nur die Folge ist, vielleicht die einzigen Völker sein, von denen man einen bestimmten, und, so lange sie nicht durch Kriegsgewalt vermischt werden,[4] unveränderlichen Charakter annehmen kann. – Daß die französische Sprache die allgemeine Konversations-Sprache, vornehmlich der weiblichen feinen Welt, die englische aber

* Es versteht sich, daß, bei dieser Klassifikation, vom deutschen Volk abgesehen werde; weil das Lob des Verfassers, der ein Deutscher ist, sonst Selbstlob sein würde.

[1] H: »staatsbürgerlichen [Verfassu] Freiheit«; Akad.-Ausg.: »staatsbürgerliche Freiheit«; Cassirer: »staatsbürgerlichen, Freiheit«. – [2] A: »Selbständigkeit (keines anderen zu bedürfen), *nicht nötig zu haben* gegen *jemand gefällig zu sein*«; H: »Selbständigkeit (...) [und so] nicht nötig zu haben gegen jemand gefällig zu sein [[der] weil alles für Geld feil [ist] sei. im Gegensatz mit vertraulicher Höflichk] **«. – [3] A: »Auf *die* Weise«. – [4] Am Rand von H: »[(welches durch die Ungleichartigkeit ihrer Naturanlagen schwerlich [möglich ist] zu vermeiden]«.

die ausgebreiteteste Handels-Sprache*[1] der kommerzierenden geworden ist, liegt wohl in dem Unterschiede ihrer kontinental- und insularischen Lage. Was aber ihr Naturell, was sie jetzt wirklich haben, und dessen Ausbildung durch Sprache betrifft, *so* mußte[2] *dieses* von[3] dem angebornen Charakter des[4] Urvolks ihrer Abstammung hergeleitet werden; dazu uns aber die Dokumente mangeln. – In einer Anthropologie in pragmatischer Hinsicht aber liegt uns nur daran: den Charakter beider, wie sie jetzt sind, in einigen Beispielen, und[5], so weit es möglich ist, systematisch aufzustellen; welche urteilen[6] lassen, wessen sich das eine zu dem anderen zu versehen habe, und wie eines das andere zu seinem Vorteil benutzen könne.

Die *angestammten* oder durch langen Gebrauch gleichsam zur Natur *gewordenen* und auf sie *gepfropften* || Maximen[7], welche die Sinnesart eines Volks ausdrücken, sind nur so viel gewagte Versuche, die Varietäten im natürlichen Hang ganzer Völker mehr für den Geographen, empirisch, als für den Philosophen, nach Vernunftprinzipien, zu klassifizieren.**[8]

* Der kaufmännische Geist zeigt auch gewisse Modifikationen seines Stolzes in der Verschiedenheit des Tons im Großtun. Der Engländer sagt: »der Mann ist eine Million wert«; der Holländer: »er kommandiert eine Million«; der Franzose: »er besitzt eine Million«.

** Die Türken, welche das christliche Europa Frankestan nennen, wenn[9] sie auf Reisen gingen, um Menschen und ihren Volkscharakter kennen zu lernen (welches kein Volk außer dem europäischen tut und

[1] In H findet sich der Verweis auf die anschließende Anmerkung hinter dem gestrichenen »Höflichk« (vgl. S. 659 Anm. 2 des vorliegenden Bandes). – [2] B_2: »müßte«. – [3] A: »betrifft, *das* müßte von«. – [4] H: »Charakter [der eingewanderten Völker welcher auf diese einen überwiegenden Einfluß hatte] des«. – [5] H: »Beispielen [darzu] [einander gegenüberzustellen] und«. – [6] H: »welche [gleichsam a priori] urteilen«. – [7] A: »Die *auf angestammte* oder ... *gewordene* und ... *gepfropfte* | Maximen« (vgl. Cassirer S. 588). – [8] H: »Die auf [ihre] angestammte oder durch langen Gebrauch gleichsam zur Natur gewordene und auf sie gepropfte Maximen [ihrer Denkungsart als] [der] und Sinnesart eines Volks, sind nur so viel gewagte Versuche [das Spiel der] die Varietäten im natürlichen Hang ganzer Völker [zu klass] mehr [zur Belustigung] für den Geographen empirisch als [zur Belehrung] den Philosophen nach Vernunftprinzipien zu klassi-

|B 298 |A 300

Daß auf die Regierungsart alles ankomme, welchen Charakter ein Volk haben werde, ist eine ungegründete nichts erklärende Behauptung; denn woher hat denn die Regierung selbst ihren eigentümlichen Charakter? – || Auch Klima und Boden können den Schlüssel hiezu nicht geben; denn Wanderungen ganzer Völker haben bewiesen, daß *sie* ihren[1] Charakter durch ihre neuen Wohnsitze nicht veränderten, sondern ihn diesen nur nach Umständen anpaßten, und doch dabei in Sprache, Gewerbart, selbst in Kleidung, *die* Spuren[2] ihrer Abstammung und hiemit auch ihren Charakter noch immer hervorblicken lassen. – – Ich werde die Zeichnung ihres Portraits etwas mehr von der Seite ihrer Fehler und Abweichung von der Regel, als von der schöneren, (dabei aber doch auch nicht in Karikatur) entwerfen; denn, außerdem daß die Schmeichelei verdirbt, der Tadel dagegen bessert: so verstößt der Kritiker weniger gegen die Eigenliebe der Menschen, wenn er ihnen, ohne

die Eingeschränktheit aller übrigen an Geist beweiset), würden die[3] Einteilung desselben, nach dem Fehlerhaften in ihrem Charakter gezeichnet, vielleicht auf folgende Art machen[4]: 1. Das Modenland (Frankreich). 2. Das Land der Launen (England). – 3. Ahnenland (Spanien). – 4. Prachtland (Italien). – 5. Das Titelland (Deutschland, samt Dänemark und Schweden, als germanischen Völkern). – 6. Herrenland (Polen, wo ein jeder Staatsbürger Herr, keiner dieser Herren aber, außer dem, der nicht Staatsbürger ist, Untertan sein[5] will. – – Rußland und die europäische Türkei, beide von größtenteils asiatischer Abstammung, würden über Frankestan hinaus liegen: das erste slawischen, das andere arabischen Ursprungs, von zweien Stammvölkern, die einmal ihre Herrschaft über einen größeren Teil von Europa, als je ein anderes Volk, ausgedehnt haben und in den Zustand einer Verfassung des Gesetzes ohne Freiheit, wo also niemand Staatsbürger ist, geraten sind.

fizieren.* // [A Der Franzose charakterisiert sich zu seinem Vorteil durch [seine vorzügliche Geschicklichkeit] sein vorzügliches Talent und den Hang zum angenehmen geschliffenen und menschenfreundlichen Umgange. Der Etranger ist, unter diesem Titel, schon unter seinem Schutz. Seine Lebhaftigkeit macht ihn zur Veränderung geneigt die oft heilsam aber doch öfterer auch halsbrechend sein kann und er nimmt an Nationalvergnügungen oder Interesse Anteil //]«. – [9] A: »nennen, *würden,* wenn«. – [1] A: »daß *diese* ihren«. – [2] A: »Kleidung, *den* Spuren«. – [3] A: »würden *sich* die«. – [4] A: »machen *lassen*«. – [5] A: »aber Untertan, außer ... ist, sein«.

|B 299 |A 301

Ausnahme, bloß ihre Fehler vorrückt, als wenn er durch mehr oder weniger Lobpreisungen nur den Neid der Beurteilten gegen einander rege machte[1].

1. Die französische Nation charakterisiert sich unter allen andern durch den Konversationsgeschmack, in Ansehung dessen sie das Muster aller übrigen ist. Sie ist höflich, vornehmlich gegen den Fremden, der sie besucht, wenn es gleich jetzt außer der Mode ist höfisch zu sein. Der Franzose ist es nicht aus Interesse, sondern aus unmittelbarem Geschmacksbedürfnis, sich mitzuteilen. Da dieser Geschmack vorzüglich den Umgang mit der weiblichen großen Welt angeht, so ist die Damensprache zur allgemeinen Sprache der letzteren geworden und es ist überhaupt nicht zu streiten: daß eine Neigung solcher Art auch auf Willfährigkeit in Dienstleistungen, hülfreiches Wohlwollen und allmählich auf allgemei¦|ne Menschenliebe nach Grundsätzen Einfluß haben und ein solches Volk im ganzen liebenswürdig machen müsse.

Die Kehrseite der Münze ist die, nicht gnugsam durch überlegte Grundsätze gezügelte, Lebhaftigkeit, und, bei hellsehender Vernunft, ein Leichtsinn, gewisse Formen, bloß weil sie alt oder auch nur übermäßig gepriesen worden, wenn man sich gleich dabei wohl befunden hat, nicht lange bestehen zu lassen, und ein ansteckender Freiheitsgeist, der auch wohl die Vernunft selbst in sein Spiel zieht, und, in Beziehung des Volks auf den Staat, einen alles erschütternden Enthusiasm bewirkt, der noch über das Äußerste hinausgeht. – Die Eigenheiten dieses Volks, in schwarzer Kunst, doch nach[2] dem Leben gezeichnet, lassen sich ohne weitere Beschreibung, *bloß* durch unzusammenhängend hingeworfene[3] Bruchstücke, als Materalien zur Charakteristik[4], leicht in ein Ganzes vorstellig machen.

Die Wörter: Esprit (statt bon sens), frivolité, galanterie, petit maître, coquette, étourderie, point d'honneur, bon

[1] H: »rege macht«. – [2] H: »Kunst nach«. – [3] A: »Beschreibung, *nur* durch unzusammenhängend hingeworfene«; H: »Beschreibung durch [bloß] unzusammenhängend bloß hingeworfene«. – [4] H: »Charakteristik [dieses sonderbaren Volks]«.

¦B 300 |A 302

ton, bureau d'esprit, bon mot, lettre de cachet – u.d.g. lassen sich nicht leicht in andere Sprachen übersetzen; weil sie mehr die Eigentümlichkeit der Sinnesart der Nation, die sie spricht, als den Gegenstand bezeichnet[1], der dem Denkenden vorschwebt.

|| 2. Das englische Volk. Der alte Stamm der Briten* (eines keltischen Volks) scheint ein Schlag tüchtiger Menschen gewesen zu sein; allein die Einwanderungen der Deutschen und des französischen Völkerstammes (denn die kurze Anwesenheit der Römer hat keine merkliche Spur hinterlassen können) haben, wie es ihre vermischte Sprache beweiset, die Originalität dieses Volks verlöscht, und da die insularische Lage seines Bodens, die es wider äußere Angriffe ziemlich sichert, vielmehr selbst Angreifer zu werden einladet, es zu einem mächtigen Seehandlungsvolk machte, so hat es einen Charakter, den es sich selbst anschaffte, wenn es gleich von Natur eigentlich keinen hat. Mithin dürfte der Charakter des Engländers wohl nichts[2] anders bedeuten als[3] den durch frühe Lehre und Beispiel erlernten Grundsatz, er müsse sich einen solchen machen, d. i. einen zu haben affektieren; indem ein steifer Sinn, auf einem freiwillig angenommenen Prinzip zu beharren, und von einer gewissen Regel (gleich gut welcher) nicht abzuweichen, einem Manne die Wichtigkeit gibt, daß man sicher weiß, wessen man sich von ihm und er sich von anderen zu gewärtigen hat.

Daß dieser Charakter dem des französischen Volks mehr *als* irgend[4] einem anderen gerade entgegengesetzt ist, erhellet daraus: weil er auf alle Liebenswürdigkeit, als die vorzüglichste Umgangseigenschaft jenes Volks, mit || anderen, ja sogar unter sich selbst, *Verzicht tut, und* bloß auf Achtung Anspruch macht, *wobei* übrigens[5] jeder bloß nach

* Wie Hr. Prof. Büsch es richtig schreibt (nach dem Wort britanni nicht brittanni).

[1] Akad.-Ausg.: »bezeichnen«. – [2] H: »und da ein Handelsvolk als ein solches [eigentlich] keinen Charakter als den welchen es sich selbst anschafft folglich von [der] Natur eigentlich keinen hat so wird wohl der Charakter des Engländers nichts«. – [3] A: »hat, mithin der ... bedeuten dürfte, als«. – [4] A: »mehr *wie* irgend«. – [5] A: »selbst, *nicht allein keinen* Anspruch macht, *sondern* bloß auf Achtung, übrigens«.

seinem eigenen Kopfe leben will. – Für seine Landesgenossen errichtet der Engländer große und allen anderen Völkern unerhörte wohltätige Stiftungen. – Der Fremde aber, der durchs Schicksal auf jenes seinen Boden verschlagen und in große Not geraten ist, kann immer auf dem Misthaufen umkommen, weil er kein Engländer, d. i. kein Mensch ist.

Aber auch in seinem eigenen Vaterlande isoliert sich der Engländer, wo er für sein Geld speist. Er will lieber in einem besonderen Zimmer allein als an der Wirtstafel für dasselbe Geld speisen; weil bei der ersteren[1] doch etwas Höflichkeit erfordert wird; und in der Fremde, z. B. in Frankreich, dahin Engländer nur reisen, um alle Wege und Wirtshäuser (wie D. Sharp) für abscheulich auszuschrein, sammeln sie sich in diesen, um bloß unter sich Gesellschaft zu halten. – Sonderbar ist doch, daß, da der Franzose die englische Nation gemeiniglich liebt und mit Achtung lobpreist, dennoch der Engländer (der nicht aus seinem Lande gekommen ist) jenen im allgemeinen haßt und verachtet; woran wohl nicht die Rivalität der Nachbarschaft (denn da sieht sich England dem letzteren ohne allen Streit überlegen), sondern der Handelsgeist überhaupt schuld ist, der, in der Voraussetzung, den vornehmsten Stand auszumachen, unter Kaufleuten desselben Volks sehr ungesellig ist.* – Da beide Völker einander in An||sehung der beiderseitigen Küsten nahe, und nur durch einen Kanal (der freilich wohl ein Meer heißen könnte) von einander getrennt sind: so bewirkt die Rivalität derselben unter einander doch einen auf verschiedene Art modifizierten politischen Charakter in ihrer[2] Befehdung: Besorgnis auf[3] der einen und Haß auf der ande-

* Der Handelsgeist ist überhaupt an sich ungesellig; wie der Adelsgeist. Ein Haus (so nennt der Kaufmann sein Comp||toir) ist von dem anderen durch seine Geschäfte, wie ein Rittersitz vom anderen durch eine Zugbrücke, abgesondert und freundschaftlicher Umgang, ohne Zeremonie, daraus verwiesen; es müßte denn der mit von demselben Beschützten sein; die aber alsdann nicht als[4] Glieder desselben anzusehen sein würden.

[1] H (Cassirer): »bei dem letzteren«. – [2] H: »Charakter ihrer«. – [3] H: »Freundschaft auf«. – [4] Cassirer: »alsdann auch als«.

ren Seite; welche zwei Arten ihrer Unvereinbarkeit sind, wovon jene die *Selbstverhaltung*[1], diese die Beherrschung, im entgegengesetzten Falle aber die Vertilgung der anderen zur Absicht hat.[2]

Die Charakterzeichnung der übrigen, deren Nationaleigentümlichkeit nicht sowohl, wie bei beiden vorhergehenden, meistens aus der Art ihrer verschiedenen Kultur, als vielmehr aus der Anlage ihrer Natur durch Vermischung ihrer ursprünglich-verschiedenen Stämme abzuleiten sein möchte, können wir jetzt kürzer[3] fassen.

3. Der aus der Mischung des europäischen mit arabischen (mohrischen) Blut entsprungene Spanier zeigt in seinem öffentlichen und Privatbetragen eine gewisse Feierlichkeit, und selbst der Bauer gegen Obere, denen er auch auf gesetzliche Art gehorsam ist, ein Bewußtsein seiner Würde. – Die spanische || Grandezza und die selbst in ihrer Konversationssprache befindliche Grandiloquenz zeigen auf einen edlen Nationalstolz. Daher ist ihm der französische vertrauliche Mutwille ganz zuwider. Er ist mäßig, den Gesetzen, vornehmlich denen seiner alten Religion, herzlich ergeben. – Diese Gravität hindert ihn auch nicht, an Tagen der Ergötzlichkeit (z. B. bei Einführung seiner Ernte durch Gesang und Tanz) sich zu vergnügen, und wenn an einem Sommerabend der Fandango gefidelt wird, fehlt es nicht an jetzt müßigen Arbeitsleuten, die zu dieser Musik auf den Straßen tanzen. – – Das ist seine gute Seite.

Die schlechtere ist: er lernt nicht von Fremden; reiset nicht, um andere Völker kennen zu lernen;* bleibt in Wis-

* Die Eingeschränktheit des Geistes aller Völker, welche die uninteressierte Neubegierde nicht anwandelt, die Außenwelt mit eigenen Augen kennen zu lernen, noch weniger, sich dahin (als Weltbürger) zu verpflanzen, ist etwas Charakteristisches *an* denselben[4], wodurch sich[5] Franzosen, Engländer und Deutsche vor anderen vorteilhaft unterscheiden.

[1] A: »*Selbsterhaltung*«. – [2] Am Rand von H: »Russen und Polen sind keiner Autonomie fähig Die 1sten weil sie ohne ‹?› absoluten Herren die 2 weil sie alle Herren sein wollen. // Französischer Witz ist oberflächlich // Gondoliers und Lazzaroni«. – [3] H (Cassirer): »wir nun kürzer«. – [4] So auch H; A: »*von* denselben«. – [5] H: »denselben [wodurch] zu Ihrem Nachteil, von denen sich«.

senschaften wohl Jahrhunderte zurück; schwierig gegen alle Reform ist er stolz darauf, nicht arbeiten zu dürfen, von romantischer Stimmung des Geistes, wie das Stiergefecht, grausam, wie das ehemalige Auto da Fé beweiset, und zeigt in seinem Geschmack zum Teil außer-europäische Abstammung[1].

4. Der Italiener vereinigt die französische Lebhaftigkeit (Frohsinn)[2] mit spanischem Ernst (Festig||keit) und sein ästhetischer Charakter ist ein mit Affekt verbundener Geschmack, so wie die Aussicht von seinen Alpen in die reizenden Täler einerseits Stoff zum Mut, anderseits zum ruhigen Genuß darbietet. Das Temperament ist hierin nicht gemischt, noch desultorisch (denn so gäbe es keinen Charakter ab), sondern eine Stimmung der Sinnlichkeit zum Gefühl des Erhabenen, so fern es zugleich mit dem des Schönen vereinbar ist. – In seinen Mienen äußert sich ein starkes Spiel seiner Empfindungen und sein Gesicht ist ausdrucksvoll. Das Plädieren ihrer Advokaten vor den Schranken ist so affektvoll, daß es einer Deklamation auf der Schaubühne ähnlich sieht.

So wie der Franzose im Konversationsgeschmack vorzüglich ist, so ist es der Italiener im Kunstgeschmack. Der erstere liebt mehr die Privatbelustigungen, der andere öffentliche: pompöse Aufzüge, Prozessionen, große Schauspiele, Karnevals, Masqueraden, Pracht öffentlicher Gebäude, Gemälde mit dem Pinsel oder in musivischer Arbeit gezeichnet, römische Altertümer im großen Stil; um zu sehen und in großer Gesellschaft gesehen zu werden. Dabei aber (um doch den Eigennutz nicht zu vergessen): Erfindung der Wechsel, der Banken und der Lotterie. – – Das ist seine gute Seite: so wie die Freiheit, welche die Gondolieri und Lazzaroni sich gegen Vornehme nehmen dürfen.

Die schlechtere ist: sie konversieren, wie Rousseau sagt, in Prachtsälen und schlafen in Ratzennestern. Ih||re Conversazioni sind einer Börse ähnlich, wo die Dame des Hau-

[1] H: »Geschmack [den Abstamm von einer] seine außereuropäische[n] Abstammung«. – [2] H: »([Leichtigkeit] Frohsinn)«.

ses einer großen Gesellschaft etwas zu kosten reichen läßt, um im Herumwandeln sich einander die Neuigkeiten des Tages mitzuteilen, ohne daß dazu eben Freundschaft nötig wäre, und mit einem kleinen daraus gewählten Teil zur Nacht ißt. – Die schlimme aber: das Messerziehen, die Banditen, die Zuflucht der Meuchelmörder in geheiligten Freistätten, das vernachlässigte Amt der Sbirren u.d.g.: welche doch nicht sowohl dem Römer, als vielmehr seiner zweiköpfichten Regierungsart zugeschrieben wird[1]. – Dieses sind aber Beschuldigungen, die ich keinesweges verantworten mag und mit denen sich gewöhnlich Engländer herumtragen, denen keine andere Verfassung gefallen will als die ihrige.

5. Die Deutschen stehen im Ruf eines guten Charakters, nämlich dem der Ehrlichkeit und Häuslichkeit; Eigenschaften, die eben nicht zum Glänzen geeignet sind. – Der Deutsche fügt sich, unter allen zivilisierten Völkern am leichtesten und dauerhaftesten, der Regierung, unter der er ist, und ist am meisten von Neuerungssucht und Widersetzlichkeit gegen die eingeführte Ordnung entfernt. Sein Charakter ist mit Verstand verbundenes Phlegma; ohne weder über die schon eingeführte zu vernünfteln, noch sich selbst eine auszudenken. Er ist dabei doch der Mann von allen Ländern und Klimaten, wandert leicht aus und ist an sein Vaterland nicht leidenschaftlich gefesselt; wo er aber in fremde Länder als Kolonist hinkommt, da schließt er bald mit seinen Landesgenossen eine Art von bürgerli||chem Verein, der durch Einheit der Sprache, zum Teil auch der Religion, ihn zu einem Völkchen ansiedelt[2], was unter der höheren Obrigkeit in einer ruhigen, sittlichen Verfassung durch Fleiß, Reinlichkeit und Sparsamkeit vor den Ansitzungen anderer Völker sich vorzüglich auszeichnet. – So lautet das Lob[3], welches selbst Engländer[4] den Deutschen in N. Amerika geben.

Da Phlegma (im guten Sinn genommen) das Temperament der kalten Überlegung und der Ausdaurung in Ver-

[1] H: »zuzuschreiben ist«. – [2] H: »[vereinigt] ansiedelt«. – [3] H: »[die Beschreibung] das Lob«. – [4] H: »[selbst] die Engländer«.

|B 307 |A 309

folgung seines Zwecks, imgleichen des Aushaltens der damit verbundenen Beschwerlichkeiten ist: so kann man von dem Talente seines richtigen Verstandes und seiner tief nachdenkenden[1] Vernunft so viel wie von jedem anderen der größten Kultur fähigen Volk erwarten; das Fach des Witzes und des Künstlergeschmacks ausgenommen, als worin er es vielleicht den Franzosen, Engländern und Italienern nicht gleich tun möchte. – – Das ist nun seine gute Seite, in dem was durch anhaltenden Fleiß auszurichten ist, und wozu eben nicht Genie[2]* erfordert wird; welches letztere auch bei || weitem nicht von der Nützlichkeit ist, als der mit gesundem Verstandestalent verbundene Fleiß des Deutschen. – Dieses sein Charakter im Umgange ist Bescheidenheit. Er lernt, mehr *als* jedes[3] andere Volk, fremde Sprachen, ist (wie Robertson sich ausdrückt) Großhändler in der Gelehrsamkeit, und kommt im Felde der Wissenschaften zuerst auf manche Spuren, die nachher von anderen mit Ge-

* Genie ist das Talent der Erfindung[4] dessen, was nicht gelehrt oder gelernt werden kann. Man kann gar wohl von anderen gelehrt werden, wie man gute Verse, aber nicht, wie man ein gutes Gedicht machen soll; denn das muß aus der Natur des Verfassers von selbst hervorgehen. Daher kann man es nicht auf Bestellung und für reichliche Bezahlung als Fabrikat, sondern muß es, gleich als Eingebung, von der der Dichter selbst nicht sagen kann, wie er dazu gekommen sei, d. i. einer[5] gelegentlichen Disposi||tion, deren Ursache ihm unbekannt ist, erwarten (scit genius, natale comes qui *temperat* astrum[6]). – Das Genie glänzt daher als augenblickliche[7], mit Intervallen sich zeigende und wieder verschwindende Erscheinung, nicht mit einem willkürlich angezündeten und eine beliebige Zeit fortbrennenden Licht[8], sondern wie sprühende Funken, welche eine glückliche Anwandelung des Geistes aus der produktiven Einbildungskraft auslockt.[9]

[1] H (Cassirer): »tief denkenden«. – [2] H: »ist [und] wozu [nur ein richtiger Verstand und eben] eben nicht [Genie erfordert wird als [dem] ein Talent zu Produktionen dessen was man nicht durch Lernen von anderen erwerben [kann erfordert wird] sondern nur durch selbst eigene Erfindung erworben werden kann dergleichen die Werke echter Dichter etc. etc. sind.] Genie«. – [3] A: »mehr *wie* jedes«. – [4] H: »Erfindung [durch produktive Einbildungskraft]«. – [5] H: »sei und einer«. – [6] A: »*temperet* astrum«; Übersetzung des Herausgebers: »der Genius weiß es, der Begleiter, der den Geburtsstern lenkt«. – [7] $B_{1,2}$: »augenblicklichen«. – [8] H: »und unterhaltenen Licht«. – [9] Am Rand von H: »Deutsche keine Originalität in Sachen des Geistes sondern Nachahmung«.

räusch benutzt werden; er hat keinen Nationalstolz; hängt, gleich als Kosmopolit, auch nicht an seiner Heimat. In dieser aber ist er gastfreier gegen Fremde, als irgend eine andere Nation (wie Boswell gesteht); diszipliniert seine Kinder zur Sittsamkeit mit Strenge, wie er dann auch[1], seinem Hange zur Ordnung und Regel gemäß, sich eher despotisieren, als sich[2] auf Neuerungen (zumal eigenmächtige Reformen in der Regierung) einlassen wird. – – Das ist seine gute Seite.

Seine unvorteilhafte Seite ist sein Hang zum Nachahmen und die geringe Meinung von sich, original sein zu können (was gerade das Gegenteil des trotzigen Engländers ist); vornehmlich aber eine gewisse || Methodensucht, sich mit den übrigen Staatsbürgern nicht etwa nach einem Prinzip der Annäherung zur Gleichheit, sondern nach Stufen des Vorzugs und einer Rangordnung peinlich klassifizieren zu lassen und[3] in diesem Schema des Ranges, in Erfindung der Titel (vom Edlen- und Hochedlen, Wohl- und Hochwohl-, auch Hochgeboren) unerschöpflich und so aus bloßer Pedanterei knechtisch zu sein; welches alles freilich wohl der Form der Reichsverfassung Deutschlands zugerechnet werden mag; dabei aber sich die Bemerkung nicht bergen läßt, daß[4] doch das Entstehen dieser pedantischen Form selber aus dem Geiste der Nation und dem natürlichen Hange des Deutschen hervorgehe: zwischen dem, der herrschen, bis zu dem, der gehorchen soll, eine Leiter anzulegen, woran jede Sprosse mit dem Grade des Ansehens bezeichnet wird, der ihr gebührt[5], und der, welcher kein Gewerbe, dabei aber auch keinen Titel hat, wie es heißt, nichts ist; welches denn dem Staate, der diesen erteilt, freilich was einbringt, aber auch, ohne hierauf zu sehen, bei Untertanen Ansprüche, *anderer* Wichtigkeit[6] in der Meinung zu begrenzen, erregt, welche[7] andern Völkern lächerlich vorkommen muß, und in

[1] H (Cassirer): »er denn auch«. – [2] $B_{1,2}$: »als sie«. – [3] H (Cassirer): »peinlich zu klassifizieren und«. – [4] H (Cassirer): »dabei aber die Bemerkung nicht vorbei gegangen werden darf daß«. – [5] H: »[der ihr] das ihm gebührt«. – [6] A: »Ansprüche *einer des anderen* Wichtigkeit«. – [7] Akad.-Ausg.: »welches«.

|B 309 |A 311

der Tat als Peinlichkeit und Bedürfnis der methodischen Einteilung, um ein Ganzes unter einen Begriff zu fassen, die Beschränkung des angebornen Talents verrät.

* * *

Da Rußland das noch nicht ist, was zu einem bestimmten Begriff der natürlichen Anlagen, welche | sich zu entwickeln bereit liegen, erfordert wird, Polen | aber es nicht mehr ist, die Nationalen der europäischen Türkei aber das nie gewesen sind noch sein werden, was zur Aneignung eines bestimmten Volkscharakters erforderlich ist: so *kann die* Zeichnung derselben *hier füglich übergangen werden*[1].

Überhaupt[2] da hier vom angebornen, natürlichen Charakter, der, so zu sagen, in der Blutmischung der Menschen liegt, nicht von dem Charakteristischen des erworbenen künstlichen (oder verkünstelten) *der Nationen*[2] die Rede ist: so wird man in der Zeichnung desselben viel Behutsamkeit nötig haben. *In dem* Charakter[3] der Griechen unter dem harten Druck der Türken und dem nicht viel sanfteren ihrer Caloyers hat sich eben so wenig ihre Sinnesart (Lebhaftigkeit und Leichtsinn), wie die Bildung ihres Leibes, Gestalt und Gesichtszüge verloren, sondern diese[4] Eigentümlichkeit würde sich vermutlich wiederum in Tat herstellen, wenn die Religions- und *Regierungsform*[5], durch glückliche Ereignisse, ihnen Freiheit verschaffte, sich wieder herzustellen. – Unter einem anderen christlichen Volk, den Armenianern[6], herrscht ein gewisser Handelsgeist von besonderer Art, nämlich durch Fußwanderungen von Chinas Grenzen aus bis nach Kap Corso an der Guineaküste Verkehr zu treiben, der auf einen besondern Abstamm dieses vernünftigen und emsigen Volks, welches[7], in einer Linie von N. O. zu S. W., beinahe die ganze Strecke des

[1] A: »so *wird man gegen diese unvollständige und unsichere* Zeichnung derselben, *welche auf demonstrativen, rememorativen und prognostischen Zeichen beruht, schon Nachsicht haben müssen*«. – [2] Zusatz von B. – [3] A: »*Der* Charakter«. – [4] H: »hat eben so wenig ... ihrer Leibes Gestalt und Gesichtszüge ausgelöscht und diese«. – [5] A: »*Regierungsformen*«. – [6] H (Akad.-Ausg., Cassirer): »Armeniern«. – [7] Akad.-Ausg.: »Volks hinweist, welches«.

alten Kontinents durchzieht und sich friedfertige Begegnung unter allen Völkern, auf die es trifft, zu verschaffen weiß, und einen vor *dem* flatterhaften[1] und kriechenden der jetzigen Griechen vorzüglichen Charakter beweist, des|sen erste Bildung wir nicht mehr erforschen können. – So viel ist wohl mit Wahrscheinlichkeit zu urteilen: daß die Vermischung der Stämme (bei großen Eroberungen), welche nach und nach die Charaktere auslöscht, dem Menschengeschlecht, alles vorgeblichen Philanthropismus ungeachtet, nicht zuträglich sei.

D
DER CHARAKTER DER RASSE

In[2] Ansehung dieser kann ich mich auf das beziehen, was der Herr Geh. H. R. Girtanner davon in seinem Werk (meinen Grundsätzen gemäß) zur Erläuterung und Erweiterung schön und gründlich vorgetragen hat; – nur will ich noch etwas vom Familienschlag und den Varietäten, oder Spielarten, anmerken, die sich in einer und derselben Rasse bemerken lassen.

Hier hat die Natur, statt der Verähnlichung, welche sie in der Zusammenschmelzung verschiedener[3] Rassen beabsichtigte, gerade das Gegenteil sich zum Gesetze gemacht; nämlich in einem Volk von derselben Rasse (z.B. der weißen), anstatt in ihrer Bildung die Cha|raktere beständig und fortgehend einander sich nähern zu lassen – wo dann endlich nur ein und dasselbe Porträt, wie das durch den Abdruck eines Kupferstichs herauskommen würde –, vielmehr in demselben Stamme | und gar in der nämlichen Familie, im Körperlichen und Geistigen, ins Unendliche zu vervielfältigen. – Zwar sagen die Ammen, um einem der Eltern zu schmeicheln: »das hat dies Kind vom Vater; das hat es von der Mutter«; wo, wenn es wahr wäre, alle Formen der Menschenzeugung längst erschöpft sein würden, und, da die Fruchtbarkeit in Paarungen durch die Heterogenität der Individuen aufgefrischt wird, die Fortpflanzung zum

[1] A: »vor *den* flatterhaften«. – [2] Cassirer: »§ 105. In«. – [3] H: »Zusammenschmelzung [verschiedener Bildungen bei den] verschiedener«.

Stocken gebracht werden würde. – So kommt nicht etwa die graue Haarfarbe (cendrée) von der Vermischung eines Brunetten mit einer Blondinen her, sondern bezeichnet einen besonderen Familienschlag und die Natur hat Vorrat genug in sich, um nicht, der Armut ihrer vorrätigen Formen[1] halber, einen Menschen in die Welt zu schicken, der schon ehemals drin[2] gewesen ist; wie denn auch die Naheit der Verwandtschaft notorisch auf Unfruchtbarkeit hinwirkt.[3]

E

DER CHARAKTER DER GATTUNG

Von[4] der Gattung gewisser Wesen[5] einen Charakter anzugeben, dazu wird erfordert: daß sie mit anderen uns bekannten unter einen[6] Begriff gefaßt, das aber, wodurch sie sich von einander unterscheiden, als Eigen|tümlichkeit (proprietas) zum Unterscheidungsgrunde angegeben und gebraucht wird. – Wenn aber eine[7] Art von Wesen, die wir kennen (A), mit einer andern Art Wesen (non A), die wir nicht kennen, verglichen ¦ wird: wie kann man da erwarten oder verlangen, einen Charakter des ersteren[8] anzugeben, da uns der Mittelbegriff der Vergleichung (tertium comparationis) abgeht? – Der oberste Gattungsbegriff mag der eines *irdischen* vernünftigen Wesens sein, so werden wir keinen Charakter desselben nennen können, weil wir von vernünftigen, nicht *irdischen*[9] Wesen keine Kenntnis haben, um ihre[10] Eigentümlichkeit angeben und so jene irdische unter den vernünftigen überhaupt charakterisieren zu können. – Es scheint also, das Problem[11], den Charakter der Menschengattung anzugeben, sei schlechterdings[12] unauflös-

[1] H: »[Produkte] vorrätigen Formen«. – [2] H: »schon einmal drin«. – [3] Am Rand von H: »1ste Stufe // Der Mensch ist ein nicht bloß für die Natur und den Instinkt sondern auch für die [Kunst di] freie Kunst geschaffenes Tier // 2te Stufe // Urteil der Spanier in Mexiko«. – [4] Cassirer: »§ 106. Von«. – [5] H: »[*Menschengattung*] Gattung gewisser Wesen«. – [6] H: »[e]Einen«. – [7] H: »aber [ein Ding was] eine«. – [8] Akad.-Ausg.: »der ersteren«. – [9] A: »*nicht irdischen*«. – [10] H: »um [sie durch denselben von jenen] ihre«. – [11] H: »[Unternehmen] Problem«. – [12] H: »[ganz] schlechterdings«.

¦B 313 |A 315

lich; weil die Auflösung durch Vergleichung zweier Spezies vernünftiger Wesen durch Erfahrung angestellt sein müßte, welche die letztere uns nicht darbietet.[1]

Es bleibt uns also, um dem Menschen im System der lebenden Natur seine Klasse anzuweisen und so ihn zu charakterisieren, nichts übrig, als: daß er einen Charakter hat, den er sich selbst schafft; indem er vermögend ist, sich nach seinen von ihm selbst genommenen Zwecken zu perfektionieren; wodurch er, als mit Vernunftfähigkeit begabtes Tier (animal rationabile), aus sich selbst ein vernünftiges Tier[2] (animal rationale) machen kann; – wo er dann: erstlich sich selbst und seine Art erhält, zweitens sie übt, belehrt und für die häusliche Gesellschaft erzieht, drittens | sie, als in ein[3] systematisches (nach Vernunftprinzipien geordnetes) für die Gesellschaft gehöriges Ganze, regiert; wobei aber das Charakteristische der Menschengattung, in Vergleichung mit der Idee möglicher | vernünftiger Wesen auf Erden überhaupt, dieses ist: daß die Natur den Keim der Zwietracht in sie gelegt und gewollt hat, daß ihre eigene Vernunft aus dieser diejenige Eintracht, wenigstens die beständige Annäherung zu derselben, herausbringe, welche letztere zwar in der Idee den Zweck[4], der Tat

[1] H: »darbietet. // [Der Mensch ist sich aber seiner selbst nicht bloß als vernünftiges Tier (animal rationabile) was räsonieren kann sondern auch seiner Tierheit ungeachtet als Vernunftwesen (animal rationale) bewußt und in dieser Qualität erkennt er sich nicht durch Erfahrung denn die [würde] kann ihm nie die [objektive] unbedingte Notwendigkeit [seiner Willensbestimmung] dessen was er sein soll sondern nur empirisch was er ist oder unter empirischen Bedingungen sein soll lehren, sondern er erkennt an sich selbst [(a priori) wie] aus reiner Vernunft (a priori) [die Menschheit auch als ein] nämlich das Ideal der Menschheit welches mit ihm [womit er sich] als einen Menschen vergleichen [und so den reinen Charakter seiner Gattung angeben kann] durch die Gebrechlichkeiten seiner Natur als Einschränkungen jenes Urbildes den Charakter seiner Gattung kann erkennen und zeichnen lassen. Diesen aber zu würdigen ist die Vergleichung mit einem Maßstabe nötig der [nicht] nirgend anderswo als in der vollkommenen Menschheit angetroffen werden kann.] //« – [2] H: »als [vernünftiges] mit Vernunft begabtes Tier (...) sich selbst zu einem vernünftigen Tier«. – [3] H (Akad.-Ausg., Cassirer): »als ein«. – [4] H: »welche [der] zwar ihr Zweck in der Idee«; Akad.-Ausg.: »welche ... Idee der Zweck«.

nach aber die erstere (die Zwietracht) in dem Plane der Natur das Mittel einer höchsten[1] uns unerforschlichen Weisheit ist: die Perfektionierung des Menschen durch fortschreitende Kultur, wenn gleich mit mancher Aufopferung der Lebensfreuden desselben, zu bewirken.

Unter den lebenden Erdbewohnern ist der Mensch durch seine technische (mit Bewußtsein[2] verbunden-mechanische) zu Handhabung der Sachen, durch seine pragmatische (andere Menschen zu seinen Absichten geschickt zu brauchen) und durch die moralische Anlage in seinem Wesen (nach dem Freiheitsprinzip unter Gesetzen gegen sich und andere) zu handeln, von[3] allen übrigen Naturwesen kenntlich unterschieden, und eine jede dieser drei Stufen kann für sich allein schon den Menschen zum Unterschiede von anderen Erdbewohnern charakteristisch unterscheiden.

I. Die technische Anlage. Die Fragen: ob der Mensch ursprünglich zum vierfüßigen Gange (wie | Moscati, vielleicht bloß zur Thesis für eine Dissertation, vorschlug): oder zum zweifüßigen bestimmt sei; – ob der Gibbon, der Orangutan, der Schimpanse u. a. bestimmt sei (worin Linneus und Camper einander | widerstreiten); – ob er ein frucht- oder (weil er einen häutigen Magen hat) fleischfressendes Tier sei; – ob, da er weder Klauen noch Fangzähne, folglich (ohne[4] Vernunft) keine Waffen hat, er von Natur ein Raub- oder friedliches Tier sei – – die Beantwortung dieser Fragen hat keine Bedenklichkeit. Allenfalls könnte diese noch aufgeworfen werden: ob er von Natur ein geselliges oder einsiedlerisches und nachbarschaft-scheues Tier sei; wovon das letztere[5] wohl das wahrscheinlichste ist.

Ein erstes Menschenpaar, schon mit völliger Ausbildung, mithin unter[6] Nahrungsmitteln von der Natur hingestellt, wenn ihm nicht zugleich ein Naturinstinkt, der uns doch in unserem jetzigen Naturzustande nicht beiwohnt, zugleich beigegeben worden, läßt sich schwerlich mit der Vor-

[1] H: »Natur nur das Mittel dieser letzteren [und] als einer höchsten«. – [2] H: »[Überlegung] Bewußtsein«. – [3] Akad.-Ausg.: »andere zu handeln) von«. – [4] H: »[vor Entwickelung der] ohne«. – [5] H: »[erstere] letztere«. – [6] H (Akad.-Ausg., Cassirer): »Ausbildung mitten unter«.

|B 315 |A 317

sorge der Natur für die Erhaltung der Art vereinigen. Der erste Mensch würde im ersten Teich, den er vor sich *sähe*[1], ertrinken; denn Schwimmen ist schon eine Kunst die man lernen muß; oder er würde giftige Wurzeln und Früchte genießen und dadurch umzukommen in beständiger Gefahr sein. Hatte aber die Natur dem ersten Menschenpaar diesen Instinkt eingepflanzt, wie war es möglich, daß er ihn nicht an seine Kinder vererbete; welches doch jetzt nie geschieht?

| Zwar lehren die Singvögel ihren Jungen gewisse Gesänge und pflanzen sie durch Tradition fort: so, daß ein isolierter Vogel, der noch blind aus dem Neste genommen und aufgefüttert worden, nachdem er erwachsen, | keinen Gesang sondern nur einen gewissen angebornen Organlaut hat. Wo ist aber nun der erste Gesang hergekommen;* denn gelernt ist dieser nicht, und wäre er instinktmäßig entsprungen, warum erbte er den Jungen nicht an?

Die Charakterisierung des Menschen, als eines vernünftigen Tieres, liegt schon in der Gestalt und Organisation seiner Hand, seiner Finger und Fingerspitzen, deren teils Bau, teils zartes Gefühl[2], | dadurch die Natur ihn nicht[3] für Eine Art der Handhabung der Sachen, sondern unbestimmt für alle, mithin für den Gebrauch der Vernunft geschickt gemacht, und dadurch die technische- oder Geschicklichkeits-

* Man kann mit dem Ritter Linné für die Archäologie der Natur die Hypothese annehmen: daß aus dem allgemeinen Meer, welches die ganze Erde bedeckte, zuerst eine Insel unter dem Äquator, als ein Berg hervorgekommen, auf welchem alle klimatische Stufen der Wärme, von der des heißen am niedrigen Ufer desselben[4], bis zur arktischen Kälte auf seinem Gipfel, samt denen ihnen angemessenen Pflanzen und Tieren, nach und nach entstanden; daß, was die Vögel aller Art betrifft, die Singvögel den angebornen Organlaut so vielerlei verschiedener Stimmen nachahmten, und jede, so viel ihre Kehle es verstattete, mit der anderen verbanden, wodurch eine jede Spezies sich ihren bestimmten Gesang machte, den nachher einer dem andern durch Belehrung (gleich einer Tradition) beibrachte; wie man auch sieht, daß Finken und Nachtigallen in verschiedenen Ländern auch einige Verschiedenheit in ihren Schlägen anbringen.

[1] So auch H; A: »*sehe*«. – [2] Akad.-Ausg.: »theils zartem Gefühl«. – [3] H (Cassirer): »[und] teils zartes Gefühl ihn nicht«. – [4] H: »derselben«.

anlage sei|ner Gattung, als eines *vernünftigen* Tieres, bezeichnet hat.

II. *Die pragmatische Anlage* der Zivilisierung durch Kultur, vornehmlich der Umgangseigenschaften und der natürliche Hang seiner Art, im gesellschaftlichen Verhältnisse aus der Rohigkeit der bloßen Selbstgewalt herauszugehen und ein gesittetes (wenn gleich noch nicht sittliches), zur Eintracht bestimmtes, Wesen zu werden, ist nun eine höhere Stufe. – Er ist einer Erziehung, sowohl in Belehrung als Zucht (Disziplin), fähig und bedürftig. Hier ist nun (mit oder gegen Rousseau) die Frage: ob der Charakter seiner Gattung ihrer Naturanlage nach sich besser bei der *Rohigkeit* seiner Natur, als bei den *Künsten* der *Kultur*, welche kein Ende absehen lassen, befinden werde. – Zuvörderst muß man anmerken: daß bei allen übrigen sich selbst überlassenen Tieren jedes *Individuum* seine ganze Bestimmung erreicht, bei den Menschen aber allenfalls nur die *Gattung*: so, daß sich das menschliche Geschlecht nur durch *Fortschreiten*, in einer Reihe unabsehlich vieler Generationen, zu seiner Bestimmung empor arbeiten kann; wo das Ziel ihm doch immer[1] noch im Prospekte bleibt, gleichwohl aber die *Tendenz* zu diesem Endzwecke zwar wohl öfters gehemmt, aber nie ganz rückläufig werden kann.[2]

[1] H: »immer [nur]«. – [2] H: »rückläufig werden wird. // [Weil nun der Übergang aus dem rohen in den zivilisierten Zustand [unaufhaltsam dabei aber auch] kein Sprung sondern ein unmerklich fortschreitendes Werk der Gesittung ist so [kann man allenfalls zwar Epochen angeben welche] ist es [erstlich] so wohl vergeblich dawider zu warnen als den Strom aufzuhalten unter dem Vorwande daß natürliche [Übel und La ‹?› und] so wohl als durch Ungerechtigkeit mit Gewalt gleich aus der Büchse der Pandora auf die unglückliche Welt sich stürzen werde [dagegen in der ruhigen] wovon die ruhige Einfalt und Gnugsamkeit (des Hirtenlebens) wozu nicht viel Kunst [und] oder gewandte Klugheit erfodert wird frei bleibt sondern diese Berechnung des Vorteils mit dem Nachteil ist unrichtig. Denn der Anwachs der Menschenmenge im gesitteten Zustande welche einerseits den Menschen den Spielraum ihrer Absichten durch Kriege verengt [ist] gibt bei fortschreitender Kultur des menschlichen Geschlechts ein so reichen Überschuß über den Verlust daß die Summe der Tugenden so wohl als der Lebensfreuden ihre Gegenteile im ganzen doch immer mehr überwiegen und einen in der Reihe der Jahrhunderte

|B 317

|III. Die moralische Anlage. Die Frage ist hier: ob der Mensch von Natur gut, oder von Natur böse, oder von Natur gleich für eines[1] oder das andere empfänglich sei; nachdem er in diese oder jene ihn | bildende Hände fällt (cereus in vitium flecti etc.[2]). Im letztern Falle würde die Gattung selbst keinen Charakter haben. – Aber dieser Fall widerspricht sich selbst; denn[3] ein mit praktischem Vernunftvermögen und Bewußtsein der Freiheit seiner Willkür ausgestattetes Wesen (eine Person) sieht sich in diesem Bewußtsein, selbst mitten in den dunkelsten Vorstellungen, unter einem Pflichtgesetze und im Gefühl (welches dann das moralische heißt), daß ihm, oder durch ihn anderen recht oder unrecht geschehe.[4] Dieses ist nun schon selbst der intelligibele Charakter der Menschheit überhaupt und in so fern ist der Mensch seiner angebornen Anlage nach (von

immer wachsenden Gewinn versprechen müssen weil die durch Erfahrung gewitzigte Klugheit sie natürlicherweise immer in ein besseres Gleis zu lenken wissen wird] //«. – [1] H: »für [beides gestimmt] eines«. – [2] Übersetzung des Herausgebers: »wie Wachs, zum Bösen zu biegen usw.« – [3] H: »selbst [und ist also unmöglich]; denn«. – [4] H: »geschehe. [Daher man auch die Frage aufwerfen kann ob der Mensch von Natur (d. i. ehe er noch die Bestimmungsgründe seines freien Tuns und Lassens mithin ein Gesetz deutlich [vorstellen] denken kann) gut oder böse genannt werden könne, [mit anderen Worten ob er in der Rohigkeit seines Zustandes einen größeren Hang zu dem habe wovon er sich bewußt ist daß es böse sei als [der] sein Hang zu dem ist was er als gut und darum ‹?› auch weil es gut ist erkennt: mithin was hierin der Charakter der Menschengattung sei. // Die Stufen aus dieser Rohigkeit hinauszugehen sind: daß er kultiviert, zivilisiert und endlich auch moralisiert wird] welches so viel sagen will als: Ob der Mensch nach Grundsätzen geneigt sei den Antrieben des Sinnenreizes [gegen] zuwider den Bewegursachen des Sittengesetzes den Vorzug zu geben und ob dazu ein angeborner Hang in ihm liege wo er dann für von Natur böse erklärt werden müßte; wodurch aber der zum Bösen vorzüglich geneigte Mensch darum nicht so fort [zum] für einen bösen Menschen [gemacht] erklärt wird weil eben dieselbe Freiheit der Willkür es auch der Vernunft möglich macht diesen Hang durch ihre Maximen habituell aber freilich nur durch einen für jeden Akt besonders genommenen Vorsatz zu überwiegen [nicht aber] ohne doch einen fortdaurenden Hang zum Guten gleichsam einwurzeln zu machen.] //« Am Rand von H: »kultiviert, zivilisiert, morali‹s.?› // Die Frage ob die menschliche Natur gut oder böse sei kommt auf den Begriff von dem was was man böse nennt an Es ist der Hang zu Begehrung des Unerlaubten

Natur) gut. Da aber doch auch die Erfahrung zeigt: daß in ihm ein Hang zur tätigen Begehrung des Unerlaubten, ob er gleich weiß, daß es unerlaubt sei, d. i. zum Bösen sei, der sich so unausbleiblich und so früh regt, als der Mensch nur von seiner Freiheit Gebrauch zu machen anhebt, und darum als angeboren betrachtet werden kann: so ist der Mensch, seinem sensibelen Charakter nach, auch als (von Natur) böse[1] zu beurteilen, ohne daß sich dieses widerspricht, wenn vom Charakter der Gattung die Rede ist; weil man annehmen kann, daß dieser ihre Naturbestimmung im kontinuierlichen Fortschreiten zum Besseren bestehe.

| Die[2] *Summe*[3] der pragmatischen Anthropologie in Ansehung der Bestimmung des Menschen und die Charakteristik seiner[4] Ausbildung ist folgende. Der Mensch ist durch seine Vernunft bestimmt, in einer | Gesellschaft mit Menschen zu sein, und in ihr sich durch Kunst und Wissenschaften zu kultivieren, zu zivilisieren und zu moralisieren; wie groß auch sein tierischer Hang sein mag, sich den Anreizen der Gemächlichkeit und des Wohllebens, die er Glückseligkeit nennt, passiv[5] zu überlassen, sondern vielmehr tätig, im Kampf mit den Hindernissen, die ihm von der Rohigkeit seiner Natur anhängen, sich[6] der Menschheit würdig zu machen.

Der Mensch muß also zum Guten erzogen werden; der aber, welcher ihn erziehen soll, ist wieder[7] ein Mensch, der noch in der Rohigkeit der Natur liegt, und nun doch dasjenige bewirken soll, was er selbst bedarf. Daher die beständige Abweichung von seiner Bestimmung, mit immer wiederholten Einlenkungen[8] zu derselben. – Wir wollen die Schwierigkeiten der Auflösung dieses Problems und die Hindernisse derselben anführen.

ob man gleich weiß daß es Unrecht ist. Das Schreien eines Kindes dem man seinen Willen nicht erfüllt ob es zwar ein anderer ihm eben so wenig erfüllen würde ist bösartig und so ist es mit jedem Verlangen über andere zu herrschen. – Warum schreit ein Kind bei der Geburt ohne Weinen«. – [1] H: »böse«. – [2] Cassirer: »§ 107. Die«. – [3] A: »| Die *Summa*«; H: »[Das Resultat] Die Summa«. – [4] H: »[der Menschheit] seiner«. – [5] H: »[zu widmen] passiv«. – [6] H: »sich [selbst zum]«. – [7] H: »[selbst] wieder«. – [8] H: »Einlenkungen«.

|B 319 |A 321

A

Die erste physische Bestimmung desselben besteht in dem Antriebe des Menschen zur Erhaltung[1] seiner Gattung, als Tiergattung. – Aber hier wollen nun schon die Naturepochen seiner Entwickelung mit den bürgerlichen nicht zusammentreffen. Nach der erste|ren ist er im Naturzustande wenigstens in seinem 15ten Lebensjahr durch den Geschlechtsinstinkt angetrieben und auch vermögend, seine Art zu erzeugen und zu erhalten. Nach der zweiten kann er es ¦ (im Durchschnitte) vor dem 20sten schwerlich wagen. Denn wenn der Jüngling gleich früh genug das Vermögen hat, seine und eines Weibes Neigung als Weltbürger zu befriedigen, so hat er doch lange noch nicht das Vermögen, als Staatsbürger sein Weib und Kind zu erhalten. – Er muß ein Gewerbe erlernen, sich in Kundschaft bringen, um ein Hauswesen mit einem Weibe anzufangen; worüber aber in der geschliffenern Volksklasse auch wohl das 25ste Jahr verfließen kann, ehe er zu seiner Bestimmung reif wird. – Womit füllt er nun diesen Zwischenraum einer abgenötigten und unnatürlichen Enthaltsamkeit aus? Kaum anders als mit Lastern.

B

Der Trieb zur Wissenschaft[2], als einer die Menschheit veredelnden Kultur, hat im Ganzen der Gattung keine Proportion zur Lebensdauer. Der Gelehrte, wenn er bis dahin in der Kultur vorgedrungen ist, um das Feld derselben selbst zu[3] erweitern, wird durch den Tod abgerufen und seine Stelle nimmt der ABC-Schüler ein, der kurz vor seinem Lebensende, nachdem er eben so einen Schritt weiter getan hat, wiederum seinen Platz einem andern überläßt. – Welche Masse von Kenntnissen, welche Erfindung[4] neuer Methoden würde nun | schon vorrätig da liegen, wenn ein Archimed, ein Newton, oder Lavoisier[5], mit seinem Fleiß und

[1] H: »Erhaltung«. – [2] H: »Wissenschaft«. – [3] H: »derselben recht zu«. – [4] H: »[Beförderung der] Erfindung«. – [5] H: »[Galilei] Lavoisier«.

Talent, ohne Verminderung der Lebenskraft, von der Natur mit einem, Jahrhunderte durch fortdaurenden, Alter | wäre begünstigt worden? Nun aber ist das Fortschreiten der Gattung in Wissenschaften immer nur fragmentarisch (der Zeit nach) und gewährt keine Sicherheit wegen des Rückganges, womit es durch dazwischen tretende staatsumwälzende Barbarei[1] immer bedroht wird.

C

Eben so wenig scheint die Gattung in Ansehung der Glückseligkeit, wozu beständig hin zu streben ihn seine Natur antreibt, die Vernunft aber auf die Bedingung der Würdigkeit glücklich zu sein, d. i. der Sittlichkeit einschränkt, ihre Bestimmung zu erreichen. – Man darf eben nicht die hypochondrische (übellaunige) Schilderung, die Rousseau vom Menschengeschlecht macht, das[2] aus dem Naturzustande herauszugehen wagt, für Anpreisung, wieder dahin ein- und in die Wälder zurück zu kehren, als dessen wirkliche[3] Meinung annehmen, womit er die Schwierigkeit für unsere Gattung, in das Gleis der kontinuierlichen Annäherung zu ihrer Bestimmung zu kommen, ausdrückte; man darf sie nicht aus der Luft greifen: – die Erfahrung alter und neuer Zeiten muß jeden Denkenden hierüber verlegen und zweifelhaft machen, ob es mit unserer Gattung jemals besser stehen werde.[4]

| Seine drei Schriften von dem Schaden, den 1. der Ausgang aus der Natur in die Kultur unserer Gattung, durch Schwächung unserer Kraft[5], 2. die Zivi|lisierung, durch Ungleichheit und wechselseitige Unterdrückung, 3. die vermeinte Moralisierung, durch naturwidrige Erziehung

[1] H: »[Staatsveränderungen] staatsumwälzende Barbarei«. – [2] H: »[wenn es] das«. – [3] H: »zurück zu kehren für seine wirkliche«. – [4] Am Rand von H: »[Der Ankläger – Advokat und Richter. Der Mittlere ist der so eine jede Sache so viel ihm es sei Schein oder Wahrheit zu verteidigen aufgetragen ist] // Daß eine kosmopolitische Anlage in der Menschengattung selbst unter allen Kriegen sei welche der selbstsüchtigen der Völker allmählich im ‹?› Lauf politischer Angelegenheiten den Lauf abgewinnt.« – [5] H: »ihrer Kraft«.

und Mißbildung der Denkungsart, angerichtet hat: – Diese drei Schriften, sage ich, welche den Naturzustand gleich als einen Stand der Unschuld vorstellig machten (dahin wieder zurückzukehren der Torwächter eines Paradieses[1] mit feurigem Schwert verhindert), sollten nur seinem Sozialkontrakt, seinem Emil und seinem Savoyardischen Vikar zum Leitfaden dienen, aus dem Irrsal der Übel sich heraus zu finden, womit sich unsere Gattung, durch ihre eigene Schuld, umgeben hat. – Rousseau wollte im Grunde nicht, daß der Mensch wiederum in den Naturzustand zurück gehen, sondern von der Stufe, auf der er jetzt steht, dahin zurück sehen sollte. Er nahm an: der Mensch sei von Natur (wie sie sich vererben läßt) gut, aber auf negative Art, nämlich von selbst und absichtlich nicht böse zu sein, sondern nur in Gefahr, von bösen oder ungeschickten Führern und Beispielen angesteckt und verdorben zu werden. Da nun aber hiezu wiederum gute Menschen erforderlich sind, die dazu selbst haben erzogen werden müssen und deren es wohl keinen geben wird, der nicht (angeborne oder zugezogene) Verdorbenheit in sich hätte: so bleibt das Problem der moralischen Erziehung für unsere Gattung, selbst der Qualität des Prinzips, nicht bloß dem Grade nach, unaufgelöst[2]; weil ein ihr angeborner böser Hang wohl durch die allgemeine Menschenvernunft | getadelt, allenfalls auch gebändigt, dadurch aber doch nicht vertilgt wird.

* * *

| In einer bürgerlichen Verfassung, welche der höchste Grad der künstlichen Steigerung der guten Anlage in der[3] Menschengattung zum Endzweck ihrer Bestimmung ist, ist doch die Tierheit früher und im Grunde mächtiger als die reine Menschheit in ihren Äußerungen und das zahme Vieh ist nur durch Schwächung dem Menschen nützlicher, als das wilde. Der eigene Wille ist immer in Bereitschaft, in Widerwillen gegen seinen Nebenmenschen auszubrechen, und strebt jederzeit, seinen Anspruch auf unbedingte Frei-

[1] H (Cassirer): »Torwächter jenes Paradieses«. – [2] H: »unauf[löslich] gelöst«. – [3] H: »Anlagen der«.

|B 323 |A 325

heit, nicht bloß unabhängig, sondern selbst über andere ihm von Natur gleiche Wesen Gebieter zu sein[1]; welches man auch an dem kleinsten Kinde schon gewahr wird;* weil die Natur || in ihm von der Kultur zur Moralität, nicht (wie es doch die Vernunft vorschreibt), von der Moralität und ihrem Gesetze anhebend, zu einer darauf angelegten zweckmäßigen Kultur hinzuleiten strebt; welches unvermeidlich eine verkehrte, zweckwidrige Tendenz abgibt; z.B. wenn Religionsunterricht, der notwendig eine *moralische* Kultur sein sollte, mit der *historischen*, die bloß Gedächtniskultur ist, anhebt und daraus Moralität zu folgern vergeblich sucht.

* Das Geschrei, welches ein kaum gebornes Kind hören läßt, hat nicht den Ton des Jammerns, sondern der Entrüstung und aufgebrachten Zorns[2] an sich; nicht weil ihm was schmerzt, sondern weil ihm etwas verdrießt; vermutlich darum, weil es sich bewegen will und sein Unvermögen dazu gleich als eine Fesselung fühlt, wodurch ihm die Freiheit genommen wird. – Was mag doch die Natur hiemit für eine Absicht haben, daß sie das Kind mit lautem Geschrei auf die Welt kommen läßt, welches doch für dasselbe und die Mutter *im rohen Naturzustande* von äußerster Gefahr ist? Denn ein Wolf, ein Schwein sogar, würde ja dadurch angelockt, in Abwesenheit, oder bei der Entkräftung derselben durch die Niederkunft, es zu fressen. | Kein Tier aber, außer dem Menschen (wie er jetzt ist), wird beim Geborenwerden seine Existenz *laut ankündigen*; welches von der Weisheit der Na|tur so angeordnet zu sein scheint, um die Art zu erhalten[3]. Man muß also annehmen: daß in der frühen[4] Epoche der Natur in Ansehung dieser Tierklasse (nämlich des Zeitlaufs der Rohigkeit) dieses Lautwerden des Kindes bei seiner Geburt noch nicht war; mithin nur späterhin[5] eine zweite Epoche, wie beide[6] Eltern schon zu derjenigen Kultur, die zum *häuslichen* Leben notwendig ist, gelangt waren, eingetreten ist; ohne daß wir wissen: wie die Natur und durch welche mitwirkende Ursachen sie eine solche Entwickelung veranstaltete. Diese Bemerkung führt weit, z.B. auf den Gedanken: ob nicht auf dieselbe zweite Epoche, bei großen Naturrevolutionen, noch eine dritte folgen dürfte. Da ein Orang-Utan[7], oder ein Schimpansen die Organe, die zum Gehen, zum Befühlen der Gegenstände und zum Sprechen dienen, sich zum Gliederbau eines Menschen ausbildete, deren Innerstes ein Organ für den Gebrauch des Verstandes enthielte und durch gesellschaftliche Kultur sich allmählich entwickelte.

[1] H: »sein [geltend zu machen]«; Cassirer: »sein, geltend zu machen«. – [2] H: »[Bosheit] Zorns«. – [3] H: »erhalten [da ohnedem im rohen Zustande]« . – [4] H: »[ersten] frühen«; B_3: »frühern«. – [5] H (Cassirer): »mithin späterhin«. – [6] H (Cassirer): »Epoche wo beide«. – [7] H: »[Gibbon] Orang-Utang«.

Die Erziehung des Menschengeschlechts im *Ganzen* ihrer Gattung, d. i. *kollektiv* genommen (universorum) nicht aller einzelnen (singulorum), wo die | Menge nicht ein System, sondern nur ein zusammengelesenes Aggregat abgibt, das Hinstreben zu einer bürgerli|chen auf dem Freiheits- zugleich aber auch gesetzmäßigen Zwangs-Prinzip zu gründenden Verfassung ins Auge gefaßt, erwartet der Mensch doch nur von der *Vorsehung*, d. i. von einer Weisheit, die nicht die *seine*, aber doch die (durch seine eigene Schuld) ohnmächtige *Idee* seiner eigenen Vernunft ist, – diese Erziehung von oben herab, sage ich, ist heilsam, aber rauh und strenge, durch viel Ungemach und bis nahe an die Zerstörung des ganzen Geschlechts reichende Bearbeitung der Natur, nämlich der Hervorbringung des vom Menschen nicht beabsichtigten, aber, wenn es einmal da ist, sich ferner erhaltenden *Guten*, aus dem innerlich mit sich selbst immer sich veruneinigenden *Bösen*. Vorsehung[1] bedeutet eben dieselbe Weisheit, welche wir in der Erhaltung der Spezies organisierter an ihrer Zerstörung beständig arbeitender und dennoch sie immer schützender Naturwesen mit Bewunderung wahrnehmen, ohne darum ein höheres Prinzip in der Vorsorge[2] anzunehmen, als wir es für die Erhaltung der Gewächse und Tiere anzunehmen schon im Gebrauch haben. – Übrigens soll und *kann* die Menschengattung selbst Schöpferin ihres Glücks sein; nur daß sie es sein *wird*, läßt sich nicht a priori, aus den uns von ihr bekannten Naturanlagen, sondern nur aus der Erfahrung und Geschichte, mit so weit gegründeter Erwartung schließen, als nötig ist, an diesem ihrem Fortschreiten zum Besseren nicht zu verzweifeln, sondern, mit aller Klugheit und moralischer Vorleuchtung, die Annäherung zu diesem Ziele (ein jeder, so viel an ihm ist) zu befördern[3].

| Man kann also sagen: der erste Charakter[4] der Menschengattung ist: das Vermögen, als[5] vernünftigen We|sens, sich, für seine Person so wohl als für die Gesellschaft, worin

[1] H: »Diese Vorsehung«. – [2] H: »[Weltenordnung ‹?›] Vorsorge«. – [3] H: »[einzuleiten] zu befördern«. – [4] H: »Charakterzug«. – [5] H: »Vermögen des Menschen als«.

ihn die Natur versetzt, einen Charakter überhaupt zu verschaffen; welches aber schon eine günstige[1] Naturanlage und einen Hang zum Guten in ihm voraussetzt; weil das Böse (da es Widerstreit[2] mit sich selbst bei sich führt und kein bleibendes Prinzip in sich selbst verstattet) eigentlich ohne Charakter ist.[3]

Der Charakter eines[4] lebenden Wesens ist das, woraus sich seine Bestimmung zum voraus erkennen läßt. – Man kann es aber für die Zwecke der Natur als Grundsatz annehmen: sie wolle, daß jedes Geschöpf seine Bestimmung erreiche; dadurch, daß alle Anlagen seiner Natur sich zweckmäßig für dasselbe entwickeln, damit, wenn gleich nicht jedes Individuum, doch die Spezies die Absicht derselben erfülle. – Bei vernunftlosen Tieren geschieht dieses wirklich und[5] ist Weisheit der Natur; beim Menschen aber erreicht es nur die Gattung, wovon wir unter vernünftigen Wesen auf Erden nur Eine, nämlich die Menschengattung, kennen[6], und in dieser auch nur eine Tendenz der Natur[7] zu diesem Zwecke: nämlich durch ihre eigene Tätigkeit die Entwickelung des Guten aus dem Bösen dereinst zu Stande zu bringen: im Prospekt[8], der, wenn nicht Naturrevolutionen ihn auf einmal abschneiden, mit moralischer[9] (zur Pflicht der Hinwirkung zu jenem Zweck hinreichender) Gewißheit erwartet werden kann. – Denn es sind Menschen, d. i. zwar bösgeartete, aber doch mit erfindungsreicher, dabei auch zugleich mit einer moralischen Anlage begabte ver|nünftige Wesen; welche die Übel, die sie sich unter einander selbstsüchtig antun, bei Zunahme der Kultur nur | immer desto stärker fühlen und, indem sie kein anderes Mittel dagegen vor sich sehen, als den Privatsinn (einzelner) dem Gemeinsinn (aller vereinigt), obzwar ungern, einer Diszi-

[1] H: »[achtungswürdige] günstige«. – [2] H: »es den Widerstreit«. – [3] Am Rand von H: »Es ist ganz was anderes um die Frage was zu tun sei um dem moralischen Gesetze Überzeugung als um ihm Eingang zu verschaffen.« – [4] H: »[der Menscheng] eines«. – [5] H: »und [unmittelbar]«. – [6] H: »kennen [und zwar in einer langen Reihe von Generationen bis sie zuletzt auch obzwar im idealischen Prospekt auch jedes Individuum zu treffen verspricht]«. – [7] H: »Natur vernünftiger Wesen«. – [8] Akad.-Ausg.: »bringen: ein Prospekt«. – [9] H: »moralischer«.

|B 327 |A 329

plin (des bürgerlichen Zwanges) zu unterwerfen, der sie sich aber nur nach von ihnen selbst gegebenen Gesetzen unterwerfen, durch dies Bewußtsein sich veredelt fühlen, nämlich zu einer Gattung zu gehören, die der Bestimmung des Menschen, so wie die Vernunft sie ihm im Ideal vorstellt, angemessen ist.[1]

GRUNDZÜGE DER SCHILDERUNG DES CHARAKTERS DER MENSCHENGATTUNG

I.[2] Der Mensch war nicht bestimmt, wie das Hausvieh, zu einer Herde, sondern, wie die Biene, zu einem Stock zu gehören. – Notwendigkeit, ein Glied irgend einer bürgerlichen Gesellschaft zu sein.

Die einfachste, am wenigsten gekünstelte Art, eine solche zu errichten, ist die Eines Weisers in diesem Korbe[3] (die Monarchie). – Aber viele solcher Körbe[4] neben einander befehden sich bald als Raubbienen (der Krieg), doch nicht, wie es Menschen tun, um den ihrigen durch Vereinigung mit dem anderen zu verstärken – denn hier hört das Gleichnis auf –; sondern bloß den Fleiß des anderen, mit List oder Gewalt, für sich zu benutzen. Ein jedes Volk sucht sich durch Un|terjochung benachbarter zu verstärken und, es sei Vergrößerungssucht oder Furcht, von dem anderen verschlun|gen zu werden, wenn man ihm nicht zuvorkommt:

[1] Am Rand von H: »Der Charakter der Gattung kann nur aus der Geschichte gezogen werden. // Daß das menschl: Geschl: kollektiv genommen eine Bestrebung der Kunstgeschicklichkeit in sich enthalte durch die Selbstsüchtigkeit aller Einzelnen (singulorum) sich zur Glückseligkeit des Ganzen (universorum) vermittelst der moral. Anlage zu bearbeiten. // Der Charakter der Gattung ist daß das menschl. Geschlecht im ganzen eine natürliche Tendenz hat immer besser zu werden. // Die Gattung kann kollektiv als ein Ganzes oder distributiv als die logische Einheit des Begriffs vom Menschen betrachtet werden. // Der Charakter der Gattung kann nicht historisch durch Geschichte allein ausgemacht werden // Das ist nur von der Menschengattung als Tiergattung zu verstehen. – Er kann aus der Vernunft so fern sie subjektiv sich selbst einzeln und im Verhältnis gegen andere kennt und modifiziert geschlossen werden.« – [2] Cassirer: »§ 109. I.« – [3] H (Cassirer): »diesem Stock«. – [4] H (Cassirer): »solcher Stöcke«.

so ist der innere oder äußere Krieg in unserer Gattung, so ein großes Übel er auch ist, doch zugleich die Triebfeder, aus dem rohen Naturzustande in den bürgerlichen überzugehen, als ein Maschinenwesen der Vorsehung, wo[1] die einander entgegenstrebende Kräfte zwar durch Reibung einander Abbruch tun, aber doch durch den Stoß oder Zug anderer Triebfedern lange Zeit im regelmäßigen Gange erhalten werden.

II. Freiheit und[2] Gesetz (durch welche[3] jene eingeschränkt wird) sind die zwei Angeln, um welche sich die bürgerliche Gesetzgebung dreht. – Aber, damit das letztere auch von Wirkung und nicht leere Anpreisung sei: so muß ein Mittleres* hinzu kommen, nämlich Gewalt, welche, mit jenen verbunden, diesen Prinzipien[4] Erfolg verschafft. – Nun kann man sich aber viererlei Kombinationen der letzteren mit den beiden ersteren denken.

A. Gesetz und Freiheit, ohne Gewalt (Anarchie).

B. Gesetz und Gewalt, ohne Freiheit (Despotism).

C. Gewalt, ohne Freiheit und Gesetz (Barbarei).

D. Gewalt, mit Freiheit und Gesetz (Republik).

| Man sieht, daß nur die letztere eine wahre bürgerliche Verfassung genannt zu werden verdiene; wobei man | aber nicht auf eine der drei Staatsformen (Demokratie) hinzielt, sondern unter Republik nur einen Staat überhaupt versteht und das alte Brokardikon: Salus civitatis[5] (nicht civium) suprema lex esto nicht bedeutet: Das Sinnenwohl[6] des gemeinen Wesens (die Glückseligkeit der Bürger) solle zum obersten Prinzip[7] der Staatsverfassung dienen; denn dieses Wohlergehen, was ein jeder nach seiner Privatneigung[8], so oder anders, sich vormalt, taugt gar nicht zu irgend einem objektiven Prinzip, als welches Allgemeinheit

* Analogisch[9] dem medius terminus in einem Syllogism, welcher, mit Subjekt und Prädikat des Urteils verbunden, die 4 syllogistischen Figuren abgibt.

[1] H: »als einem Maschinenwesen wo«. – [2] H: »Freiheit [unter Gesetzen] und«. – [3] Akad.-Ausg.: »durch welches«. – [4] H: »jenen Prinzipien«. – [5] H: »[rei publicae] civitatis«. – [6] H: »Sinnenwohl«. – [7] H: »[Gesetz des Staats] Prinzip«. – [8] H: »seine[m]r Privat[gefühl] neigung«. – [9] H: »[Gleich] Analogisch«.

fordert; sondern jene Sentenz sagt nichts weiter, als: Das Verstandeswohl, die Erhaltung der einmal bestehenden Staatsverfassung, ist das höchste Gesetz einer bürgerlichen Gesellschaft überhaupt; denn diese besteht nur durch jene.[1]

Der Charakter der Gattung, so wie er aus der Erfahrung aller Zeiten und unter allen Völkern kundbar wird, ist dieser: Daß sie, kollektiv (als ein Ganzes des Menschengeschlechts) genommen, eine nach- und neben einander existierende Menge von Personen[2] ist, die das friedliche Beisammensein nicht entbehren und dabei dennoch einander beständig widerwärtig zu sein nicht vermeiden können; folglich eine durch[3] wechselseitigen Zwang, unter von ihnen selbst ausgehenden Gesetzen, zu einer, beständig mit Entzweiung bedrohten, aber[4] allgemein fortschreitenden Koalition in eine weltbürgerliche Gesellschaft (cosmopolitismus) sich von der Natur bestimmt fühlen: welche an sich unerreichbare Idee aber kein konstitutives Prinzip (der Erwartung eines, | mitten in der lebhaftesten Wirkung und Gegenwirkung der Menschen bestehenden, Friedens), son-

[1] H: »jene. // [Was nun der Menschheit für ein Charakter zustehe ist nicht aus der Geschichte wie sich andere Menschen zu verschiedenen Zeiten und in verschiedenen Ländern gezeigt haben zu ersehen denn bei der Mischung des Guten und Bösen welches [sich] sie nach Verschiedenheit der Gelegenheitsursachen an sich zeigen würde das Resultat bald für sie günstig bald ungünstig ausfallen; mithin kann die ausgebreitetste und sorgfältigst [nach] gedeutete Geschichte hierin keine sichere ‹?sicherere?› Belehrung geben. Aber die innere Prüfung seiner selbst zusammengehalten wie er von [anderen] seinen Mitmenschen beurteilt zu werden sich bemüht verrät seinen Charakter der gerade darin besteht sich nicht zu verraten. und in dem wenigstens negativen Schein andere in ihrer Beurteilung über ihn zu seinem Vorteil zu täuschen. also in dem Hang zur Lüge die nicht [von] etwa bloß einen Mangel der Offenherzigkeit sondern der Aufrichtigkeit beweiset welches der erbliche Krebsschade des menschlichen Geschlechts ist. – Und so ist der Charakter der Gattung in der Bestrebung zu setzen seinen persönlichen Charakter nicht sichtbar werden zu lassen und jede diesen ausspähende Blicke oder Nachforschungen für Beleidigung aufzunehmen.] //« – [2] H: »eine nach- und neben einander existierender Personen«; Cassirer: »eine Menge nach- und nebeneinander existierender Personen«. – [3] H: »folglich [daß ihre Bestimmung Koalition] eine durch«; Akad.-Ausg.: »folglich durch«. – [4] H: »bedrohten [Koalitio] aber«.

|A 332

dern nur ein | regulatives Prinzip ist: ihr, als der Bestimmung des Menschengeschlechts, nicht ohne gegründete Vermutung einer natürlichen Tendenz zu derselben, fleißig nachzugehen.

Frägt man nun: ob die Menschengattung (welche, wenn man sie sich als eine Spezies vernünftiger Erdwesen[1], in Vergleichung mit denen auf anderen Planeten, als von Einem Demiurgus entsprungene Menge Geschöpfe denkt[2], auch Rasse genannt werden kann) – ob, sage ich, sie als eine gute oder schlimme Rasse anzusehen sei: so muß ich gestehen, daß nicht viel damit zu prahlen sei. Doch wird niemand, der[3] das[4] Benehmen der Menschen, nicht bloß in der alten Geschichte, sondern in der Geschichte des Tages ins Auge nimmt, zwar oft versucht werden, misanthropisch den Timon, weit öfterer aber und treffender den Momus in seinem Urteile zu machen, und Torheit eher als Bosheit in dem Charakterzuge unserer Gattung hervorstechend finden. Weil aber Torheit, mit einem Lineamente von Bosheit verbunden (da sie alsdenn Narrheit heißt), in der moralischen Physiognomik an unserer Gattung nicht zu verkennen ist: so ist allein schon aus der Verheimlichung eines guten Teils seiner Gedanken, die ein jeder kluge Mensch nötig findet,[5] klar genug zu ersehen: daß in unserer Rasse jeder es geraten finde, auf seiner Hut zu sein und sich nicht ganz erblicken zu lassen wie er ist; welches schon den Hang unserer Gattung, übel gegen einander gesinnt zu sein, verrät.

| Es könnte wohl sein: daß auf irgend einem anderen Planeten vernünftige Wesen wären, die nicht anders als | laut denken könnten, d. i. im Wachen, wie im Träumen, sie möchten in Gesellschaft oder allein sein, keine Gedanken haben könnten, die sie nicht zugleich aussprächen. Was würde das für ein von unserer Menschengattung verschie-

[1] H: »[Welt] Wesen«. – [2] H: »anderen Planeten denkt«. – [3] Akad.-Ausg.: »wird jemand, der«. – [4] H: »[den Weltlauf] das«. – [5] Am Rand von H: »[Wir können uns] Es könnte Wesen [denken] geben die nicht denken könnten ohne zugleich zu sprechen mithin nur laut denken könnten. Diese müßten einen ganz anderen Charakter haben als die Gattung«.

|B 330, 331 |A 333

denes[1] Verhalten gegen einander, für eine Wirkung abgeben[2]? Wenn sie nicht alle engelrein wären, so ist nicht abzusehen, wie sie nebeneinander auskommen, einer für den anderen nur einige Achtung haben und sich mit einander vertragen könnten. – Es gehört also schon zur ursprünglichen Zusammensetzung eines menschlichen Geschöpfs und zu seinem Gattungsbegriffe: zwar anderer Gedanken zu erkunden, die seinigen aber zurückzuhalten; welche saubere Eigenschaft denn so allmählich von Verstellung zur vorsetzlichen Täuschung, bis endlich zur Lüge fortzuschreiten nicht ermangelt. Dieses würde dann eine Karikaturzeichnung unserer Gattung abgeben; die nicht bloß zum gutmütigen Belachen derselben, sondern zur Verachtung in dem, was ihren Charakter ausmacht, und zum Geständnisse, daß diese Rasse vernünftiger Weltwesen unter den übrigen (uns unbekannten) keine ehrenwerte Stelle verdiene, berechtigte* – wenn nicht gerade eben dieses || verwerfende Urteil eine moralische Anlage in uns[3], eine angeborne Aufforderung der Vernunft verriete[4], auch jenem Hange entgegen zu arbeiten, mithin die Menschengattung

* Friedrich II. fragte einmal den vortrefflichen Sulzer, den er nach Verdiensten schätzte und dem er die Direktion der Schulanstalten in Schlesien aufgetragen hatte, wie es damit ginge. Sulzer antwortete: »seitdem daß man auf dem Grundsatz[5] (des Rousseau), daß der Mensch von Natur gut sei, fortgebauet hat, fängt es an besser zu gehen«. »Ah (sagte der König), Mon cher Sulzer, vous ne con|naissez pas assez cette maudite race à laquelle nous appartenons[6]«. – Zum Charakter unserer Gattung gehört ¦ auch: daß sie, zur bürgerlichen Verfassung strebend, auch einer Disziplin durch Religion bedarf, damit, was durch äußeren Zwang nicht erreicht werden kann, durch innern (des Gewissens) bewirkt werde; indem die moralische Anlage des Menschen von Gesetzgebern politisch benutzt wird; eine Tendenz, die zum Charakter der Gattung gehört. Wenn aber in dieser Disziplin des Volks die Moral nicht

[1] H: »ganz verschiedenes«. – [2] H (Akad.-Ausg., Cassirer): »gegen einander abgeben«. – [3] H: »in derselben«. – [4] H: »verriete [einander als Menschen aus dieser aufzufordern und zu ermuntern die Annäherung [zur Besserung] [zum Besseren] [Guten] zum Besseren in der Denkungsart wozu die Triebfeder in uns liegt zu befördern]«. – [5] H: »[Prinzip] Grundsatz«. – [6] Übersetzung des Herausgebers: »Mein lieber Sulzer, Sie kennen diese verwünschte Rasse nicht genügend, zu der wir gehören«.

|B 332 |A 334 Anm.: ¦B 332 |A 334

nicht als böse, sondern als eine aus dem Bösen zum Guten in beständigem Fortschreiten unter Hindernissen emporstrebende Gattung vernünftiger Wesen darzustellen; wobei dann ihr Wollen[1], im allgemeinen, gut, das Vollbringen aber dadurch erschwert ist, daß die Erreichung des Zwecks nicht von der freien Zusammenstimmung der einzelnen, sondern nur durch fortschreitende Organisation der Erdbürger in und zu der Gattung als einem System[2], d. i. kosmopolitisch[3] verbunden ist, erwartet werden kann.[4]

vor der Religion vorhergeht, so macht sich diese zum Meister über jene und statutarische Religion wird ein Instrument der Staatsgewalt (Politik) unter Glaubensdespoten: ein Übel, was den Charakter unvermeidlich verstimmt und verleitet, mit Betrug (Staatsklugheit genannt) zu regieren; wovon jener große Monarch, indem er öffentlich bloß der oberste Diener des Staats zu sein bekannte, seufzend in sich das Gegenteil in seinem Privatgeständnis nicht bergen konnte, doch mit der Entschuldigung für seine Person, diese Verderbtheit der schlimmen Rasse, welche Menschengattung heißt, zuzurechnen.

[1] H: »dann [der] ihr Wille«. – [2] H: »System [in ihrer wechselseitigen Unterordnung]«. – [3] Akad.-Ausg.: »System, das kosmopolitisch«. – [4] Auf der folgenden sonst unbeschriebenen Seite am Rand von H: »Wenn die Moral nicht vor der Rel: vorher geht so macht sich diese zum Meister über jene und die Staatsgewalt ist in den Händen der Glaubenslehrer und Priester.«

ÜBER PÄDAGOGIK

TITEL DER ORIGINALAUSGABE (A)

Immanuel Kant

über

Pädagogik.

Herausgegeben

von

D. Friedrich Theodor Rink.

Königsberg,

bey Friedrich Nicolovius,

1803.

| VORREDE DES HERAUSGEBERS

Nach einer älteren Verordnung mußte ehedessen fortwährend auf der Universität Königsberg, und zwar abwechselnd jedes Mal, von einem Professor der Philosophie, den Studierenden die Pädagogik vorgetragen werden. So traf denn zuweilen auch die Reihe dieser Vorlesungen den Herrn Professor Kant, welcher dabei das von seinem ehemaligen Kollegen, dem Konsistorialrat D. Bock herausgegebene Lehrbuch der Erziehungskunst zum Grunde legte, ohne sich indessen, weder im Gange der Untersuchung, noch in den Grundsätzen, genau daran zu halten.

Diesem Umstande verdanken folgende Bemerkungen über die Pädagogik ihr Entstehen. | Sie würden wahrscheinlich interessanter noch, und in mancher Hinsicht ausführlicher sein, wenn der Zeitumfang jener Vorlesungen nicht so enge wäre zugemessen gewesen, als er es würklich war, und Kant in der Art Veranlassung gefunden hätte, sich weiter über diesen Gegenstand auszubreiten, und schriftlich ausführlicher zu sein.

Die Pädagogik hat neuerdings durch die Bemühungen mehrerer verdienter Männer, namentlich eines Pestalozzi und Olivier, eine neue interessante Richtung genommen, zu der wir dem kommenden Geschlechte, nicht minder, als zu den Schutzblattern Glück wünschen dürfen, ohngeachtet der mancherlei Einwendungen, die beide noch erfahren müssen, und die sich freilich bald sehr gelehrt, bald sehr vornehm ausgeben, ohne doch deshalb eben sonderlich solide zu sein. Daß Kant die neuen Ideen damaliger Zeit auch in dieser Hinsicht kannte, über sie nachdachte, und manchen Blick weiter hinaustat, als seine Zeitgenossen, das versteht sich freilich von selbst und ergibt sich auch aus | diesen, wenn gleich nicht aus eigner Wahl, hingeworfenen Bemerkungen.

Von meinen beiläufigen Anmerkungen habe ich nichts zu sagen; sie sprechen für sich.

Nach den niedrigen Angriffen, die sich der Buchhändler Vollmer in Beziehung auf meine Ausgabe der Kantischen

|A III, IV, V

physischen Geographie erlaubt hat, kann die Herausgabe solcher Handschriften unmöglich mehr ein angenehmes Geschäfte für mich sein. Da ich ruhig, zufrieden und tätig in meinem ohnedies nicht engen Würkungskreise leben kann, warum soll ich mich unberufenen Anforderungen bloßstellen, und unzeitigen Urteilen preisgeben? Besser, ich widme die Augenblicke meiner Muße jenen Studien, in denen ich, mit dem Beifalle der Kenner, mir einige Verdienste erworben zu haben, und noch erwerben zu können, glauben darf.

Die Literatur unsers Vaterlandes, mit Ausnahme ihrer eigentlich gelehrten Zweige, bietet ja eben kein reizendes Schauspiel dar, und das überall hervorspringende Parteimachen, verbunden mit den anzüglichen Fehden | und durchfallenden Klopffechtereien, worauf sich mitunter sogar unsre bessere Köpfe einlassen, ist nicht sonderlich einladend zur Teilnahme. Gar gerne überlasse ich andern das Vergnügen, sich Beulen zu holen, um sie ihren Gegnern mit Zinsen wieder abtragen zu können, und sich dadurch ein gewisses Dreifußrecht zu erwerben, unter dessen Gewaltstreichen sie sich zur literarischen Diktatur zu erheben wähnen. Wehe dieser papiernen Herrlichkeit! Aber wenn wird es anders, wenn besser werden?

Zur Jubilatemesse 1803. Rink.

|A VI

| Der Mensch ist das einzige Geschöpf, das erzogen werden muß. Unter der Erziehung nämlich verstehen wir die Wartung (Verpflegung, Unterhaltung), Disziplin (Zucht) und Unterweisung nebst der Bildung. Dem zufolge ist der Mensch Säugling, – Zögling, – und Lehrling.

Die Tiere gebrauchen ihre Kräfte, sobald sie deren nur welche haben, regelmäßig, d. h. in der Art, daß sie ihnen selbst nicht schädlich werden. Es ist in der Tat bewundernswürdig, wenn man z. E. die jungen Schwalben wahrnimmt, die kaum aus den Eiern gekrochen, und noch blind sind, wie die es nichts desto weniger zu machen wissen, daß sie ihre Exkremente aus dem Neste fallen lassen. Tiere brauchen daher keine Wartung, höchstens Futter, Erwärmung und Anführung, oder einen gewissen Schutz. | Ernährung brauchen wohl die meisten Tiere, aber keine Wartung. Unter Wartung nämlich versteht man die Vorsorge der Eltern, daß die Kinder keinen schädlichen Gebrauch von ihren Kräften machen. Sollte ein Tier z. E., gleich wenn es auf die Welt kommt, schreien, wie die Kinder es tun: so würde es unfehlbar der Raub der Wölfe und anderer wilden Tiere werden, die es durch sein Geschrei herbeigelockt.

Disziplin oder Zucht ändert die Tierheit in die Menschheit um. Ein Tier ist schon alles durch seinen Instinkt; eine fremde Vernunft hat bereits alles für dasselbe besorgt. Der Mensch aber braucht eigene Vernunft. Er hat keinen Instinkt, und muß sich selbst den Plan seines Verhaltens machen. Weil er aber nicht sogleich im Stande ist, dieses zu tun, sondern roh auf die Welt kommt: so müssen es andere für ihn tun.

Die Menschengattung soll die ganze Naturanlage der Menschheit, durch ihre eigne Bemühung, nach und nach von selbst herausbringen. Eine Generation erzieht die andere. Den ersten | Anfang kann man dabei in einem rohen, oder auch in einem vollkommnen, ausgebildeten Zustande suchen. Wenn dieser letztere als vorher und zuerst gewesen angenommen wird: so muß der Mensch doch nachmals wieder verwildert und in Rohigkeit verfallen sein.

Disziplin verhütet, daß der Mensch nicht durch seine tie-

|A 1, 2, 3

rischen Antriebe von seiner Bestimmung, der Menschheit, abweiche. Sie muß ihn z. E. einschränken, daß er sich nicht wild und unbesonnen in Gefahren begebe. Zucht ist also bloß negativ, nämlich die Handlung, wodurch man dem Menschen die Wildheit benimmt, Unterweisung hingegen ist der positive Teil der Erziehung.

Wildheit ist die Unabhängigkeit von Gesetzen. Disziplin unterwirft den Menschen den Gesetzen der Menschheit, und fängt an, ihm den Zwang der Gesetze fühlen zu lassen. Dieses muß aber frühe geschehen. So schickt man z. E. Kinder anfangs in die Schule, nicht schon in der Absicht, damit sie dort etwas lernen sollen, sondern damit sie sich daran gewöhnen mö|gen, still zu sitzen, und pünktlich das zu beobachten, was ihnen vorgeschrieben wird, damit sie nicht, in Zukunft, jeden ihrer Einfälle würklich auch und augenblicklich in Ausübung bringen mögen.

Der Mensch hat aber von Natur einen so großen Hang zur Freiheit, daß, wenn er erst eine Zeitlang an sie gewöhnt ist, er ihr alles aufopfert. Eben daher muß denn die Disziplin auch, wie gesagt, sehr frühe in Anwendung gebracht werden, denn wenn das nicht geschieht, so ist es schwer, den Menschen nachher zu ändern. Er folgt dann jeder Laune. Man sieht es auch an den wilden Nationen, daß, wenn sie gleich den Europäern längere Zeit hindurch Dienste tun, sie sich doch nie an ihre Lebensart gewöhnen. Bei ihnen ist dieses aber nicht ein edler Hang zur Freiheit, wie Rousseau und andere meinen, sondern eine gewisse Rohigkeit, indem das Tier hier gewissermaßen die Menschheit noch nicht in sich entwickelt hat. Daher muß der Mensch frühe gewöhnt werden, sich den Vorschriften der Vernunft zu unterwerfen.| Wenn man ihm in der Jugend seinen Willen gelassen und ihm da nichts widerstanden hat: so behält er eine gewisse Wildheit durch sein ganzes Leben. Und es hilft denen auch nicht, die durch allzugroße mütterliche Zärtlichkeit in der Jugend geschont werden, denn es wird ihnen weiterhin nur desto mehr, von allen Seiten her, widerstanden, und überall bekommen sie Stöße, sobald sie sich in die Geschäfte der Welt einlassen.

|A 4, 5

Dieses ist ein gewöhnlicher Fehler bei der Erziehung der Großen, daß man ihnen, weil sie zum Herrschen bestimmt sind, auch in der Jugend nie eigentlich widersteht. Bei dem Menschen ist, wegen seines Hanges zur Freiheit, eine Abschleifung seiner Rohigkeit nötig; bei dem Tiere hingegen wegen seines Instinktes nicht.

Der Mensch braucht Wartung und Bildung. Bildung begreift unter sich Zucht und Unterweisung. Diese braucht, soviel man weiß, kein Tier. Denn keins derselben lernt etwas von den Alten, außer die Vögel ihren Gesang. Hierin werden sie von den Alten unterrichtet, | und es ist rührend anzusehen, wenn, wie in einer Schule, die Alte ihren Jungen aus allen Kräften vorsingt, und diese sich bemühen, aus ihren kleinen Kehlen dieselben Töne herauszubringen. Um sich zu überzeugen, daß die Vögel nicht aus Instinkt singen, sondern es würklich lernen, lohnt es der Mühe, die Probe zu machen, und etwa die Hälfte von ihren Eiern den Kanarienvögeln wegzunehmen, und ihnen Sperlingseier unterzulegen, oder auch wohl die ganz jungen Sperlinge mit ihren Jungen zu vertauschen. Bringt man diese nun in eine Stube, wo sie die Sperlinge nicht draußen hören können: so lernen sie den Gesang der Kanarienvögel, und man bekommt singende Sperlinge. Es ist auch in der Tat sehr zu bewundern, daß jede Vogelgattung durch alle Generationen einen gewissen Hauptgesang behält, und die Tradition des Gesanges ist wohl die treueste in der Welt.

| Der Mensch kann nur Mensch werden durch Erziehung. Er ist nichts, als was die Erziehung aus ihm macht. Es ist zu bemerken, daß der Mensch nur durch Menschen erzogen wird, durch Menschen, die ebenfalls erzogen sind. Daher macht auch Mangel an Disziplin und Unterweisung bei einigen Menschen sie wieder zu schlechten Erziehern ihrer Zöglinge. Wenn einmal ein Wesen höherer Art sich unserer Erziehung annähme, so würde man doch sehen, was aus dem Menschen werden könne. Da die Er|ziehung aber teils den Menschen einiges lehrt, teils einiges auch nur bei ihm entwickelt: so kann man nicht wissen, wie weit bei ihm die Naturanlagen gehen. Würde hier wenigstens ein Experi-

|A 6, 7, 8

ment durch Unterstützung der Großen, und durch die vereinigten Kräfte vieler gemacht: so würde auch das schon uns Aufschlüsse darüber geben, wie weit es der Mensch etwa zu bringen vermöge. Aber es ist für den spekulativen Kopf eine eben so wichtige, als für den Menschenfreund eine traurige Bemerkung, zu sehen, wie die Großen meistens nur immer für sich sorgen, und nicht an dem wichtigen Experimente der Erziehung in der Art Teil nehmen, daß die Natur einen Schritt näher zur Vollkommenheit tue.

Es ist niemand, der nicht in seiner Jugend verwahrloset wäre, und es im reifern Alter nicht selbst einsehen sollte, worin, es sei in der Disziplin, oder in der Kultur (so kann man die Unterweisung nennen) er vernachlässigt worden. Derjenige, der nicht kultiviert ist, ist roh, wer nicht diszipliniert ist, ist wild. Verabsäumung | der Disziplin ist ein größeres Übel, als Verabsäumung der Kultur, denn diese kann noch weiterhin nachgeholt werden; Wildheit aber läßt sich nicht wegbringen, und ein Versehen in der Disziplin kann nie ersetzt werden. Vielleicht, daß die Erziehung immer besser werden, und daß jede folgende Generation einen Schritt näher tun wird zur Vervollkommnung der Menschheit; denn hinter der Edukation steckt das große Geheimnis der Vollkommenheit der menschlichen Natur. Von jetzt an kann dieses geschehen. Denn nun erst fängt man an, richtig zu urteilen, und deutlich einzusehen, was eigentlich zu einer guten Erziehung gehöre. Es ist entzükkend, sich vorzustellen, daß die menschliche Natur immer besser durch Erziehung werde entwickelt werden, und daß man diese in eine Form bringen kann, die der Menschheit angemessen ist. Dies eröffnet uns den Prospekt zu einem künftigen glücklichern Menschengeschlechte. –

Ein Entwurf zu einer Theorie der Erziehung ist ein herrliches Ideal, und es schadet nichts, wenn wir auch nicht gleich im Stande sind, es | zu realisieren. Man muß nur nicht gleich die Idee für schimärisch halten, und sie als einen schönen Traum verrufen, wenn auch Hindernisse bei ihrer Ausführung eintreten.

Eine Idee ist nichts anderes, als der Begriff von einer Voll-

|A 9, 10

kommenheit, die sich in der Erfahrung noch nicht vorfindet. Z. E. die Idee einer vollkommnen, nach Regeln der Gerechtigkeit regierten Republik! Ist sie deswegen unmöglich? Erst muß unsere Idee nur richtig sein, und dann ist sie bei allen Hindernissen, die ihrer Ausführung noch im Wege stehen, gar nicht unmöglich. Wenn z. E. ein jeder löge, wäre deshalb das Wahrreden eine bloße Grille? Und die Idee einer Erziehung, die alle Naturanlagen im Menschen entwickelt, ist allerdings wahrhaft.

Bei der jetzigen Erziehung erreicht der Mensch nicht ganz den Zweck seines Daseins. Denn wie verschieden leben die Menschen! Eine Gleichförmigkeit unter ihnen kann nur Statt finden, wenn sie nach einerlei Grundsätzen handeln, und diese Grundsätze müßten ihnen zur andern Natur werden. Wir können an dem Pla|ne einer zweckmäßigern Erziehung arbeiten, und eine Anweisung zu ihr der Nachkommenschaft überliefern, die sie nach und nach realisieren kann. Man sieht z.B. an den Aurikeln, daß, wenn man sie aus der Wurzel zieht, man sie alle nur von einer und derselben Farbe bekommt; wenn man dagegen aber ihren Samen aussäet: so bekommt man sie von ganz andern und den verschiedensten Farben. Die Natur hat also doch die Keime in sie gelegt, und es kömmt nur auf das gehörige Säen und Verpflanzen an, um diese in ihnen zu entwickeln. So auch bei dem Menschen!

Es liegen viele Keime in der Menschheit, und nun ist es unsere Sache, die Naturanlagen proportionierlich zu entwickeln, und die Menschheit aus ihren Keimen zu entfalten, und zu machen, daß der Mensch seine Bestimmung erreiche. Die Tiere erfüllen diese von selbst, und ohne daß sie sie kennen. Der Mensch muß erst suchen, sie zu erreichen, dieses kann aber nicht geschehen, wenn er nicht einmal einen Begriff von seiner Bestimmung hat. Bei dem Indi|viduo ist die Erreichung der Bestimmung auch gänzlich unmöglich. Wenn wir ein wirklich ausgebildetes erstes Menschenpaar annehmen, so wollen wir doch sehen, wie es seine Zöglinge erzieht. Die ersten Eltern geben den Kindern schon ein Beispiel, die Kinder ahmen es nach, und so entwickeln sich

|A 11, 12

einige Naturanlagen. Alle können nicht auf diese Art ausgebildet werden, denn es sind meistens alles nur Gelegenheitsumstände, bei denen die Kinder Beispiele sehen. Vormals hatten die Menschen keinen Begriff einmal von der Vollkommenheit, die die menschliche Natur erreichen kann. Wir selbst sind noch nicht einmal mit diesem Begriffe auf dem reinen. Soviel ist aber gewiß, daß nicht einzelne Menschen, bei aller Bildung ihrer Zöglinge, es dahin bringen können, daß dieselben ihre Bestimmung erreichen. Nicht einzelne Menschen, sondern die Menschengattung soll dahin gelangen.

|Die Erziehung ist eine Kunst, deren Ausübung durch viele Generationen vervollkommnet werden muß. Jede Generation, versehen mit den Kenntnissen der vorhergehenden, kann immer mehr eine Erziehung zu Stande bringen, die alle Naturanlagen des Menschen proportionierlich und zweckmäßig entwickelt, und so die ganze Menschengattung zu ihrer Bestimmung führt. – Die Vorsehung hat gewollt, daß der Mensch das Gute aus sich selbst herausbringen soll, und spricht, so zu sagen, zum Menschen: »Gehe in die Welt,« – so etwa könnte der Schöpfer den Menschen anreden! – »ich habe dich ausgerüstet mit allen Anlagen zum Guten. Dir kömmt es zu, sie zu entwickeln, und so hängt dein eignes Glück und Unglück von dir selbst ab.«

|Der Mensch soll seine Anlagen zum Guten erst entwickeln; die Vorsehung hat sie nicht schon fertig in ihn gelegt; es sind bloße Anlagen und ohne den Unterschied der Moralität. Sich selbst besser machen, sich selbst kultivieren, und, wenn er böse ist, Moralität bei sich hervorbringen, das soll der Mensch. Wenn man das aber reiflich überdenkt, so findet man, daß dieses sehr schwer sei. Daher ist die Erziehung das größeste Problem, und das schwerste, was dem Menschen kann aufgegeben werden. Denn Einsicht hängt von der Erziehung, und Erziehung hängt wieder von der Einsicht ab. Daher kann die Erziehung auch nur nach und nach einen Schritt vorwärts tun, und nur dadurch, daß eine Generation ihre Erfahrungen und Kenntnisse der folgenden überliefert, diese wieder etwas hinzu tut, und es so der fol-

|A 13, 14

genden übergibt, kann ein richtiger Begriff von der Erziehungsart entspringen. Welche große Kultur und Erfahrung setzt also nicht dieser Begriff voraus? Er konnte demnach auch nur spät entstehen, und wir selbst haben ihn noch nicht ganz ins reine | gebracht. Ob die Erziehung im einzelnen wohl der Ausbildung der Menschheit im allgemeinen, durch ihre verschiedenen Generationen, nachahmen soll?

Zwei Erfindungen der Menschen kann man wohl als die schweresten ansehen: die der Regierungs- und die der Erziehungskunst nämlich, und doch ist man selbst in ihrer Idee noch streitig.

Von wo fangen wir nun aber an, die menschlichen Anlagen zu entwickeln? Sollen wir von dem rohen, oder von einem schon ausgebildeten Zustande anfangen! Es ist schwer, sich eine Entwickelung aus der Roheit zu denken (daher ist auch der Begriff des ersten Menschen so schwer), und wir sehen, daß, bei einer Entwickelung aus einem solchen Zustande, man doch immer wieder in Rohigkeit zurück gefallen ist, und dann erst sich wieder aufs neue aus demselben emporgehoben hat. Auch bei sehr gesitteten Völkern finden wir in den frühesten Nachrichten, die sie uns aufgezeichnet hinterlassen haben, – und wie viele Kultur ge|hört nicht schon zum Schreiben? so daß man, in Rücksicht auf gesittete Menschen, den Anfang der Schreibekunst den Anfang der Welt nennen könnte – ein starkes Angrenzen an Rohigkeit.

Weil die Entwickelung der Naturanlagen bei dem Menschen nicht von selbst geschieht, so ist alle Erziehung – eine Kunst. – Die Natur hat dazu keinen Instinkt in ihn gelegt. – Der Ursprung sowohl, als der Fortgang dieser Kunst ist entweder mechanisch, ohne Plan, nach gegebenen Umständen geordnet, oder judiziös. Mechanisch entspringt die Erziehungskunst bloß bei vorkommenden Gelegenheiten, wo wir erfahren, ob etwas dem Menschen schädlich, oder nützlich sei. Alle Erziehungskunst, die bloß mechanisch entspringt, muß sehr viele Fehler und Mängel an sich tragen, weil sie keinen Plan zum Grunde hat. Die Erziehungskunst oder Pädagogik muß also judiziös werden, wenn sie die

|A 15, 16

menschliche Natur so entwickeln soll, daß sie ihre Bestimmung erreiche. Schon erzogene Eltern sind Beispiele, nach denen sich die Kin|der bilden, zur Nachachtung. Aber wenn diese besser werden sollen: so muß die Pädagogik ein Studium werden, sonst ist nichts von ihr zu hoffen, und ein in der Erziehung Verdorbener erzieht sonst den andern. Der Mechanismus in der Erziehungskunst muß in Wissenschaft verwandelt werden, sonst wird sie nie ein zusammenhängendes Bestreben werden, und eine Generation möchte niederreißen, was die andere schon aufgebaut hätte.

Ein Prinzip der Erziehungskunst, das besonders solche Männer, die Pläne zur Erziehung machen, vor Augen haben sollten, ist: Kinder sollen nicht dem gegenwärtigen, sondern dem zukünftig möglich[1] bessern Zustande des menschlichen Geschlechts, das ist: der Idee der Menschheit, und deren ganzer Bestimmung angemessen, erzogen werden. Dieses Prinzip ist von großer Wichtigkeit. Eltern erziehen gemeiniglich ihre Kinder nur so, daß sie in die gegenwärtige Welt, sei sie auch verderbt, passen. Sie sollten sie aber besser erziehen, damit ein zukünftiger besse|rer Zustand dadurch hervorgebracht werde. Es finden sich hier aber zwei Hindernisse:

1) Die Eltern nämlich sorgen gemeiniglich nur dafür, daß ihre Kinder gut in der Welt fortkommen, und 2) die Fürsten betrachten ihre Untertanen nur wie Instrumente zu ihren Absichten.

Eltern sorgen für das Haus, Fürsten für den Staat. Beide haben nicht das Weltbeste und die Vollkommenheit, dazu die Menschheit bestimmt ist, und wozu sie auch die Anlage hat, zum Endzwecke. Die Anlage zu einem Erziehungsplane muß aber kosmopolitisch gemacht werden. Und ist dann das Weltbeste eine Idee, die uns in unserm Privatbesten kann schädlich sein? Niemals! denn wenn es gleich scheint, daß man bei ihr etwas aufopfern müsse: so befördert man doch nichts desto weniger durch sie immer auch das Beste seines gegenwärtigen Zustandes. Und dann, welche herrliche Folgen begleiten sie! Gute Erziehung gerade ist das, woraus

[1] Akad.-Ausg.: »zukünftig möglichen«.

|A 17, 18

alles Gute in der Welt entspringt. Die Keime, die im Menschen liegen, müssen nur im|mer mehr entwickelt werden. Denn die Gründe zum Bösen findet man nicht in den Naturanlagen des Menschen. Das nur ist die Ursache des Bösen, daß die Natur nicht unter Regeln gebracht wird. Im Menschen liegen nur Keime zum Guten.

Wo soll der bessere Zustand der Welt nun aber herkommen? Von den Fürsten, oder von den Untertanen? daß diese nämlich sich erst selbst bessern, und einer guten Regierung auf dem halben Wege entgegen kommen? Soll er von den Fürsten begründet werden: so muß erst die Erziehung der Prinzen besser werden, die geraume Zeit hindurch noch immer den großen Fehler hatte, daß man ihnen in der Jugend nicht widerstand. Ein Baum aber, der auf dem Felde allein steht, wächst krumm, und breitet seine Äste weit aus; | ein Baum hingegen, der mitten im Walde stehet, wächst, weil die Bäume neben ihm ihm widerstehen, gerade auf, und sucht Luft und Sonne über sich. So ist es auch mit den Fürsten. Doch ist es noch immer besser, daß sie von jemand aus der Zahl der Untertanen erzogen werden, als wenn sie von ihresgleichen erzogen würden: Das Gute dürfen wir also von oben her nur in dem Falle erwarten, daß die Erziehung dort die vorzüglichere ist! Daher kommt es hier denn hauptsächlich auf Privatbemühungen an, und nicht sowohl auf das Zutun der Fürsten, wie Basedow und andere meinten, denn die Erfahrung lehrt es, daß sie zunächst nicht sowohl das Weltbeste, als vielmehr nur das Wohl ihres Staates zur Absicht haben, damit sie ihre Zwecke erreichen. Geben sie aber das Geld dazu her: so muß es ja ihnen auch anheimgestellt bleiben, dazu den Plan vorzuzeichnen. So ist es in allem, was die Ausbildung des menschlichen Geistes, die Erweiterung menschlicher Erkenntnisse betrifft. Macht und Geld schaffen es nicht, erleichtern es höchstens. Aber | sie könnten es schaffen, wenn die Staatsökonomie nicht für die Reichskasse nur im voraus die Zinsen berechnete. Auch Akademien taten es bisher nicht, und daß sie es noch tun werden, dazu war der Anschein nie geringer, als jetzt.

Demnach sollte auch die Einrichtung der Schulen bloß

|A 19, 20, 21

von dem Urteile der aufgeklärtesten Kenner abhängen. Alle Kultur fängt von dem Privatmanne an, und breitet von daher sich aus. Bloß durch die Bemühung der Personen von extendierteren Neigungen, die Anteil an dem Weltbesten nehmen, und der Idee eines zukünftigen bessern Zustandes fähig sind, ist die allmähliche Annäherung der menschlichen Natur zu ihrem Zwecke möglich. Siehet hin und wieder doch noch mancher Große sein Volk gleichsam nur für einen Teil des Naturreiches an, und richtet also auch nur darauf sein Augenmerk, daß es fortgepflanzt werde. Höchstens verlangt man dann auch noch Geschicklichkeit, aber bloß um die Untertanen desto besser als Werkzeug zu seinen Absichten gebrauchen zu können. Privatmänner müssen freilich auch zuerst den Naturzweck | vor Augen haben, aber dann auch besonders auf die Entwickelung der Menschheit und dahin sehn, daß sie nicht nur geschickt, sondern auch gesittet werde, und, welches das schwerste ist, daß sie suchen, die Nachkommenschaft weiter zu bringen, als sie selbst gekommen sind.

Bei der Erziehung muß der Mensch also 1) diszipliniert werden. Disziplinieren heißt suchen zu verhüten, daß die Tierheit nicht der Menschheit, in dem einzelnen sowohl, als gesellschaftlichen Menschen, zum Schaden gereiche. Disziplin ist also bloß Bezähmung der Wildheit.

2) Muß der Mensch kultiviert werden. Kultur begreift unter sich die Belehrung und die Unterweisung. Sie ist die Verschaffung der Geschicklichkeit. Diese ist der Besitz eines Vermögens, welches zu allen beliebigen Zwecken zureichend ist. Sie bestimmt also gar keine Zwecke, sondern überläßt das nachher den Umständen.

Einige Geschicklichkeiten sind in allen Fällen gut, z. E. das Lesen und Schreiben; andere nur zu einigen Zwecken, z. E. die Musik, um uns | beliebt zu machen. Wegen der Menge der Zwecke wird die Geschicklichkeit gewissermaßen unendlich.

3) Muß man darauf sehen, daß der Mensch auch klug werde, in die menschliche Gesellschaft passe, daß er beliebt sei, und Einfluß habe. Hiezu gehört eine gewisse Art von

|A 22, 23

Kultur, die man *Zivilisierung* nennet. Zu derselben sind Manieren, Artigkeit und eine gewisse Klugheit erforderlich, der zufolge man alle Menschen zu seinen Endzwecken gebrauchen kann. Sie richtet sich nach dem wandelbaren Geschmacke jedes Zeitalters. So liebte man noch vor wenigen Jahrzehenden Zeremonien im Umgange.

4) Muß man auf die *Moralisierung* sehen. Der Mensch soll nicht bloß zu allerlei Zwecken geschickt sein, sondern auch die Gesinnung bekommen, daß er nur lauter gute Zwecke erwähle. Gute Zwecke sind diejenigen, die notwendigerweise von jedermann gebilligt werden; und die auch zu gleicher Zeit jedermanns Zwecke sein können.

| Der Mensch kann entweder bloß dressiert, abgerichtet, mechanisch unterwiesen, oder würklich aufgeklärt werden. Man dressiert Hunde, Pferde, und man kann auch Menschen dressieren. (Dieses Wort kommt aus dem Englischen her, von to dress, *kleiden*. Daher auch Dreßkammer, der Ort, wo die Prediger sich umkleiden, und nicht Trostkammer.)

Mit dem Dressieren aber ist es noch nicht ausgerichtet, sondern es kommt vorzüglich darauf an, daß Kinder *denken* lernen. Das geht auf die Prinzipien hinaus, aus denen alle Handlungen entspringen. Man sieht also, daß bei einer echten Erziehung sehr vieles zu tun ist. Gewöhnlich wird aber bei der Privaterziehung das vierte wichtigste Stück noch wenig in Ausübung gebracht, denn man erzieht die Kinder im wesentlichen so, daß man die Moralisierung dem Prediger überlässet. Wie unendlich wichtig ist es aber nicht, die Kinder von Jugend auf das Laster verabscheuen zu lehren, nicht gerade allein aus dem Grunde, weil Gott es verboten hat, sondern weil es in sich selbst verab|scheuungswürdig ist. Sonst nämlich kommen sie leicht auf die Gedanken, daß sie es wohl immer würden ausüben können, und daß es übrigens wohl würde erlaubt sein, wenn Gott es nur nicht verboten hätte, und daß Gott daher wohl einmal eine Ausnahme machen könne. Gott ist das heiligste Wesen, und will nur das, was gut ist, und verlangt, daß wir die Tugend, ihres innern Wertes wegen, ausüben sollen, und nicht deswegen, weil er es verlangt.

Wir leben im Zeitpunkte der Disziplinierung, Kultur und Zivilisierung, aber noch lange nicht in dem Zeitpunkte der Moralisierung. Bei dem jetzigen Zustande der Menschen kann man sagen, daß das Glück der Staaten zugleich mit dem Elende der Menschen wachse. Und es ist noch die Frage, ob wir im rohen Zustande, da alle diese Kultur bei uns nicht Statt fände, nicht glücklicher, als in unserm jetzigen Zustande sein würden? Denn wie kann man Menschen glücklich machen, wenn man sie nicht sittlich und wei|se macht? Die Quantität des Bösen wird dann nicht vermindert.

Erst muß man Experimentalschulen errichten, ehe man Normalschulen errichten kann. Die Erziehung und Unterweisung muß nicht bloß mechanisch sein, sondern auf Prinzipien beruhen. Doch darf sie auch nicht bloß räsonierend, sondern gleich, in gewisser Weise, Mechanismus sein. In Österreich gab es meistens nur Normalschulen, die nach einem Plan errichtet waren, wider den vieles mit Grunde gesagt wurde, und dem man besonders blinden Mechanismus vorwerfen konnte. Nach diesen Normalschulen mußten sich denn alle andere richten, und man weigerte sich sogar, Leute zu befördern, die nicht in diesen Schulen gewesen waren. Solche Vorschriften zeigen, wie sehr die Regierung sich hiermit befasse, und bei einem dergleichen Zwange kann wohl unmöglich etwas Gutes gedeihen.

Man bildet sich zwar insgemein ein, daß Experimente bei der Erziehung nicht nötig wären, und daß man schon aus der Vernunft urteilen könne, ob etwas gut, oder nicht gut sein | werde. Man irret hierin aber sehr, und die Erfahrung lehrt, daß sich oft bei unsern Versuchen ganz entgegengesetzte Würkungen zeigen von denen, die man erwartete. Man sieht also, daß, da es auf Experimente ankommt, kein Menschenalter einen völligen Erziehungsplan darstellen kann. Die einzige Experimentalschule, die hier gewissermaßen den Anfang machte, die Bahn zu brechen, war das Dessauische Institut. Man muß ihm diesen Ruhm lassen,

|A 26, 27

ohngeachtet der vielen Fehler, die man ihm zum Vorwurfe machen könnte; Fehler, die sich bei allen Schlüssen, die man aus Versuchen macht, vorfinden, daß nämlich noch immer neue Versuche dazu gehören. Es war in gewisser Weise die einzige Schule, bei der die Lehrer die Freiheit hatten, nach eigenen Methoden und Planen zu arbeiten, und wo sie unter sich sowohl, als auch mit allen Gelehrten in Deutschland in Verbindung standen.

Die Erziehung schließt Versorgung und Bildung in sich. Diese ist 1) negativ, | die Disziplin, die bloß Fehler abhält; 2) positiv, die Unterweisung und Anführung, und gehört in so ferne zur Kultur. Anführung ist die Leitung in der Ausübung desjenigen, was man gelehrt hat. Daher entsteht der Unterschied zwischen Informator, der bloß ein Lehrer, und Hofmeister, der ein Führer ist. Jener erzieht bloß für die Schule, dieser für das Leben.

Die erste Epoche bei dem Zöglinge ist die, da er Unterwürfigkeit und einen passiven Gehorsam beweisen muß; die andere, da man ihm schon einen Gebrauch von der Überlegung und seiner Freiheit, doch unter Gesetzen, machen läßt. In der ersten ist ein mechanischer, in der andern ein moralischer Zwang.

Die Erziehung ist entweder eine Privat- oder eine öffentliche Erziehung. Letztere betrifft nur die Information, und diese kann immer öffentlich bleiben. Die Ausübung der Vorschriften wird der erstern überlassen. Eine vollständige öffentliche Erziehung ist diejenige, die beides, Unterweisung und moralische Bildung, | vereiniget. Ihr Zweck ist: Beförderung einer guten Privaterziehung. Eine Schule, in der dieses geschieht, nennt man ein Erziehungsinstitut. Solcher Institute können nicht viele, und die Anzahl der Zöglinge in denselben kann nicht groß sein, weil sie sehr kostbar sind, und ihre bloße Einrichtung schon sehr vieles Geld erfordert. Es verhält sich mit ihnen, wie mit den Armenhäusern und Hospitälern. Die Gebäude, die dazu erfordert werden, die Besoldung der Direktoren, Aufseher und Bedienten, nehmen schon die Hälfte von dem dazu ausge-

|A 28, 29

setzten Gelde weg, und es ist ausgemacht, daß, wenn man dieses Geld den Armen in ihre Häuser schickte, sie viel besser verpflegt werden würden. Daher ist es auch schwer, daß andere, als bloß reicher Leute Kinder, an solchen Instituten Teil nehmen können.

Der Zweck solcher öffentlicher Institute ist: die Vervollkommnung der häuslichen Erziehung. Wenn erst nur die Eltern, oder andere, die ihre Mitgehülfen in der Erziehung sind, gut erzogen wären: so könnte der Aufwand der öffentli|chen Institute wegfallen. In ihnen sollen Versuche gemacht, und Subjekte gebildet werden, und so soll aus ihnen dann eine gute häusliche Erziehung entspringen.

Die Privaterziehung besorgen entweder die Eltern selbst, oder, da diese bisweilen nicht Zeit, Fähigkeit, oder auch wohl gar nicht Lust dazu haben, andere Personen, die besoldete Mitgehülfen sind. Bei der Erziehung durch diese Mitgehülfen findet sich aber der sehr schwierige Umstand, daß die Auktorität zwischen den Eltern und diesen Hofmeistern geteilt ist. Das Kind soll sich nach den Vorschriften der Hofmeister richten, und dann auch wieder den Grillen der Eltern folgen. Es ist bei einer solchen Erziehung notwendig, daß die Eltern ihre ganze Auktorität an die Hofmeister abtreten.

In wie ferne dürfte aber die Privaterziehung vor der öffentlichen, oder diese vor jener, Vorzüge haben? Im allgemeinen scheint doch, nicht bloß von seiten der Geschicklichkeit, sondern auch in betreff des Charakters eines Bürgers, die öffentliche Erziehung vorteilhafter, als | die häusliche zu sein. Die letztere bringt gar oft nicht nur Familienfehler hervor, sondern pflanzt dieselben auch fort.

Wie lange aber soll die Erziehung denn dauern? Bis zu der Zeit, da die Natur selbst den Menschen bestimmt hat, sich selbst zu führen; da der Instinkt zum Geschlechte sich bei ihm entwickelt; da er selbst Vater werden kann, und selbst erziehen soll, ohngefähr bis zu dem sechzehnten Jahre. Nach dieser Zeit kann man wohl noch Hülfsmittel der Kultur gebrauchen, und eine versteckte Disziplin ausüben, aber keine ordentliche Erziehung mehr.

|A 30, 31

Die Unterwürfigkeit des Zöglinges ist entweder *positiv*, da er tun muß, was ihm vorgeschrieben wird, weil er nicht selbst urteilen kann, und die bloße Fähigkeit der Nachahmung noch in ihm fortdauert, oder *negativ*, da er tun muß, was andere wollen, wenn er will, daß andere ihm wieder etwas zu Gefallen tun sollen. Bei der ersten tritt Strafe ein, bei der andern dies, daß man nicht tut, was er will; | er ist hier, obwohl er bereits denken kann, dennoch in seinem Vergnügen abhängig.

Eines der größesten Probleme der Erziehung ist, wie man die Unterwerfung unter den gesetzlichen Zwang mit der Fähigkeit, sich seiner Freiheit zu bedienen, vereinigen könne. Denn Zwang ist nötig! Wie kultiviere ich die Freiheit bei dem Zwange? Ich soll meinen Zögling gewöhnen, einen Zwang seiner Freiheit zu dulden, und soll ihn selbst zugleich anführen, seine Freiheit gut zu gebrauchen. Ohne dies ist alles bloßer Mechanism, und der der Erziehung Entlassene weiß sich seiner Freiheit nicht zu bedienen. Er muß früh den unvermeidlichen Widerstand der Gesellschaft fühlen, um die Schwierigkeit, sich selbst zu erhalten, zu entbehren, und zu erwerben, um unabhängig zu sein, kennen zu lernen.

Hier muß man folgendes beobachten: 1) daß man das Kind, von der ersten Kindheit an, in allen Stücken frei sein lasse (ausgenommen in den Dingen, wo es sich selbst schadet, z.E. wenn es nach einem blanken Messer greift), wenn es | nur nicht auf die Art geschieht, daß es anderer Freiheit im Wege ist, z.E. wenn es schreiet, oder auf eine allzulaute Art lustig ist, so beschwert es andere schon. 2) Muß man ihm zeigen, daß es seine Zwecke nicht anders erreichen könne, als nur dadurch, daß es andere ihre Zwecke auch erreichen lasse, z.E. daß man ihm kein Vergnügen mache, wenn es nicht tut, was man will, daß es lernen soll etc. 3) Muß man ihm beweisen, daß man ihm einen Zwang auflegt, der es zum Gebrauche seiner eigenen Freiheit führt, daß man es kultiviere, damit es einst frei sein könne, d.h. nicht von der Vorsorge anderer abhängen dürfe. Dieses letzte ist das späteste. Denn bei den Kindern kommt die

|A 32, 33

Betrachtung erst spät, daß man sich z.E. nachher selbst um seinen Unterhalt bekümmern müsse. Sie meinen, das werde immer so sein, wie in dem Hause der Eltern, daß sie Essen und Trinken bekommen, ohne daß sie dafür sorgen dürfen. Ohne jene Behandlung sind Kinder, besonders reicher Eltern, und Fürstensöhne, so wie die Einwohner von Otaheite, das ganze Leben hin|durch, Kinder. Hier hat die öffentliche Erziehung ihre augenscheinlichsten Vorzüge, denn bei ihr lernet man seine Kräfte messen, man lernet Einschränkung, durch das Recht anderer. Hier genießt keiner Vorzüge, weil man überall Widerstand fühlt, weil man sich nur dadurch bemerklich macht, daß man sich durch Verdienst hervortut. Sie gibt das beste Vorbild des künftigen Bürgers.

Aber noch einer Schwierigkeit muß hier gedacht werden, die darin besteht, die Geschlechtskenntnis zu antizipieren, um, schon vor dem Eintritte der Mannbarkeit, Laster zu verhüten. Doch davon soll noch weiter unten gehandelt werden.

|Abhandlung[1]

Die Pädagogik oder Erziehungslehre ist entweder physisch oder praktisch. Die physische Erziehung ist diejenige, die der Mensch mit den Tieren gemein hat, oder die Verpflegung. Die praktische oder moralische ist diejenige, durch die der Mensch soll gebildet werden, damit er wie ein freihandelndes Wesen leben könne. (Praktisch nennt man alles dasjenige, was Beziehung auf Freiheit hat.) Sie ist Erziehung zur Persönlichkeit, Erziehung eines frei handelnden Wesens, das sich selbst erhalten, und in der Gesellschaft ein Glied ausmachen, für sich selbst aber einen innern Wert haben kann.

Sie besteht demnach 1) aus der scholastisch-mechanischen Bildung, in Ansehung | der Geschicklichkeit; ist also didaktisch (Informator), 2) aus der pragmatischen, in Ansehung der Klugheit (Hofmeister), 3) aus der moralischen, in Ansehung der Sittlichkeit.

[1] Bei dieser und den folgenden Überschriften handelt es sich vermutlich, wie auch die Akademie-Ausgabe bemerkt, um eine Zutat Rinks.

Der *scholastischen* Bildung oder der Unterweisung bedarf der Mensch, um zur Erreichung aller seiner Zwecke geschickt zu werden. Sie gibt ihm einen Wert in Ansehung seiner selbst als Individuum. Durch die Bildung zur *Klugheit* aber wird er zum Bürger gebildet, da bekommt er einen öffentlichen Wert. Da lernt er sowohl die bürgerliche Gesellschaft zu seiner Absicht lenken, als sich auch in die bürgerliche Gesellschaft schicken. Durch die *moralische* Bildung endlich bekommt er einen Wert in Ansehung des ganzen menschlichen Geschlechts.

Die scholastische Bildung ist die früheste und erste. Denn alle Klugheit setzt Geschicklichkeit voraus. Klugheit ist das Vermögen, seine Geschicklichkeit gut an den Mann zu bringen. Die moralische Bildung, in so ferne sie auf Grundsätzen beruhet, die der Mensch selbst einsehen soll, | ist die späteste; in so ferne sie aber nur auf dem gemeinen Menschenverstande beruht, muß sie gleich von Anfang, auch gleich bei der physischen Erziehung beobachtet werden, denn sonst wurzeln sich leicht Fehler ein, bei denen nachher alle Erziehungskunst vergebens arbeitet. In Ansehung der Geschicklichkeit und Klugheit muß alles nach den Jahren gehen. Kindisch geschickt, kindisch klug, und gutartig, nicht listig, auf männliche Art; das taugt eben so wenig, als eine kindische Sinnesart des Erwachsenen.

Von der physischen Erziehung

Ob auch gleich derjenige, der eine Erziehung als Hofmeister übernimmt, die Kinder nicht so früh unter seine Aufsicht bekommt, daß er auch für die physische Erziehung derselben Sorge tragen kann: so ist es doch nützlich zu wissen, was alles bei der Erziehung von ihrem Anfange ab, bis zu ihrem Ende zu beobachten nötig ist. Wenn man es auch, als Hofmeister, nur mit größern Kindern zu tun hat, so geschieht es | doch wohl, daß in dem Hause neue Kinder geboren werden, und, wenn man sich gut führt, so hat man immer Ansprüche darauf, der Vertraute der Eltern zu sein, und auch bei der physischen Erziehung von ihnen zu Rate gezogen zu werden, da man ohnedem oft nur der einzige Gelehrte im Hause ist. Daher sind einem Hofmeister auch Kenntnisse hievon nötig.

Die physische Erziehung ist eigentlich nur Verpflegung, entweder durch Eltern, oder Ammen, oder Wärterinnen. Die Nahrung, die die Natur dem Kinde bestimmt hat, ist die Muttermilch. Daß das Kind mit ihr Gesinnungen einsauge, wie man oft sagen hört: du hast das schon mit der Muttermilch eingesogen! ist ein bloßes Vorurteil. Es ist der Mutter und | dem Kinde am zuträglichsten, wenn die Mutter selbst säuget. Doch finden auch hier im äußersten Falle, wegen kränklicher Umstände, Ausnahmen statt. Man glaubte vor Zeiten, daß die erste Milch, die sich nach der Geburt bei der Mutter findet und molkicht ist, dem Kinde schädlich sei, und daß die Mutter sie erst fortschaffen müsse, ehe sie das Kind säugen könne. Rousseau machte aber zuerst die Ärzte aufmerksam darauf, ob diese erste Milch nicht auch dem Kinde zuträglich sein könne, indem doch die Natur nichts umsonst veranstaltet habe. Und, man hat auch würklich gefunden, daß diese Milch am besten den Unrat, der sich bei neugebornen Kindern vorfindet, und den die Ärzte Meconium nennen, fortschaffe, und also den Kindern höchst zuträglich sei.

Man hat die Frage aufgeworfen: ob man nicht das Kind eben so wohl mit tierischer Milch nähren könne? Menschenmilch ist sehr von der tierischen verschieden. Die Milch aller grasfressenden, von Vegetabilien lebenden Tiere gerinnet sehr bald, wenn man etwas Säure hin|zutut, z. E. Weinsäure, Zitronensäure, oder besonders die Säure im Kälbermagen, die man Lab oder Laff nennet. Menschenmilch gerinnt aber gar nicht. Wenn aber die Mütter oder Ammen einige Tage hindurch nur vegetabilische Kost genießen: so gerinnt ihre Milch so gut, wie die Kuhmilch etc., wenn sie dann aber nur einige Zeit hindurch wieder Fleisch essen: so ist die Milch auch wieder eben so gut, wie vorhin. Man hat hieraus geschlossen, daß es am besten, und dem Kinde am zuträglichsten sei, wenn Mütter oder Ammen unter der Zeit, daß sie säugen, Fleisch äßen. Denn wenn Kinder die Milch

|A 39, 40

wieder von sich geben, so sieht man, daß sie geronnen ist. Die Säure im Kindermagen muß also noch mehr, als alle andere Säuren, das Gerinnen der Milch befördern, weil Menschenmilch sonst auf keine Weise zum Gerinnen gebracht werden kann. Wie viel schlimmer wäre es also, wenn man dem Kinde Milch gäbe, die schon von selbst gerinnet. Daß es aber auch nicht bloß hierauf ankomme, sieht man an andern Nationen. Die Waldtungusen | z. E. essen fast nichts als Fleisch, und sind starke und gesunde Leute. Alle solche Völker leben aber auch nicht lang, und man kann einen großen erwachsenen Jungen, dem man es nicht ansehen sollte, daß er leicht sei, mit geringer Mühe aufheben. Die Schweden hingegen, vorzüglich aber die Nationen in Indien, essen fast gar kein Fleisch, und doch werden die Menschen bei ihnen ganz wohl aufgezogen. Es scheint also, daß es bloß auf das Gedeihen der Amme ankomme, und daß die Kost die beste sei, bei der sie sich am besten befindet.

Es fragt sich hier, was man nachher habe, um das Kind zu ernähren, wenn die Muttermilch nun aufhört? Man hat es seit einiger Zeit mit allerlei Mehlbreien versucht. Aber von Anfang an das Kind mit solchen Speisen zu ernähren, ist nicht gut. Besonders muß man merken, daß man den Kindern nichts Pikantes gebe, als Wein, Gewürz, Salz etc. Es ist aber doch sonderbar, daß Kinder eine so große Begierde nach dergleichen allem haben! Die Ursache ist, weil es ihren noch stumpfen Empfin|dungen einen Reiz und eine Belebung verschafft, die ihnen angenehm sind. Die Kinder in Rußland erhalten freilich von ihren Müttern, die selbst fleißig Branntwein trinken, auch dergleichen, und man bemerkt dabei, daß die Russen gesunde, starke Leute sind. Freilich müssen diejenigen, die das aushalten, von guter Leibeskonstitution sein; aber es sterben auch viele daran, die doch hätten erhalten werden können. Denn ein solcher früher Reiz der Nerven bringt viele Unordnungen hervor. Sogar schon für zu warme Speisen oder Getränke muß man die Kinder sorgfältig hüten, denn auch diese verursachen Schwäche.

Ferner ist zu bemerken, daß Kinder nicht sehr warm gehalten werden müssen, denn ihr Blut ist an sich schon viel

|A 41, 42

wärmer, als das der Erwachsenen. Die Wärme des Blutes bei Kindern beträgt nach dem Fahrenheitischen Thermo-| meter 110°, und das Blut der Erwachsenen nur 96 Grade. Das Kind erstickt in der Wärme, in der sich Ältere recht wohl befinden. Die kühle Gewöhnung macht überhaupt den Menschen stark. Und es ist auch bei Erwachsenen nicht gut, sich zu warm zu kleiden, zu bedecken, und sich an zu warme Getränke zu gewöhnen. Daher bekomme denn das Kind auch ein kühles und hartes Lager. Auch kalte Bäder sind gut. Kein Reizmittel darf eintreten, um Hunger bei dem Kinde zu erregen, dieser vielmehr muß immer nur die Folge der Tätigkeit und Beschäftigung sein. Nichts indessen darf man das Kind sich angewöhnen lassen, so daß es ihm zum Bedürfnisse werde. Auch bei dem Guten sogar muß man ihm nicht alles durch die Kunst zur Angewohnheit machen.

Das Windeln findet bei rohen Völkern gar nicht statt. Die wilden Nationen in Ame|rika z.E. machen für ihre jungen Kinder Gruben in die Erde, streuen sie mit dem Staube von faulen Bäumen aus, damit der Urin und die Unreinigkeiten der Kinder sich darein ziehen, und die Kinder also trocken liegen mögen, und bedecken sie mit Blättern; übrigens aber lassen sie ihnen den freien Gebrauch ihrer Glieder. Es ist auch bloß Bequemlichkeit von uns, daß wir die Kinder wie Mumien einwickeln, damit wir nur nicht Acht geben dürfen darauf, daß sich die Kinder nicht verbiegen, und oft geschieht es dennoch eben durch das Windeln. Auch ist es den Kindern selbst ängstlich, und sie geraten dabei in eine Art von Verzweiflung, da sie ihre Glieder gar nicht brauchen können. Da meint man denn ihr Schreien durch bloßes Zurufen stillen zu können. Man wickle aber nur einmal einen großen Menschen ein, und sehe doch, ob er nicht auch schreien, und in Angst und Verzweiflung geraten werde.

Überhaupt muß man merken, daß die erste Erziehung nur negativ sein müsse, d.h. daß man nicht, über die Vorsorge der Natur, noch | eine neue hinzutun müsse, sondern die Natur nur nicht stören dürfe. Ist je die Kunst in der Erziehung erlaubt, so ist es allein die der Abhärtung. – Auch daher ist denn das Windeln zu verwerfen. Wenn man indessen einige

|A 43, 44, 45

Vorsicht beobachten will, so ist eine Art von Schachtel, die oben mit Riemen bezogen ist, hiezu das zweckmäßigste. Die Italiener gebrauchen sie, und nennen sie Arcuccio. Das Kind bleibt immer in dieser Schachtel, und wird auch in ihr zum Säugen angelegt. Dadurch wird selbst verhütet, daß die Mutter, wenn sie auch des Nachts, während des Säugens, einschläft, das Kind doch nicht tot drücken kann. Bei uns kommen aber auf diese Art viele Kinder ums Leben. Diese Vorsorge ist also besser, als das Windeln, denn die Kinder haben hier doch mehrere Freiheit, und das Verbiegen wird | verhütet; da hingegen die Kinder oft durch das Windeln selbst, schief werden.

Eine andere Gewohnheit bei der ersten Erziehung ist das Wiegen. Die leichteste Art desselben ist die, die einige Bauern haben. Sie hängen nämlich die Wiege an einem Seile an den Balken, dürfen also nur anstoßen, so schaukelt die Wiege von selbst von einer Seite zur andern. Das Wiegen taugt aber überhaupt nicht. Denn das Hin- und Herschaukeln ist dem Kinde schädlich. Man sieht es ja selbst an großen Leuten, daß das Schaukeln eine Bewegung zum Erbrechen und einen Schwindel hervorbringt. Man will das Kind dadurch betäuben, daß es nicht schreie. Das Schreien ist aber den Kindern heilsam. Sobald sie aus dem Mutterleibe kommen, wo sie keine Luft genossen haben, atmen sie die erste Luft ein. Der dadurch veränderte Gang des Blutes bringt in ihnen eine schmerzhafte Empfindung hervor. Durch das Schreien aber entfaltet das Kind die innern Bestandteile und Kanäle seines Körpers desto mehr. Daß man dem Kinde, wenn es schreit, | gleich zu Hülfe kommt, ihm etwas vorsingt, wie dies die Gewohnheit der Amme ist, oder dergl.: das ist sehr schädlich. Dies ist gewöhnlich das erste Verderben des Kindes, denn wenn es sieht, daß auf seinen Ruf alles herbeikommt: so wiederholt es sein Schreien öfter.

Man kann wohl mit Wahrheit sagen, daß die Kinder der gemeinen Leute viel mehr verzogen werden, als die Kinder der Vornehmen. Denn die gemeinen Leute spielen mit ihren Kindern, wie die Affen. Sie singen ihnen vor, herzen, küssen sie, tanzen mit ihnen. Sie denken also dem Kinde etwas zu

|A 46, 47

gute zu tun, wenn sie, sobald es schreit, hinzulaufen, und mit ihm spielen u.s.w. Desto öfter schreien sie aber. Wenn man sich dagegen an ihr Schreien nicht kehrt, so hören sie zuletzt damit auf. Denn kein Geschöpf macht sich gerne eine vergebliche Arbeit. Man gewöhne sie aber nur daran, alle ihre Launen erfüllt zu sehn: so kömmt das Brechen des Willens nachher zu spät. Läßt man sie aber schreien, so werden sie selbst desselben überdrüssig. Wenn man ihnen aber in der ersten Jugend alle | Launen erfüllt, so verdirbt man dadurch ihr Herz und ihre Sitten.

Das Kind hat freilich noch keinen Begriff von Sitten, es wird aber dadurch seine Naturanlage in der Art verdorben, daß man nachher sehr harte Strafen anwenden muß, um das Verdorbene wieder gut zu machen. Die Kinder äußern nachher, wenn man es ihnen abgewöhnen will, daß man immer auf ihr Verlangen hinzueile, bei ihrem Schreien eine so große Wut, als nur immer große Leute deren fähig sind, nur daß ihnen die Kräfte fehlen, sie in Tätigkeit zu setzen. So lange haben sie nur rufen dürfen, und alles kam herbei, sie herrschten also ganz despotisch. Wenn diese Herrschaft nun aufhört, so verdrüßt sie das ganz natürlich. Denn wenn auch große Menschen eine Zeitlang im Besitze einer Macht gewesen sind: so fällt es ihnen sehr schwer, sich geschwinde derselben zu entwöhnen.

Kinder können in der ersten Zeit, ohngefähr in den ersten 3 Monaten, nicht recht sehen. Sie haben zwar die Empfindung vom Lichte, | können aber die Gegenstände nicht von einander unterscheiden. Man kann sich davon überzeugen, wenn man ihnen etwas Glänzendes vorhält, so verfolgen sie es nicht mit den Augen. Mit dem Gesichte findet sich auch das Vermögen, zu lachen und zu weinen. Wenn das Kind nun in diesem Zustande ist, so schreit es mit Reflexion, sie sei auch noch so dunkel, als sie wolle. Es meint dann immer, es sei ihm etwas zu Leide getan. Rousseau sagt: wenn man einem Kinde, das nur ohngefähr sechs Monate | alt ist, auf die Hand schlägt: so schreit es in der Art, als wenn ihm ein Feuerbrand auf die Hand gefallen wäre. Es verbindet hier[1]

[1] Akad.-Ausg.: »hiermit«.

|A 48, 49, 50

schon würklich den Begriff einer Beleidigung. Die Eltern reden gemeiniglich sehr viel von dem Brechen des Willens bei den Kindern. Man darf ihren Willen nicht brechen, wenn man ihn nicht erst verdorben hat. Dies ist aber das erste Verderben, wenn man dem despotischen Willen der Kinder willfahret, indem sie durch ihr Schreien alles erzwingen können. Äußerst schwer ist es noch nachher, dies wieder gut zu machen, und es wird kaum je gelingen. Man kann wohl machen, daß das Kind stille sei, es frißt aber die Galle in sich, und hegt destomehr innerliche Wut. Man gewöhnt es dadurch zur Verstellung und innern Gemütsbewegungen. So ist es z. E. sehr sonderbar, wenn Eltern verlangen, daß die Kinder, nachdem sie sie mit der Rute geschlagen haben, ihnen die Hände küssen sollen. | Man gewöhnt sie dadurch zur Verstellung und Falschheit. Denn die Rute ist doch eben nicht so ein schönes Geschenk, für das man sich noch bedanken darf, und man kann leicht denken, mit welchem Herzen das Kind dann die Hand küßt.

Man bedient sich gewöhnlich, um die Kinder gehen zu lehren, des Leitbandes und Gängelwagens. Es ist doch auffallend, daß man die Kinder das Gehen lehren will, als wenn irgend ein Mensch aus Mangel des Unterrichtes nicht hätte gehen können. Die Leitbänder sind besonders sehr schädlich. Ein Schriftsteller klagte einst über Engbrüstigkeit, die er bloß dem Leitbande zuschrieb. Denn da ein Kind nach allem greift, und alles von der Erde aufhebt, so legt es sich mit der Brust in das Leitband. Da die Brust aber noch weich ist, so wird sie platt gedruckt, und behält nachher auch diese Form. Die Kinder lernen bei dergleichen Hülfsmitteln auch nicht so sicher gehen, als wenn sie dies von selbst lernen. Am besten ist es, wenn man sie auf der Erde herumkriechen läßt, bis sie nach und nach von selbst anfangen zu ge|hen. Zur Vorsicht kann man die Stube mit wollenen Decken ausschlagen, damit sie sich nicht Splitter einreißen, auch nicht so hart fallen.

Man sagt gemeinhin, daß Kinder sehr schwer fallen. Außerdem aber, daß Kinder nicht einmal schwer fallen können, so schadet es ihnen auch nicht, wenn sie einmal fallen.

|A 51, 52

Sie lernen nur, sich desto besser das Gleichgewicht geben, und sich so zu wenden, daß ihnen der Fall nicht schadet. Man setzt ihnen gewöhnlich die sogenannten Butzmützen auf, die so weit vorstehen, daß das Kind nie auf das Gesicht fallen kann. Das ist aber eben eine negative Erziehung, wenn man künstliche Instrumente anwendet, da, wo das Kind natürliche hat. Hier sind die natürlichen Werkzeuge die Hände, die sich das Kind bei dem Fallen schon vorhalten wird. Je mehrere künstliche Werkzeuge man gebraucht, desto abhängiger wird der Mensch von Instrumenten.

Überhaupt wäre es besser, wenn man im Anfange weniger Instrumente gebrauchte, und | die Kinder mehr von selbst lernen ließe, sie möchten dann manches viel gründlicher lernen. So wäre es z. B. wohl möglich, daß das Kind von selbst schreiben lernte. Denn jemand hat es doch einmal erfunden, und die Erfindung ist auch nicht so sehr groß. Man dürfte nur, z. E. wenn das Kind Brot will, sagen: Kannst du es auch wohl malen? Das Kind würde dann eine ovale Figur malen. Man dürfte ihm dann nur sagen, daß man nun doch nicht wisse, ob es Brot oder einen Stein vorstellen solle: so würde es nachher versuchen, das B zu bezeichnen, u. s. w. und so würde sich das Kind mit der Zeit sein eignes ABC erfinden, das es nachher nur mit andern Zeichen vertauschen dürfte.

| Es gibt gewisse Gebrechen, mit denen einige Kinder auf die Welt kommen. Hat man denn nicht Mittel, diese fehlerhafte, gleichsam verpfuschte Gestalt wieder zu verbessern? Es ist durch die Bemühung vieler und kenntnisreicher Schriftsteller ausgemacht, daß Schnürbrüste hier nichts helfen, sondern das Übel nur noch ärger machen, indem sie den Umlauf des Blutes und der Säfte, so wie die höchst nötige Ausdehnung der äußern und innerlichen Teile des Körpers hindern. Wenn das Kind frei gelassen wird, so exerziert es noch seinen Leib, und ein Mensch, der eine Schnürbrust trägt, ist, wenn er sie ablegt, viel schwächer, als einer, der sie nie angelegt hat. Man könnte denen, die schief geboren sind, vielleicht helfen, wenn man auf die Seite, wo die Muskeln stärker sind, mehr Gewicht legte. Dies ist aber auch

|A 53, 54

sehr gefährlich: denn welcher Mensch kann das | Gleichgewicht ausmachen? Am besten ist, daß das Kind sich selbst übe, und eine Stellung annehme, wenn sie ihm gleich beschwerlich wird, denn alle Maschinen richten hier nichts aus.

Alle dergleichen künstliche Vorrichtungen sind um so nachteiliger, da sie dem Zwecke der Natur, in einem organisierten, vernünftigen Wesen, gerade zuwider laufen, dem zufolge ihm die Freiheit bleiben muß, seine Kräfte brauchen zu lernen. Man soll bei der Erziehung nur verhindern, daß Kinder nicht weichlich werden. Abhärtung aber ist das Gegenteil von Weichlichkeit. Man wagt zu viel, wenn man Kinder an alles gewöhnen will. Die Erziehung der Russen geht hierin sehr weit. Es stirbt dabei aber auch eine unglaubliche Zahl von Kindern. Die Angewohnheit ist ein durch öftere Wiederholung desselben Genusses, oder derselben Handlung, zur Notwendigkeit gewordener Genuß, oder Handlung. Nichts können sich Kinder leichter angewöhnen, und nichts muß man ihnen also weniger geben, als pikante Sachen, z.E. Tobak, Branntwein, und warme Getränke. | Die Entwöhnung dessen ist nachher sehr schwer, und anfänglich mit Beschwerden verbunden, weil durch den öftern Genuß eine Veränderung in den Funktionen unsers Körpers vorgegangen ist.

Je mehr aber der Angewohnheiten sind, die ein Mensch hat, desto weniger ist er frei und unabhängig. Bei dem Menschen ist es, wie bei allen andern Tieren: wie es frühe gewöhnt wird, so bleibt auch nachher ein gewisser Hang bei ihm. Man muß also verhindern, daß sich das Kind an nichts gewöhne; man muß keine Angewohnheit bei ihm entstehen lassen.

Viele Eltern wollen ihre Kinder an alles gewöhnen. Dieses taugt aber nicht. Denn die menschliche Natur überhaupt, teils auch die Natur der einzelnen Subjekte, läßt sich nicht an alles gewöhnen, und es bleiben viele Kinder in der Lehre. So wollen sie z.E., daß die Kinder zu aller Zeit sollen schlafen gehen und aufstehen können, oder daß sie essen sollen, wenn sie es verlangen. Es gehört aber eine besondere Lebens-

|A 55, 56

art dazu, wenn man dieses aushalten soll, | eine Lebensart, die den Leib roboriert, und das also wieder gut macht, was jenes verdorben hat. Finden wir doch auch in der Natur manches Periodische. Die Tiere haben auch ihre bestimmte Zeit zum Schlafen. Der Mensch sollte sich auch an eine gewisse Zeit gewöhnen, damit der Körper nicht in seinen Funktionen gestört werde. Was das andere anbetrifft, daß die Kinder zu allen Zeiten sollen essen können, so kann man hier wohl nicht die Tiere zum Beispiele anführen. Denn, weil z.E. alle Gras fressende Tiere wenig Nahrhaftes zu sich nehmen, so ist das Fressen bei ihnen ein ordentliches Geschäft. Es ist aber dem Menschen sehr zuträglich, wenn | er immer zu einer bestimmten Zeit isset. So wollen manche Eltern, daß ihre Kinder große Kälte, Gestank, alles und jedes Geräusche und dergl. sollen ertragen können. Dies ist aber gar nicht nötig, wenn sie sich nur nichts angewöhnen. Und dazu ist es sehr dienlich, daß man die Kinder in verschiedene Zustände versetze.

Ein hartes Lager ist viel gesünder, als ein weiches. Überhaupt dient eine harte Erziehung sehr zur Stärkung des Körpers. Durch harte Erziehung verstehen wir aber bloß Verhinderung der Gemächlichkeit. An merkwürdigen Beispielen zur Bestätigung dieser Behauptung mangelt es nicht, nur daß man sie nicht beachtet, oder, richtiger gesagt, nicht beachten will.

Was die Gemütsbildung betrifft, die man würklich auch in gewisser Weise physisch nennen kann, so ist hauptsächlich zu merken, daß die Disziplin nicht sklavisch sei, sondern das Kind muß immer seine Freiheit fühlen, doch so, daß es nicht die Freiheit anderer hindere; es muß daher Widerstand finden. Manche Eltern schlagen ihren Kindern alles ab, um dadurch | die Geduld der Kinder zu exerzieren, und fordern demnach mehr Geduld von den Kindern, als sie deren selbst haben. Dies ist aber grausam. Man gebe dem Kinde, soviel ihm dienet, und nachher sage man ihm: du hast genug! Aber, daß dies dann auch unwiderruflich sei, ist schlechterdings nötig. Man merke nur nicht auf das Schreien der Kinder, und willfahre ihnen nur nicht, wenn sie etwas durch Geschrei erzwingen wollen: was sie aber mit Freundlichkeit bitten, das gebe man ihnen, wenn es ihnen dient. Das Kind wird dadurch auch gewöhnt, freimütig zu sein, und da es keinem durch sein Schreien lästig fällt, so ist auch hinwieder gegen dasselbe jeder freundlich. Die Vorsehung scheint wahrlich den Kindern freundliche Mienen gegeben zu haben, damit sie die Leute zu ihrem Vorteile einnehmen möchten. Nichts ist schädlicher, als eine neckende, sklavische Disziplin, um den Eigenwillen zu brechen.

Gemeinhin ruft man den Kindern ein: Pfui, schäme dich, wie schickt sich das! u.s.w. zu. Dergleichen sollte aber bei der ersten Er|ziehung gar nicht vorkommen. Das Kind hat noch keine Begriffe von Scham und vom Schicklichen, es hat sich nicht zu schämen, soll sich nicht schämen, und wird dadurch nur schüchtern. Es wird verlegen bei dem Anblicke anderer, und verbirgt sich gerne vor andern Leuten. Dadurch entsteht Zurückhaltung, und ein nachteiliges Verheimlichen. Es wagt nichts mehr zu bitten, und sollte doch um alles bitten können; es verheimlicht seine Gesinnung, und scheint immer anders, als es ist, statt daß es freimütig alles müßte sagen dürfen. Statt immer um die Eltern zu sein, meidet es sie, und wirft sich dem willfährigern Hausgesinde in die Arme.

Um nichts besser aber, als jene neckende Erziehung, ist das Vertändeln und ununterbrochene Liebkosen. Dieses bestärkt das Kind im eigenen Willen, macht es falsch, und indem es ihm eine Schwachheit der Eltern verrät, raubt es ihnen die nötige Achtung in den Augen des Kindes. Wenn man es aber so erzieht, daß es nichts durch Schreien ausrichten kann, so | wird es frei, ohne dummdreist, und bescheiden, ohne schüchtern zu sein. D r e i s t sollte man eigentlich d r ä u s t schreiben, denn es kömmt von d r ä u e n, d r o h e n her. Einen dräusten Menschen kann man nicht wohl leiden. Manche Menschen haben solche dreiste Gesichter, daß man sich immer vor einer Grobheit von ihnen fürchten muß, so wie man andern Gesichtern es gleich ansehen kann, daß sie nicht im Stande sind, jemanden eine Grobheit zu sagen. Man kann immer freimütig aussehen, wenn es nur mit

|A 60, 61

einer gewissen Güte verbunden ist. Die Leute sagen oft von vornehmen Männern, sie sähen recht königlich aus. Dies ist aber weiter nichts, als ein gewisser dreister Blick, den sie sich von Jugend auf angewöhnt haben, weil man ihnen da nicht widerstanden hat.

Alles dieses kann man noch zur negativen Bildung rechnen. Denn viele Schwächen des Menschen kommen oft nicht davon her, weil man ihn nichts gelehrt, sondern weil ihm noch falsche Eindrücke beigebracht sind. So z.E. bringen die Ammen den Kindern eine Furcht vor | Spinnen, Kröten u.s.w. bei. Die Kinder möchten gewiß nach den Spinnen eben so, wie nach andern Dingen greifen. Weil aber die Ammen, sobald sie eine Spinne sehen, ihren Abscheu durch Mienen bezeigen: so würkt dies durch eine gewisse Sympathie auf das Kind. Viele behalten diese Furcht ihr ganzes Leben hindurch, und bleiben darin immer kindisch. Denn Spinnen sind zwar den Fliegen gefährlich, und ihr Biß ist für sie giftig, dem Menschen schaden sie aber nicht. Und eine Kröte ist ein eben so unschuldiges Tier, als ein schöner grüner Frosch, oder irgend ein anderes Tier.

Der positive Teil der physischen Erziehung ist die Kultur. Der Mensch ist, in Beziehung auf dieselbe, von dem Tiere verschieden. Sie besteht vorzüglich in der Übung seiner Gemütskräfte. Deswegen müssen Eltern ihrem Kinde dazu Gelegenheit geben. Die erste und vornehmste Regel hiebëi ist, daß man, so viel als möglich, aller Werkzeuge entbehre. So | entbehrt man gleich anfänglich des Leitbandes und Gängelwagens, und läßt das Kind auf der Erde herumkriechen, bis es von selbst gehen lernet, und dann wird es desto sicherer gehen. Werkzeuge nämlich ruinieren nur die natürliche Fertigkeit. So braucht man eine Schnur, um eine Weite zu messen, man kann dies aber eben so gut durch das Augenmaß bewerkstelligen; eine Uhr, um die Zeit zu bestimmen, man kann es durch den Stand der Sonne; einen Kompaß, um im Walde die Gegend zu wissen, man kann es auch aus dem Stande der Sonne am Tage, und aus dem Stande der

|A 62, 63

Sterne in der Nacht. Ja man kann sogar sagen, anstatt ein Kahn zu brauchen, um auf dem Wasser fortzukommen, kann man schwimmen. Der berühmte Franklin wundert sich, daß nicht jedermann dieses lernt, da es doch so angenehm und nützlich ist. Er führt auch eine leichte Art an, wie man es von selbst lernen kann. Man lasse in einen Bach, wo, wenn man auf dem Grunde steht, der Kopf wenigstens außer dem Wasser ist, ein Ei herunter. Nun suche man das Ei zu greifen. | Indem man sich bückt, kommen die Füße in die Höhe, und, damit das Wasser nicht in den Mund komme, wird man den Kopf schon in den Nacken legen, und so hat man die rechte Stellung, die zum Schwimmen nötig ist. Nun darf man nur mit den Händen arbeiten, so schwimmt man. – Es kommt nur darauf an, daß die natürliche Geschicklichkeit kultiviert werde. Oft gehört Information dazu, oft ist das Kind selbst erfindungsreich genug, oder erfindet sich selbst Instrumente.

Was bei der physischen Erziehung, also in Absicht des Körpers, zu beobachten ist, bezieht sich entweder auf den Gebrauch der willkürlichen Bewegung, oder der Organe der Sinne. Bei dem erstern kommt es darauf an, daß sich das Kind immer selbst helfe. Dazu gehört Stärke, Geschicklichkeit, Hurtigkeit, Sicherheit; z.E. daß man auf schmalen Stegen, auf steilen Höhen, wo man eine Tiefe vor sich sieht, auf einer schwankenden Unterlage, gehen könne. Wenn ein Mensch das nicht kann, so ist er auch nicht völlig das, was er sein könnte. Seit | das Dessauische Philanthropin hierin mit seinem Muster voranging, werden nun auch in andern Instituten mit den Kindern viele Versuche der Art gemacht. Es ist sehr bewunderungswürdig, wenn man lieset, wie die Schweizer sich schon von Jugend auf gewöhnen, auf den Gebürgen zu gehen, und zu welcher Fertigkeit sie es darin bringen, so daß sie auf den schmalsten Stegen mit völliger Sicherheit gehen, und über Klüfte springen, bei denen sie es schon nach dem Augenmaße wissen, daß sie gut darüber wegkommen werden. Die meisten Menschen aber fürchten sich vor einem eingebildeten Falle, und diese Furcht lähmt ihnen gleichsam die Glieder, so daß alsdann ein solches

Gehen für sie mit Gefahr verknüpft ist. Diese Furcht nimmt gemeiniglich mit dem Alter zu, und man findet, daß sie vorzüglich bei Männern gewöhnlich ist, die viel mit dem Kopfe arbeiten.

Solche Versuche mit Kindern sind würklich nicht sehr gefährlich. Denn Kinder haben ein im Verhältnisse zu ihrer Stärke weit geringeres Gewicht, als andere Menschen, und fallen also | auch nicht so schwer. Überdies sind die Knochen bei ihnen auch nicht so spröde und brüchig, als sie es im Alter werden. Die Kinder versuchen auch selbst ihre Kräfte. So sieht man sie z.E. oft klettern, ohne daß sie dabei irgend eine Absicht haben. Das Laufen ist eine gesunde Bewegung, und roboriert den Körper. Das Springen, Heben, Tragen, die Schleuder, das Werfen nach dem Ziele, das Ringen, der Wettlauf, und alle dergleichen Übungen sind sehr gut. Das Tanzen, in so ferne es kunstmäßig ist, scheint für eigentliche Kinder noch zu früh zu sein.

Die Übung im Werfen, teils weit zu werfen, teils auch zu treffen, hat auch die Übung der Sinne, besonders des Augenmaßes, mit zur Absicht. Das Ballspiel ist eines der besten Kinderspiele, weil auch noch das gesunde Laufen dazu kömmt. Überhaupt sind diejenigen Spiele die besten, bei welchen, neben den Exerzitien der Geschicklichkeit, auch Übungen der Sinne hinzukommen, z.E. die Übung des Augenmaßes, über Weite, Größe und Proportion richtig zu | urteilen, die Lage der Örter nach den Weltgegenden zu finden, wozu die Sonne behülflich sein muß, u.s.w. das alles sind gute Übungen. So ist auch die lokale Einbildungskraft, unter der man die Fertigkeit versteht, sich alles an den Örtern vorzustellen, an denen man es würklich gesehen hat, etwas sehr Vorteilhaftes, z.E. das Vergnügen, sich aus einem Walde herauszufinden, und zwar dadurch, daß man sich die Bäume merket, an denen man vorher vorbeigegangen ist. So auch die memoria localis, daß man z.E. nicht nur wisse, in welchem Buche man etwas gelesen habe, sondern auch, wo es in demselben stehe. So hat der Musiker die Tasten im Kopfe, daß er nicht mehr erst nach ihnen sehen darf. Die Kultur des Gehörs der Kinder ist eben so erforderlich, um durch dasselbe zu wissen, ob etwas weit oder nahe, und auf welcher Seite es sei.

Das Blindekuhspiel der Kinder war schon bei den Griechen bekannt, sie nannten es *μυῖνδα*. Überhaupt sind Kinderspiele sehr allgemein. Diejenigen, die man in Deutschland | hat, findet man auch in Engelland, Frankreich u.s.w. Es liegt bei ihnen ein gewisser Naturtrieb der Kinder zum Grunde; bei dem Blindekuhspiele z.E. zu sehen, wie sie sich helfen könnten, wenn sie eines Sinnes entbehren müßten. Der Kreisel ist ein besonderes Spiel; doch geben solche Kinderspiele Männern Stoff zum weitern Nachdenken, und bisweilen auch Anlaß zu wichtigen Erfindungen. So hat Segner eine Disputation vom Kreisel geschrieben, und einem englischen Schiffskapitän hat der Kreisel Gelegenheit gegeben, einen Spiegel zu erfinden, durch den man auf dem Schiffe die Höhe der Sterne messen kann.

Kinder haben gerne Instrumente, die Lärm machen, z.E. Trompetchen, Trommelchen und dergl. Solche taugen aber nichts, weil sie andern dadurch lästig werden. Dergleichen wäre indessen schon besser, wenn sie sich selbst ein Rohr so schneiden lernten, daß sie darauf blasen könnten. –

Die Schaukel ist auch eine gute Bewegung; selbst Erwachsene brauchen sie zur Gesundheit, nur | bedürfen die Kinder dabei der Aufsicht, weil die Bewegung sehr geschwinde werden kann. Der Papierdrache ist ebenfalls ein tadelloses Spiel. Es kultiviert die Geschicklichkeit, indem es auf eine gewisse Stellung dabei in Absicht des Windes ankömmt, wenn er recht hoch steigen soll.

Diesen Spielen zu gut versagt sich der Knabe andere Bedürfnisse, und lernet so allmählich auch etwas anderes und mehr entbehren. Zudem wird er dadurch an fortdauernde Beschäftigung gewöhnt, aber eben daher darf es hier auch nicht bloßes Spiel, sondern es muß Spiel mit Absicht und Endzweck sein. Denn, jemehr auf diese Weise sein Körper gestärkt und abgehärtet wird, um so sicherer ist er vor den verderblichen Folgen der Verzärtelung. Auch die Gymnastik soll die Natur nur lenken, darf also nicht gezwungene Zierlichkeit veranlassen. Disziplin muß zuerst eintreten,

|A 68, 69

nicht aber Information. Hier ist nun aber darauf zu sehen, daß man die Kinder, bei der Kultur ihres Körpers, auch für die Gesellschaft bilde. Rousseau sagt: »Ihr werdet niemals einen tüchti|gen Mann bilden, wenn ihr nicht vorher einen Gassenjungen habt!« Es kann eher aus einem muntern Knaben ein guter Mann werden, als aus einem naseweisen, klug tuenden Burschen. Das Kind muß in Gesellschaften nur nicht lästig sein, es muß sich aber auch nicht einschmeicheln. Es muß auf die Einladung anderer zutraulich sein, ohne Zudringlichkeit; freimütig, ohne Dummdreistigkeit. Das Mittel dazu ist: man verderbe nur nichts, man bringe ihm nicht Begriffe von Anstand bei, durch die es nur schüchtern und menschenscheu gemacht, oder, auf der andern Seite, auf die Idee gebracht wird, sich geltend machen zu wollen. Nichts ist lächerlicher, als altkluge Sittsamkeit, oder naseweiser Eigendünkel des Kindes. Im letztern Falle müssen wir um so mehr das Kind seine Schwächen, aber doch auch nicht zu sehr unsre Überlegenheit und Herrschaft empfinden lassen, damit es sich zwar aus sich selbst ausbilde, aber nur als in der Gesellschaft, wo die Welt zwar groß genug für dasselbe, aber auch für andre sein muß.

|Toby sagt im Tristram Shandy zu einer Fliege, die ihn lange beunruhiget hatte, indem er sie zum Fenster hinausläßt: »Gehe, du böses Tier, die Welt ist groß genug für mich und dich!« Und dies könnte jeder zu seinem Wahlspruche machen. Wir dürfen uns nicht einander lästig werden; die Welt ist groß genug für uns alle.

Wir kommen jetzt zur Kultur der Seele, die man gewissermaßen auch physisch nennen kann. Man muß aber Natur und Freiheit von einander unterscheiden. Der Freiheit Gesetze geben ist ganz etwas anderes, als die Natur bilden. Die Natur des Körpers und der Seele kommt doch darin überein, daß man ein Verderbnis bei ihrer beiderseitigen Bildung abzuhalten sucht, und daß die Kunst dann noch etwas bei jenem, wie bei dieser hinzusetzt. Man kann die Bildung der Seele also gewissermaßen eben so gut physisch nennen, als die Bildung des Körpers.

|A 70, 71

| Diese physische Bildung des Geistes unterscheidet sich aber von der moralischen darin, daß diese nur auf die Freiheit, jene nur auf die Natur abzielt. Ein Mensch kann physisch sehr kultiviert sein; er kann einen sehr ausgebildeten Geist haben, aber dabei schlecht moralisch kultiviert, doch dabei[1] ein böses Geschöpf sein.

Die physische Kultur aber muß von der praktischen unterschieden werden, welche letztere pragmatisch oder moralisch ist. Im letztern Falle ist es die Moralisierung, nicht Kultivierung.

Die physische Kultur des Geistes teilen wir ein in die freie und die scholastische. Die freie ist gleichsam nur ein Spiel, die scholastische dagegen macht ein Geschäfte aus; die freie ist die, die immer bei dem Zöglinge beobachtet werden muß; bei der scholastischen aber wird der Zögling wie unter dem Zwange betrachtet. Man kann beschäftigt sein im Spiele, das nennt man in der Muße beschäftiget sein; aber man kann auch beschäftiget sein im Zwange, und das nennet man arbeiten. | Die scholastische Bildung soll für das Kind Arbeit, die freie soll Spiel sein.

Man hat verschiedene Erziehungsplane entworfen, um, welches auch sehr löblich ist, zu versuchen, welche Methode bei der Erziehung die beste sei. Man ist unter andern[2] auch darauf verfallen, die Kinder alles, wie im Spiele, lernen zu lassen. Lichtenberg hält sich in einem Stücke des Göttingischen Magazins über den Wahn auf, nach welchem man aus den Knaben, die doch schon frühzeitig zu Geschäften gewöhnt werden sollten, weil sie einmal in ein geschäftiges Leben eintreten müssen, alles spielweise zu machen sucht. Dies tut eine ganz verkehrte Würkung. Das Kind soll spielen, es soll Erholungsstunden haben, aber es muß auch arbeiten lernen. Die Kultur seiner Geschicklichkeit ist freilich aber auch gut, wie die Kultur des Geistes, aber beide Arten der Kultur müssen zu verschiedenen Zeiten ausgeübt werden. Es ist ohnedies schon ein besonderes Unglück für den Menschen, daß er so sehr zur Untätigkeit geneigt ist. Je mehr

[1] Akad.-Ausg. erwägt: »also doch dabei«. – [2] Akad.-Ausg.: »unter anderm«.

ein Mensch gefaulenzt | hat, desto schwerer entschließt er sich dazu, zu arbeiten.

Bei der Arbeit ist die Beschäftigung nicht an sich selbst angenehm, sondern man unternimmt sie einer andern Absicht wegen. Die Beschäftigung bei dem Spiele dagegen ist an sich angenehm, ohne weiter irgend einen Zweck dabei zu beabsichtigen. Wenn man spazieren geht: so ist das Spazierengehen selbst die Absicht, und je länger also der Gang ist, desto angenehmer ist er uns. Wenn wir aber irgend wohin gehen, so ist die Gesellschaft, die sich an dem Orte befindet, oder sonst etwas, die Absicht unsers Ganges, und wir wählen gerne den kürzesten Weg. So ist es auch mit dem Kartenspiele. Es ist würklich besonders, wenn man sieht, wie vernünftige Männer oft stundenlang zu sitzen, und Karten zu mischen im Stande sind. Da ergibt es sich, daß die Menschen nicht so leicht aufhören Kinder zu sein. Denn was ist jenes Spiel besser, als das Ballspiel der Kinder? Nicht, daß die Erwachsenen gerade auf dem | Stocke reiten, aber sie reiten doch auf andern Steckenpferden.

Es ist von der größesten Wichtigkeit, daß Kinder arbeiten lernen. Der Mensch ist das einzige Tier, das arbeiten muß. Durch viele Vorbereitungen muß er erst dahin kommen, daß er etwas zu seinem Unterhalte genießen kann. Die Frage: ob der Himmel nicht gütiger für uns würde gesorgt haben, wenn er uns alles, schon bereitet, hätte vorfinden lassen, so, daß wir gar nicht arbeiten dürften? ist gewiß mit Nein zu beantworten: denn der Mensch verlangt Geschäfte, auch solche, die einen gewissen Zwang mit sich führen. Eben so falsch ist die Vor|stellung, daß, wenn Adam und Eva nur im Paradiese geblieben wären, sie da nichts würden getan, als zusammengesessen, arkadische Lieder gesungen, und die Schönheit der Natur betrachtet haben. Die Langeweile würde sie gewiß eben so gut, als andere Menschen, in einer ähnlichen Lage gemartert haben.

| Der Mensch muß auf eine solche Weise okkupieret sein, daß er mit dem Zwecke, den er vor Augen hat, in der Art erfüllt ist, daß er sich gar nicht fühlt, und die beste Ruhe für ihn ist die nach der Arbeit. Das Kind muß also zum Arbei-

|A 74, 75, 76, 77

ten gewöhnt werden. Und wo anders soll die Neigung zur Arbeit kultiviert werden, als in der Schule? Die Schule ist eine zwangmäßige Kultur. Es ist äußerst schädlich, wenn man das Kind dazu gewöhnt, alles als Spiel zu betrachten. Es muß Zeit haben, sich zu erholen, aber es muß auch eine Zeit für dasselbe sein, in der es arbeitet. Wenn auch das Kind es nicht gleich einsieht, wozu dieser Zwang nütze: so wird es doch in Zukunft den großen Nutzen davon gewahr werden. Es würde überhaupt nur den Vorwitz der Kinder sehr verwöhnen, wenn man ihre Frage: Wozu ist das? und wozu das? immer beantworten wollte. Zwangmäßig muß die Erziehung sein, aber sklavisch darf sie deshalb nicht sein.

Was die freie Kultur der Gemütskräfte anbetrifft, so ist zu bemerken, daß sie immer | fortgeht. Sie muß eigentlich die obern Kräfte betreffen. Die untern werden immer nebenbei kultivieret, aber nur in Rücksicht auf die obern; der Witz z.E. in Rücksicht auf den Verstand. Die Hauptregel hiebei ist, daß keine Gemütskraft einzeln für sich, sondern jede nur in Beziehung auf die andere müsse kultiviert werden; z.E. die Einbildungskraft nur zum Vorteile des Verstandes.

Die untern Kräfte haben für sich allein keinen Wert, z.E. ein Mensch, der viel Gedächtnis, aber keine Beurteilungskraft hat. Ein solcher ist dann ein lebendiges Lexikon. Auch solche Lastesel des Parnasses sind nötig, die, wenn sie gleich selbst nichts Gescheutes leisten können, doch Materialien herbeischleppen, damit andere etwas Gutes daraus zu Stande bringen können. – Witz gibt lauter Albernheiten, wenn die Urteilskraft nicht hinzu kömmt. Verstand ist die Erkenntnis des Allgemeinen. Urteilskraft ist die Anwendung des Allgemeinen auf das Besondere. Vernunft ist das Vermögen, die Verknüpfung des Allgemeinen mit dem | Besondern einzusehen. Diese freie Kultur geht ihren Gang fort von Kindheit auf, bis zu der Zeit, da der Jüngling aller Erziehung entlassen wird. Wenn ein Jüngling z.E. eine allgemeine Regel anführt, so kann man ihm Fälle[1] aus der Geschichte, Fabeln, in die diese Regel verkleidet ist, Stellen aus Dichtern, wo sie schon ausgedrückt ist, anführen lassen,

[1] Akad.-Ausg.: »ihn Fälle«.

und so ihm Anlaß geben, seinen Witz, sein Gedächtnis u.s.w. zu üben.

Der Ausspruch tantum scimus, quantum memoria tenemus[1], hat freilich seine Richtigkeit, und daher ist die Kultur des Gedächtnisses sehr notwendig. Alle Dinge sind so beschaffen, daß der Verstand erst den sinnlichen Eindrücken folgt, und das Gedächtnis diese aufbehalten muß. So z.E. verhält es sich bei den Sprachen. Man kann sie entweder durch förmliches Memorieren, oder durch den Umgang lernen, und diese letztere ist bei lebenden Sprachen die beste Methode. Das Vokabelnlernen ist würklich nötig, aber am besten tut man wohl, wenn man diejenigen Wörter lernen läßt, | die bei dem Autor, den man mit der Jugend gerade lieset, vorkommen. Die Jugend muß ihr gewisses und bestimmtes Pensum haben. So lernt man auch die Geographie durch einen gewissen Mechanism am besten. Das Gedächtnis vorzüglich liebt diesen Mechanism und in einer Menge von Fällen ist er auch sehr nützlich. Für die Geschichte ist bis jetzt noch kein recht geschickter Mechanism erfunden worden; man hat es zwar mit Tabellen versucht, doch scheint es auch mit denen nicht recht gehen zu wollen. Geschichte aber ist ein treffliches Mittel, den Verstand in der Beurteilung zu üben. Das Memorieren ist sehr nötig, aber das zur bloßen Übung taugt gar nichts, z.E. daß man Reden auswendig lernen läßt. Allenfalls hilft es bloß zur Beförderung der Dreistigkeit, und das Deklamieren ist überdem nur eine Sache für Männer. | Hieher gehören auch alle Dinge, die man bloß zu einem künftigen Examen oder in Rücksicht auf die futuram oblivionem lernt. Man muß das Gedächtnis nur mit solchen Dingen beschäftigen, an denen uns gelegen ist, daß wir sie behalten, und die auf das würkliche Leben Beziehung haben. Am schädlichsten ist das Romanenlesen der Kinder, da sie nämlich weiter keinen Gebrauch davon machen, als daß sie ihnen in dem Augenblicke, indem sie sie lesen, zur Unterhaltung dienen. Das Romanenlesen schwächt das Gedächtnis. Denn es wäre lächer-

[1] Übersetzung des Herausgebers: »wir wissen so viel, wie wir im Gedächtnis haben«.

|A 80, 81

lich, Romane behalten und sie andern wieder erzählen zu wollen. Man muß daher Kindern alle Roma|ne aus den Händen nehmen. Indem sie sie lesen, bilden sie sich in dem Romane wieder einen neuen Roman, da sie die Umstände sich selbst anders ausbilden, herumschwärmen, und gedankenlos da sitzen.

Zerstreuungen müssen nie, am wenigsten in der Schule gelitten werden, denn sie bringen endlich einen gewissen Hang dazu, eine gewisse Gewohnheit hervor. Auch die schönsten Talente gehen bei einem, der der Zerstreuung ergeben ist, zu Grunde. Wenn Kinder sich gleich bei Vergnügungen zerstreuen: so sammeln sie sich doch bald wieder; man sieht sie aber am meisten zerstreut, wenn sie schlimme Streiche im Kopfe haben, denn da sinnen sie, wie sie sie verbergen, oder wieder gut machen können. Sie hören dann alles nur halb, antworten verkehrt, wissen nicht was sie lesen, u.s.w.

Das Gedächtnis muß man frühe, aber auch nebenher sogleich den Verstand kultivieren.

Das Gedächtnis wird kultiviert 1) durch das Behalten der Namen in Erzählungen; 2) durch das Lesen und Schreiben; jenes aber muß aus | dem Kopfe geübt werden und nicht durch das Buchstabieren; 3) durch Sprachen, die den Kindern zuerst durchs Hören, bevor sie noch etwas lesen, müssen beigebracht werden. Dann tut ein zweckmäßig eingerichteter, sogenannter Orbis pictus seine guten Dienste, und man kann mit dem Botanisieren, mit der Mineralogie, und der Naturbeschreibung überhaupt den Anfang machen. Von diesen Gegenständen einen Abriß zu machen, das gibt dann Veranlassung zum Zeichnen und Modellieren, wozu es der Mathematik bedarf. Der erste wissenschaftliche Unterricht bezieht sich am vorteilhaftesten auf die Geographie, die mathematische sowohl, als die physikalische. Reiseerzählungen, durch Kupfer und Karten erläutert, führen dann zu der politischen Geographie. Von dem gegenwärtigen Zustande der Erdoberfläche geht man dann auf den ehemaligen zurück, gelangt zur alten Erdbeschreibung, alten Geschichte, u.s.w.

Bei dem Kinde aber muß man im Unterrichte allmählich das Wissen und Können zu verbinden suchen. Unter allen

|A 82, 83

Wissenschaften | scheint die Mathematik die einzige der Art zu sein, die diesen Endzweck am besten befriedigt. Ferner muß das Wissen und Sprechen verbunden werden (Beredtheit, Wohlredenheit und Beredsamkeit). Aber es muß auch das Kind das Wissen sehr wohl vom bloßen Meinen und Glauben unterscheiden lernen. In der Art bereitet man einen richtigen Verstand vor, und einen richtigen, nicht feinen oder zarten Geschmack. Dieser muß zuerst Geschmack der Sinne, namentlich der Augen, zuletzt aber Geschmack der Ideen sein. –

Regeln müssen in alle dem vorkommen, was den Verstand kultivieren soll. Es ist sehr nützlich, die Regeln auch zu abstrahieren, damit der Verstand nicht bloß mechanisch, sondern mit dem Bewußtsein einer Regel verfahre.

Es ist auch sehr gut, die Regeln in eine gewisse Formel zu bringen, und so dem Gedächtnisse anzuvertrauen. Haben wir die Regel im Gedächtnisse, und vergessen auch den Gebrauch: so finden wir uns doch bald wieder zurecht. Es ist hier die Frage: sollen die Regeln erst in ab|stracto vorangehn, und sollen Regeln erst nachher gelernt werden, wenn man den Gebrauch vollendet hat? oder soll Regel und Gebrauch gleichen Schrittes gehn? Dies letzte ist allein ratsam. In dem andern Falle ist der Gebrauch so lange, bis man zu den Regeln gelangt, sehr unsicher. Die Regeln müssen gelegentlich aber auch in Klassen gebracht werden, denn man behält sie nicht, wenn sie nicht in Verbindung mit sich selbst stehen. Die Grammatik muß also bei Sprachen immer in etwas vorausgehen.

Wir müssen nun aber auch einen systematischen Begriff von dem ganzen Zwecke der Erziehung, und der Art, wie er zu erreichen ist, geben.

1) Die allgemeine Kultur der Gemütskräfte, unterschieden von der besondern. Sie geht auf Geschicklichkeit und Vervollkommnung, nicht daß man den Zögling besonders worin informiere, sondern seine Gemütskräfte stärke. Sie ist

| a) entweder physisch. Hier beruht alles auf Übung und

|A 84, 85, 86

Disziplin, ohne daß die Kinder Maximen kennen dürfen. Sie ist passiv für den Lehrling, er muß der Leitung eines andern folgsam sein. Andere denken für ihn.

b) oder moralisch. Sie beruht dann nicht auf Disziplin, sondern auf Maximen. Alles wird verdorben, wenn man sie auf Exempel, Drohungen, Strafen u.s.w. gründen will. Sie wäre dann bloß Disziplin. Man muß dahin sehen, daß der Zögling aus eignen Maximen, nicht aus Gewohnheit, gut handle, daß er nicht bloß das Gute tue, sondern es darum tue, weil es gut ist. Denn der ganze moralische Wert der Handlungen besteht in den Maximen des Guten. Die physische Erziehung unterscheidet sich darin von der moralischen, daß jene passiv für den Zögling, diese aber tätig ist. Er muß jederzeit den Grund und die Ableitung der Handlung von den Begriffen der Pflicht einsehen.

2) Die besondere Kultur der Gemütskräfte. Hier kommt vor: die Kul|tur des Erkenntnisvermögens, der Sinne, der Einbildungskraft, des Gedächtnisses, der Stärke der Aufmerksamkeit, und des Witzes, was also die untern Kräfte des Verstandes betrifft. Von der Kultur der Sinne, z.E. des Augenmaßes, ist schon oben geredet worden. Was die Kultur der Einbildungskraft anlangt: so ist folgendes zu merken. Kinder haben eine ungemein starke Einbildungskraft, und sie braucht gar nicht erst durch Märchen mehr gespannt, und extendiert zu werden. Sie muß vielmehr gezügelt, und unter Regeln gebracht werden, aber doch muß man sie auch nicht ganz unbeschäftigt lassen.

Landkarten haben etwas an sich, das alle, auch die kleinsten Kinder reizet. Wenn sie alles andere überdrüssig sind, so lernen sie doch noch etwas, wobei man Landkarten braucht. Und dieses ist eine gute Unterhaltung für Kinder, wobei ihre Einbildungskraft nicht schwärmen kann, sondern sich gleichsam an eine gewisse Figur halten muß. Man könnte bei den Kindern würklich mit der Geographie den Anfang machen. Figu|ren von Tieren, Gewächsen u.s.w. können damit zu gleicher Zeit verbunden werden; diese müssen die Geographie beleben. Die Geschichte aber müßte wohl erst später eintreten.

|A 87, 88

Was die Stärkung der Aufmerksamkeit anbetrifft: so ist zu bemerken, daß diese allgemein gestärkt werden muß. Eine starre Anheftung unserer Gedanken an ein Objekt ist nicht sowohl ein Talent, als vielmehr eine Schwäche unsers innern Sinnes, da er in diesem Falle unbiegsam ist, und sich nicht nach Gefallen anwenden läßt. Zerstreuung ist der Feind aller Erziehung. Das Gedächtnis aber beruht auf der Aufmerksamkeit.

Was aber die obern Verstandeskräfte betrifft: so kommt hier vor: die Kultur des Verstandes, der Urteilskraft und der Vernunft. Den Verstand kann man im Anfange gewissermaßen auch passiv bilden: durch Anführung von Beispielen für die Regel, oder umgekehrt: durch Auffindung der Regel für die einzelnen Fälle. Die Urteilskraft zeigt, welcher Gebrauch von dem Verstande zu machen ist. Er[1] ist erforderlich, um, was man lernt, oder spricht, zu verstehen, | und um nichts, ohne es zu verstehen, nachzusagen. Wie mancher lieset und hört etwas, ohne es, wenn er es auch glaubt, zu verstehen. Dazu gehören Bilder und Sachen.

Durch die Vernunft sieht man die Gründe ein. Aber man muß bedenken, daß hier von einer Vernunft die Rede ist, die noch geleitet wird. Sie muß also nicht immer räsonieren wollen, aber es muß auch ihr, über das, was die Begriffe übersteigt, nicht viel vorräsoniert werden. Noch gilt es hier nicht die spekulative Vernunft, sondern die Reflexion über das, was vorgeht, nach seinen Ursachen und Würkungen. Es ist eine in ihrer Wirtschaft und Einrichtung praktische Vernunft.

Die Gemütskräfte werden am besten dadurch kultiviert, wenn man das alles selbst tut, was man leisten will, z. E. wenn man die grammatische Regel, die man gelernt hat, gleich in Ausübung bringt. Man versteht eine Landkarte am besten, wenn man sie selbst verfertigen kann. Das Verstehen hat zum größesten Hülfsmittel das Hervorbringen. Man lernt das am | gründlichsten, und behält das am besten, was man gleichsam aus sich selbst lernet. Nur wenige Menschen indessen sind das im Stande. Man nennt sie (*αὐτοδίδακτοι*) Autodidakten.

[1] Akad.-Ausg. erwägt: »Sie«.

Bei der Ausbildung der Vernunft muß man sokratisch verfahren. Sokrates nämlich, der sich die Hebamme der Kenntnisse seiner Zuhörer nannte, gibt in seinen Dialogen, die uns Plato gewissermaßen aufbehalten hat, Beispiele, wie man, selbst bei alten Leuten, manches aus ihrer eigenen Vernunft hervorziehen kann. Vernunft braucht in vielen Stücken nicht von Kindern ausgeübt zu werden. Sie müssen nicht über alles vernünfteln. Von dem, was sie wohlgezogen machen soll, brauchen sie nicht die Gründe zu wissen, sobald es aber die Pflicht betrifft, so müssen ihnen dieselben bekannt gemacht werden. Doch muß man überhaupt dahin sehen, daß man nicht Vernunfterkenntnisse in sie hineintrage, sondern dieselben aus ihnen heraushole. Die sokratische Methode sollte bei der katechetischen die Regel ausmachen. Sie ist freilich etwas langsam, und es ist schwer, es | so einzurichten, daß, indem man aus dem einen die Erkenntnisse herausholt, die andern auch etwas dabei lernen. Die mechanisch-katechetische Methode ist bei manchen Wissenschaften auch gut; z.E. bei dem Vortrage der geoffenbarten Religion. Bei der allgemeinen Religion hingegen muß man die sokratische Methode benutzen. In Ansehung dessen nämlich, was historisch gelernt werden muß, empfiehlt sich die mechanisch-katechetische Methode vorzüglich.

Es gehöret hieher auch die Bildung des Gefühls der Lust oder Unlust. Sie muß negativ sein, das Gefühl selbst aber nicht verzärtelt werden. Hang zur Gemächlichkeit ist für den Menschen schlimmer, als alle Übel des Lebens. Es ist daher äußerst wichtig, daß Kinder von Jugend auf arbeiten lernen. Kinder, wenn sie nur nicht schon verzärtelt sind, lieben würklich Vergnügungen, die mit Strapazen verknüpft, Beschäftigungen, zu denen Kräfte erforderlich sind. In Ansehung dessen, was sie genießen, muß man sie nicht leckerhaft machen, und sie nicht wählen lassen. Gemeinhin verziehen die | Mütter ihre Kinder hierin, und verzärteln sie überhaupt. Und doch bemerkt man, daß die Kinder, vorzüglich die Söhne, die Väter mehr, als die Mütter lieben. Dies kömmt wohl daher, die Mütter lassen sie gar nicht herumspringen, herumlaufen, und dergl., aus Furcht, daß sie Schaden nehmen möchten. Der Vater, der sie schilt, auch wohl schlägt, wenn sie ungezogen gewesen sind, führt sie dagegen auch bisweilen ins Feld, und läßt sie da recht jungenmäßig herumlaufen, spielen und fröhlich sein.

Man glaubt, die Geduld der Kinder dadurch zu üben, daß man sie lange auf etwas | warten läßt. Dies dürfte indessen eben nicht nötig sein. Wohl aber brauchen sie Geduld in Krankheiten u. dergl. Die Geduld ist zwiefach. Sie besteht entweder darin, daß man alle Hoffnung aufgibt, oder darin, daß man neuen Mut fasset. Das erstere ist nicht nötig, wenn man immer nur das Mögliche verlangt, und das letztere darf man immer, wenn man nur, was recht ist, begehrt. In Krankheiten aber verschlimmert die Hoffnungslosigkeit eben so viel, als der gute Mut zu verbessern im Stande ist. Wer diesen aber, in Beziehung auf seinen pyhsischen oder moralischen Zustand noch zu fassen vermag, der gibt auch die Hoffnung nicht auf.

Kinder müssen auch nicht schüchtern gemacht werden. Das geschieht vornehmlich dadurch, wenn man gegen sie mit Scheltworten ausfährt, und sie öfter beschämet. Hierher gehört besonders der Zuruf vieler Eltern: Pfui, schäme dich! Es ist gar nicht abzusehen, worüber die Kinder sich eigentlich sollten zu schämen haben, | wenn sie z.E. den Finger in den Mund stecken und dergl. Es ist nicht Gebrauch, nicht Sitte! das kann man ihnen sagen, aber nie muß man ihnen ein »Pfui, schäme dich!« zurufen, als nur in dem Falle, daß sie lügen. Die Natur hat dem Menschen die Schamhaftigkeit gegeben, damit er sich, sobald er lügt, verrate. Reden daher Eltern nie den Kindern von Scham vor, als wenn sie lügen, so behalten sie diese Schamröte in betreff des Lügens für ihre Lebenszeit. Wenn sie aber ohne Aufhören beschämt werden: so gründet das eine Schüchternheit, die ihnen weiterhin unabänderlich anklebt.

Der Wille der Kinder muß, wie schon oben gesagt, nicht gebrochen, sondern nur in der Art gelenkt werden, daß er den natürlichen Hindernissen nachgebe. Im Anfange muß das Kind freilich blindlings gehorchen. Es ist unnatürlich, daß das Kind durch sein Geschrei kommandiere, und der Starke einem Schwachen gehorche. Man muß daher nie den Kindern, auch in der ersten Jugend, auf ihr Geschrei willfah|ren, und sie dadurch etwas erzwingen lassen. Gemeinhin versehen es die Eltern hierin, und wollen es dadurch nachher wieder gut machen, daß sie den Kindern in späterer Zeit wieder alles, um das sie bitten, abschlagen. Dies ist aber sehr verkehrt, ihnen ohne Ursache abzuschlagen, was sie von der Güte der Eltern erwarten, bloß um ihnen Widerstand zu tun, und sie, die Schwächeren, die Übermacht der Älteren fühlen zu lassen.

Kinder werden verzogen, wenn man ihren Willen erfüllt, und ganz falsch erzogen, wenn man ihrem Willen und ihren Wünschen gerade entgegen handelt. Jenes geschieht gemeinhin so lange, als sie ein Spielwerk der Eltern sind, vornehmlich in der Zeit, wenn sie zu sprechen beginnen. Aus dem Verziehen aber entspringt ein gar großer Schade für das ganze Leben. Bei dem Entgegenhandeln gegen den Willen der Kinder verhindert man sie zugleich zwar daran, ihren Unwillen zu zeigen, was freilich geschehen muß, destomehr aber toben sie innerlich. Die | Art, nach der sie sich jetzt verhalten sollen, haben sie noch nicht kennen gelernt. – Die Regel, die man also bei Kindern von Jugend auf beobachten muß, ist diese, daß man, wenn sie schreien, und man glaubt, daß ihnen etwas schade, ihnen zu Hülfe komme, daß man aber, wenn sie es aus bloßem Unwillen tun, sie liegen lasse. Und ein gleiches Verfahren muß auch nachher unablässig eintreten. Der Widerstand, den das Kind in diesem Falle findet, ist ganz natürlich, und ist eigentlich negativ, indem man ihm nur nicht willfahrt. Manche Kinder erhalten dagegen wieder alles von den Eltern, was sie nur verlangen, wenn sie sich aufs Bitten legen. Wenn man die Kinder alles durch Schreien erhalten läßt, so werden sie boshaft, erhalten sie aber alles durch Bitten, so werden sie weichlich. Findet daher keine erhebliche Ursache des Gegenteils statt: so muß man die Bitte des Kindes erfüllen. Findet man aber Ursache, sie nicht zu erfüllen: so muß man sich auch nicht durch vieles Bitten bewegen lassen. Eine jede abschlägige

|A 95, 96

Antwort muß unwiderruf|lich sein. Sie hat dann zunächst den Effekt, daß man nicht öfter abschlagen darf.

Gesetzt es wäre, was man doch nur äußerst selten annehmen kann, bei dem Kinde natürliche Anlage zum Eigensinne vorhanden: so ist es am besten, in der Art zu verfahren, daß, wenn es uns nichts zu Gefallen tut, wir auch ihm wieder nichts zu Gefallen tun. – Brechung des Willens bringt eine sklavische Denkungsart, natürlicher Widerstand dagegen Lenksamkeit zuwege.

| Die moralische Kultur muß sich gründen auf Maximen, nicht auf Disziplin. Diese verhindert die Unarten, jene bildet die Denkungsart. Man muß dahin sehen, daß das Kind sich gewöhne, nach Maximen, und nicht nach gewissen Triebfedern zu handeln. Durch Disziplin bleibt nur eine Angewohnheit übrig, die doch auch mit den Jahren verlöscht. Nach Maximen soll das Kind handeln lernen, deren Billigkeit es selbst einsieht. Daß dies bei jungen Kindern schwer zu bewürken, und die moralische Bildung daher auch die meisten Einsichten von seiten der Eltern und der Lehrer erfordern[1], sieht man leicht ein.

| Wenn das Kind z.E. lügt, muß man es nicht bestrafen, sondern ihm mit Verachtung begegnen, ihm sagen, daß man ihm in Zukunft nicht glauben werde, und dergl. Bestraft man das Kind aber, wenn es Böses tut, und belohnt es, wenn es Gutes tut, so tut es Gutes, um es gut zu haben. Kommt es nachher in die Welt, wo es nicht so zugeht, wo es Gutes tun kann, ohne eine Belohnung, und Böses, ohne Strafe zu empfangen: so wird aus ihm ein Mensch, der nur sieht, wie er gut in der Welt fortkommen kann, und gut oder böse ist, je nachdem er es am zuträglichsten findet. –

Die Maximen müssen aus dem Menschen selbst entstehen. Bei der moralischen Kultur soll man schon frühe den Kindern Begriffe beizubringen suchen von dem, was gut oder böse ist. | Wenn man Moralität gründen will: so muß man nicht strafen. Moralität ist etwas so Heiliges und Erhabenes, daß man sie nicht so wegwerfen und mit Disziplin in einen Rang setzen darf. Die erste Bemühung bei der moralischen

[1] Akad.-Ausg.: »erfordere«.

Erziehung ist, einen Charakter zu gründen. Der Charakter besteht in der Fertigkeit, nach Maximen zu handeln. Im Anfange sind es Schulmaximen, und nachher Maximen der Menschheit. Im Anfange gehorcht das Kind Gesetzen. Maximen sind auch Gesetze, aber subjektive; sie entspringen aus dem eignen Verstande des Menschen. Keine Übertretung des Schulgesetzes aber muß ungestraft hingehen, obwohl die Strafe immer der Übertretung angemessen sein muß.

Wenn man bei Kindern einen Charakter bilden will, so kömmt es viel darauf an, daß man ihnen in allen Dingen einen gewissen Plan, gewisse Gesetze bemerkbar mache, die auf das genaueste befolgt werden müssen. So setzt man ihnen z.E. eine Zeit zum Schlafe, zur Arbeit, zur Ergötzung fest, und diese muß man dann auch | nicht verlängern oder verkürzen. Bei gleichgültigen Dingen kann man Kindern die Wahl lassen, nur müssen sie das, was sie sich einmal zum Gesetze gemacht haben, nachher immer befolgen. – Man muß bei Kindern aber nicht den Charakter eines Bürgers, sondern den Charakter eines Kindes bilden.

Menschen, die sich nicht gewisse Regeln vorgesetzt haben, sind unzuverlässig, man weiß sich oft nicht in sie zu finden, und man kann nie recht wissen, wie man mit ihnen dran ist. Zwar tadelt man Leute häufig, die immer nach Regeln handeln, z.E. den Mann, der, nach der Uhr, jeder Handlung eine gewisse Zeit festgesetzt hat, aber oft ist dieser Tadel unbillig, und diese Abgemessenheit, ob sie gleich nach Peinlichkeit aussieht, eine Disposition zum Charakter.

Zum Charakter eines Kindes, besonders eines Schülers, gehört vor allen Dingen Gehorsam. Dieser ist zwiefach, erstens: ein Gehorsam gegen den absoluten, dann zweitens aber auch gegen den für vernünftig und gut erkannten Willen eines Führers. Der | Gehorsam kann abgeleitet werden aus dem Zwange, und dann ist er absolut, oder aus dem Zutrauen, und dann ist er von der andern Art. Dieser freiwillige Gehorsam ist sehr wichtig; jener aber auch äußerst notwendig, indem er das Kind zur Erfüllung solcher Gesetze vorbereitet, die es künftighin, als Bürger, erfüllen muß, wenn sie ihm auch gleich nicht gefallen.

|A 101, 102

Kinder müssen daher unter einem gewissen Gesetze der Notwendigkeit stehen. Dieses Gesetz aber muß ein allgemeines sein, worauf man besonders in Schulen zu sehen hat. Der Lehrer muß unter mehreren Kindern keine Prädilektion, keine Liebe des Vorzuges gegen ein Kind besonders zeigen. Denn das Gesetz hört sonst auf, allgemein zu sein. Sobald das Kind sieht, daß sich nicht alle übrige auch demselben Gesetze unterwerfen müssen, so wird es aufsetzig.

Man redet immer so viel davon, alles müsse den Kindern in der Art vorgestellt werden, daß sie es aus Neigung täten. In manchen Fällen ist das freilich gut, aber vieles muß | man ihnen auch als Pflicht vorschreiben. Dieses hat nachher großen Nutzen für das ganze Leben. Denn bei öffentlichen Abgaben, bei Arbeiten des Amtes, und in vielen andern Fällen kann uns nur die Pflicht, nicht die Neigung leiten. Gesetzt das Kind sähe die Pflicht auch nicht ein, so ist es doch so besser, und, daß etwas seine Pflicht als Kind sei, sieht es doch wohl ein, schwerer aber, daß etwas seine Pflicht als Mensch sei. Könnte es dieses auch einsehen, welches aber erst bei zunehmenden Jahren möglich ist: so wäre der Gehorsam noch vollkommner.

Alle Übertretung eines Gebotes bei einem Kinde ist eine Ermangelung des Gehorsams, und diese zieht Strafe nach sich. Auch bei einer unachtsamen Übertretung des Gebotes ist Strafe nicht unnötig. Diese Strafe ist entweder physisch oder moralisch.

Moralisch straft man, wenn man der Neigung, geehrt und geliebt zu werden, die Hülfsmittel der Moralität sind, Abbruch tut, z. E. wenn man das Kind beschämt, ihm frostig | und kalt begegnet. Diese Neigungen müssen so viel als möglich erhalten werden. Daher ist diese Art zu strafen die beste; weil sie der Moralität zu Hülfe kommt, z. E. wenn ein Kind lügt, so ist ein Blick der Verachtung Strafe genug, und die zweckmäßigste Strafe.

Physische Strafen bestehen entweder in Verweigerungen des Begehrten, oder in Zufügung der Strafen. Die erstere Art derselben ist mit der moralischen verwandt, und ist negativ. Die andern Strafen müssen mit Behutsamkeit ausgeübt werden, damit nicht eine indoles servilis entspringe. Daß man Kindern Belohnungen erteilt, taugt nicht, sie werden dadurch eigennützig, und es entspringt daraus eine indoles mercenaria.

Der Gehorsam ist ferner: entweder Gehorsam des Kindes, oder des angehenden Jünglinges. Bei der Übertretung desselben erfolgt Strafe. Diese ist entweder eine würklich natürliche Strafe, die sich der Mensch selbst durch sein Betragen zuzieht, z. E. daß das Kind, wenn es zu viel isset, krank wird, und diese Stra|fen sind die besten, denn der Mensch erfährt sie sein ganzes Leben hindurch, und nicht bloß als Kind; oder aber die Strafe ist künstlich. Die Neigung, geachtet und geliebt zu werden, ist ein sicheres Mittel, die Züchtigungen in der Art einzurichten, daß sie dauerhaft sind. Physische Strafen müssen bloß Ergänzungen der Unzulänglichkeit der moralischen sein. Wenn moralische Strafen gar nicht mehr helfen, und man schreitet dann zu physischen fort, so wird durch diese doch kein guter Charakter mehr gebildet werden. Anfänglich aber muß der physische Zwang den Mangel der Überlegung der Kinder ersetzen.

Strafen, die mit dem Merkmale des Zornes verrichtet werden, würken falsch. Kinder sehen sie dann nur als Folgen, sich selbst aber als Gegenstände des Affektes eines andern an. Überhaupt müssen Strafen den Kindern immer mit der Behutsamkeit zugefügt werden, daß sie sehen, daß bloß ihre Besserung der Endzweck derselben sei. Die Kinder, wenn sie gestraft sind, sich bedanken, sie die Hände küssen lassen, u. dergl. ist töricht, und macht die Kinder skla|visch. Wenn physische Strafen oft wiederholt werden, bilden sie einen Starrkopf, und strafen Eltern ihre Kinder des Eigensinnes wegen, so machen sie sie nur noch immer eigensinniger. – Das sind auch nicht immer die schlechtesten Menschen, die störrisch sind, sondern sie geben gütigen Vorstellungen öfters leicht nach.

Der Gehorsam des angehenden Jünglinges ist unterschieden von dem Gehorsam des Kindes. Er besteht in der Unterwerfung unter die Regeln der Pflicht. Aus Pflicht et-

|A 105, 106

was tun heißt: der Vernunft gehorchen. Kindern etwas von Pflicht zu sagen, ist vergebliche Arbeit. Zuletzt sehen sie dieselbe als etwas an, auf dessen Übertretung die Rute folgt. Das Kind könnte | durch bloße Instinkte geleitet werden, sobald es aber erwächst, muß der Begriff der Pflicht dazutreten. Auch die Scham muß nicht gebraucht werden bei Kindern, sondern erst in den Jünglingsjahren. Sie kann nämlich nur dann erst Statt finden, wenn der Ehrbegriff bereits Wurzel gefaßt hat.

Ein zweiter Hauptzug in der Gründung des Charakters der Kinder ist Wahrhaftigkeit. Sie ist der Grundzug und das Wesentliche eines Charakters. Ein Mensch, der lügt, hat gar keinen Charakter, und hat er etwas Gutes an | sich, so rührt dies bloß von seinem Temperamente her. Manche Kinder haben einen Hang zum Lügen, der gar oft von einer lebhaften Einbildungskraft muß hergeleitet werden. Des Vaters Sache ist es, darauf zu sehen, daß sich die Kinder dessen entwöhnen; denn die Mütter achten es gemeiniglich für eine Sache von keiner, oder doch nur geringen[1] Bedeutung; ja sie finden darin oft einen, ihnen selbst schmeichelhaften Beweis der vorzüglichen Anlagen und Fähigkeiten ihrer Kinder. Hier nun ist der Ort, von der Scham Gebrauch zu machen, denn hier begreift es das Kind wohl. Die Schamröte verrät uns, wenn wir lügen, aber ist nicht immer ein Beweis davon. Oft errötet man über die Unverschämtheit eines andern, uns einer Schuld zu zeihen. Unter keiner Bedingung muß man durch Strafen die Wahrheit von Kindern zu erzwingen suchen, ihre Lüge müßte denn gleich Nachteil nach sich ziehen, und dann werden sie des Nachteils wegen gestraft. Entziehung der Achtung ist die einzig zweckmäßige Strafe der Lüge.

| Auch lassen sich die Strafen in *negative* und *positive* Strafen abteilen, deren erstere bei Faulheit oder Unsittlichkeit eintreten würden, z.E. bei der Lüge, bei Unwillfährigkeit und Unvertragsamkeit. Die positiven Strafen aber gelten für boshaften Unwillen. Vor allen Dingen aber muß man sich hüten, ja den Kindern nichts nachzutragen.

[1] Akad.-Ausg.: »geringer«.

Ein dritter Zug im Charakter eines Kindes muß Geselligkeit sein. Es muß auch mit andern Freundschaft halten, und nicht immer für sich alleine sein. Manche Lehrer sind zwar in Schulen dawider; das aber ist sehr unrecht. Kinder sollen sich vorbereiten zu dem süßesten Genusse des Lebens. Lehrer müssen aber keines derselben seiner Talente, sondern nur seines Charakters wegen vorziehen, denn sonst entsteht eine Mißgunst, die der Freundschaft zuwider ist.

Kinder müssen auch offenherzig sein, und so heiter in ihren Blicken, wie die Sonne. Das fröhliche Herz allein ist fähig, Wohlgefallen am Guten zu empfinden. Eine Religion, die den Menschen finster macht, ist falsch; denn er muß | Gott mit frohem Herzen, und nicht aus Zwang dienen. Das fröhliche Herz muß nicht immer strenge im Schulzwange gehalten werden, denn in diesem Falle wird es bald niedergeschlagen. Wenn es Freiheit hat, so erholt es sich wieder. Dazu dienen gewisse Spiele, bei denen es Freiheit hat, und wo das Kind sich bemüht, immer dem andern etwas zuvor zu tun. Alsdann wird die Seele wieder heiter.

Viele Leute denken, ihre Jugendjahre seien die besten, und die angenehmsten ihres Lebens gewesen. Aber dem ist wohl nicht so. Es sind die beschwerlichsten Jahre, weil man da sehr unter der Zucht ist, selten einen eigentlichen Freund, und noch seltener Freiheit haben kann. Schon Horaz sagt: Multa tulit, fecitque puer, sudavit et alsit.[1] –

Kinder müssen nur in solchen Dingen unterrichtet werden, die sich für ihr Alter schicken. Manche Eltern freuen sich, wenn ihre Kinder frühzeitig altklug reden können. Aus solchen | Kindern wird aber gemeiniglich nichts. Ein Kind muß nur klug sein, wie ein Kind. Es muß kein blinder Nachäffer werden. Ein Kind aber, das mit altklugen Sittensprüchen versehen ist, ist ganz außer der Bestimmung seiner Jahre, und es äffet nach. Es soll nur den Verstand eines Kindes haben, und sich nicht zu frühe sehen lassen. Ein solches

[1] Übersetzung des Herausgebers: »Der Knabe hat viel ertragen und getan, er hat geschwitzt und gefroren«.

Kind wird nie ein Mann von Einsichten, und von aufgeheitertem Verstande werden. Eben so unausstehlich ist es, wenn ein Kind schon alle Moden mitmachen will, z. E. wenn es frisiert sein, Handkrausen, auch wohl gar eine Tabaksdose bei sich tragen will. Es bekommt dadurch ein affektiertes Wesen, das einem Kinde nicht ansteht. Eine gesittete Gesellschaft ist ihm eine Last, und das Wackere eines Mannes fehlt ihm am Ende gänzlich. Eben daher muß man denn aber auch der Eitelkeit frühzeitig in ihm entgegenarbeiten, oder, richtiger gesagt, ihm nicht Veranlassung geben, eitel zu werden. Das geschieht aber, wenn man Kindern schon frühe davon vorschwatzt, wie schön sie sind, wie allerliebst ihnen dieser oder jener | Putz stehe, oder wenn man ihnen diesen als Belohnung verspricht und erteilt. Putz taugt für Kinder nicht. Ihre reinliche und schlechte Bekleidung müssen sie nur als Notdurft erhalten. Aber auch die Eltern müssen für sich keinen Wert darauf setzen, sich nicht spiegeln, denn hier, wie überall, ist das Beispiel allmächtig, und befestigt oder vernichtet die gute Lehre.

Von der praktischen Erziehung

Zu der praktischen Erziehung gehört 1) Geschicklichkeit, 2) Weltklugheit, 3) Sittlichkeit. Was die Geschicklichkeit anbetrifft, so muß man darauf sehen, daß sie gründlich, und nicht flüchtig sei. Man muß nicht den Schein annehmen, als hätte man Kenntnisse von Dingen, die man doch nachher nicht zu Stande bringen kann. Die Gründlichkeit muß in der Geschicklichkeit Statt finden, und allmählich zur Gewohnheit in der Denkungsart werden. Sie ist das Wesentliche zu dem Charakter eines Mannes. Geschicklichkeit gehört für das Talent.

| Was die Weltklugheit betrifft: so besteht sie in der Kunst, unsere Geschicklichkeit an den Mann zu bringen, d. h. wie man die Menschen zu seiner Absicht gebrauchen kann. Dazu ist mancherlei nötig. Eigentlich ist es das Letzte am Menschen; dem Werte nach aber nimmt es die zweite Stelle ein.

Wenn das Kind der Weltklugheit überlassen werden soll:

so muß es sich verhehlen und undurchdringlich machen, den andern aber durchforschen können. Vorzüglich muß es sich in Ansehung seines Charakters verhehlen. Die Kunst des äußern Scheines ist der Anstand. Und diese Kunst muß man besitzen. Andere zu durchforschen ist schwer, aber man muß diese Kunst notwendig verstehen, sich selbst dagegen undurchdringlich machen. Dazu gehört das Dissimulieren, d.h. die Zurückhaltung seiner Fehler, und jener äußere Schein. Das Dissimulieren ist nicht allemal Verstellung, und kann bisweilen erlaubt sein, aber es grenzt doch nahe an Unlauterkeit. Die Verhehlung ist ein trostloses Mittel. Zur Weltklugheit gehört, daß man nicht | gleich auffahre; man muß aber auch nicht gar zu lässig sein. Man muß also nicht heftig, aber doch wacker sein. Wacker ist noch unterschieden von heftig. Ein *Wackerer* (strenuus) ist der, der Lust zum Wollen hat. Dieses gehört zur Mäßigung des Affektes. Die Weltklugheit ist für das Temperament.

Sittlichkeit ist für den Charakter. Sustine et abstine[1] ist die Vorbereitung zu einer weisen Mäßigkeit. Wenn man einen guten Charakter bilden will: so muß man erst die Leidenschaften wegräumen. Der Mensch muß sich in betreff seiner Neigungen so gewöhnen, daß sie nicht zu Leidenschaften werden, sondern er muß lernen, etwas zu entbehren, wenn es ihm abgeschlagen wird. Sustine heißt: erdulde, und gewöhne dich zu ertragen!

Es wird Mut und Neigung erfordert, wenn man etwas entbehren lernen will. Man muß abschlägige Antworten, Widerstand, u.s.w. gewohnt werden.

Zum Temperamente gehört Sympathie. Eine sehnsuchtvolle, schmachtende Teilnehmung | muß bei Kindern verhütet werden. Teilnehmung ist würklich Empfindsamkeit; sie stimmt nur mit einem solchen Charakter überein, der empfindsam ist. Sie ist noch vom Mitleiden unterschieden, und ein Übel, das darin besteht, eine Sache bloß zu bejammern. Man sollte den Kindern ein Taschengeld geben, von dem sie Notleidenden Gutes tun könnten, da würde man sehen, ob sie mitleidig sind, oder nicht; wenn sie aber immer

[1] Übersetzung des Herausgebers: »Ertrage und sei enthaltsam«.

nur von dem Gelde ihrer Eltern freigebig sind, so fällt dies weg.

Der Ausspruch: festina lente[1] deutet eine immerwährende Tätigkeit an, bei der man sehr eilen muß, damit man viel lerne, d.h. festina. Man muß aber auch mit Grund lernen, und also Zeit bei jedem gebrauchen, d.h. lente. Es ist nun die Frage, welches vorzuziehen sei, ob man einen großen Umfang von Kenntnissen haben soll, oder nur einen kleineren, der aber gründlich ist? Es ist besser, wenig, aber dieses Wenige gründlich zu wissen, als viel und obenhin, denn endlich wird man doch das Seichte in diesem letztern Falle gewahr. Aber das Kind | weiß ja nicht, in welche Umstände es kommen kann, um diese oder jene Kenntnisse zu brauchen, und daher ist es wohl am besten, daß es von allem etwas Gründliches wisse, denn sonst betrügt und verblendet es andere mit seinen obenhin gelernten Kenntnissen.

Das letzte ist die Gründung des Charakters. Dieser besteht in dem festen Vorsatze, etwas tun zu wollen, und dann auch in der würklichen Ausübung desselben. Vir propositi tenax[2], sagt Horaz, und das ist ein guter Charakter! z.E. wenn ich jemanden etwas versprochen habe, so muß ich es auch halten, gesetzt gleich, daß es mir Schaden brächte. Denn ein Mann, der sich etwas vorsetzt, es aber nicht tut, kann sich selbst nicht mehr trauen, z.E. wenn jemand es sich vornimmt, immer frühe aufzustehn, um zu studieren, oder dies oder jenes zu tun, oder um einen Spaziergang zu machen, und sich im Frühlinge nun damit entschuldiget, daß es noch des Morgens zu kalt sei, und es ihm schaden könne; im Sommer aber, daß es sich so gut schlafen lasse, und der Schlaf ihm angenehm | sei, und so seinen Vorsatz immer von einem Tage zum andern verschiebt: so traut er sich am Ende selbst nicht mehr.

Das, was wider die Moral ist, wird von solchen Vorsätzen ausgenommen. Bei einem bösen Menschen ist der Charakter sehr schlimm, aber hier heißt er auch schon Hartnäckigkeit, obgleich es doch gefällt, wenn er seine Vorsätze ausführt,

[1] Übersetzung des Herausgebers: »eile mit Weile«. – [2] Übersetzung des Herausgebers: »Ein Mann, beharrlich in seinem Vorsatz«.

|A 116, 117

und standhaft ist, wenn es gleich besser wäre, daß er sich so im Guten zeigte.

Von jemand, der die Ausübung seiner Vorsätze immer verschiebt, ist nicht viel zu halten. Die sogenannte künftige Bekehrung ist von der Art. Denn der Mensch, der immer lasterhaft gelebt hat, und in einem Augenblicke bekehrt werden will, kann unmöglich dahin gelangen, indem doch nicht sogleich ein Wunder geschehen kann, daß er auf einmal das werde, was jener ist, der sein ganzes Leben gut angewandt, und immer rechtschaffen gedacht hat. Eben daher ist denn auch nichts von Wallfahrten, Kasteiungen und Fasten zu erwarten; denn es läßt sich nicht absehen, was Wallfahrten und andere Gebräu|che dazu beitragen können, um aus einem lasterhaften, auf der Stelle einen edeln Menschen zu machen.

Was soll es zur Rechtschaffenheit und Besserung, wenn man am Tage fastet, und in der Nacht noch einmal soviel dafür genießet, oder, seinem Körper eine Büßung auflegt, die zur Veränderung der Seele nichts beitragen kann.

Um in den Kindern einen moralischen Charakter zu begründen, müssen wir folgendes merken:

Man muß ihnen die Pflichten, die sie zu erfüllen haben, so viel als möglich, durch Beispiele und Anordnungen beibringen. Die Pflichten, die das Kind zu tun hat, sind doch nur gewöhnliche Pflichten, gegen sich selbst, und gegen andere. Diese Pflichten müssen also aus der Natur der Sache gezogen werden. Wir haben hier daher näher zu betrachten:

a) die Pflichten gegen sich selbst. Diese bestehen nicht darin, daß man sich eine herrliche Kleidung anschaffe, prächtige Mahlzeiten halte, u.s.w. obgleich alles reinlich sein muß. Nicht | darin, daß man seine Begierden und Neigungen zu befriedigen suche, denn man muß im Gegenteile sehr mäßig und enthaltsam sein, sondern, daß der Mensch in seinem Innern eine gewisse Würde habe, die ihn vor allen Geschöpfen adelt, und seine Pflicht ist es, diese Würde der Menschheit in seiner eignen Person nicht zu verleugnen.

Die Würde der Menschheit aber verleugnen wir, wenn wir z.E. uns dem Trunke ergeben, unnatürliche Sünden be-

|A 118, 119

gehen, alle Arten von Unmäßigkeit ausüben, u.s.w. welches alles den Menschen weit unter die Tiere erniedriget. Ferner, wenn ein Mensch sich kriechend gegen andere beträgt, immer Komplimente macht, um sich durch ein so unwürdiges Benehmen, wie er wähnt, einzuschmeicheln, so ist auch dieses wider die Würde der Menschheit.

Die Würde des Menschen würde sich auch dem Kinde schon an ihm selbst bemerkbar machen lassen, z.E. im Falle der Unreinlichkeit, die wenigstens doch der Menschheit unanständig ist. Das Kind kann sich aber würklich auch unter die | Würde der Menschheit durch die Lüge erniedrigen, indem es doch schon zu denken, und seine Gedanken andern mitzuteilen vermag. Das Lügen macht den Menschen zum Gegenstande der allgemeinen Verachtung, und ist ein Mittel, ihm bei sich selbst die Achtung und Glaubwürdigkeit zu rauben, die jeder für sich haben sollte.

b) Die Pflichten gegen andere. Die Ehrfurcht und Achtung für das Recht der Menschen muß dem Kinde schon sehr frühe beigebracht werden, und man muß sehr darauf sehen, daß es dieselben in Ausübung bringe; z. E. wenn ein Kind einem andern ärmeren Kinde begegnet, und es dieses stolz aus dem Wege, oder von sich stößet, ihm einen Schlag gibt, u.s.w. so muß man nicht sagen: Tue das nicht, es tut dem andern wehe; sei doch mitleidig! es ist ja ein armes Kind u.s.w. sondern man muß ihm selbst wieder eben so stolz und fühlbar begegnen, weil sein Benehmen dem Rechte der Menschheit zuwider war. Großmut aber haben die Kinder eigentlich noch gar nicht. Das kann man z.E. daraus ersehen, daß, wenn Eltern ihrem | Kinde befehlen, es solle von seinem Butterbrote einem andern die Hälfte abgeben, ohne daß es aber deshalb nachher um so mehr wieder von ihnen erhält: so tut es dieses entweder gar nicht, oder doch sehr selten und ungerne. Auch kann man ja dem Kinde ohnedem nicht viel von Großmut vorsagen, weil es noch nichts in seiner Gewalt hat.

Viele haben den Abschnitt der Moral, der die Lehre von den Pflichten gegen sich selbst enthält, ganz übersehen, oder falsch erklärt, wie Crugott. Die Pflicht gegen sich selbst aber besteht, wie gesagt, darin, daß der Mensch die Würde der Menschheit in seiner eignen Person bewahre. Er tadelt sich, wenn er die Idee der Menschheit vor Augen hat. Er hat ein Original in seiner Idee, mit dem er sich vergleicht. Wenn die Zahl der Jahre anwächset, wenn die Neigung zum Geschlechte sich zu regen beginnt, dann ist der kritische Zeitpunkt, in dem die Würde des Menschen allein im Stande ist, den Jüngling in Schranken zu halten. Frühe muß man | aber dem Jünglinge Winke geben, wie er sich, vor diesem oder jenem zu bewahren habe.

Unsern Schulen fehlet fast durchgängig etwas, was doch sehr die Bildung der Kinder zur Rechtschaffenheit befördern würde, nämlich ein Katechismus des Rechts. Er müßte Fälle enthalten, die populär wären, sich im gemeinen Leben zutragen, und bei denen immer die Frage ungesucht einträte: ob etwas recht sei oder nicht? z.E. wenn jemand, der heute seinem Kreditor bezahlen soll, durch den Anblick eines Notleidenden gerührt wird, und ihm die Summe, die er schuldig ist, und nun bezahlen sollte, hingibt: ist das recht oder nicht? Nein! es ist unrecht, denn ich muß frei sein, wenn ich Wohltaten tun will. Und, wenn ich das Geld dem Armen gebe, so tue ich ein verdienstliches Werk; bezahle ich aber meine Schuld, so tue ich ein schuldiges Werk. Ferner, ob wohl eine Notlü|ge erlaubt sei? Nein! es ist kein einziger Fall gedenkbar, in dem sie Entschuldigung verdiente, am wenigsten vor Kindern, die sonst jede Kleinigkeit für eine Not ansehen, und sich öfters Lügen erlauben würden. Gäbe es nun ein solches Buch schon, so könnte man, mit vielem Nutzen, täglich eine Stunde dazu aussetzen, die Kinder das Recht der Menschen, diesen Augapfel Gottes auf Erden, kennen, und zu Herzen nehmen zu lehren. –

Was die Verbindlichkeit zum Wohltun betrifft: so ist sie nur eine unvollkommene Verbindlichkeit. Man muß nicht sowohl das Herz der Kinder weich machen, daß es von dem Schicksale des andern affiziert werde, als vielmehr wacker. Es sei nicht voll Gefühl, sondern voll von der Idee der Pflicht. Viele Per|sonen wurden in der Tat hartherzig, weil sie, da sie vorher mitleidig gewesen waren, sich oft betrogen sahen. Einem Kinde das Verdienstliche der Handlungen begreiflich machen zu wollen, ist umsonst. Geistliche fehlen sehr oft darin, daß sie die Werke des Wohltuns als etwas Verdienstliches vorstellen. Ohne daran zu denken, daß wir in Rücksicht auf Gott nie mehr, als unsere Schuldigkeit tun können, so ist es auch nur unsere Pflicht, dem Armen Gutes zu tun. Denn die Ungleichheit des Wohlstandes der Menschen kommt doch nur von gelegentlichen Umständen her. Besitze ich also ein Vermögen, so habe ich es auch nur dem Ergreifen dieser Umstände, das entweder mir selbst oder meinem Vorgänger geglückt ist, zu danken, und die Rücksicht auf das Ganze bleibt doch immer dieselbe.

Der Neid wird erregt, wenn man ein Kind aufmerksam darauf macht, sich nach dem | Werte anderer zu schätzen. Es soll sich vielmehr nach den Begriffen seiner Vernunft schätzen. Daher ist die Demut eigentlich nichts anders, als eine Vergleichung seines Wertes mit der moralischen Vollkommenheit. So lehrt z. E. die christliche Religion nicht sowohl die Demut, als sie vielmehr den Menschen demütig macht, weil er sich, ihr zufolge, mit dem höchsten Muster der Vollkommenheit vergleichen muß. Sehr verkehrt ist es, die Demut darein zu setzen, daß man sich geringer schätze, als andre. – Sieh, wie das und das Kind sich aufführt! u. dergl. Ein Zuruf der Art bringt eine nur sehr unedle Denkungsart hervor. Wenn der Mensch seinen Wert nach andern schätzt, so sucht er, entweder sich über den andern zu erheben, oder den Wert des andern zu verringern. Dieses letztere aber ist Neid. Man sucht dann immer nur dem andern eine Vergehung anzudichten; denn wäre der nicht da, so könnte man auch nicht mit ihm verglichen werden, so wäre man der Beste. Durch den übel angebrachten Geist der Ämulation wird nur | Neid erregt. Der Fall, in dem die Ämulation noch zu etwas dienen könnte, wäre der, jemand von der Tunlichkeit einer Sache zu überzeugen, z. E. wenn ich von dem Kinde ein gewisses Pensum gelernt fordre, und ihm zeige, daß andre es leisten können.

Man muß auf keine Weise ein Kind das andre beschämen lassen. Allen Stolz, der sich auf Vorzüge des Glückes gründet, muß man zu vermeiden suchen. Zu gleicher Zeit muß man aber suchen, Freimütigkeit bei den Kindern zu begründen. Sie ist ein bescheidenes Zutrauen zu sich selbst. Durch sie wird der Mensch in den Stand gesetzt, alle seine Talente geziemend zu zeigen. Sie ist wohl zu unterscheiden von der Dummdreistigkeit, die in der Gleichgültigkeit gegen das Urteil anderer besteht.

Alle Begierden des Menschen sind entweder formal (Freiheit und Vermögen) oder material (auf ein Objekt bezogen), Begierden des Wahnes oder des Genusses, oder endlich sie beziehen sich auf die bloße Fortdauer von beiden, als Elemente der Glückseligkeit.

| Begierden der ersten Art sind Ehrsucht, Herrschsucht und Habsucht. Die der zweiten: Genuß des Geschlechtes (Wollust), der Sache (Wohlleben), oder der Gesellschaft (Geschmack an Unterhaltung). Begierden der dritten Art endlich sind: Liebe zum Leben, zur Gesundheit, zur Gemächlichkeit (in der Zukunft: Sorgenfreiheit).

Laster aber sind entweder: die der Bosheit, oder der Niederträchtigkeit, oder der Eingeschränktheit. Zu den erstern gehören: Neid, Undankbarkeit und Schadenfreude; zu denen der zweiten Art: Ungerechtigkeit, Untreue (Falschheit), Lüderlichkeit, sowohl im Verschwenden der Güter, als der Gesundheit (Unmäßigkeit), und der Ehre. Laster der dritten Art sind: Lieblosigkeit, Kargheit, Trägheit (Weichlichkeit).

Die Tugenden sind entweder Tugenden des Verdienstes, oder bloß der Schuldigkeit, oder der Unschuld. Zu den erstern gehört: Großmut (in Selbstüberwindung, sowohl der Rache, als der Gemächlichkeit und der Habsucht), Wohltätigkeit, Selbstbeherrschung; zu den | zweiten: Redlichkeit, Anständigkeit und Friedfertigkeit; zu den dritten end lich: Ehrlichkeit, Sittsamkeit und Genügsamkeit.

Ob aber der Mensch nun von Natur moralisch gut oder böse ist? Keines von beiden, denn er ist von Natur gar kein moralisches Wesen; er wird dieses nur, wenn seine Vernunft sich bis zu den Begriffen der Pflicht und des Gesetzes erhebt. Man kann indessen sagen, daß er ursprünglich Anreize zu allen Lastern in sich habe, denn er hat Neigungen und Instinkte, die ihn anregen, ob ihn gleich die Vernunft zum Gegenteile treibt. Er kann daher nur moralisch gut werden durch Tugend, also aus Selbstzwang, ob er gleich ohne Anreize unschuldig sein kann.

Laster entspringen meistens daraus, daß der gesittete Zustand der Natur Gewalt tut, und unsre Bestimmung als Menschen ist doch, aus dem rohen Naturstande als Tier herauszutreten. Vollkommne Kunst wird wieder zur Natur.

Es beruht alles bei der Erziehung darauf, daß man überall die richtigen Gründe aufstelle, | und den Kindern begreiflich und annehmlich mache. Sie müssen lernen, die Verabscheuung des Ekels und der Ungereimtheit an die Stelle der des Hasses zu setzen; innern Abscheu, statt des äußern vor Menschen und der göttlichen Strafen[1], Selbstschätzung und innere Würde, statt der Meinung der Menschen, – innern Wert der Handlung und des Tun[2], statt der Worte, und Gemütsbewegung, – Verstand, statt des Gefühles, – und Fröhlichkeit und Frömmigkeit bei guter Laune, statt der grämischen, schüchternen und finstern Andacht eintreten zu lassen.

Vor allen Dingen aber muß man sie auch dafür bewahren, daß sie die merita fortunae nie zu hoch anschlagen.

Was die Erziehung der Kinder in Absicht der Religion anbetrifft, so ist zuerst die Frage: ob es tunlich sei, frühe den Kindern Religionsbegriffe beizubringen? Hierüber ist sehr viel in der Pädagogik gestritten worden. Religionsbe|griffe setzen allemal einige Theologie voraus. Sollte nun der Jugend, die die Welt, die sich selbst noch nicht kennt, wohl eine Theologie können beigebracht werden? Sollte die Jugend, die die Pflicht noch nicht kennt, eine unmittelbare Pflicht gegen Gott zu begreifen im Stande sein? So viel ist gewiß, daß, wenn es tunlich wäre, daß Kinder keine Handlungen der Verehrung des höchsten Wesens mit ansähen, selbst

[1] Akad.-Ausg. erwägt: »und Furcht der göttlichen Strafen«. – [2] Akad.-Ausg.: »des Thuns«; Akad.-Ausg. erwägt: »das Thun«.

nicht einmal den Namen Gottes hörten, es der Ordnung der Dinge angemessen wäre, sie erst auf die Zwecke, und auf das, was dem Menschen ziemt, zu führen, ihre Beurteilungskraft zu schärfen, sie von der Ordnung und Schönheit der Naturwerke zu unterrichten, dann noch eine erweiterte Kenntnis des Weltgebäudes hinzuzufügen, und hierauf erst den Begriff eines höchsten Wesens, eines Gesetzgebers, ihnen zu eröffnen. Weil dies aber nach unserer jetzigen Lage nicht möglich ist, so würde, wenn man ihnen erst spät von Gott etwas beibringen wollte, sie ihn aber doch nennen hörten, und sogenannte Diensterweisungen gegen ihn mit ansähen, dieses | entweder Gleichgültigkeit, oder verkehrte Begriffe bei ihnen hervorbringen, z. E. eine Furcht vor der Macht desselben. Da es nun aber zu besorgen ist, daß sich diese in die Phantasie der Kinder einnisten möchte: so muß man, um sie zu vermeiden, ihnen frühe Religionsbegriffe beizubringen suchen. Doch muß dies nicht Gedächtniswerk, bloße Nachahmung und alleiniges Affenwerk sein, sondern der Weg, den man wählt, muß immer der Natur angemessen sein. Kinder werden, auch ohne abstrakte Begriffe von Pflicht, von Verbindlichkeiten, von Wohl- oder Übelverhalten zu haben, einsehen, daß ein Gesetz der Pflicht vorhanden sei, daß nicht die Behaglichkeit, der Nutzen und dergl. sie bestimmen solle, sondern etwas Allgemeines, das sich nicht nach den Launen der Menschen richtet. Der Lehrer selbst aber muß sich diesen Begriff machen.

Zuvörderst muß man alles der Natur, nachher diese selbst aber Gott zuschreiben, wie z. E. erstlich alles auf Erhaltung der Arten und deren Gleichgewicht angelegt worden, aber von wei|tem zugleich auch auf den Menschen, damit er sich selbst glücklich mache.

Der Begriff von Gott dürfte am besten zuerst analogisch mit dem des Vaters, unter dessen Pflege wir sind, deutlich gemacht werden, wobei sich dann sehr vorteilhaft auf die Einigkeit der Menschen, als in einer Familie, hinweisen läßt.

Was ist denn aber Religion? Religion ist das Gesetz in uns, in so ferne es durch einen Gesetzgeber und Richter über uns Nachdruck erhält; sie ist eine auf die Erkenntnis Gottes angewandte Moral. Verbindet man Religion nicht mit Moralität, so wird Religion bloß zur Gunstbewerbung. Lobpreisungen, Gebete, Kirchengehen sollen nur dem Menschen neue Stärke, neuen Mut zur Besserung geben, oder der Ausdruck eines von der Pflichtvorstellung beseelten Herzens sein. Sie sind nur Vorbereitungen zu guten Werken, nicht aber selbst gute Werke, und man kann dem höchsten Wesen nicht anders gefällig werden, als dadurch, daß man ein besserer Mensch werde.

| Zuerst muß man bei dem Kinde von dem Gesetze, das es in sich hat, anfangen. Der Mensch ist sich selbst verachtenswürdig, wenn er lasterhaft ist. Dieses ist in ihm selbst gegründet, und er ist es nicht deswegen erst, weil Gott das Böse verboten hat. Denn es ist nicht nötig, daß der Gesetzgeber zugleich auch der Urheber des Gesetzes sei. So kann ein Fürst in seinem Lande das Stehlen verbieten, ohne deswegen der Urheber des Verbotes des Diebstahles genannt werden zu können. Hieraus lernt der Mensch einsehen, daß sein Wohlverhalten allein ihn der Glückseligkeit würdig mache. Das göttliche Gesetz muß zugleich als Naturgesetz erscheinen, denn es ist nicht willkürlich. Daher gehört Religion zu aller Moralität.

Man muß aber nicht von der Theologie anfangen. Die Religion, die bloß auf Theologie gebaut ist, kann niemals etwas Moralisches enthalten. Man wird bei ihr nur Furcht auf der einen, und lohnsüchtige Absichten und Gesinnungen auf der andern Seite haben, und dies gibt dann bloß einen abergläubischen Kultus ab. | Moralität muß also vorhergehen, die Theologie ihr dann folgen, und das heißt Religion.

Das Gesetz in uns heißt Gewissen. Das Gewissen ist eigentlich die Applikation unserer Handlungen auf dieses Gesetz. Die Vorwürfe desselben werden ohne Effekt sein, wenn man es sich nicht als den Repräsentanten Gottes denkt, der seinen erhabenen Stuhl über uns, aber auch in uns einen Richterstuhl aufgeschlagen hat. Wenn die Religion nicht zur moralischen Gewissenhaftigkeit hinzukommt: so ist sie ohne Wirkung. Religion, ohne moralische Gewissenhaftigkeit, ist ein abergläubischer Dienst. Man

|A 133, 134

will Gott dienen, wenn man z.E. ihn lobt, seine Macht, seine Weisheit preiset, ohne darauf zu denken, wie man die göttlichen Gesetze erfülle, ja, ohne einmal seine Macht, Weisheit, u.s.w. zu kennen, und denselben nachzuspüren. Diese Lobpreisungen sind ein Opiat für das Gewissen solcher Leute, und ein Polster, auf dem es ruhig schlafen soll.

Kinder können nicht alle Religionsbegriffe fassen, einige aber muß man ihnen demohnge|achtet beibringen; nur müssen diese mehr negativ als positiv sein. – Formeln von Kindern herbeten zu lassen, das dient zu nichts, und bringt nur einen verkehrten Begriff von Frömmigkeit hervor. Die wahre Gottesverehrung besteht darin, daß man nach Gottes Willen handelt, und dies muß man den Kindern beibringen. Man muß bei Kindern, wie auch bei sich selbst, darauf sehen, daß der Name Gottes nicht so oft gemißbraucht werde. Wenn man ihn bei Glückwünschungen, ja selbst in frommer Absicht braucht: so ist dies eben auch ein Mißbrauch. Der Begriff von Gott sollte den Menschen, bei dem jedesmaligen Aussprechen seines Namens, mit Ehrfurcht durchdringen, und er sollte ihn daher selten, und nie leichtsinnig gebrauchen. Das Kind muß Ehrfurcht vor Gott empfinden lernen, als vor dem Herrn des Lebens und der ganzen Welt; ferner, als vor dem Vorsorger der Menschen, und drittens endlich, als vor dem Richter derselben. Man sagt, daß Newton immer, wenn er den Namen Gottes ausgesprochen, eine | Weile inne gehalten, und nachgedacht habe.

Durch eine vereinigte Deutlichmachung des Begriffes von Gott und der Pflicht lernt das Kind um so besser die göttliche Vorsorge für die Geschöpfe respektieren, und wird dadurch vor dem Hange zur Zerstörung und Grausamkeit bewahrt, der sich so vielfach in der Marter kleiner Tiere äußert. Zugleich sollte man die Jugend auch anweisen, das Gute in dem Bösen zu entdecken, z.E. Raubtiere, Insekten sind Muster der Reinlichkeit und des Fleißes. Böse Menschen ermuntern zum Gesetze. Vögel, die den Würmern nachstellen, sind Beschützer des Gartens u.s.w.

Man muß den Kindern also einige Begriffe von dem höchsten Wesen beibringen, damit sie, wenn sie andre beten

|A 135, 136

sehen u.s.w., wissen mögen, gegen wen und warum dieses geschieht. Diese Begriffe müssen aber nur wenige an der Zahl, und, wie gesagt, nur negativ sein. Man muß sie ihnen aber schon von früher Jugend an beizubringen anfangen, dabei aber ja dahin sehen, | daß sie die Menschen nicht nach ihrer Religionsobservanz schätzen, denn, ohngeachtet der Verschiedenheit der Religionen, gibt es doch überall Einheit der Religion.

Wir wollen hier nun noch zum Schlusse einige Bemerkungen beibringen, die vorzüglich von der Jugend, bei ihrem Eintritte in die Jünglingsjahre, sollten beobachtet werden. Der Jüngling fängt um diese Zeit an, gewisse Unterschiede zu machen, die er vorher nicht machte. Nämlich erstens den Unterschied des Geschlechtes. Die Natur hat hierüber eine gewisse Decke des Geheimnisses verbreitet, als wäre diese Sache etwas, das dem Menschen nicht ganz anständig, und bloß Bedürfnis der Tierheit in dem Menschen ist. Die Natur hat aber gesucht, diese Angelegenheit mit aller Art von Sittlichkeit zu verbinden, die nur möglich ist. Selbst | die wilden Nationen betragen sich dabei mit einer Art von Scham und Zurückhaltung. Kinder legen den Erwachsenen bisweilen hierüber vorwitzige Fragen vor, z.E. wo die Kinder herkämen? sie lassen sich aber leicht befriedigen, wenn man ihnen entweder unvernünftige Antworten, die nichts bedeuten, gibt, oder sie mit der Antwort, daß dieses Kinderfrage sei, abweiset.

Die Entwickelung dieser Neigungen bei dem Jünglinge ist mechanisch, und es verhält sich dabei, wie bei allen Instinkten, daß sie sich entwickeln, auch ohne einen Gegenstand zu kennen. | Es ist also unmöglich, den Jüngling hier in der Unwissenheit, und in der Unschuld, die mit ihr verbunden ist, zu bewahren. Durch Schweigen macht man das Übel aber nur noch ärger. Dieses sieht man an der Erziehung unserer Vorfahren. Bei der Erziehung in neuern Zeiten nimmt man richtig an, daß man unverhohlen, deutlich und bestimmt mit dem Jünglinge davon reden müsse. Es ist dies freilich ein delikater Punkt, weil man ihn nicht gern als den

|A 137, 138, 139

Gegenstand eines öffentlichen Gespräches ansieht. Alles wird aber dadurch gut gemacht, daß man mit würdigem Ernste davon redet, und daß man in seine Neigungen entriert.

Das 13te oder 14te Jahr ist gewöhnlich der Zeitpunkt, in dem sich bei dem Jünglinge die Neigung zu dem Geschlechte entwickelt (es müßten denn Kinder verführt und durch böse Beispiele verdorben sein, wenn es früher geschähe). | Ihre Urteilskraft ist dann auch schon ausgebildet, und die Natur hat sie um die Zeit bereits präpariert, daß man mit ihnen davon reden kann.

Nichts schwächet den Geist wie den Leib des Menschen mehr, als die Art der Wollust, die auf sich selbst gerichtet ist, und sie streitet ganz wider die Natur des Menschen. Aber auch diese muß man dem Jünglinge nicht verhehlen. Man muß sie ihm in ihrer ganzen Abscheulichkeit darstellen, ihm sagen, daß er sich dadurch für die Fortpflanzung des Geschlechtes unnütz mache, daß die Leibeskräfte dadurch am allermeisten zu Grunde gerichtet werden, daß er sich dadurch ein frühes Alter zuziehe, und sein Geist sehr dabei leide, u.s.w.

Man kann den Anreizen dazu entgehen: durch anhaltende Beschäftigung, dadurch, daß | man dem Bette und Schlafe nicht mehr Zeit widmet, als nötig ist. Die Gedanken daran muß man sich durch jene Beschäftigungen aus dem Sinne schlagen, denn, wenn der Gegenstand auch nur bloß in der Imagination bleibt, so nagt er doch an der Lebenskraft. Richtet man seine Neigung auf das andere Geschlecht, so findet man doch noch immer einigen Widerstand, richtet man sie aber auf sich selbst, so kann man sie zu jeder Zeit befriedigen. Der physische Effekt ist überaus schädlich, aber die Folgen, in Absicht der Moralität, sind noch weit übler. Man überschreitet hier die Grenzen der Natur, und die Neigung wütet ohne Aufhalt fort, weil keine würkliche Befriedigung Statt findet. Lehrer, bei erwachsenen Jünglingen, haben die Frage aufgeworfen: ob es erlaubt sei, daß ein Jüngling sich mit dem andern Geschlechte einlasse? Wenn eines von beiden gewählt werden muß: so ist dies allerdings besser. Bei jenem handelt er wider die Natur, hier aber nicht. Die Natur hat ihn zum Manne berufen, sobald er mündig wird, und also auch, seine Art fortzu|pflanzen; die Bedürfnisse aber, die der Mensch in einem kultivierten Staate notwendig hat, machen, daß er dann noch nicht immer seine Kinder erziehen kann. Er fehlt hier also wider die bürgerliche Ordnung. Am besten ist es also, ja, es ist Pflicht, daß der Jüngling warte, bis er im Stande ist, sich ordentlich zu verheiraten. Er handelt dann nicht nur wie ein guter Mensch, sondern auch wie ein guter Bürger.

Der Jüngling lerne frühzeitig, eine anständige Achtung vor dem andern Geschlechte hegen, sich dagegen, durch lasterfreie Tätigkeit, dessel|ben Achtung erwerben, und so dem hohen Preise einer glücklichen Ehe entgegenstreben.

Ein zweiter Unterschied, den der Jüngling um die Zeit, da er in die Gesellschaft eintritt, zu machen anfängt, besteht in der Kenntnis von dem Unterschiede der Stände und der Ungleichheit der Menschen. Als Kind muß man ihm diese gar nicht merken lassen. Man muß es ihm selbst nicht einmal zugeben, dem Gesinde zu befehlen. Sieht es, daß die Eltern dem Gesinde befehlen: so kann man ihm allenfalls sagen: wir geben ihnen Brot, und dafür gehorchen sie uns, du tust das nicht, und also dürfen sie dir auch nicht gehorchen. Kinder wissen davon auch nichts, wenn Eltern ihnen nur nicht selbst diesen Wahn beibringen. Dem Jünglinge muß man zeigen, daß die Ungleichheit der Menschen eine Einrichtung sei, welche entstanden ist, da ein Mensch Vorteile vor dem andern zu erhalten gesucht hat. Das Bewußtsein der Gleichheit der Menschen, bei der bürgerlichen Ungleichheit kann ihm nach und nach beigebracht werden.

| Man muß bei dem Jünglinge darauf sehen, daß er sich absolut und nicht nach andern schätze. Die Hochschätzung anderer in dem, was den Wert des Menschen gar nicht ausmacht, ist Eitelkeit. Ferner muß man ihn auch auf Gewissenhaftigkeit in allen Dingen hinweisen, und daß er auch darin nicht bloß scheine, sondern alles zu sein sich bestrebe. Man muß ihn darauf aufmerksam machen, daß er in keinem Stücke, wo er einen Vorsatz wohl überlegt hat, ihn zum

leeren Vorsatze werden lasse. Lieber muß man keinen Vorsatz fassen, und die Sache im Zweifel lassen; – auf Genügsamkeit mit äußern Umständen, und Duldsamkeit in Arbeiten: Sustine et abstine[1]; – auf Genügsamkeit in Vergnügungen. Wenn man nicht bloß Vergnügungen verlangt, sondern auch geduldig im Arbeiten sein will, so wird man ein brauchbares Glied des gemeinen Wesens, und bewahrt sich vor Langeweile.

Auf Fröhlichkeit ferner und gute Laune muß man den Jüngling hinweisen. Die Fröhlichkeit | des Herzens entspringt daraus, daß man sich nichts vorzuwerfen hat; – auf Gleichheit der Laune. Man kann sich durch Übung dahin bringen, daß man sich immer zum aufgeräumten Teilnehmer der Gesellschaft disponieren kann. –

Darauf, daß man vieles immer wie Pflicht ansieht. Eine Handlung muß mir wert sein, nicht, weil sie mit meiner Neigung stimmt, sondern, weil ich dadurch meine Pflicht erfülle. –

Auf Menschenliebe gegen andere, und dann auch auf weltbürgerliche Gesinnungen. In unserer Seele ist etwas, daß wir Interesse nehmen 1) an unserm Selbst, 2) an andern, mit denen wir aufgewachsen sind, und dann muß 3) noch ein Interesse am Weltbesten Statt finden. Man muß Kinder mit diesem Interesse bekannt machen, damit sie ihre Seelen daran erwärmen mögen. Sie müssen sich freuen über das Weltbeste, wenn es auch nicht der Vorteil ihres Vaterlandes, oder ihr eigner Gewinn ist. –

| Darauf, daß er einen geringen Wert setze in den Genuß der Ergötzlichkeiten des Lebens. Die kindische Furcht vor dem Tode wird dann wegfallen. Man muß dem Jünglinge zeigen, daß der Genuß nicht liefert, was der Prospekt versprach. –

Auf die Notwendigkeit endlich der Abrechnung mit sich selbst an jedem Tage, damit man am Ende des Lebens einen Überschlag machen könne, in betreff des Wertes seines Lebens.

[1] Übersetzung des Herausgebers: »Ertrage und sei enthaltsam«.

REZENSIONEN

ZU PETER MOSCATI:

VON DEM KÖRPERLICHEN WESENTLICHEN UNTERSCHIEDE ZWISCHEN DER STRUKTUR DER TIERE UND MENSCHEN

| Von dem körperlichen wesentlichen Unterschiede zwischen der Struktur der Tiere und Menschen. Eine akademische Rede, gehalten auf dem anatomischen Theater zu Pavia, von D. Peter Moscati, Prof. der Anat. Aus dem Italienischen übersetzt, von Johann Beckmann, Prof. in Göttingen.

Da haben wir wiederum den natürlichen Menschen auf allen Vieren, worauf ihn ein scharfsinniger Zergliederer zurückbringt, da es dem einsehenden Rousseau hiemit als Philosophen nicht hat gelingen wollen. Der D. Moscati beweiset, daß der aufrechte Gang des Menschen gezwungen, und widernatürlich sei, daß er zwar so gebauet sei, um in dieser Stellung sich erhalten und bewegen zu können; daß aber, wenn er sich solches zur Notwendigkeit und beständigen Gewohnheit macht, ihm Ungemächlichkeiten und Krankheiten daraus entspringen, die gnugsam beweisen, er sei durch Vernunft und Nachahmung verleitet worden, von der ersten tierischen Einrichtung abzuweichen. Der Mensch ist in seinem Inwendigen nicht anders gebauet, als alle Tiere, die auf vier Füßen stehen. Wenn er sich nun aufrichtet: so bekommen seine Eingeweide, vornehmlich die Leibesfrucht der schwangern Personen, eine herabhängende Lage und eine halbumgekehrte Stellung, die, wenn sie mit der liegenden, oder auf Vieren gestellten, oft abwechselt, nicht eben sonderlich üble Folgen erzeugen kann, aber dadurch, daß sie beständig fortgesetzt wird, Mißgestaltungen und eine Menge Krankheiten verursacht. So verlängert z.E. das Herz, da es genötigt wird zu hängen, die Blutgefäße an die es geknüpft ist, nimmt eine schiefe Lage an, indem es sich auf das Zwerchfell stützt und mit seiner Spitze gegen die linke Seite glitschet, eine Lage, darin der Mensch, und zwar der erwachsene, sich von allen andern Tieren unterscheidet, und dadurch er zu Aneurismen, Herzklopfen, Engbrüstigkeit, Brustwassersucht etc. etc. einen unvermeidlichen Hang bekömmt. Bei dieser geraden Stellung des Menschen sinkt das Gekröse (mesenterium), von der Last der Eingeweide gezogen, senkrecht herunter, wird verlängert und geschwächt, und zu einer Menge Brüche vorbereitet. In der Pfortader, die keine Klappen hat, wird sich das Blut

|A 265

dadurch, daß es in ihr wider die Richtung der Schwere steigen muß, langsamer und schwerer bewegen, als bei der waagrechten Lage des Rumpfs geschehen würde; woraus Hypochondrie, Hämorrhoiden etc. etc. entspringen; zu geschweigen: daß die Schwierigkeit, welche der Umlauf des Bluts, das durch die Blutadern der Beine bis zum Herzen gerade in die Höhe steigen muß, erleidet, Geschwülste, Aderkröpfe etc. etc. nicht selten nach sich ziehet. Vornehmlich ist der Nachteil aus dieser senkrechten Stellung bei Schwangern, sowohl in Ansehung der Frucht, als auch der Mutter sehr sichtbar. Das Kind, das hiedurch auf den Kopf gestellt wird, empfängt das Blut in sehr ungleichem Verhältnisse; | indem solches in weit größerer Menge nach den obern Teilen, den Kopf[1] und die Arme getrieben wird, wodurch beide in ganz andere Verhältnisse ausgedehnt werden und wachsen, als bei allen übrigen Tieren. Aus dem erstern Zuflusse entspringen erbliche Neigungen zum Schwindel, zum Schlage, zu Kopfschmerzen und Wahnwitz; aus dem Zudrange des Bluts zu den Armen und Ableitung von den Beinen die merkwürdige und sonst bei keinem Tier wahrgenommene Disproportion: daß die Arme der Frucht, über ihr geziemendes Verhältnis, länger, und die Beine kürzer werden, welches sich zwar nach der Geburt durch die beständig senkrechte Stellung wiederum verbessert, aber doch beweiset: daß der Frucht vorhero Gewalt geschehen sein müsse. Die Schaden der zweifüßigen Mutter sind Hervorschießung der Gebärmutter, unzeitige Geburten etc. etc., welche mit einer Iliade von andern Übeln aus ihrer aufrechten Stellung entspringen und wovon die vierfüßige Geschöpfe frei sind. Man könnte diese Beweisgründe: daß unsere tierische Natur eigentlich vierfüßig sei, noch durch andre vermehren. Unter allen vierfüßigen Tieren ist nicht ein einziges, welches nicht schwimmen könnte, wenn es durch Zufälle ins Wasser gerät. Der Mensch allein ersäuft, wo er das Schwimmen nicht besonders gelernet hat. Die Ursache ist: weil er die Gewohnheit abgelegt hat, auf Vieren zu gehen; denn diese Bewegung ist es, durch die er sich auf

[1] Akad.-Ausg.: »in den Kopf«.

|A 266

dem Wasser ohne alle Kunst erhalten würde, und wodurch alle vierfüßige Geschöpfe schwimmen, die sonst das Wasser verabscheuen. So paradox auch dieser Satz unseres italienischen Doktors scheinen mag, so erhält er doch in den Händen eines so scharfsinnigen und philosophischen Zergliederers beinahe eine völlige Gewißheit. Man siehet daraus: die erste Vorsorge der Natur sei gewesen, daß der Mensch, als ein Tier, vor sich und seine Art erhalten werde; und hiezu war diejenige Stellung, welche seinem inwendigen Bau, der Lage der Frucht und der Erhaltung in Gefahren am gemäßesten ist, die vierfüßige; daß in ihm aber auch ein Keim von Vernunft gelegt sei, wodurch er, wenn sich solcher entwickelt, vor die Gesellschaft bestimmt ist, und vermittelst deren er vor beständig die hiezu geschickteste Stellung, nämlich die zweifüßige annimmt, wodurch er auf einer Seite unendlich viel über die Tiere gewinnt, aber auch mit den Ungemächlichkeiten vorlieb nehmen muß, die ihm daraus entspringen, daß er sein Haupt über seine alte Kameraden so stolz erhoben hat. Kostet 24 gr.

ZU JOHANN HEINRICH SCHULZ:

VERSUCH EINER ANLEITUNG ZUR SITTENLEHRE FÜR ALLE MENSCHEN, OHNE UNTERSCHIED DER RELIGIONEN

Versuch einer Anleitung zur Sittenlehre für alle Menschen, ohne Unterschied der Religion[1], nebst einem Anhange von den Todesstrafen. Erster Teil. Berlin, 1783. bey Stahlbaum. 1 fl. 24 gl.

Dieser erste Teil soll nur als Einleitung zu einem neuen moralischen System die psychologische Grundsätze, auf die in der Folge gebauet werden soll, von der Stelle, die der Mensch in der Stufenleiter der Wesen einnimmt, von seiner empfindenden, denkenden und durch Willen tätigen Natur, von Freiheit und Notwendigkeit, vom Leben, dem Tode und einem künftigen Leben vor Augen stellen; ein Werk, das durch seine Freimütigkeit und noch mehr durch die aus den vielen sehr auffallenden Paradoxen dennoch hervorleuchtende gute Absicht des selbstdenkenden Hrn. Verfassers bei jedem Leser ungeduldige Erwartungen erregen muß, wie doch eine auf dergleichen Prämissen gegründete Sittenlehre ausfallen werde. Rezensent wird erstlich den Gang der Gedanken des Hrn. V. kürzlich verfolgen und zum Schlusse sein Urteil über das Ganze beifügen.

Gleich zu Anfange wird der Begriff der Lebenskraft so erweitert, daß er auf alle Geschöpfe ohne Unterschied gehet, nämlich bloß als der Inbegriff aller in einem Geschöpfe vorhandenen und zu seiner Natur gehörigen Kräfte. Daraus folgt denn ein Gesetz der Stetigkeit aller Wesen, wo auf der großen Stufenleiter ein jedes seinen Nebenmann über sich und unter sich hat, doch so, daß jede Gattung von Geschöpfen zwischen Grenzen steht, die diese nicht überschreiten können, solange sie Mitglieder derselben Gattung bleiben. Daher gibt es eigentlich nichts Lebloses, sondern nur ein kleineres Leben, und die Gattungen unterscheiden sich nur durch Grade der Lebenskraft. Seele, als ein vom Körper unterschiedenes Wesen, ist ein bloßes Geschöpf der Einbildung; der erhabenste Seraph und der Baum sind beide künstliche Maschinen. So viel von der Natur der Seele. Ein ähnlicher stufenartiger Zusammenhang findet sich in allem Erkenntnisse. Irrtum und Wahrheit sind nicht der Spezies nach unterschieden, sondern nur wie das Kleinere vom Größeren; kein absoluter Irrtum fin-

[1] Schulz: »Religionen«.

det statt, sondern jedes Erkenntnis, zu der Zeit, da es beim Menschen entsteht, ist vor ihn wahr. Zurechtweisung ist nur Hinzutuung der Vorstellungen, die vordem noch fehleten, und vormalige Wahrheit wird in der Folge durch den bloßen Fortgang der Erkenntnis in Irrtum verwandelt. Unsere Erkenntnis ist gegen die eines Engels lauter Irrtum. Die Vernunft kann nicht irren; jeder Kraft ist ihr Gleis vorgezeichnet. Die Verurteilung der Vernunft durch sich selbst geschieht auch nicht alsdann, wenn man urteilt, sondern hinterher, wenn man schon auf einer andern Stelle ist und mehr Kenntnisse erworben hat. Ich soll nicht sagen, ein Kind irret, sondern es verstehts noch nicht so gut, als ers künftig verstehen wird; es ist ein kleineres Urteil. Weisheit und Torheit, Wissenschaft und Unwissenheit verdienen also nicht Lob, nicht Tadel; sie sind bloß als allmähliche Fortschritte der Natur anzusehen, in Ansehung deren ich nicht frei bin. Was den Willen betrifft, so sind alle Neigungen und Triebe in einem einzigen, nämlich der Selbstliebe enthalten, in Ansehung deren aber jeder Mensch seine besondere Stimmung hat, die doch auch von einer allgemeinen Stimmung niemals abweichen kann. Die Selbstliebe wird jedesmal durch alle Empfindungen zusammen bestimmt, doch so, daß entweder die dunkleren oder die deutlicheren daran den größten Anteil haben. Es gibt also keinen freien Willen, sondern dieser steht unter dem strengen Gesetze der Notwendigkeit; doch wenn die Selbstliebe durch gar keine deutlichen Vorstellungen, sondern bloß durch Empfindung bestimmt wird, so nennt man dieses unfreie Handlungen. Alle Reue ist nichtig und ungereimt; denn der Verbrecher beurteilt seine Tat nicht aus seiner vorigen, sondern gegenwärtigen Stimmung, die zwar freilich, wenn sie damals stattgefunden hätte, die Tat würde verhindert haben, wovon aber fälschlich vorausgesetzt wird, daß sie solche auch hätte verhindern sollen, da sie im vorigen Zustande wirklich nicht anzutreffen war. Die Reue ist bloß eine mißverstandene Vorstellung, wie man künftig besser handeln könne, und in der Tat hat die Natur hiebei keine andere Absicht, als den Zweck der Besserung. Auflösung der

Schwierigkeit, wie Gott der Urheber der Sünde sein könne. Tugend und Laster sind nicht wesentlich unterschieden. (Hier ist also wiederum der sonst angenommene spezifische Unterschied in bloßen Unterschied den Graden nach verwandelt.) Tugend ohne Laster kann nicht bestehen, und diese sind nur Gelegenheitsgründe, besser zu werden, (also eine Stufe höher zu kommen.) Die Menschen können sich über das, was sie Tugend nennen, nicht vergleichen, außer über die, ohne welche keine menschliche Wohlfahrt möglich ist, d.i. die allgemeine Tugend; aber von dieser abzuweichen, ist dem Menschen schlechterdings unmöglich, und der, so davon abweicht, ist nicht lasterhaft, sondern aberwitzig. Der Mensch, der ein allgemeines Laster beginge, würde wider die Selbstliebe handeln, welches unmöglich ist. Folglich ist die Bahn der allgemeinen Tugend so eben, so gerade und an beiden Seiten so verzäunt, daß alle Menschen schlechterdings drauf bleiben müssen. Es ist nichts als die besondre Stimmung jedes Menschen, welche unter ihnen hierin einen Unterschied macht; wenn sie ihre Standorte verwechselten, so würde einer ebenso handeln wie der andere. Moralisch gut und böse bedeuten nichts weiter als einen höhern oder niedrigern Grad von Vollkommenheit. Menschen sind in Vergleichung gegen Engel und diese gegen Gott lasterhaft. Daher, weil keine Freiheit ist, alle rächende Strafen ungerecht sind, vornehmlich Todesstrafen, an deren Stelle nichts als Erstattung und Besserung, keinesweges aber bloße Warnung die Absicht der Strafgesetze ausmachen müsse. Lob wegen einer ersprießlichen Tat erteilen, zeigt wenig Menschenkenntnis an; der Mensch war ebensogut dazu gestimmt und aufgezogen, als der Mordbrenner ein Haus anzuzünden. Lob hat nur die Absicht, um den Urheber und andre zu ähnlichen guten Taten aufzumuntern.

Diese Lehre von der Notwendigkeit nennt der Herr Verf. eine selige Lehre und behauptet, daß durch sie die Sittenlehre allererst ihren eigentlichen Wert erhalte, wobei er gelegentlich anmerkt, daß bei Verbrechen gewisse Lehrer, die es so leicht vormalen, sich mit Gott zu versöhnen, in

Anspruch genommen werden sollten. Man kann die gute Absicht unseres Verfassers hiebei nicht verkennen. Er will die bloß büßende und fruchtlose Reue, die doch so oft als an sich versöhnend empfohlen wird, weggeschafft wissen und an deren Statt feste Entschließungen zum besseren Lebenswandel eingeführt haben; er sucht die Weisheit und Gütigkeit Gottes durch den Fortschritt aller seiner Geschöpfe zur Vollkommenheit und ewigen Glückseligkeit, obgleich auf verschiedenen Wegen zu verteidigen, die Religion vom müßigen Glauben zur Tat zurückzuführen, endlich auch die bürgerliche Strafen menschlicher und vor das besondere sowohl als gemeine Beste ersprießlicher zu machen. Auch wird die Kühnheit seiner spekulativen Behauptungen demjenigen nicht so schreckhaft auffallen, dem bekannt ist, was Priestley, ein ebenso sehr wegen seiner Frömmigkeit als Einsicht hochgeachteter englischer Gottesgelehrte, mit unserem Verfasser einstimmig behauptet, ja noch mit mehr Kühnheit ausgedrückt hat, und was nun schon mehrere Geistliche dieses Landes, obgleich weit unter ihm an Talenten, ihm ohne Zurückhaltung nachsprechen; ja was nur neuerlich Herr Prof. Ehlers von der Freiheit des Willens vor einen Begriff gab, nämlich als einem Vermögen des denkenden Wesens, seiner jedesmaligen Ideenlage gemäß zu handeln.

Gleichwohl wird jeder unbefangene und vornehmlich in dieser Art von Spekulation genugsam geübte Leser nicht unbemerkt lassen, daß der allgemeine Fatalism, der in diesem Werke das vornehmste, alle Moral affizierende, gewaltsame Prinzip ist, da er alles menschliche Tun und Lassen in bloßes Marionettenspiel verwandelt, den Begriff von Verbindlichkeit gänzlich aufhebe, daß dagegen das Sollen oder der Imperativ, der das praktische Gesetz vom Naturgesetz unterscheidet, uns auch in der Idee gänzlich außerhalb der Naturkette setze, indem er, ohne unseren Willen als frei zu denken, unmöglich und ungereimt ist, vielmehr uns alsdenn nichts übrigbleibt, als abzuwarten und zu beobachten, was Gott vermittelst der Natururursachen in uns vor Entschließungen wirken werde, nicht aber was wir von selbst als Urheber tun können und sollen; woraus denn die gröbste Schwärmerei entspringen muß, die allen Einfluß der gesunden Vernunft aufhebt, deren Rechte gleichwohl der Herr V. aufrecht zu erhalten bemüht gewesen. Der praktische Begriff der Freiheit hat in der Tat mit dem spekulativen, der den Metaphysikern gänzlich überlassen bleibt, gar nichts zu tun. Denn woher mir ursprünglich der Zustand, in welchem ich jetzt handeln soll, gekommen sei, kann mir ganz gleichgültig sein; ich frage nur, was ich nun zu tun habe, und da ist die Freiheit eine notwendige praktische Voraussetzung und eine Idee, unter der ich allein Gebote der Vernunft als gültig ansehen kann. Selbst der hartnäckigste Skeptiker gesteht, daß, wenn es zum Handeln kömmt, alle sophistische Bedenklichkeiten wegen eines allgemein täuschenden Scheins wegfallen müssen. Ebenso muß der entschlossenste Fatalist, der es ist, solange er sich der bloßen Spekulation ergibt, dennoch, sobald es ihm um Weisheit und Pflicht zu tun ist, jederzeit so handeln, als ob er frei wäre, und diese Idee bringt auch wirklich die damit einstimmige Tat hervor, und kann sie auch allein hervorbringen. Es ist schwer, den Menschen ganz abzulegen. Der Herr Verf., nachdem er jedes Menschen Handlung, so abgeschmackt sie auch anderen erscheinen mag, aus dem Grunde seiner besonderen Stimmung gerechtfertigt hatte, sagt S. 137: »Ich will alles schlechterdings und ohne Ausnahme, alles, was mich zeitlich und ewig glücklich machen kann, verloren haben, [ein vermessener Ausdruck!] wenn du nicht ebenso abgeschmackt gehandelt hättest als der andere, wenn du nur in seinem Standorte gewesen wärest.« Allein da doch nach seinen eigenen Behauptungen die größte Überzeugung in einem Zeitpunkte davor nicht sichern kann, daß nicht in einem anderen Zeitpunkte, wenn das Erkenntnis weiter fortgerückt ist, die vorige Wahrheit hintennach Irrtum werde: wie würde es da mit jener äußerst gewagten Beteurung aussehen? Er hat aber im Grunde seiner Seele, obgleich er es sich selbst nicht gestehen wollte, vorausgesetzt, daß der Verstand nach objektiven Gründen, die jederzeit gültig sind, sein Urteil zu bestimmen das Vermögen habe, und nicht unter dem Mechanism der bloß subjektiv bestimmenden Ursachen, die sich in der Folge ändern können, stehe, mithin nahm er immer Freiheit zu denken an, ohne welche es keine Vernunft gibt. Ebenso muß er auch Freiheit des Willens im Handeln voraussetzen, ohne welche es keine Sitten gibt, wenn er in seinem, wie ich nicht zweifle, rechtschaffenen Lebenswandel den ewigen Gesetzen der Pflicht gemäß verfahren und nicht ein Spiel seiner Instinkte und Neigungen sein will, ob er schon zu gleicher Zeit sich selbst diese Freiheit abspricht, weil er seine praktische Grundsätze mit den spekulativen sonst nicht in Einstimmung zu bringen vermag, woran aber, wenn es auch niemanden gelänge, in der Tat nicht viel verloren sein würde.

ZU JOHANN GOTTFRIED HERDER:

IDEEN ZUR PHILOSOPHIE DER GESCHICHTE DER MENSCHHEIT

| Riga und Leipzig, bei Hartknoch: Ideen zur Philosophie der Geschichte der Menschheit von Johann Gottfried Herder. Quem te Deus esse iussit et humana qua parte locatus es, in re disce – Erster Teil. 318 S. 4. 1784. (1 Rthl. 12 gr.)

Der Geist unsers sinnreichen und beredten Verfassers zeigt in dieser Schrift seine schon anerkannte Eigentümlichkeit. Sie dürfte also wohl eben so wenig, als manche andere aus seiner Feder geflossene, nach dem gewöhnlichen Maßstabe beurteilt werden können. Es ist, als ob sein Genie nicht etwa bloß die Ideen aus dem weiten Felde der Wissenschaften und Künste sammelte, um sie mit andern der Mitteilung fähigen zu vermehren, sondern als verwandelte er sie (um ihm den Ausdruck abzuborgen) nach einem gewissen Gesetze der Assimilation, auf eine ihm eigene Weise, in seine spezifische Denkungsart, wodurch sie von denjenigen, dadurch sich andere Seelen nähren und wachsen (S. 292), merklich unterschieden, und der Mitteilung weniger fähig werden. Daher möchte wohl, was ihm Philosophie der Geschichte der Menschheit heißt, etwas ganz anderes sein, als was man gewöhnlich unter diesem Namen versteht: nicht etwa eine logische Pünktlichkeit in Bestimmung der Begriffe, oder sorgfältige Unterscheidung und Bewährung der Grundsätze, sondern ein sich nicht lange verweilender viel umfassender Blick, eine in Auffindung von Analogien fertige Sagazität, im Gebrauche derselben aber kühne Einbildungskraft, verbunden mit der Geschicklichkeit, für seinen immer in dunkeler Ferne gehaltenen Gegenstand durch Gefühle und Empfindungen einzunehmen, die, als Wirkungen von einem großen Gehalte der Gedanken, oder als vielbedeutende Winke, mehr von sich vermuten lassen, als kalte Beurteilung wohl gerade zu in denselben antreffen würde. Da indessen Freiheit im Denken (die hier in großem Maße angetroffen wird), von einem fruchtbaren Kopfe ausgeübt, immer Stoff zum Denken gibt, so wollen wir von den Ideen desselben, soweit es uns glücken will, die wichtigsten und ihm eigentümlichsten auszuheben suchen, und in seinem eigenen Ausdrucke darstellen, zuletzt aber einige Anmerkungen über das Ganze hinzufügen.

|A 17

Unser Verfasser hebt damit an, die Aussicht zu erweitern, um dem Menschen seine Stelle unter den übrigen Planetenbewohnern unserer Sonnenwelt anzuweisen, und schließt aus dem mittleren nicht unvorteilhaften Stande des Weltkörpers, den er bewohnt, auf einen bloß »mittelmäßigen Erdverstand und eine noch viel zweideutigere Menschentugend, darauf er hier zu rechnen habe, die aber doch – da unsere Gedanken und Kräfte offenbar nur aus unserer Erdorganisation kommen[1], und sich so lange zu verändern und verwandeln streben, bis sie etwa zur Reinigkeit und Feinheit gediehen sind, die diese unsere Schöpfung gewähren kann, und, wenn Analogie unsere Führerin sein darf, es auf anderen Sternen nicht anders sein werde: – vermuten lassen, daß der Mensch mit den Bewohnern der letzteren Ein Ziel haben werde, um endlich nicht allein einen Wandelgang auf mehr als einen Stern anzutreten, sondern vielleicht gar zum Umgange mit allen zur Reife gekommenen Geschöpfen so vieler und verschiedener Schwesterwelten zu gelangen«. Von da geht die Betrachtung zu den Revolutionen, welche vor Erzeugung[2] der Menschen vorher gingen. »Ehe unsere Luft, unser Wasser, unsere Erde hervorgebracht werden konnte, waren mancherlei einander auflösende niederschlagende Stamina nötig; und die vielfachen Gattungen der Erde, der Gesteine, der Kristallisationen, so gar der Organisation, in Muscheln, Pflanzen, Tieren, zuletzt im Menschen, wie viel Auflösungen und Revolutionen des einen in das andere setzten die nicht voraus? Er, der Sohn aller Elemente und Wesen, ihr auserlesenster Inbegriff und gleichsam die Blüte der Erdschöpfung, konnte nichts anders als das letzte Schoßkind der Natur sein, zu dessen Bildung und Empfang viel Entwickelungen und Revolutionen vorhergehen mußten.«

In der Kugelgestalt der Erde findet er einen Gegenstand des Erstaunens über die Einheit, die sie bei aller erdenklichen Mannigfaltigkeit veranlaßt. »Wer, der diese Figur je beherziget hätte, wäre hingegangen, zu einem Wortglauben in Philosophie und Religion zu bekehren, oder dafür mit

[1] Herder: »keimen«. – [2] Akad.-Ausg.: »welche der Erzeugung«.

dumpfem aber heiligem Eifer zu morden?« Eben so gibt ihm die Schiefe der Ekliptik Anlaß zur Betrachtung der Menschenbestimmung: »Unter unserer schräge gehenden Sonne ist alles Tun der Menschen Jahresperiode«. Die nähere Kenntnis | des Luftkreises, selbst der Einfluß der Himmelskörper auf denselben, wenn er näher gekannt sein wird, scheint ihm auf die Geschichte der Menschheit einen großen Einfluß zu versprechen. In dem Abschnitt von der Verteilung des Landes und der Meere wird der Erdbau als ein Erklärungsgrund der Verschiedenheit der Völkergeschichte aufgeführet. »Asien ist so zusammenhängend an Sitten und Gebräuchen, als es dem Boden nach in einem fortgestreckt ist; das kleine Rote Meer scheidet dagegen schon die Sitten, der kleine Persische Meerbusen noch mehr; aber die vielen Seen, Gebirge und Flüsse von Amerika und das feste Land hatten nicht ohne Grund so große Ausbreitung im gemäßigten Himmelsstriche, und das Bauwerk des alten Kontinents ist mit Absicht auf den ersten Wohnsitz der Menschen anders, als in der neuen Welt von der Natur eingerichtet worden.« Das zweite Buch beschäftigt sich mit den Organisationen auf der Erde und fängt von dem Granit an, auf den Licht, Wärme, eine grobe Luft und Wasser wirkten, und vielleicht den Kiesel zur Kalkerde beförderten, in der sich die ersten Lebendigen des Meeres, die Schalengeschöpfe bildeten. Die Vegetation nimmt ferner ihren Anfang. – Vergleichung der Ausbildung des Menschen mit der der Pflanzen, und der Geschlechtsliebe des erstern mit dem Blühen der letztern. Nutzen des Pflanzenreichs in Ansehung des Menschen. Tierreich. Veränderung der Tiere und des Menschen nach den Klimaten. Die der alten Welt sind unvollkommen. »Die Klassen der Geschöpfe erweitern sich, je mehr sie sich vom Menschen entfernen, je näher ihnen[1], desto weniger werden ihrer. – In allen ist eine Hauptform, ein ähnlicher Knochenbau. – Diese Übergänge machen es nicht unwahrscheinlich, daß in den Seen Geschöpfe[2], Pflanzen, ja vielleicht gar in den totgenannten Wesen eine und dieselbe Anlage der Organisation, nur unendlich roher und verworr-

[1] Herder: »näher ihm«. – [2] Herder: »Seegeschöpfen«.

|A 18

ner, herrschen möge. Im Blick des ewigen Wesens, der alles in einem Zusammenhange sieht, hat vielleicht die Gestalt des Eisteilchens, wie es sich erzeugt, und der Schneeflocke, die sich in ihr bildet, noch immer ein analoges Verhältnis mit der Bildung des Embryo im Mutterleibe. – Der Mensch ist ein Mittelgeschöpf unter den Tieren, das ist, die ausgebreiteteste Form, in der sich alle Züge aller Gattungen um ihn her im feinsten Inbegriff sammeln. – Aus Luft und Wasser sehe ich gleichsam die Tiere aus Höhen und Tiefen zu Menschen kommen, und Schritt vor Schritt sich seiner Gestalt nähern.« Dieses Buch schließt: »Freue dich deines Standes, o Mensch, und studiere dich edles Mittelgeschöpf in allem, was um dich lebet«.

Das dritte Buch vergleicht den Bau der Pflanzen und Tiere mit der Organisation der Menschen. Wir können ihm hier, da er die Betrachtungen der Naturbeschreiber zu seiner Absicht nutzt, nicht folgen; nur einige Resultate: »Durch solche und solche Organen erzeugt sich das Geschöpf aus dem toten Pflanzenleben lebendigen Reiz, und aus der Summe dieses, durch feine Kanäle geläutert, das Medium der Empfindung. Das Resultat der Reize wird Trieb, das Resultat der Empfindung Gedanke: ein ewiger Fortgang von organischer Schöpfung, der in jedes lebendige Geschöpf gelegt ward.« Der Verfasser rechnet nicht auf Keime, sondern eine organische Kraft, so bei Pflanzen als Tieren. Er sagt »so wie die Pflanze selbst organisch Leben ist, ist auch der Polyp organisch Leben. Es sind daher viele organische Kräfte, die der Vegetation, der Muskelreize, der Empfindung. Je mehr und feinere Nerven, je größer das Gehirn, desto verständiger wird die Gattung. Tierseele ist die Summe aller in einer Organisation wirkenden Kräfte«, und der Instinkt nicht eine besondere Naturkraft, sondern die Richtung, die die Natur jenen sämtlichen Kräften durch ihre Temperatur gab. Je mehr das eine organische Principium der Natur, das wir jetzt bildend (im Stein), jetzt treibend (in Pflanzen), jetzt empfindend, jetzt künstlich bauend nennen, und im Grunde nur eine und dieselbe organische Kraft ist, in mehr Werkzeuge und verschiedentliche Glieder verteilt ist, je mehr es in denselben eine eigene Welt hat – desto mehr verschwindet der Instinkt, und ein eigner freier Gebrauch der Sinne und Glieder (wie etwa beim Menschen) fängt an. Endlich kommt der Autor zu dem wesentlichen Naturunterschiede des Menschen. »Der aufrechte Gang des Menschen ist ihm einzig natürlich, ja er ist die Organisation zum ganzen Beruf seiner Gattung, und sein unterscheidender Charakter.«

Nicht weil er zur Vernunft bestimmt war, ward ihm, zum Gebrauch seiner Gliedmaßen nach der Vernunft, die aufrechte Stellung angewiesen, sondern er bekam Vernunft, durch die aufrechte Stellung, als die natürliche Wirkung eben derselben Anstalt, die nötig war, um ihn bloß aufrecht gehen zu lassen. »Lasset uns bei diesem heiligen Kunstwerk, der Wohltat, durch die unser Geschlecht ein Menschengeschlecht ward, mit dankbaren Blicken verweilen, mit Verwunderung, weil wir sehen, welche neue Organisation von Kräften in der aufrechten Gestalt der Menschheit anfange, und wie allein durch sie der Mensch ein Mensch ward.«

Im vierten Buch führet der Herr Verf. diesen Punkt weiter aus. »Was fehlet dem menschenähnlichen Geschöpfe (dem Affen), daß er kein Mensch ward« – und wodurch ward dieser es? Durch die Formung des Kopfs zur aufrechten Gestalt, durch innere und äußere Organisation zum perpendikularen Schwerpunkt; – der Affe hat alle Teile des Gehirns, die der Mensch hat; er hat sie aber nach der Gestalt seines Schädels in einer zurückgedrückten Lage, und diese hatte er, weil sein Kopf unter einem andern Winkel geformt, und er nicht zum aufrechten Gange gemacht war. Sofort wirkten | alle organische Kräfte anders. – »Blick also gen Himmel, o Mensch, und erfreue dich schaudernd deines unermeßlichen Vorzugs, den der Schöpfer der Welt an ein so einfaches Principium, deine aufrechte Gestalt knüpfte. – Über die Erde und Kräuter erhoben herrscht der Geruch nicht mehr, sondern das Auge. – Mit dem aufgerichteten Gange wurde der Mensch ein Kunstgeschöpf, er bekam freie und künstliche Hände – nur im aufrechten Gange findet wahre menschliche Sprache statt. Theoretisch und prak-

|A 19

tisch ist Vernunft nichts, als etwas Vernommenes, gelernte Proportion und Richtung der Ideen und Kräfte, zu welcher der Mensch nach seiner Organisation und Lebensweise gebildet worden.« Und nun Freiheit. »Der Mensch ist der erste Freigelassene der Schöpfung, er steht aufrecht.« Die Scham: »sie mußte sich bei aufrechter Gestalt bald entwickeln«. Seine Natur ist keiner sonderlichen Varietät unterworfen. »Wodurch dieses? durch seine aufrechte Gestalt, durch nichts anders. – Er ist zur Humanität gebildet; Friedlichkeit, Geschlechtsliebe, Sympathie, Mutterliebe, eine Sprosse der Humanität seiner aufgerichteten Bildung – die Regel der Gerechtigkeit und Wahrheit gründet sich auf die aufrechte Gestalt des Menschen selbst, diese bildet ihn auch zur Wohlanständigkeit: Religion ist die höchste Humanität. Das gebückte Tier empfindet dunkel; den Menschen erhob Gott, daß er, selbst ohne daß er es weiß und will, Ursachen der Dinge nachspähe, und dich finde, du großer Zusammenhang aller Dinge. Religion aber bringt Hoffnung und Glaube an Unsterblichkeit hervor.« Von dieser letztern redet das 5te Buch. »Vom Stein zu Kristallen, von diesen zu Metallen, von diesen zur Pflanzenschöpfung, von da zum Tier, endlich zum Menschen sahen wir die Form der Organisation steigen, mit ihr auch die Kräfte und Triebe des Geschöpfs vielartiger werden, und sich endlich alle in der Gestalt des Menschen, so fern diese sie fassen konnte, vereinigen. –«

»Durch diese Reihe[1] von Wesen bemerkten wir eine Ähnlichkeit der Hauptformen, die sich immer mehr der Menschengestalt naheten[2], – eben so sahen wir auch die Kräfte und Triebe sich ihm nähern. – Bei jedem Geschöpf war nach dem Zweck der Natur, den es zu befördern hatte, auch seine Lebensdauer eingerichtet. – Je organisierter ein Geschöpf ist, desto mehr ist sein Bau zusammengesetzt aus den niedrigen Reichen. Der Mensch ist ein Kompendium der Welt: Kalk, Erde, Salze, Säure[3], Öl und Wasser, Kräfte der Vegetation, der Reize, der Empfindung[4] sind in ihm organisch vereinigt. – Hierdurch werden wir darauf gestoßen, auch ein

[1] Herder: »Reihen«. – [2] Herder: »Hauptform, . . . nahte«. – [3] Herder: »Kalk und Erde, Salze und Säuren«. – [4] Herder: »Empfindungen«.

unsichtbares Reich der Kräfte anzunehmen, das in eben demselben genauen Zusammenhange, und Übergange steht, und eine aufsteigende Reihe von unsichtbaren Kräften, wie im sichtbaren Reiche der Schöpfung. – Dieses tut alles für die Unsterblichkeit der Seele, und nicht diese allein, sondern für die Fortdauer aller wirkenden und lebendigen Kräfte der Weltschöpfung. Kraft kann nicht untergehen, das Werkzeug kann wohl zerrüttet werden. Was der Allbelebende ins Leben rief, das lebet; was wirkt, wirkt in seinem ewigen Zusammenhange ewig.« Diese Prinzipien werden nicht auseinander gesetzt, »weil hie dazu der Ort nicht ist«. Indessen »sehen wir in der Materie so viel geistähnliche Kräfte, daß ein völliger Gegensatz und Widerspruch dieser beiden allerdings sehr verschiedenen Wesen, des Geistes und der Materie, wo nicht selbst widersprechend, doch wenigstens ganz unerwiesen scheint«.– »Präformierte Keime hat kein Auge gesehen. Wenn man von einer Epigenesis redet, so spricht man uneigentlich, als ob die Glieder von außen zuwüchsen. Bildung (genesis) ist's, eine Wirkung innerer Kräfte, denen die Natur eine Masse vorbereitet hatte, die sie sich zubilden, in der sie sich sichtbar machen sollten. Nicht unsere vernünftige Seele ist's, die den Leib bildete, sondern der Finger der Gottheit, organische Kraft.« Nun heißt es: »1. Kraft und Organ sind zwar innigst verbunden, nicht aber eins und eben dasselbe. 2. Jede Kraft wirkt ihrem Organ harmonisch, denn sie hat sich dasselbe zur Offenbarung ihres Wesens nur zugebildet und sich assimiliert. 3. Wenn die Hülle wegfällt, so bleibt die Kraft, die voraus, obwohl in einem niedrigen Zustande, und ebenfalls organisch, dennoch vor dieser Hülle schon existierte.« Darauf sagt der Verfasser zu den Materialisten: »Lasset es sein, daß unsere Seele mit allen Kräften der Materie, des Reizes, der Bewegung, des Lebens ursprünglich einerlei sei, und nur auf einer höhern Stufe, in einer ausgebildetern feinern Organisation wirke; hat man denn je auch nur eine Kraft der Bewegung des Reizes[1] untergehen sehen, und sind diese mindern Kräfte[2] mit ihren Organen eins und das-

[1] Herder: »Bewegung und des Reizes«. – [2] Herder: »diese niedern Kräfte«.

selbe?« Von dem Zusammenhange desselben heißt es, daß er nur Fortschreitung sein könne. »Das Menschengeschlecht kann man als den großen Zusammenfluß niederer organischen Kräfte ansehen, die in ihm zur Bildung der Humanität keimen sollten.«

Daß die Menschen-Organisation in einem Reiche geistiger Kräfte geschehe, wird so gezeigt: »Der Gedanke ist ganz ein ander Ding, als was ihr der Sinn zuführet[1]; alle Erfahrungen über ihren Ursprung sind Belege von Wirkung[2] eines zwar organischen, aber dennoch eigenmächtigen, nach Gesetzen geistiger Verbindung wirkenden Wesens. 2. Wie der Leib durch Speise zunimmt, so der Geist durch Ideen; ja wir bemerken bei ihm eben die Gesetze der Assimilation, des Wachstums und der Hervorbringung. Kurz es wird in uns ein innerer geistiger Mensch gebildet, der seiner eigenen Natur ist und den Körper nur als Werkzeug brauchet. Das hellere Bewußtsein, dieser große Vorzug der menschlichen Seele, ist derselbe[3] auf eine geistige Weise durch die Humanität erst zugebildet worden u.s.w.«, mit einem Worte, wenn wir es recht verstehen: Die Seele ist aus geisti|gen nach und nach hinzu kommenden Kräften allererst geworden. – »Unsere Humanität ist nur Vorübung, die Knospe zu einer zukünftigen Blume. Die Natur wirft Schritt vor Schritt das Unedle weg, bauet dagegen das Geistige an, führet das Feine noch feiner aus, und so können wir von ihrer Künstlerhand hoffen, daß auch unsere Knospe der Humanität in jenem Dasein in ihrer eigentlichen wahren göttlichen Menschengestalt erscheinen werde.«

Den Beschluß macht der Satz: »Der jetzige Zustand des Menschen ist wahrscheinlich das verbindende Mittelglied zwoer Welten. – Wenn der Mensch die Kette der Erdorganisationen, als ihr höchstes und letztes Glied, schließt, so fängt er auch eben dadurch die Kette einer höhern Gattung von Geschöpfen, als ihr niedrigstes Glied, an, und so

[1] Herder: »1. unleugbar, daß der Gedanke, ja die erste Wahrnehmung, damit sich die Seele einen äußern Gegenstand vorstellt, ganz ein andres Ding sei, als was ihr der Sinn zuführet«. – [2] Herder: »Wirkungen«. – [3] Herder: »derselben«.

|A 20

ist er wahrscheinlich der Mittelring zwischen zwei in einander greifenden Systemen der Schöpfung. – Er stellet uns zwei Welten auf einmal dar, und das macht die anscheinende Duplizität seines Wesens. – Das Leben ist ein Kampf und die Blume der reinen unsterblichen Humanität eine schwer errungene Krone. – Unsere Brüder der höhern Stufe lieben uns daher gewiß mehr, als wir sie suchen und lieben konnten[1]; denn sie sehen unsern Zustand klärer – und sie erziehen an uns vielleicht ihres Glücks Teilnehmer. – Es läßt sich nicht wohl vorstellen: daß der künftige Zustand dem jetzigen so ganz unmitteilbar sein sollte, als das Tier vom[2] Menschen gern glauben möchte, – so scheint ohne höhere Anleitung die Sprache und erste Wissenschaft unerklärlich. – Auch in spätern Zeiten sind die größten Wirkungen auf der Erde durch unerklärliche Umstände entstanden – selbst Krankheiten waren oft Werkzeuge dazu, wenn das Organ für den gewöhnlichen Kreis des Erdlebens unbrauchbar geworden; so daß es natürlich scheint, daß die innere rastlose Kraft vielleicht Eindrücke empfange, deren eine ungestörte Organisation nicht fähig war. – Doch soll der Mensch sich nicht in seinen künftigen Zustand hineinschauen, sondern sich hineinglauben.« (Wie aber, wenn er einmal glaubt, daß er sich hineinschauen könne, kann man ihm verwehren, daß er nicht bisweilen von diesem Vermögen Gebrauch zu machen suche?) – »So viel ist gewiß, daß in jedem[3] seiner Kräfte eine Unendlichkeit liegt, auch die Kräfte des Weltalls scheinen in der Seele verborgen, und sie bedarf nur einer Organisation, oder einer Reihe von Organisationen, diese in Tätigkeit und Übung setzen zu dürfen. – Wie also die Blume da stand, und in aufgerichteter Gestalt das Reich der unterirdischen noch unbelebten Schöpfung schloß, – so steht über allen zur Erde Gebückten (Tieren) der Mensch wieder aufrecht da. Mit erhabenem Blick und aufgehobenen Händen stehet er da, als ein Sohn des Hauses, den Ruf seines Vaters erwartend.«

[1] Herder: »können«. – [2] Herder: »im«. – [3] Herder: »jeder«.

| Beschluß der in Numero 4 abgebrochenen Rezension von Herders Ideen einer Philosophie der Geschichte der Menschheit.

Die Idee und Endabsicht dieses ersten Teils (eines, wie es der Anschein gibt, auf viele Bände angelegten Werks) besteht in folgendem. Es soll, mit Vermeidung aller metaphysischen Untersuchungen, die geistige Natur der menschlichen Seele, ihre Beharrlichkeit und Fortschritte in der Vollkommenheit, aus der Analogie mit den Naturbildungen der Materie, vornehmlich in ihrer Organisation, bewiesen werden. Zu diesem Behuf werden geistige Kräfte, zu welchen Materie nur den Bauzeug ausmacht, ein gewisses unsichtbares Reich der Schöpfung, angenommen, welches die belebende Kraft enthalte, die alles organisiert, und zwar so, daß das Schema der Vollkommenheit dieser Organisation der Mensch sei, welchem sich alle Erdgeschöpfe von der niedrigsten Stufe an nähern, bis endlich durch nichts als diese vollendete Organisation, deren Bedingung vornehmlich der aufrechte Gang des Tiers sei, der Mensch ward, dessen Tod nimmermehr den schon vorher umständlich an allen Arten von Geschöpfen gezeigten Fortgang und Steigerung der Organisationen endigen könne, sondern vielmehr einen Überschritt der Natur zu noch mehr verfeinerten Operationen erwarten lasse, um ihn dadurch zu künftigen noch höhern Stufen des Lebens und so fortan ins Unendliche zu fördern und zu erheben. Rezensent muß gestehen: daß er diese Schlußfolge aus der Analogie der Natur, wenn er gleich jene kontinuierliche Gradation ihrer Geschöpfe, samt der Regel derselben, nämlich der Annäherung zum Menschen, einräumen wollte, doch nicht einsehe. Denn es sind da *verschiedene* Wesen, welche die mancherlei Stufen der immer vollkommneren Organisation besetzen. Also würde nach einer solchen Analogie nur geschlossen werden können: daß irgend *anderswo* etwa in einem andern Planeten wiederum Geschöpfe sein dürften, die die nächst höhere Stufe der Organisation über den Menschen behaupteten, nicht aber: daß *dasselbe Individuum* hiezu gelange. Bei den aus Maden oder Raupen sich entwickelnden fliegenden Tierchen ist hier eine ganz eigene und von dem gewöhnlichen

|A 21

Verfahren der Natur verschiedene Anstalt, und doch auch da folgt die Palingenesie nicht auf den Tod, sondern nur auf den Puppenzustand. Dagegen hier gewiesen werden müßte: daß die Natur Tiere, selbst nach ihrer Verwesung oder Verbrennung, aus ihrer Asche in spezifisch vollkommnerer Organisation aufsteigen lasse, damit man nach der Analogie dieses auch vom Menschen, der hier in Asche verwandelt wird, schließen könne.

Es ist also zwischen der Stufenerhebung eben desselben Menschen, zu einer vollkommneren Organisation in einem andern Leben, und der Stufenleiter, welche man sich unter ganz verschiedenen Arten und Individuen eines Naturreichs denken mag, nicht die mindeste Ähnlichkeit. Hier läßt uns die Natur nichts anders sehen, als daß sie die Individuen der völligen Zerstörung überlasse, und nur die Art erhalte; dort aber verlangt man zu wissen, ob auch das Individuum vom Menschen seine Zerstörung hier auf Erden überleben werde, welches vielleicht aus moralischen, oder, wenn man will, metaphysischen Gründen, niemals aber nach irgend einer Analogie der sichtbaren Erzeugung geschlossen werden kann. Was nun aber jenes unsichtbare Reich wirksamer und selbständiger Kräfte anlangt, so ist nicht wohl abzusehen, warum der Verfasser, nachdem er geglaubt hat, aus den organischen Erzeugungen auf dessen Existenz sicher schließen zu können, nicht lieber das denkende Prinzip im Menschen dahin unmittelbar, als bloß geistige Natur, übergehen ließ, ohne solches durch das Bauwerk der Organisation aus dem Chaos herauszuheben; es müßte denn sein, daß er diese geistigen Kräfte für ganz etwas anders als die menschliche Seele hielt, und diese nicht als besondere Substanz, sondern bloß als Effekt einer auf Materie einwirkenden und sie belebenden unsichtbaren allgemeinen Natur ansähe, welche Meinung wir doch ihm beizulegen billig Bedenken tragen. Allein was soll man überhaupt von der Hypothese unsichtbarer die Organisation bewirkender Kräfte, mithin von dem Anschlage, das, was man nicht begreift, aus demjenigen erklären zu wollen, was man noch weniger begreift, denken? Von jenem können wir doch wenigstens die Gesetze durch Erfahrung kennen lernen, obgleich freilich die Ursachen derselben unbekannt bleiben; von diesem ist uns sogar alle Erfahrung benommen, und, was kann der Philosoph nun hier zur Rechtfertigung seines Vorgebens anführen, als die bloße Verzweifelung, den Aufschluß in irgend einer Kenntnis der Natur zu finden, und den abgedrungenen Entschluß, sie im fruchtbaren Felde der Dichtungs|kraft zu suchen. Auch ist dieses immer Metaphysik, ja sogar sehr dogmatische, so sehr sie auch unser Schriftsteller, weil es die Mode so will, von sich ablehnt.

Was indessen die Stufenleiter der Organisationen betrifft, so darf man es ihm nicht so sehr zum Vorwurf anrechnen, wenn sie zu seiner weit über diese Welt hinausreichenden Absicht nicht hat zulangen wollen; denn ihr Gebrauch in Ansehung der Naturreiche hier auf Erden führt eben sowohl auf nichts. Die Kleinheit der Unterschiede, wenn man die Gattungen ihrer *Ähnlichkeit* nach an einander paßt, ist bei so großer Mannigfaltigkeit eine notwendige Folge eben dieser Mannigfaltigkeit. Nur eine *Verwandtschaft* unter ihnen, da entweder eine Gattung aus der andern, und alle aus einer einzigen Originalgattung oder etwa aus einem einzigen erzeugenden Mutterschoße entsprungen wären, würde auf *Ideen* führen, die aber so ungeheuer sind, daß die Vernunft vor ihnen zurückbebt, dergleichen man unserm Vf., ohne ungerecht zu sein, nicht beimessen darf. Was den Beitrag desselben zur vergleichenden Anatomie durch alle Tiergattungen bis herab zur Pflanze betrifft, so mögen die, so die Naturbeschreibung bearbeiten, selbst urteilen, wiefern die Anweisung, die er hier zu neuen Beobachtungen gibt, ihnen nutzen könne, und ob sie wohl überhaupt einigen Grund habe. Aber die Einheit der organischen Kraft (S. 141), die als selbstbildend in Ansehung der Mannigfaltigkeit aller organischen Geschöpfe, und nachher, nach Verschiedenheit dieser Organen, durch sie auf verschiedene Art wirkend, den ganzen Unterschied ihrer mancherlei Gattungen und Arten ausmache, ist eine Idee, die ganz außer dem Felde der beobachtenden Naturlehre liegt, und zur bloß spekulativen Philosophie gehört, darin sie denn auch, wenn sie Eingang

|A 22

fände, große Verwüstungen unter den angenommenen Begriffen anrichten würde. Allein bestimmen zu wollen, welche Organisierung des Kopfs, äußerlich in seiner Figur und innerlich in Ansehung seines Gehirns, mit der Anlage zum aufrechten Gange notwendig verbunden sei, noch mehr aber, wie eine bloß auf diesen Zweck gerichtete Organisation den Grund des Vernunftvermögens enthalte, dessen das Tier dadurch teilhaftig wird, das übersteigt offenbar alle menschliche Vernunft, sie mag nun am physiologischen Leitfaden tappen, oder am metaphysischen fliegen wollen.

Durch diese Erinnerungen soll indessen diesem so gedankenvollen Werke nicht alles Verdienst benommen werden. Ein vorzügliches darin ist (um hier nicht so mancher eben so schön gesagten, als edel und wahr gedachten Reflexionen zu gedenken) der Mut, mit welchem sein Verfasser die alle Philosophie so oft verengenden Bedenklichkeiten seines Standes, in Ansehung bloßer Versuche der Vernunft, wieweit sie für sich selbst wohl gelangen könne, zu überwinden gewußt hat, worin wir ihm viele Nachfolger wünschen. Überdem trägt die geheimnisvolle Dunkelheit, in welche die Natur selbst ihre Geschäfte der Organisationen, und die Klassenverteilung[1] ihrer Geschöpfe einhüllete, einen Teil der Schuld wegen der Dunkelheit und Ungewißheit, die diesem ersten Teile einer philosophischen Menschengeschichte anhängen, der dazu angelegt war, um die äußersten Enden derselben, den Punkt, von dem sie anhob, und den, da sie sich über die Erdgeschichte hinaus im Unendlichen verliert, wo möglich an einander zu knüpfen; welcher Versuch zwar kühn, aber doch dem Forschungstriebe unserer Vernunft natürlich, und, selbst bei nicht völlig gelingender Ausführung, nicht unrühmlich ist. Desto mehr aber ist zu wünschen, daß unser geistvoller Verfasser in der Fortsetzung des Werks, da er einen festen Boden vor sich finden wird, seinem lebhaften Genie einigen Zwang auflege, und daß Philosophie, deren Besorgung mehr im Beschneiden als Treiben üppiger Schößlinge besteht, ihn nicht durch Winke, sondern bestimmte Begriffe, nicht durch gemut-

[1] Akad.-Ausg.: »Organisation und der Classenvertheilung«.

maßte, sondern beobachtete Gesetze, nicht vermittelst einer, es sei durch Metaphysik oder durch Gefühle beflügelten Einbildungskraft, sondern durch eine im Entwurfe ausgebreitete, aber in der Ausübung behutsame Vernunft zur Vollendung seines Unternehmens leiten möge.

| Erinnerungen des Rezensenten der Herderschen Ideen zu einer Philosophie der Geschichte der Menschheit (Nro. 4 u. Beil. der Allg. Lit. Zeit.) über ein im Februar des deutschen Merkur gegen diese Rezension gerichtetes Schreiben.

Im Februar des T. M. Seite 148 tritt, unter dem Namen eines Pfarrers, ein Verteidiger des Buchs des Herrn Herder gegen den vermeintlichen Angriff in unserer Allgem. Lit. Zeit. auf. Es wäre unbillig, den Namen eines geachteten Autors in den Streit zwischen Rezensenten und Antirezensenten mit zu verwickeln; daher wollen wir hier nur unsere Verfahrungsart in Bekanntmachung und Beurteilung gedachten Werks, als denen Maximen der Sorgfalt, Unparteilichkeit und Mäßigung, die diese Zeitung sich zur Richtschnur genommen hat, gemäß, rechtfertigen. Der Pfarrer zankt in seinem Schreiben viel mit einem Metaphysiker, den er in Gedanken hat, und der, wie er ihn sich vorstellt, für alle Belehrung durch Erfahrungswege, oder, wo diese die Sache nicht vollenden, für Schlüsse nach der Analogie der Natur gänzlich verdorben ist, und alles seinem Leisten scholastischer unfruchtbarer Abstraktionen anpassen will. Der Rezensent kann sich diesen Zank recht wohl gefallen lassen, denn er ist hierin mit dem Pfarrer völlig einerlei Meinung, und die Rezension ist selbst der beste Beweis davon. Da er aber die Materialien zu einer Anthropologie ziemlich zu kennen glaubt, imgleichen auch etwas von der Methode ihres Gebrauchs, um eine Geschichte der Menschheit im Ganzen ihrer Bestimmung zu versuchen: so ist er überzeugt, daß sie weder in der Metaphysik, noch im Naturalienkabinett, durch Vergleichung des Skeletts des Menschen mit dem von andern Tiergattungen, aufgesucht werden müssen; am wenigsten aber die letztere gar auf seine Bestimmung für eine andere Welt führe; sondern daß sie allein in seinen Hand-

|A 309

lungen gefunden werden können, dadurch er seinen Charakter offenbart; auch ist er überredet, daß Hr. Herder nicht einmal die Absicht gehabt habe, im ersten Teile seines Werks (der nur eine Aufstellung des Menschen als Tiers im allgemeinen Natursystem und also einen Prodromus der künftigen Ideen enthält) die wirklichen Materialien zur Menschengeschichte zu liefern, sondern nur Gedanken, die den Physiologen aufmerksam machen können, seine Nachforschungen, die er gemeiniglich nur auf die mechanische Absicht des tierischen Baues richtet, wo möglich weiter, und bis zu der für den Gebrauch der Vernunft an diesem Geschöpfe zweckmäßigen Organisation, auszudehnen; wiewohl er ihnen hierinnen mehr Gewicht, als sie je bekommen können, beigelegt hat. Auch ist nicht nötig, daß der, so der letzteren Meinung ist, (wie der Pfarrer S. 161 fodert) beweise: daß die menschliche Vernunft bei einer andern Form der Organisation auch nur möglich wäre, denn das kann eben so wenig jemals eingesehen werden, als daß sie bei der gegenwärtigen Form allein möglich sei. Der vernünftige Gebrauch der Erfahrung hat auch seine Grenzen. Diese kann zwar lehren, daß etwas so oder so beschaffen sei, niemals aber, daß es gar nicht anders sein könne; auch kann keine Analogie diese unermeßliche Kluft zwischen dem Zufälligen und Notwendigen ausfüllen. In der Rezension wurde gesagt: »Die Kleinheit der Unterschiede, wenn man die Gattungen ihrer Ähnlichkeit nach an einander paßt, ist bei so großer Mannigfaltigkeit eine notwendige Folge eben dieser Mannigfaltigkeit. Nur eine Verwandtschaft unter ihnen, da entweder eine Gattung aus der andern oder alle aus einer einzigen Originalgattung und etwa aus einem einzigen erzeugenden Mutterschoße entsprungen wären, würde auf Ideen führen, die aber so ungeheuer sind, daß die Vernunft vor ihnen zurück bebt, dergleichen man unserm Verf., ohne ungerecht zu sein, nicht beimessen darf.« Diese Worte verführten den Pfarrer zu glauben, als sei in der Rezension des Werks metaphysische Orthodoxie, mithin Intoleranz anzutreffen; und er setzt hinzu: »die gesunde ihrer Freiheit überlassene Vernunft bebt *auch vor keiner Idee zurück*«. Es ist aber nichts von allem dem zu fürchten, was er wähnt. Es ist bloß der horror vacui der allgemeinen Menschenvernunft, nämlich, *da zurück zu beben*, wo man auf eine Idee stößt, bei der sich *gar nichts denken läßt*, und in dieser Absicht möchte wohl der ontologische Kodex dem theologischen, und zwar gerade der Toleranz wegen zum Kanon dienen. Der Pfarrer findet überdem das dem Buche beigelegte Verdienst der *Freiheit im Denken* viel zu gemein für einen so berühmten Verfasser. Ohne Zweifel meint er, es sei daselbst von der *äußeren* Freiheit die Rede, die, weil sie von Ort und Zeit abhängt, in der Tat gar kein Verdienst ist. Allein die Rezension hatte jene *innere* Freiheit, nämlich die von den Fesseln gewohnter und durch die allgemeine Meinung bestärkter Begriffe und | Denkungsarten vor Augen; eine Freiheit, die so *gar nicht* gemein ist, daß selbst die, so sich bloß zur Philosophie bekennen, nur selten sich zu ihr haben empor arbeiten können. Was er an der Rezension tadelt »*daß sie Stellen, welche die Resultate ausdrükken, nicht aber zugleich die, so sie vorbereiten, aushebt*«, möchte wohl ein unvermeidliches Übel für die ganze Autorschaft sein, welches bei allem dem immer doch noch erträglicher ist, als mit Aushebung einer oder andern Stelle bloß überhaupt zu rühmen, oder zu verurteilen. Es bleibt also bei dem mit aller billigen Achtung und selbst mit Teilnehmung an dem *Ruhme*, noch mehr aber an dem *Nachruhme* des Verfassers gefälleten Urteile über das gedachte Werk, welches mithin ganz anders lautet als das, was der Pfarrer ihm S. 161 (nicht sehr gewissenhaft) unterschiebt, *daß das Buch nicht geleistet habe, was sein Titel versprach*. Denn der Titel versprach gar nicht, schon im ersten Bande, der nur allgemeine physiologische Vorübungen enthält, das zu leisten, was von den folgenden (die, so viel man urteilen kann, die eigentliche Anthropologie enthalten werden) erwartet wird, und die Erinnerung war nicht überflüssig: in dieser die Freiheit einzuschränken, die in jenen wohl Nachsicht verdienen möchte. Übrigens kommt es jetzt nur auf den Verfasser selbst an, dasjenige zu

|A 310

leisten, was der Titel versprach, welches man denn auch von seinen Talenten und seiner Gelehrsamkeit zu hoffen Ursach hat.

| Riga und Leipzig, bei J. T. Hartknoch: Ideen zur Philosophie der Geschichte der Menschheit, von Johann Gottfried Herder. Zweiter Teil. 344 S. 8. 1785.

Dieser Teil, der bis zum zehnten Buche fortrückt, beschreibt zuerst in sechs Abschnitten des sechsten Buchs die Organisation der Völker in der Nähe des Nordpols, und um den asiatischen Rücken der Erde, des Erdstrichs schön gebildeter Völker und der afrikanischen Nationen, der Menschen in den Inseln des heißen Erdstrichs und der Amerikaner. Der Verfasser beschließt die Beschreibung mit dem Wunsche einer Sammlung von neuen Abbildungen der Nationen, wozu Niebuhr, Parkinson, Cook, Höst, Georgi, u. a. schon Anfänge geliefert haben. »Es wäre ein schönes Geschenk, wenn jemand, der es kann, die hie und da zerstreueten treuen Gemälde der Verschiedenheit unsers Geschlechts sammlete, und damit den Grund zu einer sprechenden Naturlehre und Physiognomik der Menschheit legte. Philosophischer könnte die Kunst schwerlich angewendet werden, und eine anthropologische Karte, wie Zimmermann eine zoologische versucht hat, auf der nichts angedeutet werden müßte, als was Diversität der Menschheit ist, diese aber auch in allen Erscheinungen und Rücksichten, eine solche würde das philanthropische Werk krönen.«

Das siebente Buch betrachtet vorerst die Sätze, daß bei so verschiedenen Formen dennoch das Menschengeschlecht überall nur eine Gattung sei: und daß dies eine Geschlecht sich überall auf der Erde klimatisieret habe. Hiernächst werden die Wirkungen des Klima an Bildung[1] des Menschen an Körper und Seele beleuchtet. Der Verf. bemerkt scharfsinnig, daß noch viele Vorarbeiten fehlen, ehe wir an eine physiologische, pathologische[2], geschweige an eine Klimatologie aller menschlichen Denk- und Empfindungskräfte kommen können, und daß es unmöglich sei,

[1] Herder: »auf die Bildung«. – [2] Herder: »physiologisch-pathologische«.

das Chaos von Ursachen und Folgen, welches hier Höhe und Tiefe des Erdstrichs, Beschaffenheit desselben und seiner Produkte, Speisen und Getränke, Lebensweise, Arbeiten, Kleidung, gewohnte Stellungen sogar, Vergnügen und Künste nebst andern Umständen zusammen ausmachen, zu einer Welt zu ordnen, in der jedem Dinge, jeder einzelnen Gegend sein Recht geschehe, und keines zu viel oder zu wenig erhalte. Mit rühmlicher Bescheidenheit kündigt er daher auch die S. 99 folgenden allgemeinen Anmerkungen S. 92 nur als Probleme an. Sie sind unter folgenden Hauptsätzen enthalten. 1. Durch allerlei Ursachen wird auf der Erde eine klimatische Gemeinschaft befördert, die zum Leben der Lebendigen gehört. 2. Das bewohnbare Land unsrer Erde ist in Gegenden zusammengedrängt, wo die meisten lebendigen Wesen, in der ihnen genügsamsten Form, wirken; diese Lage der Weltteile hat Einfluß auf ihrer aller Klima. 3. Durch den Bau der Erde an die Gebürge ward nicht nur für das große Mancherlei der Lebendigen das Klima derselben zahllos verändert, sondern auch die Ausbreitung[1] des Menschengeschlechts verhütet, wie sie verhütet werden kann[2]. Im 4ten Abschnitt dieses Buchs behauptet der Verf., die genetische Kraft sei die Mutter aller Bildungen auf der Erde, der das Klima nur freundlich oder feindlich zuwirke, und beschließt mit einigen Anmerkungen über den Zwist der Genesis und des Klima, wo er unter andern auch eine physischgeographische Geschichte der Abstammung und Verartung unsers Geschlechts nach Klimaten und Zeiten wünscht.

Im achten Buche verfolgt Hr. H. den Gebrauch der menschlichen Sinne, die Einbildungskraft des Menschen, seinen praktischen Verstand, seine Triebe und Glückseligkeit, und erläutert den Einfluß der Tradition, der Meinungen, der Übung und Gewohnheit durch Beispiele verschiedener Nationen.

Das neunte beschäftigt sich mit der Abhängigkeit des Menschen von andern, in der Entwickelung seiner Fähigkeiten, mit der Sprache als Mittel zur Bildung der Menschen,

[1] Herder: »Ausartung«. – [2] Herder: »konnte«.

mit der Erfindung der Künste und Wissenschaften durch Nachahmung, Vernunft und Sprache; mit den Regierungen, als festgestellten Ordnungen unter den Menschen meistens aus ererbten Traditionen: und schließet mit Bemerkungen über die Religion und die älteste Tradition.

Das *zehnte* enthält größtenteils das Resultat der Gedanken, die der Verf. schon anderwärts vorgetragen; indem es außer den Betrachtungen über | den ersten Wohnsitz der Menschen, und die asiatischen Traditionen über die Schöpfung der Erde und des Menschengeschlechts, das Wesentlichste der Hypothese über die mosaische Schöpfungsgeschichte aus der Schrift *älteste Urkunde des Menschengeschlechts* wiederholet.

Diese trockene Anzeige soll auch bei diesem Teile nur Ankündigung des Inhalts, nicht Darstellung des Geistes von diesem Werke sein; sie soll einladen, es zu lesen, nicht die Lektüre desselben ersetzen oder unnötig machen.

Das *sechste* und *siebente Buch* enthalten selbst größtenteils nur Auszüge aus Völkerbeschreibungen; freilich mit geschickter Wahl ausgesucht, meisterhaft disponiert, und allerwärts mit eignen sinnreichen Beurteilungen begleitet; aber eben darum desto weniger eines ausführlichen Auszugs fähig. Es gehört auch hier nicht zu unsrer Absicht, so manche schöne Stellen voll dichterischer Beredsamkeit auszuheben, oder zu zergliedern, die jedem Leser von Empfindung sich selbst anpreisen werden. Aber eben so wenig wollen wir hier untersuchen, ob nicht der poetische Geist, der den Ausdruck belebt, auch zuweilen in die Philosophie des Vf. eingedrungen; ob nicht hier und da Synonymen für Erklärungen, und Allegorien für Wahrheiten gelten; ob nicht, statt nachbarlicher Übergänge aus dem Gebiete der philosophischen in den Bezirk der poetischen Sprache, zuweilen die Grenzen und Besitzungen von beiden völlig verrückt sein; und ob an manchen Orten das Gewebe von kühnen Metaphern, poetischen Bildern, mythologischen Anspielungen nicht eher dazu diene, den Körper der Gedanken wie unter einer *Vertügade* zu verstecken, als ihn wie unter einem durchscheinenden Gewande angenehm her-

|A 154

vorschimmern zu lassen. Wir überlassen es Kritikern der schönen philosophischen Schreibart, oder der letzten Hand des Verf. selbst, z.B. zu untersuchen, ob's nicht etwa besser gesagt sei: nicht nur Tag und Nacht, und Wechsel der Jahrszeiten verändern das Klima, als S. 99: »Nicht nur Tag und Nacht und der Reihentanz abwechselnder Jahrszeiten verändern das Klima«; ob S. 100 an eine naturhistorische Beschreibung dieser Veränderungen folgendes in einer dithyrambischen Ode ungezweifelt schöne Bild sich passend anschließe: »Um den Thron Jupiters tanzen ihre (der Erde) Horen einen Reihentanz, und was sich unter ihren Füßen bildet, ist zwar nur eine unvollkommne Vollkommenheit, weil alles auf die Vereinigung verschiedenartiger Dinge gebauet ist, aber durch eine innere Liebe und Vermählung mit einander wird allenthalben das Kind der Natur geboren, sinnliche Regelmäßigkeit und Schönheit«; oder ob nicht für den Übergang von Bemerkungen der Reisebeschreiber über die Organisation verschiedner Völker und über das Klima zu einer Sammlung daraus abgezogner Gemeinsätze folgende Wendung, mit der das achte Buch anhebt, zu episch sei: »Wie einem, der von den Wellen des Meeres eine Schiffahrt in die Luft tun soll, so ist mir, da ich itzt nach den Bildungen und Naturkräften der Menschheit auf ihren Geist komme, und die veränderlichen Eigenschaften desselben, auf unserm weiten Erdenrunde aus fremden, mangelhaften und zum Teil unsichern Nachrichten zu erforschen wage«. Auch untersuchen wir nicht, ob nicht der Strom seiner Beredsamkeit ihn hie oder da in Widersprüche verwickele, ob z.B., wenn S. 248 angeführt wird, daß Erfinder oft mehr den Nutzen ihres Fundes der Nachwelt überlassen mußten, als für sich selbst erfanden, nicht hier ein neues Beispiel zur Bestätigung des Satzes liege, daß die Naturanlagen des Menschen, die sich auf den Gebrauch seiner Vernunft beziehn, nur in der Gattung, nicht aber im Individuum vollständig entwickelt werden sollten, welchem Satze er doch mit einigen daraus fließenden, wiewohl nicht ganz richtig gefaßten, S. 206 beinahe eine Beleidigung der Naturmajestät (welches andere in Prosa Gotteslästerung nennen) schuld zu geben geneigt ist: dies alles müssen wir hier, der Schranken, die uns gesetzt sind, eingedenk, unberührt lassen.

Eines hätte Rezensent sowohl unserm Verf., als jedem andern philosophischen Unternehmer einer allgemeinen Naturgeschichte des Menschen gewünscht, nämlich daß ein historisch-kritischer Kopf ihnen insgesamt vorgearbeitet hätte, der aus der unermeßlichen Menge von Völkerbeschreibungen oder Reiseerzählungen und allen ihren mutmaßlich zur menschlichen Natur gehörigen Nachrichten vornehmlich diejenigen ausgehoben hätte, darin sie einander widersprechen, und sie (doch mit beigefügten Erinnerungen wegen der Glaubwürdigkeit jedes Erzählers) neben einander gestellt hätte; denn so würde niemand so[1] dreist auf einseitige Nachrichten fußen, ohne vorher die Berichte anderer genau abgewogen zu haben. Jetzt aber kann man aus einer Menge von Länderbeschreibungen, wenn man will, beweisen, daß Amerikaner, Tibetaner und andere echte mongolische Völker keinen Bart haben, aber auch, wem es besser gefällt, daß sie insgesamt von Natur bärtig sind und sich diesen nur ausrupfen; daß Amerikaner und Neger eine in Geistesanlagen unter die übrigen Glieder der Menschengattung gesunkene Rasse sind, andererseits aber, nach eben so scheinbaren Nachrichten, daß sie hierin, was ihre Naturanlage betrifft, jedem andern Weltbewohner gleich zu schätzen sind, mithin dem Philosophen die Wahl bleibe, ob er Naturverschiedenheiten annehmen, oder alles nach dem Grundsatze tout comme chez nous beurteilen will, dadurch denn alle seine über eine so wankende Grundlage errichtete Systeme den Anschein baufälliger Hypothesen bekommen müssen. Der Einteilung der Menschengattung in *Rassen* ist unser Verf. nicht günstig, vornehmlich derjenigen nicht, welche sich auf anerbende Farben gründet, vermutlich weil | der Begriff einer Rasse ihm noch nicht deutlich bestimmt ist. In des siebenten Buches dritter Nummer nennt er die Ursache der klimatischen Verschiedenheit der Menschen eine *genetische* Kraft. Rez. macht sich von der Bedeu-

[1] Akad.-Ausg.: »niemand sich so«.

|A 155

tung dieses Ausdrucks im Sinne des Verf. diesen Begriff. Er will einerseits das Evolutionssystem, andererseits aber auch den bloß mechanischen Einfluß äußerer Ursachen, als untaugliche Erläuterungsgründe abweisen, und nimmt ein innerlich nach Verschiedenheit der äußern Umstände sich selbst, diesen angemessen, modifizierendes Lebensprinzip als die Ursache derselben an, worin ihm Rez. völlig beitritt, nur mit dem Vorbehalt, daß, wenn die von innen organisierende Ursache durch ihre Natur etwa nur auf eine gewisse Zahl und Grad von Verschiedenheiten der Ausbildung ihres Geschöpfs eingeschränkt wäre (nach deren Ausrichtung sie nicht weiter frei wäre, um bei veränderten Umständen nach einen[1] andern Typus zu bilden), man diese Naturbestimmung der bildenden Natur auch wohl Keime oder ursprüngliche Anlagen nennen könnte, ohne darum die ersten als uranfänglich eingelegte und sich nur gelegentlich auseinander faltende Maschinen und Knospen (wie im Evolutionssystem) anzusehen, sondern wie bloße weiter nicht erklärliche Einschränkungen eines sich selbst bildenden Vermögens, welche letztere[2] wir eben so wenig erklären oder begreiflich machen können.

Mit dem achten Buche fängt ein neuer Gedankengang an, der bis zum Schlusse dieses Teils fortwährt, und den Ursprung der Bildung des Menschen als eines vernünftigen und sittlichen Geschöpfs, mithin den Anfang aller Kultur enthält, welcher nach dem Sinn des Verfassers nicht in dem eigenen Vermögen der Menschengattung, sondern gänzlich außer ihm in einer Belehrung und Unterweisung von andern Naturen zu suchen sei, von da anhebend alles Fortschreiten in der Kultur nichts als weitere Mitteilung und zufälliges Wuchern mit einer ursprünglichen Tradition sei, welcher, und nicht ihm selbst der Mensch alle seine Annäherung zur Weisheit zuzuschreiben habe. Da Rezensent, wenn er einen Fuß außerhalb der Natur und dem Erkenntnisweg der Vernunft setzt, sich nicht weiter zu helfen weiß, da er in gelehrter Sprachforschung und Kenntnis oder Beurteilung alter Urkunden gar nicht bewandert ist, mithin die daselbst er-

[1] Akad.-Ausg.: »nach einem«. – [2] Akad.-Ausg.: »welches letztere«.

zählten und dadurch zugleich bewährten Facta philosophisch zu nutzen gar nicht versteht: so bescheidet er sich von selbst, daß er hier kein Urteil habe. Indessen läßt sich von der weitläuftigen Belesenheit und von der besondern Gabe des Verf., zerstreute Data unter einen Gesichtspunkt zu fassen, wahrscheinlich zum voraus vermuten, daß wir wenigstens über den Gang menschlicher Dinge, so fern er dazu dienen kann, den Charakter der Gattung und, wo möglich, selbst gewisse klassische Verschiedenheiten derselben näher kennen zu lernen, viel Schönes werden zu lesen bekommen, welches auch für denjenigen, der über den ersten Anfang aller menschlichen Kultur anderer Meinung wäre, belehrend sein kann. Der Verf. drückt die Grundlage der seinigen (S. 338–339 samt der Anmerkung) kürzlich so aus: »diese (mosaische) lehrende Geschichte erzählt: daß die ersten geschaffenen Menschen mit den unterweisenden Elohim im Umgange gewesen, daß sie unter Anleitung derselben durch Kenntnis der Tiere sich Sprache und herrschende Vernunft erworben und da der Mensch ihnen auch auf eine verbotene Art in Erkenntnis des Bösen gleich werden wollen, er diese mit seinem Schaden erlangt und von nun an einen andern Ort eingenommen, eine neue künstlichere Lebensart angefangen habe. Wollte die Gottheit also, daß der Mensch Vernunft und Vorsicht übte: so mußte sie sich seiner auch mit Vernunft und Vorsicht annehmen. – Wie nun aber die Elohim sich der Menschen angenommen, d. i. sie gelehrt, gewarnt und unterrichtet haben? Wenn es nicht eben so kühn ist, hierüber zu fragen, als zu antworten: so soll uns an einem anderen Ort die Tradition selbst darüber Aufschluß geben.«

In einer unbefahrnen Wüste muß einem Denker gleich Reisenden frei stehen, seinen Weg nach Gutdünken zu wählen; man muß abwarten, wie es ihm gelingt und ob er, nachdem er sein Ziel erreicht hat, wohlbehalten wieder zu Hause, d. i. im Sitze der Vernunft zur rechten Zeit eintreffe und sich also auch Nachfolger versprechen könne. Um deswillen hat Rezensent über den eigenen von dem Verfasser eingeschlagenen Gedankenweg nichts zu sagen, nur glaubt er berechtigt zu sein, einige auf diesem Wege von ihm angefochtenen Sätze in Schutz zu nehmen, weil ihm jene Freiheit, sich seine Bahn selbst vorzuzeichnen, auch zustehen muß. Es heißt nämlich S. 160[1]: »Ein zwar *leichter*, aber *böser* Grundsatz wäre es zur Philosophie der Menschengeschichte: der Mensch sei ein Tier, das einen Herrn nötig habe und von diesem Herren, oder der Verbindung derselben, das Glück seiner Endbestimmung erwarte«. Leicht mag er immer sein, darum weil ihn die Erfahrung aller Zeiten und an allen Völkern bestätigt, aber böse? S. 205 wird gesagt: »Gütig dachte die Vorsehung, daß sie den Kunstendzwecken großer Gesellschaften die leichtere Glückseligkeit einzelner Menschen vorzog und jene kostbare Staatsmaschinen, so viel sie konnte, für die Zeit sparete[2]«. Ganz recht, aber allererst die Glückseligkeit eines Tiers, dann die eines Kindes, eines Jünglings, endlich die eines Mannes. In allen Epochen der Menschheit, so wie auch zu derselben Zeit in allen Ständen, findet eine Glückseligkeit statt, die gerade den Begriffen und der Gewohnheit des Geschöpfs an die Umstände, darin er[3] geboren und erwachsen ist, angemessen ist, ja es ist so gar, was diesen Punkt betrifft, nicht einmal eine Vergleichung des | Grades derselben und ein Vorzug einer Menschenklasse oder einer Generation vor der andern anzugeben möglich. Wie, wenn aber nicht dieses Schattenbild der Glückseligkeit, welches sich ein jeder selbst macht, sondern die dadurch ins Spiel gesetzte immer fortgehende und wachsende Tätigkeit und Kultur, deren größtmöglicher Grad nur das Produkt einer nach Begriffen des Menschenrechts geordneten Staatsverfassung, folglich ein Werk der Menschen selbst sein kann, der eigentliche Zweck der Vorsehung wäre, so würde nach S. 206 »jeder einzelne Mensch das Maß seiner Glückseligkeit in sich haben«, ohne im Genusse derselben irgend einen[4] der nachfolgenden Glieder nachzustehen; was aber den Wert nicht ihres Zustandes, wenn sie existieren, sondern ihrer Existenz selber, d. i. warum sie eigentlich dasein, betrifft, so würde sich nur hier allein eine weise Ab-

[1] Herder: »260«. – [2] Herder: »konnte, den Zeiten ersparte«. – [3] Akad.-Ausg.: »darin es«. – [4] Akad.-Ausg.: »irgend einem«.

|A 156

sicht im ganzen offenbaren. Meint der Herr Verfasser wohl: daß, wenn die glücklichen Einwohner von Otaheite, niemals von gesittetern Nationen besucht, in ihrer ruhigen Indolenz auch Tausende von Jahrhunderten durch zu leben bestimmt wären, man eine befriedigende Antwort auf die Frage geben könnte, warum sie denn gar existieren, und ob es nicht eben so gut gewesen wäre, daß diese Insel mit glücklichen Schafen und Rindern, als mit im bloßen Genusse glücklichen Menschen besetzt gewesen wäre. Jener Grundsatz ist also nicht so böse, als der Hr. Vf. meint. – Es mag ihn wohl ein böser Mann gesagt haben. – Ein zweiter in Schutz zu nehmender Satz wäre dieser. S. 212 heißt es: »Wenn jemand sagte: daß nicht der einzelne Mensch, sondern das Geschlecht erzogen werde, so spräche er für mich unverständlich, da Geschlecht und Gattung nur allgemeine Begriffe sind, außer, in so fern sie in einzelnen Wesen existieren. – Als wenn ich von der Tierheit, der Steinheit, der Metallheit im allgemeinen spräche und sie mit den herrlichsten, aber in einzelnen Individuen einander widersprechenden Attributen auszierete. – Auf diesem Wege der Averroischen Philosophie soll unsere Philosophie der Geschichte nicht wandeln.« Freilich, wer da sagte: Kein einziges Pferd hat Hörner, aber die Pferdegattung ist doch gehörnt, der würde eine platte Ungereimtheit sagen. Denn Gattung bedeutet alsdenn nichts weiter, als das Merkmal, worin gerade alle Individuen unter einander übereinstimmen müssen. Wenn aber Menschengattung das Ganze einer ins Unendliche (Unbestimmbare) gehenden Reihe von Zeugungen bedeutet (wie dieser Sinn denn ganz gewöhnlich ist), und es wird angenommen, daß diese Reihe der Linie ihrer Bestimmung, die ihr zur Seite läuft, sich unaufhörlich nähere, so ist es kein Widerspruch zu sagen: daß sie in allen ihren Teilen dieser asymptotisch sei, und doch im ganzen mit ihr zusammen komme, mit anderen Worten, daß kein Glied aller Zeugungen des Menschengeschlechts, sondern nur die Gattung ihre Bestimmung völlig erreiche. Der Mathematiker kann hierüber Erläuterung geben; der Philosoph würde sagen: die Bestimmung des menschlichen Geschlechts im ganzen ist unaufhörliches Fortschreiten und die Vollendung derselben ist eine bloße, aber in aller Absicht sehr nützliche Idee von dem Ziele, worauf wir, der Absicht der Vorsehung gemäß, unsere Bestrebungen zu richten haben. Doch diese Irrung in der angeführten polemischen Stelle ist nur eine Kleinigkeit. Wichtiger ist der Schluß derselben: »Auf diesem Wege der Averroischen Philosophie (heißt es) soll unsere Philosophie der Geschichte nicht wandeln«. Daraus läßt sich schließen, daß unser Verfasser, dem so oft alles, was man bisher für Philosophie ausgegeben, mißfällig gewesen, nun einmal, nicht in einer unfruchtbaren Worterklärung, sondern durch Tat und Beispiel in diesem ausführlichen Werke ein Muster der echten Art zu philosophieren der Welt darlegen werde.

ZU GOTTLIEB HUFELAND:

VERSUCH ÜBER DEN GRUNDSATZ DES NATURRECHTS

| Leipzig, bei G. J. Göschen: Versuch über den Grundsatz des Naturrechts. – Nebst einem Anhange, von Gottlieb Hufeland, d. W. W. u. B. R. D[1]. – 1785. (12 gr.)

In Wissenschaften, deren Gegenstand durch lauter Vernunftbegriffe gedacht werden muß, wie die es sind, welche die praktische Weltweisheit ausmachen, nicht bloß zu den ersten Grundbegriffen und Grundsätzen zurückgehen, sondern, weil es diesen leicht an Zulässigkeit und objektiver Realität fehlen könnte, die selbst durch ihre Zulänglichkeit für einzelne vorkommende Fälle noch nicht hinreichend bewiesen ist, ihre Quellen in dem Vernunftvermögen selbst aufsuchen, ist ein rühmliches Unternehmen, welchem sich Hr. Hufeland hier in Ansehung des Naturrechts unterzogen hat. Er stellt in zehn Abschnitten den Gegenstand des Naturrechts, die Entwickelung des Begriffs vom Recht, die notwendigen Eigenschaften des Grundsatzes desselben, dann die verschiedenen Systeme hierüber und die Prüfung derselben, jene mit historischer Ausführlichkeit, diese mit kritischer Genauigkeit dar, wo man die Grundsätze eines Grotius, Hobbes, Pufendorf, Thomasius, Heinrich und Sam. v. Cocceji, Wolff, Gundling, Beyer, Treuer, Köhler, Claproth, Schmauß, Achenwall, Sulzer, Feder, Eberhard, Platner, Mendelssohn, Garve, Höpfner, Ulrich, Zöllner, Hamann, Selle, Flatt, Schlettwein antrifft und nicht leicht einen vermissen wird, welches dem, welcher gerne das Ganze alles bisher in diesem Fache Geschehenen übersehen und die allgemeine Musterung desselben anstellen möchte, eine angenehme Erleichterung ist. Er sucht die Ursachen dieser *Verschiedenheit in Grundsätzen* auf; setzt darauf die formalen Bedingungen des Naturrechts fest, leitet den Grundsatz desselben in einer von ihm selbst ausgedachten Theorie ab, bestimmt die Verbindlichkeit im Naturrecht näher und vollendet dieses Werk durch die daraus gezogenen Folgerungen; dem im Anhange noch einige besondere Anwendungen jener Begriffe und Grundsätze beigefügt sind.

In einer so großen Mannigfaltigkeit der Materien über einzelne Punkte Anmerkungen zu ma|chen, würde eben so

[1] Akad.-Ausg.: »der Weltweisheit u. beider Rechte Doctor«.

|A 113, 114

weitschweifig, als unzweckmäßig sein. Es mag also genug sein, den Grundsatz der Errichtung eines eigenen Systems, der dieses Werk charakterisiert, vom achten Abschnitte an auszuheben und seine Quelle sowohl als die Bestimmung anzuzeigen. Der Vf. hält nämlich Prinzipien, die bloß die Form des freien Willens, unangesehen alles Objekts, bestimmen, nicht für hinreichend zum praktischen Gesetze und also, um Verbindlichkeit davon abzuleiten. Daher sucht er zu jenen formalen Regeln eine Materie, d. i. ein Objekt, welches, als der höchste Zweck eines vernünftigen Wesens, den ihm die Natur der Dinge vorschreibt, als ein Postulat angenommen werden könne, und setzt es in der Vervollkommnung desselben. Daher der oberste praktische Grundsatz: befördere die Vollkommenheit aller empfindenden, vorzüglich der vernünftigen Wesen – also auch deine eigene; woraus denn der Satz: verhindere die Verminderung derselben an andern – vorzüglich an dir selbst (so fern andere davon die Ursache sein möchten), welches letztere einen Widerstand, mithin einen Zwang offenbar in sich schließt.

Das Eigentümliche des Systems unsers Vf. besteht nun darin, daß er den Grund alles Naturrechts und aller Befugnis in einer vorhergehenden natürlichen Verbindlichkeit setzt, und daß der Mensch darum befugt sei, andere zu zwingen, weil er hiezu (nach dem letzten Teile des Grundsatzes) verbunden ist; anders, glaubt er, könne die Befugnis zum Zwange nicht erklärt werden. Ob er nun gleich die ganze Wissenschaft natürlicher Rechte auf Verbindlichkeiten gründet, so warnt er doch, darunter nicht die Verbindlichkeit anderer, unserm Recht eine Gnüge[1] zu leisten, zu verstehen (Hobbes merkt schon an, daß, wo der Zwang unsere Ansprüche begleitet, keine Verbindlichkeit anderer, sich diesem Zwange zu unterwerfen, mehr gedacht werden könne). Hieraus schließt er, daß die Lehre von den Verbindlichkeiten im Naturrecht überflüssig sei und oft mißleiten könne. Hierin tritt Rez. dem Vf. gerne bei. Denn die Frage ist hier nur, unter welchen Bedingungen ich den Zwang ausüben könne, ohne den allgemeinen Grundsätzen des Rechts

[1] Cassirer: »Rechte ein Genüge«.

zu widerstreiten; ob der | andere nach eben denselben Grundsätzen sich passiv verhalten oder reagieren dürfe, ist seine Sache zu untersuchen, so lange nämlich alles im Naturzustande betrachtet wird, denn im bürgerlichen ist dem Richterspruche, der das Recht dem einen Teil zuerkennt, jederzeit eine Verbindlichkeit des Gegners korrespondierend. Auch hat diese Bemerkung im Naturrecht ihren großen Nutzen, um den eigentlichen Rechtsgrund nicht durch Einmengung ethischer Fragen zu verwirren. Allein, daß die Befugnis zu zwingen so gar eine Verbindlichkeit dazu, welche uns von der Natur selbst auferlegt sei, durchaus zum Grunde haben müsse, das scheint Rezensenten nicht klar zu sein; vornehmlich, weil der Grund mehr enthält, als zu jener Folge nötig ist. Denn daraus scheint zu folgen, daß man von seinem Rechte sogar *nichts nachlassen* könne, wozu uns ein Zwang erlaubt ist, weil diese Erlaubnis auf einer innern Verbindlichkeit beruht, sich durchaus, und mithin allenfalls mit Gewalt, die uns gestrittene Vollkommenheit zu erringen. Es scheint auch: daß, nach dem angenommenen Richtmaße der Befugnis, die Beurteilung dessen, wozu ich ein Recht habe, selbst in den gemeinsten Fällen des Lebens so künstlich ausfallen müsse, daß selbst der geübteste Verstand sich in kontinuierlicher Verlegenheit, wo nicht gar in der Unmöglichkeit befinden würde, mit Gewißheit auszumachen, wie weit sich sein Recht erstrecke. – Von dem Rechte zum *Ersatz* behauptet der Verf., daß es im bloßen Naturzustande als Zwangsrecht nicht Statt finde, doch gesteht er, daß er es bloß darum aufgebe, weil er es nicht beweisen zu können glaubt. In eben demselben Zustande räumt er auch keine *Zurechnung* ein, weil da kein Richter angetroffen wird. – Einige Fingerzeige zur Anwendung gibt der Hr. Vf. im Anhange: wo er von der ersten Erwerbung, von der durch Verträge, dem Staats- und Völkerrechte handelt, und zuletzt eine neue notwendige Wissenschaft vorschlägt, welche die Lücke zwischen dem Natur- und positiven Rechte ausfüllen könne. Man kann nicht in Abrede ziehen, daß in diesem Werke viel Neues, Tiefgedachtes und zugleich Wahres enthalten sei, überall aber etwas, das zur

|A 115

Entdeckung des Criterii der Wahrheit in Sätzen des Naturrechts und der Grenzbestimmung des eigentümlichen Bodens desselben vorbereitet und Anleitung gibt. Doch rechnet R. noch sehr auf den fortgesetzten Gebrauch, den der Hr. Verf. noch künftig in seinen Lehrstunden von seinem Grundsatze machen wird. Denn diese Art von Experiment ist in keiner Art von Erkenntnis aus bloßen Begriffen nötiger und dabei doch zugleich so tunlich, als in Fragen über das Recht, das auf bloßer Vernunft beruht; niemand aber kann dergleichen Versuch mannigfaltiger und ausführlicher anstellen, als der, welcher sein angenommenes Prinzip an so viel Folgerungen, als ihm das ganze System, das er öfters durchgehen muß, darbietet, zu prüfen Gelegenheit hat. Es | wäre unschicklich, Einwürfe wider eine Schrift aufzustellen, die sich auf das besondere System gründen, das sich der Rezensent über eben denselben Gegenstand gemacht hat; seine Befugnis erstreckt sich nicht weiter, als nur auf die Prüfung der Zusammenstimmung der vorgetragenen Sätze unter einander, oder mit solchen Wahrheiten, die er als vom Verf. zugestanden annehmen kann. Daher können wir nichts weiter hinzufügen, als daß gegenwärtige Schrift den lebhaften und forschenden Geist des Vf., von welchem sich in der Folge viel erwarten läßt, beweise, und eine ähnliche Bearbeitung, in dieser sowohl, als in andern Vernunftwissenschaften die Prinzipien sorgfältig zu berichtigen, dem Geschmacke, und vielleicht auch dem Berufe dieses Zeitalters angemessen und daher allgemein anzupreisen sei.

|A 116

NACHWORT DES HERAUSGEBERS
BERICHTIGUNGEN INHALTSVERZEICHNISSE

ZUM ELFTEN UND ZWÖLFTEN BAND

Die vorliegenden Bände der Neuausgabe der Werke Immanuel Kants fassen dessen Schriften aus dem Umkreis der Anthropologie, Geschichtsphilosophie und Politik seit dem Jahre 1775 in chronologischer Reihenfolge zusammen. Sie enthalten ferner die von Rink herausgegebenen Vorlesungen über Pädagogik, Kants Rezensionen aus dem genannten Zeitraum sowie die beiden Aufsätze »Über das Mißlingen aller philosophischen Versuche in der Theodizee« und »Das Ende aller Dinge«, die zusammen mit dem ersten Abschnitt des »Streits der Fakultäten« eine wichtige Ergänzung der philosophischen Religionslehre bilden, wie Kant sie in der »Religion innerhalb der Grenzen der bloßen Vernunft« entwickelt hat.

Für den Aufsatz *»Von den verschiedenen Rassen der Menschen«* wurden Kants Vorlesungsankündigung für das Sommerhalbjahr 1775 (zitiert als A) und deren Neubearbeitung, erschienen in: »Der Philosoph für die Welt. Herausgegeben von J. J. Engel. Zweyter Theil. Leipzig 1777. Zu finden in der Dyckischen Buchhandlung« (22stes Stück, S. 125–164; zitiert als B), durchgängig verglichen. Dabei wurde die stark überarbeitete und erweiterte zweite Fassung, auf die Kant später mehrfach Bezug genommen hat (vgl. Akad.-Ausg. X 227 ff.; 254 ff.), dem Abdruck zugrundegelegt. Die Abweichungen der ersten Fassung wurden, kursiv gesetzt, unter dem Text angemerkt.

Für die Aufsätze *»Idee zu einer allgemeinen Geschichte in weltbürgerlicher Absicht«*, *»Beantwortung der Frage: Was ist Aufklärung?«*, *»Bestimmung des Begriffs einer Menschenrasse«*, *»Mutmaßlicher Anfang der Menschengeschichte«*, *»Über das Mißlingen aller philosophischen Versuche in der Theodizee«*, *»Über den Gemeinspruch: Das mag in der Theorie richtig sein, taugt aber nicht für die Praxis«* und *»Das Ende aller Dinge«* mußten die Erstdrucke in der Berlinischen Monatsschrift (November 1784, S. 385–411, Dezember 1784, S. 481–494, November 1785, S. 390–417, Januar 1786, S. 1 bis 27, September 1791, S. 194–225, September 1793, S. 201 bis 284 und Juni 1794, S. 495–522; zitiert als A) zugrundegelegt werden, wenngleich Kant bei ihrer Korrektur schwerlich selbst mitgewirkt haben dürfte.

Für Kants Schrift *»Zum ewigen Frieden«* wurden die beiden Drucke der ersten Auflage (1795; zitiert als A_1 und A_2) und die zweite Auflage (1796; zitiert als B) durchgängig verglichen. Die zweite »vermehrte« Auflage wurde dem Abdruck zugrundegelegt. Die Abweichungen der ersten Auflage erscheinen in den Anmerkungen; desgleichen diejenigen, die die beiden Drucke der ersten Auflage untereinander aufweisen, sofern sie von sachlichem Interesse sind. In den Anmerkungen finden sich auch, soweit sie zu einem besseren Verständnis des Textes beitragen können, die Abweichungen der beiden Reinschriftfragmente (umfassend die Seiten B 52–66 und B 71–84; zitiert als H_1) und der Abschrift, die als Druckvorlage gedient hatte (zitiert als H_2). Da diese (mit Ausnahme des zweiten Reinschriftfragments) bei Kriegsende verlorengegangen sind, wurden in diesem Falle die Angaben der Akademie-Ausgabe (Bd. VIII und XXIII) und der Ausgabe von Cassirer (Bd. VI) zugrundegelegt; daneben wurde das Faksimile des zweiten Reinschriftfragments, das sich in den Sitzungsberichten der Deutschen Akademie der Wissenschaften zu Berlin, Jg. 1955, Nr. 2 (G. Lehmann, Ein Reinschriftfragment zu Kants Abhandlung vom ewigen Frieden) findet, für die Textherstellung benutzt.

Für Kants Bemerkungen zu Samuel Thomas Sömmerings Schrift *»Über das Organ der Seele«* wurde der Erstdruck (S. Th. Sömmerring [!] über das Organ der Seele. Mit Kupfern. Königsberg, 1796. bey Friedrich Nicolovius, S. 81–86) als Textgrundlage benutzt.

Für die Schrift vom *»Streit der Fakultäten«*, die »drei, in verschiedener Absicht, auch zu verschiedenen Zeiten ... abgefaßte ... Abhandlungen« (A XXVI f.) vereinigt, wurde die erste und einzige zu Lebzeiten Kants erschienene Originalauflage (1798; zitiert als A) zugrundegelegt. Daneben wurden für den zweiten Abschnitt dessen Abdruck in Johann Heinrich Tieftrunks Ausgabe von »Immanuel Kant's vermischte Schriften« (Bd. III, S. 429–456) – derselbe war

»schon in der Druckerei, ehe die Nicoloviussche Sammlung«, d. h. die Originalausgabe, erschien (Tieftrunk an Kant vom 7. Juni 1800) –, für den dritten Abschnitt dessen gesonderte Veröffentlichung im 5. Bande von Christoph Wilhelm Hufelands »Journal der practischen Arzneykunde und Wundarzneykunst« (1798, S. 701–751) verglichen und deren gelegentliche Abweichungen unter dem Text angemerkt. In den Anmerkungen erscheinen ferner nach den Angaben der Akademie-Ausgabe (Bd. VII) die Textabweichungen eines handschriftlichen Fragments (zitiert als H), das von einem unbekannten Schreiber herrührt und die Seiten A 69–97 des ersten Abschnitts umfaßt. Hingewiesen sei schließlich auf das neuerdings in Krakau aufgefundene und in den Kantstudien (LI/1959–60, S. 3–13) veröffentlichte Handschriftfragment zum zweiten Abschnitt. Da es sich bei diesem Fragment jedoch, trotz gelegentlicher Übereinstimmungen, um eine vom endgültigen Text noch weit entfernte Vorarbeit handelt, ist es für die Feststellung des Textes selber nicht von Nutzen gewesen.

Was die Kantische *»Anthropologie«* angeht, so wurden zunächst die erste Auflage (1798; zitiert als A) sowie die vorliegenden drei Drucke der zweiten Auflage (1800; zitiert – nach der bei Arthur Warda, Die Druckschriften Immanuel Kants, Wiesbaden 1919, S. 47, Nr. 197–199 angegebenen Reihenfolge – als B_1, B_2 und B_3) für die Textherstellung verglichen. Dabei wurde der erste Druck der zweiten, an zahlreichen Stellen überarbeiteten und stilistisch glatteren Auflage – die letzte Korrektur derselben besorgte Christian Gottfried Schütz (vgl. Akad.-Ausg. XII 307), doch scheint die eigentliche »Revision« nach einer Angabe Schuberts (Rosenkranz-Schubert Bd. XI/2, S. 157) auf Kant selbst zurückzugehen – als Textgrundlage benutzt. Die Abweichungen der ersten Auflage erscheinen, kursiv gesetzt, in den Anmerkungen, ebenso, in gewöhnlicher Type, die der beiden späteren Drucke der zweiten (B_2 weicht nur auf den Bogen L bis T von B_1 ab), sofern sie von sachlichem Interesse sind. – Daneben wurde die vermutlich 1796/97 entstandene Rostocker Anthropologiehandschrift (zitiert als H), die von Kant selber stammt und aller Wahrscheinlichkeit nach als Vorlage für das endgültige Druckmanuskript diente, durchgängig verglichen. Ihre Textabweichungen, Randnotizen und Durchstreichungen wurden, soweit sie zum Verständnis des Inhalts oder der Kantischen Arbeitsweise beitragen konnten, unter dem Text angemerkt, und zwar gleichfalls ohne Kursivsatz. Dabei wurde die Kantische Rechtschreibung, den Grundsätzen der vorliegenden Ausgabe folgend, modernisiert, in die nur bruchstückhaft vorhandene Interpunktion jedoch in keiner Weise eingegriffen. Wo die Akademie-Ausgabe oder die Ausgabe von Cassirer der Handschrift folgen, wurde dies bei der Zitierung angegeben. Doppelte schräge Striche bezeichnen Absätze bzw. Zeilenanfänge, gerade Klammern Durchstreichungen der Handschrift, spitze Klammern enthalten Zusätze des Herausgebers. Für Aussehen und Charakter der Handschrift sei auf die der Insel-Ausgabe beigegebenen Faksimiles verwiesen.

Bei den von Friedrich Theodor Rink im Auftrage oder mit Erlaubnis Kants herausgegebenen Vorlesungen *»über Pädagogik«* (die dieser erstmals im W.-S. 1776/77 gehalten hat) wurde die erste und einzige Originalauflage (1803; zitiert als A) zugrundegelegt. Die gelegentlichen Anmerkungen Rinks, »weil sie nicht Kants fragmentarisch dargebotene Papiere aus Kant selbst ergänzt, sondern nur obenhin einige literärische Notizen hinzugefügt haben« (Rosenkranz-Schubert Bd. IX, S. XVI), wurden nicht mitabgedruckt.

Bei der Rezension zu *Peter Moscati: »Von dem körperlichen wesentlichen Unterschiede zwischen der Struktur der Tiere und Menschen«* wurde die erste und einzige Veröffentlichung zu Lebzeiten Kants – sie erschien anonym in: »Königsbergische Gelehrte und Politische Zeitungen« (67tes Stück, 23. August 1771, S. 265–266; zitiert als A) – als Textgrundlage benutzt.

Bei der Rezension zu *Johann Heinrich Schulz: »Versuch einer Anleitung zur Sittenlehre für alle Menschen, ohne Unterschied der Religionen«*, erschienen in: »Raisonnirendes Verzeichniß neuer Bücher« (No. VII, April 1783), war der Originaldruck trotz umfangreicher Nachforschungen nicht mehr zu beschaffen. Die vorliegende Ausgabe folgt daher wie bei einigen Texten der ersten beiden Bände der Ausgabe von Cassirer (1922; IV 141–147).

Für die gleichfalls anonym erschienenen beiden Rezensionen zu dem Werk seines ehemaligen Schülers *Johann Gottfried Herder: »Ideen zur Philosophie der Geschichte der Menschheit« Erster* und *Zweiter Teil*, und die diesbezüglichen *»Erinnerungen des Rezensenten der Herderschen Ideen zu einer Philosophie der Geschichte der Menschheit über ein im Februar des teutschen Merkur gegen diese Rezension gerichtetes Schreiben«* – der Verfasser des letzteren war Karl Leonhard Reinhold – wurden die Erstveröffentlichungen in der Jenaer »Allgemeinen Literatur-Zeitung« (No. 4, 6. Januar 1785, S. 17–20 und Beilage zu No. 4, S. 21, 22; Anhang zum Märzmonat; No. 271, 15. November 1785, S. 153–156; zitiert als A) zugrundegelegt, ebenso für die Rezension der Erstlingsschrift *Gottlieb Hufelands: »Versuch über den Grundsatz des Naturrechts«* (No. 92, 18. April 1786, Sp. 113–116). Für die »Erinnerungen des Rezensenten« mußte auf die zweite Auflage der »Allgemeinen Literatur-Zeitung« (1786) zurückgegriffen werden.

Bei den gelegentlichen Anmerkungen aus Herders Ideen – Kants Zitate bringen auch hier nicht immer den genauen Wortlaut – wurde die Originalauflage zugrundegelegt.

ZUR GESAMTAUSGABE

Die vorliegende Ausgabe der Werke Immanuel Kants legt erneut die Originaldrucke zugrunde, mit Ausnahme der wenigen, die nicht mehr zu beschaffen waren. Wie fast alle bisherigen Gesamtausgaben macht sie den Versuch, zwischen urkundlichem Abdruck der Texte auf der einen und deren uneingeschränkter Modernisierung oder Ausgleichung untereinander auf der anderen Seite einen gangbaren Mittelweg zu finden: während sie in bezug auf die Sprache Kants (Lautstand, Flexion, Wortbildung usw.) auf alle grundsätzlichen Eingriffe verzichtet, versucht sie, mit wenigen im folgenden zu kennzeichnenden Ausnahmen, seine Orthographie der heutigen Schreibweise, wie sie durch den Duden fixiert ist, anzugleichen. Hinsichtlich der Interpunktion bemüht sie sich um eine vorsichtig modernisierende Ausgleichung des in den Originalen selbst anzutreffenden Gebrauchs.

Für dieses Vorgehen gaben vornehmlich die folgenden Gründe den Ausschlag: Was den Verzicht auf sprachliche Änderungen angeht, so war es das Ziel unserer Ausgabe, Klang und Rhythmus der Sprache Kants unverändert zu bewahren. Überdies hat schon Cassirer darauf aufmerksam gemacht, daß »die Schwierigkeiten, die in Kants Sprachform liegen, ... durch eine leichte Modernisierung nicht zu heben« sind; »jeder stärkere Eingriff aber gerät in Gefahr, durch die Änderung der Sprachform auch den eigentümlichen Bau des Gedankens zu treffen«. Die in der Mehrzahl der Ausgaben vorgenommenen sprachlichen Änderungen sind nicht selten Interpretationen und daher bei einer gewissenhaften Darbietung des Kantischen Textes zu vermeiden. Darüber hinaus konnten durch den Verzicht auf derartige Änderungen die sprachlichen Unterschiede der den verschiedenen Schaffensperioden Kants zugehörigen Werke weitgehend erhalten werden – es hat etwas Widersinniges, wenn etwa die »Gedanken von der wahren Schätzung der lebendigen Kräfte« (1746), die Kant selbst kein zweites Mal hat auflegen lassen, in der Akademie-Ausgabe im Kantischen Altersstil der »neunziger Jahre« erscheinen. Auf der anderen Seite schien es den Aufgaben einer Studienausgabe zu entsprechen, jene Schwierigkeiten, die sich aus den Schwankungen und Willkürlichkeiten der Orthographie der Originale ergeben und die zu einem guten Teil auf den jeweiligen Setzer zurückgehen dürften, soweit als möglich zu beseitigen. Die Angleichung an die heutige Rechtschreibung war hier, wo weder Sinn noch Sprachgestalt in Gefahr sind, die glatteste und den heutigen Leser am meisten zufriedenstellende Lösung. Was schließlich die Interpunktion der Originaldrucke angeht – die Akademie-Ausgabe hat sie etwas souverän auf »Setzerschlendrian« zurückgeführt –, so wird man Kants Eigentümlichkeit, die Satzzeichen erst nach der Niederschrift (und oft erst in die Abschrift) einzufügen, im Auge behalten müssen: jedenfalls geht die Zeichensetzung weit stärker auf Kant selbst zurück, als die Herausgeber der Akademie-Ausgabe angenommen haben. Sie trägt auch nicht selten dazu bei, die Kantischen Perioden überraschend einsichtig zu gliedern. Eine vorsichtige Vereinheitlichung der Originale unter tunlicher Berücksichtigung der gegenwärtigen Interpunktionsregeln schien daher in diesem Punkt den Erfordernissen einer Studienausgabe am ehesten gerecht zu werden.

Einige der im folgenden angeführten Verfahrensregeln haben sich erst im Fortgang der Arbeiten gefestigt. – Bei den nachfolgenden, mehr oder minder willkürlich herausgegriffenen Belegen bezeichnet die römische Zahl die Bandnummer, die beiden arabischen Zahlen bezeichnen Seite und Zeile der Insel-Ausgabe.

Im einzelnen wurde aufgrund der genannten Gesichtspunkte im Hinblick auf Sprache (A), Orthographie (B) und Interpunktion (C) folgendermaßen verfahren:

A. Sprache

Beibehalten wurden neben anderem:

altertümliche und vom Dialekt beeinflußte Stammvokale: befünde (I 78, 28), ausfündig (II 615, 13); bestünde (II 80, 18), bevorstünde (I 383, 5); betriegen (I 117, 20; II 311, 10; III 116, 6), untrieglich (I 251, 4; 636, 20) usw.; dörfen (I 24, 19; 104, 23), dörfe (I 16, 2), bedörfen (I 109, 9) usw.; dreust (III 123, 31; IV 864, 29) statt dreist; Gulfstrom (VI 218, 30); Hülfe (I 120, 26), Nothülfe (VI 157, 37), Selbsthülfe (VI 293, 23) usw.; Küssen (II 237, 6) statt Kissen; Schwürigkeit (I 104, 22; 108, 3); sprüchwörtlich (VI 241, 24); Unterscheid (I 17, 14); schlüßlich (I 242, 36; II 86, 16), unschliessig (II 17, 2), Unschliessigkeit (II 527, 12); verdringen (I 207, 21); verdrüßt (VI 718, 21), verdrüßlich (I 17, 15; 22, 3); würken (I 26, 13), Würkung (II 77, 34), würklich usw. neben wirken usw.

umlautlose Formen: drucket (I 27, 9), druckte (I 45, 10), Druckung usw. neben denselben Formen mit ü; aber auch Drücke (I 119, 33) neben Drucke usw.; abhangen (II 172, 19), anhangende (II 80, 24), zusammenhangende (V 141, 34) usw.; Raumen (I 56, 16; 142, 7) neben Räumen; oftermals (I 104, 34; 118, 7); Umlaufe (I 298, 20) neben Umläufe.

umgelautete Formen: klärer (I 633, 6; III 500, 2), kläresten (II 605, 12); kömmt (I 47, 16; II 288, 2; VI 240, 36), ankömmt (I 127, 23; II 495, 9), bekömmt (II 221, 33), vorkömmt (I 34, 3) usw. neben kommt usw.

noch nicht völlig eingedeutschte Suffixformen: Formul (I 44, 26; 46, 1 v. u.); Kalkul (I 794, 15; VI 356, 32); Zirkul (I 59, 13).

an die Kanzleisprache angelehnte Adverbbildungen: dahero (I 31, 9; 311, 25; II 70, 2), vorhero (I 79, 31; 358, 1 v.u.); fortmehro (VI 324, 34), nunmehro (I 15, 13; 174, 1; 198, 2; VI 320, 19); hinfüro (I 13, 27; 171, 29; 174, 20); jetzo (I 48, 9; 207, 17), vorjetzo (I 927, 6); itzo (I 19, 28; 115, 31), voritzo (I 175, 6) usw.

das e der Ableitungssilben, vor allem beim Superlativ: allerrealesten (II 34, 18); ehrfurchtsvolleste (I 225, 17); gemeineste (II 523, 23); größeste (I 233, 3), größesten (I 16, 14; II 442, 15); kleinesten (I 53, 34; II 444, 19); reineste (II 164, 18); schnellesten (I 311, 36); subtileste (II 88, 12);

– beim Indikativ und Konjunktiv des Imperfekts: anklageten (II 459, 9); auflösete (I 123, 36); bedieneten (I 16, 12); beruhete (II 438, 20; 485, 33); entzweiete (II 477, 29); erlaubete (II 482, 34); fasseten (I 53, 2); gehörete (II 459, 21; 488, 33); vorstelleten (II 485, 25). – bekennete (II 449, 31); darstellete (II 475, 27); gehörete (II 434, 22; 507, 5); lebete (I 230, 25);

–beim Partizip des Perfekts: angeführet (I 138, 10), ausgeführet (I 108, 2); erblicket (I 23, 11); erfüllet (I 927, 15);

erschöpfet (I 104, 12); erzeiget (I 13, 9); geglaubet (I 159, 11); gehemmet (I 968, 20); geirret (I 98, 14); gewarnet (I 981, 14); vermeinet (I 159, 11); verwirret (II 433, 24).

das Flexions-e in der 3. Person Singular des Präsens: beweiset (II 440, 8); drohet (I 864, 25); erhellet (I 601, 28; 644, 3); führet (I 682, 15; 989, 18); gehöret (II 424, 2); kennet (I 636, 28; 927, 22); scheinet (I 925, 9; 971, 27); schicket (I 853, 3); setzet (I 965, 32); zeiget (I 659, 4; 680, 4);

~ in der 2. Person Plural des Präsens: beweiset (I 925, 28); erkennet (I 640, 24); könnet (II 457, 33); müsset (II 454, 25); wollet (II 474, 11);

~ beim Imperativ Plural: nehmet (I 926, 13; II 454, 30); setzet (I 926, 14; II 457, 18); sorget (I 925, 29); ziehet (II 474, 7).

das Schluß-e bei Kollektiva und anderen Neutra (im Singular): Gebiete (I 138, 21; II 441, 8); Gefechte (II 641, 1 v.u.); Gemische (II 702, 35); Gerüste (I 186, 5); Geschäfte (I 985, 26; II 11, 13); Geschlechte (I 155, 32); Geschöpfe (I 115, 28); Gesetze (I 155, 25; 251, 9); Gewäsche (III 243, 12); Gewichte (I 73, 31);

~ bei Adverbien und Konjunktionen: alleine (I 68, 3); zurücke (I 71, 37); dreiste (I 936, 4); frühe (VI 382, 24); woferne (I 330, 37).

das bei der 1. und 3. Person Singular des Imperfekts starker Verben in falscher Analogie zu den schwachen Praeterita zugesetzte e: geschahe (I 703, 31; V 32, 6); hielte (I 168, 15; 364, 17; IV 244, 16), erhielte (I 697, 36); sahe (I 116, 1; II 17, 5; III 116, 32), ansahe (III 665, 34); schiene (II 604, 17); schnitte (III 132, 16).

die Synkope und Apokope des e: beteurt (I 965, 15), Beteurungen (I 923, 26); entferntsten (I 391, 11); gneigten (I 242,

1); gnug (I 933, 10), gnugsam (I 938, 1 v.u.), Gnüge (II 17, 1; III 117, 25) usw.; gringere (I 578, 8); reuvolle (VI 273, 22); Ursach (I 237, 32; 667, 19); Verbreitrung (VI 280, 2).

konsonantische Eigentümlichkeiten: einsmals (I 16, 5); fodern (I 243, 8; II 16, 35), herausfodert (I 132, 29), Foderung (I 623, 18; II 36, 26), Auffoderung (II 13, 6), erfoderlich (I 622, 29; II 122, 23) usw. neben den gleichen Formen mit r; gepropft (I 858, 1), Propfreis (III 260, 8) usw.; geschicht (I 141, 18; 351, 20; 379, 24); belächlen (VI 378, 22); beteuren (IV 864, 22); daurenden (III 113, 28), bedauren (VI 335, 18), fortdauren (VI 230, 25); edlen (VI 226, 21); handlender (I 676, 1); sammlen (I 276, 33; 294, 31), versammlet (I 274, 29) usw.; steuren (VI 392, 33); vorurteilfreier (I 635, 21); darzwischen (I 46, 9); hie (I 177, 31; 267, 27), hiebei (I 949, 21,) hievon (I 930, 13) usw.

die schwache Flexion des Substantivs im Dativ Singular: Doktorn (I 11, 4); Professorn (I 11, 5);

~ *im Genitiv Plural:* Lehrgebäuden (I 23, 23); Fixsternen (I 257, 25);

~ *im Akkusativ Plural:* Atomen (I 634, 26); Problemen (II 441, 3).

die schwache Flexion des Adjektivs und Pronomens nach Präpositionen: unser planetische Weltbau (I 345, 17); unser äußere Sinn (II 368, 27); von seltsamen Genie (III 452, 18); von gesundem und derben Geschmacke (I 876, 25); von an sich größeren Gewichte (I 961, 19); auf so schlechten und einfachen Grunde (I 232, 26); aus so krummen Holze (IV 760, 1); in schlimmen Wetter (VI 376, 30); in viel besseren Ansehen (I 242, 3); mit jeden Augenblicke (I 828, 30); mit nichts Fremdartigen (II 62, 4 v.u.); welchem allen (I 285, 1 v.u.); aus allen diesen (I 301, 11), von allem diesen (I 859, 33) usw.

die starke Flexion des Adjektivs: ein jeder endlicher Periodus (I 333, 33); ein jeglicher weicher Körper (I 578, 23); ein jegliches zur Vollkommenheit gebrachtes Weltgebäude (I 338, 10); ein jeder allgemeiner Satz (II 312, 30); unserer dialektischer Schlüsse (II 384, 27);

– vor allem im Nominativ und Akkusativ Plural: die eigentliche Kenner (II 17, 13); jene vorgebliche Indifferentisten (II 12, 32); alle ihre einfache Handlungen (II 15, 1); alle grundlose Anmaßungen (II 13, 10).

die Pronominalflexion: dererjenigen (I 63, 27; 153, 3; 634, 18); denenjenigen (I 17, 16; 76, 3; 241, 14); denenselben (I 13, 20; 359, 32).

die an die Kanzleisprache angelehnte Formerweiterung des Artikels: denen (I 282, 33; 842, 19); derer (I 145, 3); *ebenso:* derer in der Bedeutung von deren (I 9, 6; 54, 23; 140, 18).

die alten Flexionsformen des Zahlworts: zweene Körper (I 40, 15); zweene Urteile (II 113, 29); zweener gleicher und unelastischer Körper (I 91, 30); zweener, oder mehrerer Sätze (II 114, 2); zweer Ausdrücke (II 473, 29); dieser zween Stücke (II 415, 1 v.u.); zwischen zween Augenblicken (II 240, 12); zwischen zween Arten (II 391, 5); aller dreien Analogien (II 217, 7); aus dreien geraden Linien (II 91, 3); *ebenso das alte Femininum:* zwo Seiten (I 273, 11).

altertümliche Adverbbildungen: darinnen (I 52, 25; II 71, 23), worinnen (I 35, 29; II 52, 7); dorten (I 119, 34); sonsten (I 27, 8; 371, 1); selbsten (I 94, 12; II 78, 26); mehrmalen (I 229, 33; 939, 36; II 424, 14), niemalen (I 81, 33), zumalen (II 370, 24); ohnfehlbar (I 19, 33; 120, 32); ohngeachtet (I 16, 4; 215, 10), ohnerachtet (I 143, 27; 233, 10).

altertümliche Konjunktionen: deshalber (I 212, 1); hergegen (I 214, 4); jedennoch (I 196, 26).

das vom heutigen Gebrauch abweichende Geschlecht: der Wachstum (I 908, 10); die Bedürfnis (I 938, 35; II 128, 11); die Eräugnis (II 233, 1 v.u.; 432, 23); die Hindernis (I 932, 8); die Verhältnis (I 249, 13; 940, 18), Zahlverhältnis (II 206, 21), Zeitverhältnis (II 233, 24) usw.; das Erkenntnis (III 542, 20); das Kahn (VI 725, 2); das Skandal (VI 199, 18); in gewisser Maße (I 965, 13); dem persischen Rasse (I 862, 12).

Hingewiesen sei ferner auf den häufigen Gebrauch von »vor« *mit dem Akkusativ im Sinne von* »für«, *ebenso* »davor« *usw. und auf das entsprechende, vereinzelt auftretende* »für« *im Sinne von* »vor« (VI 256, 9; 378, 17) *sowie auf den Gebrauch von* »über« *in der Bedeutung von* »über hinaus« (I 269, 19; II 416, 17; VI 790, 35).

B. Orthographie

An die heutige Rechtschreibung angeglichen wurden neben anderem:[1]

die Vokalverdoppelung als Dehnungszeichen: Maaß (II 499, 14; III 114, 9), Maasstab (III 263, 21), Anmaassungen (III 137, 19) usw.; Saamen (III 453, 36), besaamenden (IV 786, 28) usw.; Schaale (III 472, 25), Schaalengeschöpfe (VI 783, 24) usw.; Schweere (I 780, 34); Schoosse (III 115, 27), Mutterschooße (VI 792, 22) usw.; schaalste (III 118, 3).

die Schreibung von ey statt ei im In- und Auslaut: Beyfall (III 113, 29), Beyhülfe (I 621, 7) usw.; Freyheit (VI 796, 9), frey (III 118, 29), freylich (VI 792, 1) usw.; Meynung (VI 796, 14); Barbarey (II 12, 3), Schwärmerey (III 261, 3), Sophisterey (III 263, 14), Tyranney (III 453, 3), Wüsteney (IV 655, 7), Ziererey (IV 844, 24) usw.; meynen (III 495, 14); zwey (I 624, 16; III 124, 32), zweytens (IV 844, 1), zweyerlei (III 188, 22); beyde (I 624, 12; III

[1] Eine Ausnahme machen die Titel der Originalausgaben, deren Orthographie und Interpunktion zur genauen Feststellung der verschiedenen Auflagen bzw. Drucke unverändert wiedergegeben wurden.

118, 23); drey (I 626, 7; III 147, 10); seyn (III 114, 1), sey (III 113, 23), Bewußtseyn (III 114, 28) usw.; einerley (I 632, 26; III 114, 32), mancherley (III 113, 18); bey (III 115, 19), dabey (III 118, 3), hiebey (IV 791, 31) usw.; Pfuy (VI 738, 22).

die Schreibung von e bzw. ä: Aufzehlung (III 200, 12); Erwegung (II 442, 30); erwehnen (I 621, 25); nemlich (I 629, 5; III 132, 18); ohngefehr (V 95, 29); allerwerts (V 76, 28), anderwerts (III 129, 19; V 30, 17), rückwerts (V 31, 28), vorwerts (V 31, 28) usw. – Ältern (VI 533, 9; 704, 17); Gränzen (III 450, 9); ächten (IV 844, 25); unstät (V 23, 28); vornämlich (III 135, 19).

die Schreibung von ie bzw. i: wieder im Sinne von gegen, Wiederlegungen (I 624, 10; 635, 20), Wiederspruch (I 635, 17; 637, 9), Wiederstreit (I 637, 10), wiedersinnig (I 630, 29) usw.; anhienge (IV 792, 10); giebt (I 621, 19; III 113, 6), vorgiebt (III 115, 27) usw.; gienge (III 511, 19), hinausgieng (IV 791, 35) usw. – abstrahiren (IV 650, 3), demonstriren (I 622, 23; III 113, 33), existiren (I 630, 34) usw.; isolirt (III 121, 14), necessitirt (II 489, 27), organisirt (VI 790, 13).

das konsonantische i und v: Maiestät (II 13, 37); obiective (II 16, 7), subiective (II 16, 26) usw.; iede (II 15, 20), iederzeit (II 11, 13) usw.; iene (II 12, 8), dieienige (II 12, 1 v.u.) usw. – Anevrismen (VI 767, 32); Avtodidakten (VI 736, 1 v.u.); Pnevmatismus (II 400, 18); Propädevtik (III 160, 3; 434, 25); Tavtologie (III 521, 18); hevristisch (III 533, 19).

der Gebrauch des Dehnungs-h: Nahmen (I 625, 17; VI 794, 10); Persohnen (I 624, 14); Seeströhme (I 622, 3); Willkühr (II 489, 24; VI 360, 25), willkührlich (III 181, 5; IV 844, 5); gebohren (VI 682, 24), angebohren (III 200, 24); verliehren (II 445, 2), verlohren (IV 844, 10; V 32, 23); nähmlich (III 624, 26). – allmälig (III 244, 31); unvernemlich (I 634, 13);

vornemlich (I 623, 22; III 189, 21); wol (III 142, 28; VI 703, 6), gleichwol (III 159, 35), sowol (III 113, 7; VI 703, 30), wiewol (III 155, 23) usw.

der Gebrauch des th: Eintheilung (VI 801, 31); Heiligthum (VI 360, 29), Irrthum (I 630, 25) usw.; That (III 113, 15), thut (III 113, 31) usw.; Thier (I 632, 3), thierischen (VI 767, 17) usw.; Urtheil (I 623, 8; III 114, 8), Vortheil (IV 844, 7) usw.; vermuthen (VI 782, 13), vermuthlich (VI 801, 33) usw.; nöthig (I 632, 16; IV 792, 4), nothwendig (III 113, 23) usw.; werth (III 113, 21), belachenswerth (III 113, 37) usw.

die Schreibung von k und ck: Mathematick (I 782, 21); Metaphysick (I 622, 22); Marocko (VI 392, 13). – Ausdruk (I 631, 17; 634, 5); Geschmak (I 634, 21).

die Schreibung von tz statt z und umgekehrt: Existentz (I 631, 22); Reitz (III 261, 15; 463, 8), Anreitze (II 499, 10) usw.; gantz (I 633, 18), gantzen (I 629, 21), gäntzlich (I 634, 23) usw. – leztere (II 16, 18); jezt (II 11, 29; 12, 22).

die Schreibung von ss, s, ß: Fusse (III 113, 36), Füssen (VI 767, 19) usw.; Mässigung (III 116, 33); heissen (III 124, 30); liesse (III 114, 36); vergrössert (III 115, 22); äussere (I 630, 5); grosse (III 117, 30), grössere (I 630, 23); blosse (III 116, 14). – Gewisheit (I 629, 9), gewis (I 630, 10) usw.; Meskünstler (I 629, 8); Misdeutung (I 781, 11; III 154, 7); Mishandlung (III 133, 2); Mistrauen (I 622, 24), mistrauisch (III 134, 26); Misverstand (I 629, 7; III 162, 28); müste (I 633, 29); bewust (I 796, 28; III 127, 4); blos (I 629, 6; III 114, 1 v.u.). – Schlüße (I 621, 11), Vernunftschlüße (I 621, 22) usw.; Unterlaßung (I 622, 37); Vernachläßigung (I 622, 36); wißen (I 622, 14), gewiße (I 623, 24); indeßen (I 624, 6). – Bedürfniß (IV 649, 9); Erkenntniß (I 621, 26), Erkentniß (III 115, 19), Kentniß (I 625, 28; III 121, 11); Verhältniß (III 220, 6); Kreyß (I 655, 25); Preiß (II 15, 18).

die Doppelkonsonanz: Geschäffte (II 446, 5), beschäfftigt (II 447, 39) usw.; begreiffen (I 630, 33); unterworffen (I 633, 20); Buhlerinn (III 473, 3); darinn (VI 767, 30), hierinn (III 443, 31), worinn (I 794, 15) usw.

die Konsonantenvereinfachung im Wortauslaut: Begrifs (I 629, 11); Programs (II 14, 28); kan (I 621, 26; III 113, 18); wil (I 635, 25);

~ *im Stammesauslaut vor Konsonanten:* Vortreflichkeit (I 623, 1); trift (III 135, 22), antrift (I 625, 34), betrift (III 124, 17) usw.; bestimte (I 629, 36), unbestimt (I 635, 28), Unbestimtheit (I 636, 16) usw.; komt (I 631, 29) ankomt (II 17, 33), vorkomt (I 629, 22) usw.; konte (I 630, 1 v.u.; III 119, 22), könte (I 621, 30; III 130, 25) usw.; solten (I 621, 11); wolte (I 622, 37), wolt (I 630, 30) usw.; almächtiges (I 633, 22); vorgestelten (I 633, 23).

die Schreibung von c statt k oder z bzw. kz bei Wörtern griechischer Herkunft: Categorie (II 402, 7); Character (III 444, 21); Cosmologie (II 401, 22); Critik (II 28, 35; III 120, 1), critisch (II 456, 24) usw.; Dialectik (II 308, 3), dialectisch (III 199, 33); Eccentricität (I 243, 23); practisch (II 442, 14);

~ *und Wörtern lateinischer Herkunft:* Causalität (II 488, 27), Causalverknüpfung (II 489, 15) usw.; Censur (IV 653, 11); Consequens (III 213, 2; 536, 17); Context (II 492, 4); Cörper (III 180, 9); Deduction (III 119, 13); Demarcation (III 468, 11); Function (III 171, 7; IV 654, 13); Punct (II 444, 26; III 117, 3); Prädicat (I 630, 27); Recension (III 257, 10; VI 795, 24); Specificirung (III 200, 12), specifisch (III 177, 3) usw.; Succession (II 461, 14), successiv (II 467, 5) usw.

Beibehalten dagegen wurde:

das c in Wörtern, die ihre ursprüngliche lateinische Gestalt bewahrt haben: Actus (III 330, 21) neben Akt; Centro (I 278, 26) neben Zentrum; Correlatum (II 415, 21) neben Korrelat;

Principium (I 663, 17) neben Prinzip; des Criterii (VI 812, 1); den Consequentibus (II 403, 35); in concreto (II 615, 6).

Belassen wurden des weiteren, da eine Angleichung an die heutige Rechtschreibung nicht selten eine Veränderung des Sinnes mit sich bringt:

die Trennung oder Zusammenschreibung in adverbialen, verbalen und adjektivischen Verbindungen und zwar unter Beibehaltung der Kantischen Groß- bzw. Kleinschreibungen: gewöhnlicher maßen (I 948, 21; II 130, 31) und gewöhnlicher Maßen (II 50, 14); gewöhnlicher Weise (I 949, 15); anderer Seits (I 935, 21; II 488, 1); an statt (I 297, 31); bisdaher (I 779, 6; 801, 19); zu Folge (I 945, 5) neben zufolge (I 945, 15) und zu folge (III 464, 15); zu Teil (I 268, 31); so gar (I 928, 24; IV 14, 30); so wohl (II 63, 5); eben so wohl (I 924, 6) und eben sowohl (III 208, 12); in so fern (I 923, 15); nichts destoweniger (I 925, 10); entgegen stehen (I 930, 17); statt finden (I 631, 10; IV 650, 20) und Statt finden (I 795, 14); zu statten kommt (I 934, 3); dauerhaft-angenehm (V 284, 17); empirischunbedingten (II 487, 36); das Durchgängigbedingte (II 487, 34); mathematischtranszendentalen (II 486, 26).

die Wortverbindung mit Hilfe des Bindestrichs: Äußerst-bösen (IV 442, 22); Gedanken-Wesen (III 223, 4); Menschen-Organisation (VI 788, 6); Raumes-Art (I 35, 27); Seelen-Erscheinungen (V 16, 5); Sinnen-Scheines (III 464, 11); metaphysisch-große (III 252, 27); methodisch-gebrauchten (V 84, 6).

C. Interpunktion

a) *Belassen wurde neben anderem das Komma:*

~ vor und, oder, sowie, wie *u. ä. in der Verbindung gleichartiger Satzteile oder zusammengehöriger Haupt- und Nebensätze:* Wenn ich es unternehme, die Gedanken eines Herrn von Leibniz ... zu verwerfen, und denen meinigen den Vorzug einzuräumen (I 15, 22 ff.);

geschenkt, und vorausgesetzt (II 102, 24);
Vom Dienst und Afterdienst unter der Herrschaft des guten Prinzips, oder von Religion und Pfaffentum (IV 819, 2 ff.);
um zu wissen: ob ich vor Gericht in meinem Zeugnisse wahrhaft, oder bei Abforderung eines mir anvertrauten fremden Guts treu sein soll (IV 650, 4 ff.);

~ *vor* als, wie *u. ä., vor allem in Verbindung mit einer Apposition:*
Er hätte nicht eine würkliche Bewegung allein, als das Kennzeichen der lebendigen Kraft angeben sollen (I 45, 16 f.);
deren Vorstellung ... doch, als Folge von ihrer Bestimmung durchs Gesetz zu einem Zwecke muß aufgenommen werden können (IV 650, 21 ff.);

~ *zwischen* entweder – oder, weder – noch:
sich entweder einer skeptischen Hoffnungslosigkeit zu überlassen, oder einen dogmatischen Trotz anzunehmen (II 400, 34 ff.);
ohne daß weder erweiterte Naturkenntnisse, noch richtige und zuverlässige transzendentale Einsichten ... dazu beitrugen (II 686, 8 ff.);
mithin auch nicht ihrer Größe nach, weder als unendlich, noch als endlich gegeben sein sollte (II 469, 18 ff.);

~ *vor und nach adjektivischen Attributen:*
die in der Kritik vorgetragene, jener Hypothese analogische, Umänderung der Denkart (II 28, 35 f.);
eine andere, der bisherigen ganz entgegengesetzte, Behandlung (II 62, 7);

~ *vor und nach adverbiellen Bestimmungen, und zwar auch dann, wenn auf diesen die eigentliche Betonung des Satzes liegt:*
Wir werden die Freiheit, unter der zweckmäßigen Einheit nach Prinzipien der Vernunft, studieren (II 687, 4 ff.);
Ich mache mir diesem ungeachtet, vermittelst des vollkommenen Begriffes, den ich von Dero Gütigkeit gefasset habe, die Hoffnung (I 13, 22 ff.);

sondern, vermöge der reinen praktischen Vernunft, ist sie sich selbst genug (IV 649, 16 f.);

– *vor und nach mit* aber, als auch, folglich, mithin, noch, und nicht, und zwar, und zugleich *usw. eingeleiteten Einschüben:*
daß sie nämlich nur auf Erscheinungen gehe, die Sache an sich selbst dagegen zwar als für sich wirklich, aber von uns unerkannt, liegen lasse (II 27, 15 ff.);
in welchem Falle freilich von ihnen a priori gar nichts, mithin auch nicht durch reine Begriffe vom Raume, synthetisch erkannt werden könnte (II 207, 35 ff.);
Die vollkommene Einheit dieser Art Erkenntnisse, und zwar aus lauter reinen Begriffen, ohne daß irgend etwas von Erfahrung ... auf sie einigen Einfluß haben kann, ... machen diese unbedingte Vollständigkeit ... tunlich (II 18, 13 ff.);

– *nach einleitenden oder überleitenden Partikeln:*
Denn, nehmet an (II 420, 8);
Denn, sind Erscheinungen Dinge an sich selbst, so ist Freiheit nicht zu retten (II 491, 17 ff.);

– *und zwar vornehmlich in Verbindungen wie:* aber, wenn (IV 842, 13); aber, wie (II 241, 11); allein, was (IV 799, 25); denn, einmal (II 647, 37); denn, ob (II 526, 22; IV 842, 9); denn, obgleich (II 534, 31); denn, so (II 547, 33); denn, weil (II 457, 20); denn, wenn (II 342, 2; 526, 11); denn, wie (II 549, 1); indessen, daß (IV 806, 12); nämlich, ob (II 529, 28); nur, da (II 343, 2); so, daß (II 530, 1); zwar, wenn (II 446, 12).

b) *Umgewandelt wurde*[1]

– *in Übereinstimmung mit zahlreichen Parallelen der Kantischen Texte und zwar so, daß bei schwankendem Gebrauch*

[1] Die nachstehenden Änderungen wurden jedoch nur im Text selber vorgenommen; das in den Anmerkungen des Herausgebers erscheinende Sondergut abweichender Auflagen (wie auch die Inhaltsverzeichnisse des Herausgebers) bringen demgegenüber zum Vergleich die unveränderte Interpunktion der Originale.

das dem heutigen Leser näherliegende Zeichen gewählt wurde neben anderem

das Semikolon, dessen Funktion sich bei Kant häufig mit der des Doppelpunktes berührt oder überschneidet:

~ *in einen Doppelpunkt, wenn es, namentlich vor* so, *nach einem oder mehreren untergeordneten Sätzen den übergeordneten Satz anzeigt:*
Wenn ich es unternehme, die Gedanken eines Herrn von Leibniz ... zu verwerfen, und denen meinigen den Vorzug einzuräumen: so wollte ich auch nicht gerne schlechtere Richter ... haben (I 15, 22 ff.);
Wenn ich sage: durch drei Linien, deren zwei zusammen genommen größer sind, als die dritte, läßt sich ein Triangel zeichnen: so habe ich hier die bloße Funktion (II 206, 35 ff.);
Weil ich glaube, daß es etwas zu der Absicht beitragen kann, welche ich habe, die Lehre von den lebendigen Kräften einmal gewiß und entscheidend zu machen, wenn ich vorher einige metaphysische Begriffe von der Kraft der Körper überhaupt festgesetzet habe: so werde ich hievon den Anfang machen (I 26, 4 ff.);

~ *in ein Komma, ohne daß dabei völlige Einheitlichkeit zu erreichen war, wenn es die Gliederung des Satzes empfindlich störte:*
Er ist also ... kein Grundsatz des Verstandes, [;] denn jede Erfahrung ist in ihren Grenzen ... eingeschlossen, auch kein konstitutives Prinzip der Vernunft (II 472, 21 ff.);
Er ist wie ein Rausch, den man ausschläft, obgleich Kopfweh darauf folgt, [;] die Leidenschaft aber wie eine Krankheit ... anzusehen (VI 581, 18 ff.).

c) *Ergänzt wurde neben anderem das Komma:*

~ *vor und nach erweiterten Nebensätzen:*
der Beweise, derer sich Herr von Leibniz und andere Mechaniker in dieser Streitsache bedienet haben (I 7, 3 ff.);

Würde aber sogar dieser Glaube selbst so vorgestellt, als ob er eine so besondere Kraft ... habe (IV 784, 18 ff.);
daß in der Vorstellung, die das höchste Wesen von ihnen hat, nicht eine einzige ermangele (I 631, 6 ff.);

aber nicht vor unerweiterten Nebensätzen:
nach allen Prädikaten, die sie enthalten würden wenn sie existierten (I 631, 5 f.);

~ vor erweiterten Infinitivsätzen:
Wenn es möglich wäre, durch irgend eine Erfahrung auszumachen (II 691, 17 f.);
Naturmitteln, sie zu befriedigen (II 678, 12 f.);

~ vor Infinitivsätzen mit um zu, ohne zu, anstatt zu:
von einem Buche zu urteilen, ohne es gelesen zu haben (I 16, 26 f.);

~ vor nachgestellten genaueren Bestimmungen mit d. h., d. i., z. E., nämlich, und zwar *usw.:*
unbedingt notwendig, d. i. apodiktisch (II 203, 1 f.);
ein Triangel, imgleichen etwas Viereckichtes (I 637, 23 f.);

~ vor Appositionen, adverbiellen Bestimmungen usw., hinter denen sich im Original ein Komma findet:
das, seinen Ratschluß ausgenommen, nicht existiert (I 631, 2 f.);
Denn so könnte, an manchen bestimmten Orten, mancher Mensch zu einer gewissen Zeit existieren (I 636, 24 ff.);
Eine jede menschliche Sprache hat, von den Zufälligkeiten ihres Ursprungs, einige nicht zu ändernde Unrichtigkeiten (I 632, 9 ff.);

~ bei Aufzählungen:
übertreiben, abziehen und verfeinern (I 634, 19 f.).

d) *Gelöscht wurde neben anderem das Komma:*

~ *nach adjektivischen Attributen, sofern es nicht hinter dem Attribut selber, sondern hinter dem nachfolgenden Beziehungswort steht:*
da sie hingegen im theoretischen, aber reinen Gebrauch, ganz und gar dialektisch ist (IV 16, 8 f.);

~ *in der Verschränkung von Infinitiv und übergeordnetem Satz:*
daß dasjenige schon eingeräumet werde, was man sich anheischig macht, durch ein taugliches Merkmal von selber kenntlich zu machen (I 636, 35 ff.);

~ *wenn es funktionslos vor, hinter oder in einer Klammer steht:*
Ich getraue mir sogar in Vorschlag zu bringen: ob es nicht wohlgetan sein würde, ... eine besondere Vorlesung über die reine philosophische Religionslehre, (die sich alles, auch die Bibel, zu Nutze macht), nach einem Leitfaden, wie etwa dieses Buch, (oder auch ein anderes, wenn man ein besseres von derselben Art haben kann), als zur vollständigen Ausrüstung des Kandidaten erforderlich, zum Beschlusse hinzuzufügen (IV 657, 20 ff.);
in einem Existierenden wird nichts mehr gesetzt als in einem bloß Möglichen, (denn alsdenn ist die Rede von den Prädikaten desselben,) allein durch etwas Existierendes wird mehr gesetzt (I 635, 10 ff.).

Nach Abschluß der über mehrere Jahre sich erstreckenden Arbeiten an dieser Ausgabe ist es dem Herausgeber ein Bedürfnis, allen zu danken, die mitgeholfen haben, daß die Aufgabe zuendegeführt werden konnte. Dieser Dank gilt insbesondere meiner Frau, Dr. Käte Weischedel, die ihre Kraft von Anfang an in den Dienst dieser Ausgabe gesetzt hat. Ein besonderes Verdienst hat sich der Assistent am Philosophischen Seminar der Freien Universität, Dr. Norbert Hinske, erworben, der im Laufe der Zeit so selbständig mitgewirkt hat, daß ich mich bei den zuletzt erschienenen

Bänden fast ausschließlich auf Beratung und Entscheidung grundsätzlicher Fragen beschränken konnte. Mein Dank gilt ferner den andern Mitarbeitern, wie sie jeweils im Nachwort der einzelnen Bände erwähnt sind, darunter an erster Stelle Fräulein Monika Bock. Des weiteren habe ich den dort ebenfalls erwähnten Bibliotheken für bereitwillige Unterstützung der Arbeiten zu danken; nennen möchte ich noch einmal die Deutsche Staatsbibliothek, die die Arbeit am Rostocker Anthropologiemanuskript möglich machte, die Wormser Stadtbibliothek sowie vor allem die Bibliothek der Freien Universität Berlin. Schließlich danke ich dem Verlag für die Geduld und Sorgfalt, mit der er sich der schwierigen Druckvorlagen angenommen hat.

Berlin, im September 1963

Wilhelm Weischedel

Register zur Werkausgabe

VORBEMERKUNG

Unter den verschiedenen Gesichtspunkten, die die Herstellung eines Registers leiten können, ist ein legitimer der, nicht so sehr auf die numerische Vollständigkeit als auf die »Gewichtigkeit« der angeführten Stellen zu achten, wobei der Terminus Gewichtigkeit hier nur einen bestimmten Informationsgehalt der jeweiligen Angabe charakterisieren, keineswegs Wichtigkeit präjudizieren soll. Diesem Gesichtspunkt verpflichtet stellt dieses Register den Versuch dar, eine möglichst signifikante Auswahl aller Kantischen Begriffe zu indizieren. Daß dabei manches dem jeweiligen Benutzer Wichtige unberücksichtigt bleiben muß, läßt sich bei der natürlichen Mannigfaltigkeit der verschiedenen Interessen nur bedauern, nicht aber vermeiden.

Zur Benutzung des Registers sind folgende Hinweise zu beachten:

a) In das Namenregister, das Vollständigkeit anstrebt, sind auch die Namen mythologischer und dichterischer Figuren aufgenommen.

b) Die Begriffe, die Kant in der Schreibweise seiner Zeit fixiert, werden ohne Verweis der gegenwärtigen Rechtschreibung angepaßt (es steht z.B. Wirkung für Würkung, Pluralismus für Pluralism, Bilfinger für Bülfinger usw.).

c) Zur Indizierung der lateinisch abgefaßten Abhandlungen Kants wird nur die deutsche Übersetzung berücksichtigt.

d) Die Angaben beziehen sich auf die ganze Seite, d.h. zwischen Text und Anmerkung wird nicht unterschieden.

e) f. oder ff. verweisen nicht unbedingt auf eine zusammenhängende Behandlung des angegebenen Terminus durch Kant, sondern bedeuten zunächst nur, daß der Begriff auch auf den folgenden Seiten anzutreffen ist.

f) Die Verbindung zweier Stellenangaben durch einen Bindestrich bedeutet, daß der indizierte Begriff oder Name in dieser Passage entweder so häufig vorkommt, daß von einer detaillierten Aufzählung abgesehen werden konnte (so vor allem bei Namen, wo z.B. Bilfinger I, 15–218 anzeigt, daß Kant sich in diesem Textstück eingehender mit Bilfinger befaßt), oder daß er von Kant unter einem Titel zusammenhängend abgehandelt wird (so z.B. Raum III, 71–78).

g) Die bei einer größeren Menge von Angaben durch Kursivdruck hervorgehobenen Stellen verweisen auf besonders klare Darstellungen und Bestimmungen der angegebenen Begriffe durch Kant.

Dem Philosophischen Seminar A der Universität Bonn bin ich für die Erlaubnis verpflichtet, den Namenindex 1. Stufe der Akademie Ausgabe einsehen zu dürfen.

R.P.H.

NAMENREGISTER

Curtius VIII, 555.

SACHREGISTER

INHALTSVERZEICHNIS

MUTMASSLICHER ANFANG DER MENSCHENGESCHICHTE

ÜBER DAS MISSLINGEN ALLER PHILOSOPHISCHEN VERSUCHE IN DER THEODIZEE

ÜBER DEN GEMEINSPRUCH: DAS MAG IN DER THEORIE RICHTIG SEIN, TAUGT ABER NICHT FÜR DIE PRAXIS

DAS ENDE ALLER DINGE

ZUM EWIGEN FRIEDEN. EIN PHILOSOPHISCHER ENTWURF

INHALTSVERZEICHNIS

DER STREIT DER FAKULTÄTEN

INHALTSVERZEICHNIS

ANTHROPOLOGIE IN PRAGMATISCHER HINSICHT

ÜBER PÄDAGOGIK

REZENSIONEN

ZU PETER MOSCATI: VON DEM KÖRPERLICHEN WESENTLICHEN UNTERSCHIEDE ZWISCHEN DER STRUKTUR DER TIERE UND MENSCHEN

INHALTSVERZEICHNIS

INHALTSVERZEICHNIS BAND I-XII

BAND I/II

BAND III/IV

BAND V/VI

BAND VII/VIII

BAND IX/X

BAND XI/XII

suhrkamp taschenbücher wissenschaft

Immanuel Kant
Werkausgabe in zwölf Bänden

Herausgegeben
von Wilhelm Weischedel

Die Kant-Werkausgabe in den *suhrkamp taschenbüchern wissenschaft* ist als Kassette sowie in Einzelausgaben erhältlich:

I Vorkritische Schriften bis 1768 1 (stw 186)
II Vorkritische Schriften bis 1768 2 (stw 187)
III Kritik der reinen Vernunft 1 (stw 55)
IV Kritik der reinen Vernunft 2 (stw 55)
V Schriften zur Metaphysik und Logik 1 (stw 188)
VI Schriften zur Metaphysik und Logik 2 (stw 189)
VII Kritik der praktischen Vernunft. Grundlegung zur Metaphysik der Sitten (stw 56)
VIII Die Metaphysik der Sitten (stw 190)
IX Schriften zur Naturphilosophie (stw 191)
X Kritik der Urteilskraft (stw 57)
XI Schriften zur Anthropologie, Geschichtsphilosophie, Politik und Pädagogik 1 (stw 192)
XII Schriften zur Anthropologie, Geschichtsphilosophie, Politik und Pädagogik 2 (stw 193)

Theorie-Werkausgabe

Georg Wilhelm Friedrich Hegel
Werke in 20 Bänden

Auf der Grundlage der *Werke* von 1832–1845
neu edierte Ausgabe
Redaktion Eva Moldenhauer und Karl Markus Michel

1 Frühe Schriften
2 Jenaer Schriften
3 Phänomenologie des Geistes
4 Nürnberger und Heidelberger Schriften
5 Wissenschaft der Logik I
6 Wissenschaft der Logik II
7 Grundlinien der Philosophie des Rechts
8 Enzyklopädie der philosophischen Wissenschaften I
9 Enzyklopädie der philosophischen Wissenschaften II
10 Enzyklopädie der philosophischen Wissenschaften III
11 Berliner Schriften 1818–1831
12 Vorlesungen über die Philosophie der Geschichte
13 Vorlesungen über die Ästhetik I
14 Vorlesungen über die Ästhetik II
15 Vorlesungen über die Ästhetik III
16 Vorlesungen über die Philosophie der Religion I
17 Vorlesungen über die Philosophie der Religion II
18 Vorlesungen über die Geschichte der Philosophie I
19 Vorlesungen über die Geschichte der Philosophie II
20 Vorlesungen über die Geschichte der Philosophie III

Theorie-Werkausgabe

Ludwig Feuerbach
Werke in 6 Bänden

Herausgegeben von Erich Thies

1 Frühe Schriften (1828–1830)
2 Kritiken und Abhandlungen I (1832–1839)
3 Kritiken und Abhandlungen II (1839–1843)
4 Kritiken und Abhandlungen III (1844–1866)
5 Das Wesen des Christentums (1841)
6 Manuskripte aus dem Nachlaß. Briefe und Dokumente